JN436392

낙중학

조선시대 낙동강 중류지역의 유학

계명한국학총서 27

2012년 6월 1일 초판 1쇄 인쇄
2012년 6월 8일 초판 1쇄 발행

저 자 | 홍원식 외
펴낸이 | 신일희
펴낸곳 | 계명대학교출판부
704-701 대구광역시 달서구 달구벌대로 1095
전화 053-580-6233 팩스 053-580-6235
등 록 | 1970.9.1.(신고번호 제347-1998-1호)

ISBN 978-89-7585-584-9 93150
값 30,000원

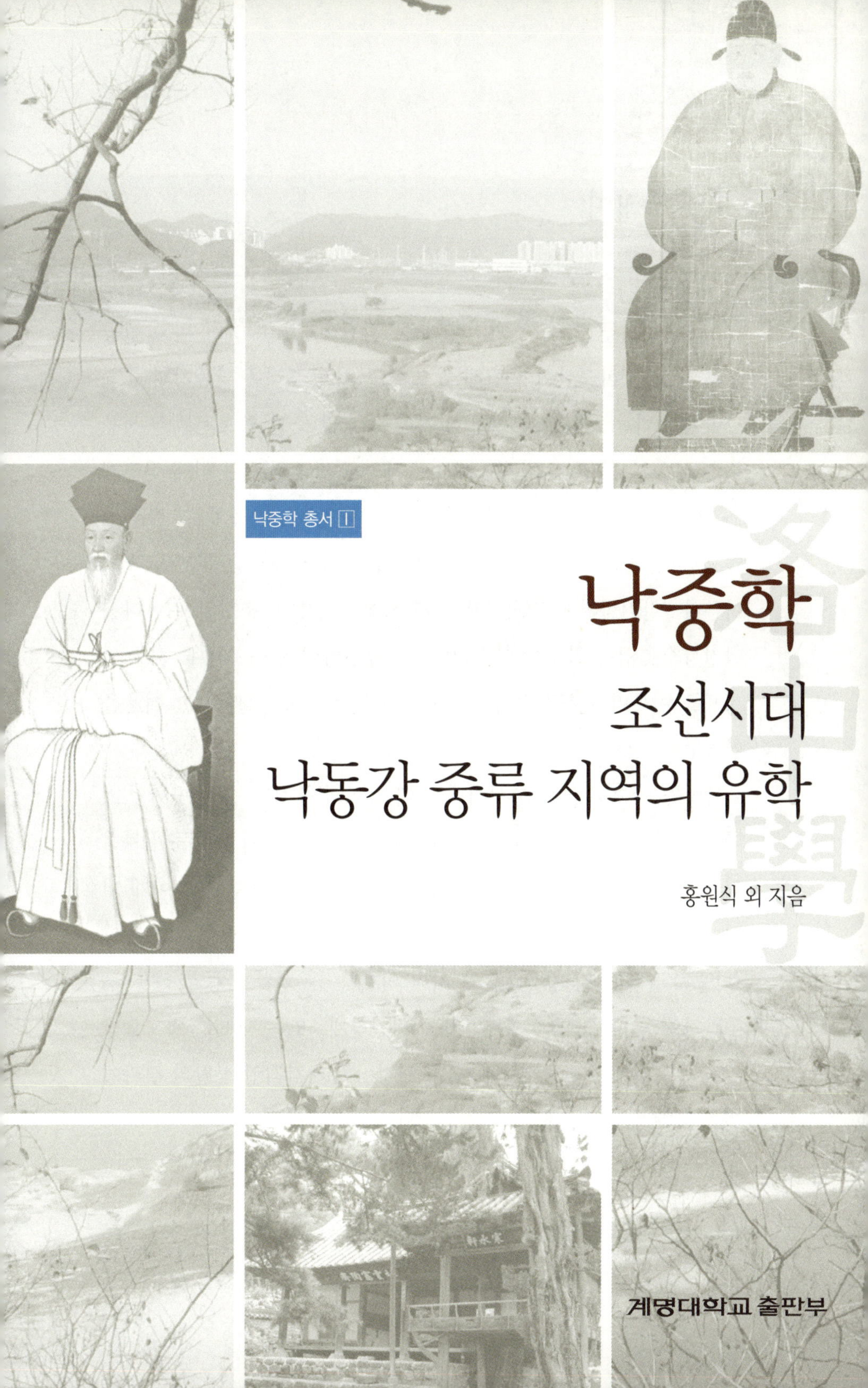

낙중학 총서 1

낙중학

조선시대 낙동강 중류 지역의 유학

홍원식 외 지음

계명대학교 출판부

책을 펴내며

‘낙중洛中’, 곧 낙동강 중류 일대는 ‘삼산이강三山二江’, 바로 팔공산과 금오산, 비슬산이 웅립해 있고 그 사이로 흘러온 낙동강과 금호강이 합류하는 곳이다. 이곳은 일찍이 고려 말 조선 초 포은圃隱 정몽주鄭夢周와 야은冶隱 길재吉再가 주자학의 씨앗을 뿌린 이래 점필재佔畢齋 김종직金宗直과 한훤당寒暄堂 김굉필金宏弼 등이 그 뒤를 이었고, 조선 중기에는 한강寒岡 정구鄭逑와 여헌旅軒 장현광張顯光의 이른바 ‘한려학파寒旅學派’가 크게 활동하였으며, 조선말에는 다시 이진상李震相의 한주학파寒洲學派가 출현하여 당대 ‘최대, 최고’의 형세를 이루며 일제강점기를 거쳐 건국 초에 이르기까지 그 여운을 남겼던 곳이다.

이렇듯 낙중 지역은 조선시대 내내 유학의 중심지 중 한곳이었고, 낙중 제현들은 나름의 계승의식과 더불어 여타 지역의 유학들과 차별적 특성을 드러내었기에 이를 ‘낙중학洛中學’이란 이름을 붙이게 되었다. 사실 이렇게 ‘낙중학’을 우리 학계에 내놓는 데에는 그 동안 ‘낙중학’을 낙동강 상류(洛上) 지역 퇴계학退溪學과 낙동강 하류(洛下) 지역 남명학南冥學의 ‘변방’이나 ‘경계’ 또는 ‘사이’ 정도로만 인식해온 것에 대한 반성적이고 주체적이며 자각적인 성찰의 결과이기도 하다.

본 연구원은 '낙중학'이 제자리를 잡을 때까지 지속적인 관심과 노력을 기울일 것이다. 지금 계획으로는 10년 동안 매년 한차례의 기획 학술발표대회와 한 권의 저술을 발간할 예정이다. 이미 2010년과 2011년 두 차례 기획 학술발표대회를 가졌으며, 올 2012년에도 낙중학 제3차 기획 학술발표대회가 마련되어 있다.

본 『낙중학, 낙동강 중류 지역의 유학』에는 2010년 낙중학 제1차 기획 학술발표대회 때 발표된 논문을 중심으로 총 8편의 글을 실었다. 본 책은 낙중학총서 제1권에 해당하므로 낙중학의 전모를 파악하는 데 주안점을 두었다. 먼저 맨 앞 총론인 <영남 유학과 낙중학>에서는 낙중학의 범위와 특성 및 전개 등에 대해 개괄하였고, 이어 조선시대 전기와 중기, 후기로 장을 나눠 대표적인 낙중 제현들에 대한 글을 실었다.

독자 여러분들께 조심스러우면서도 진지한 학문적 노력을 약속드리며, 아울러 지속적인 관심과 질정을 부탁드린다.

2012년 3월

홍 원 식

목차

총 론

영남 유학과 '낙중학' _ 홍원식

영남 유학과 '낙중학'

홍원식 | 계명대학교 철학과

1. 왜 '낙중학'인가?

태백산 황지에서 발원하여 근 천리를 달려 금오산과 팔공산 사이를 빠져 나온 낙동강은 팔공산과 비슬산 사이 대구분지를 관통하며 흘러온 금호강과 합류하면서 더욱 그 세를 더한다. 바로 이 '삼산이강三山二江' 일대가 낙동강 중류의 중심적인 지역이다. 오늘날 행정 구역으로 보면 대구광역시(달성 포함)를 위시하여 구미(선산 포함), 칠곡, 성주, 고령, 창녕 등이 낙동강 중류 지역에 포함되며, 위천과 감천, 금호강, 황강 등 지류의 연접 지역인 상주 일부와 김천, 의성, 군위, 영천, 경산, 합천 등도 이 속에 포함된다. 소백준령이 에워싼 영남 지방 한가운데를 'ㄷ'자 모양으로 흐르는 낙동강은 오랜 세월 동안 수많은 사람들과 물자를 싣고 오르내리면서 '하나'의 영남을 만들어왔다. 당연히 학자들도 이 낙동강 수로를 따라 오르내렸고 학파들도 이를 따라 퍼져나갔다.

조선시대 영남 유학을 말하면서 흔히 안동을 중심으로 한 '좌도左道'의 퇴계학파退溪學派와 진주를 중심으로 한 '우도右道'의 남명학파南冥學派를 든다. 사실 16세기 중엽 동시대에 영남 좌우도에서 퇴계退溪 이황李滉(1501~1570)과 남명南冥 조식曺植(1501~1572)이라는 걸출한 대유학자가 출현하면서 영남 유학은 새로운 단계로 접어들게 되었으며, 조선 유학의 중심으로 급부상하게 되었다. 이후 영남지방에서는 양대 학파가 병립하게 되었으며, 남명학파의 후예들이 '광해군光海君 복립모의復立謀議 사건'으로 크게 정치적 타격을 받음으로써 우도 지역은 남명학의 여운이 남아 있기는 하였지만 서서히 범 퇴계학파의 영향권으로 접어들어 갔다. 이러한 역사적 사실에 따라 오늘날 학자들도 자연스레 퇴계학과 남명학이라는 관점에 서서 영남 유학을 논의하고 있다. 그런데 이러한 관점이 반드시 역사적 사실과 부합하지 않으며, 전체적 영남 유학을 읽어내는 데에도 맹점을 보이게 된다. 나아가 이것은 낙동강 중류 지역의 중심적 위치에 있는 대구가 경상도의 엄연한 수부首府로서 그 중심적 위치에 있었음에도 지금까지 역사문화적 자리매김과 정체성을 갖지 못하는 원인 가운데 하나가 되고 있다.

그 문제점을 보면, 먼저 지역적으로 좌우도의 중간 지역, 바로 낙동강과 금호강이 합류하는 낙동강 중류 지역 일대에서 일어난 유학을 논의하면서 서로 퇴계학 혹은 남명학으로 끌어가거나 아니면 단순히 '절충'으로만 규정해버리고 만다. 워낙 양쪽 학파의 자장磁場이 세었기 때문에 이렇게 보는 데에도 일리가 없는 것은 아니지만, 여기에는 이 지역의 유학을 단순히 '변방', 혹은 '경계' · '사이'의 관점에서만 바라볼 뿐 이 지역 중심적 관점은 아예 가질 수 없다는 문제점이 발생한다. 조선 중엽 퇴계와 남명 양쪽 문하를 출입하면서 낙동강 중류 일대에 퇴계학과 남명학을 전파한 한강寒岡 정구鄭逑(1543~1620)와 동강東岡 김우옹金宇顒(1540~1603) 등[1]을 중심으로만 본다면 기존의 관점이 크게 문제될 것은 없을 성 싶다.

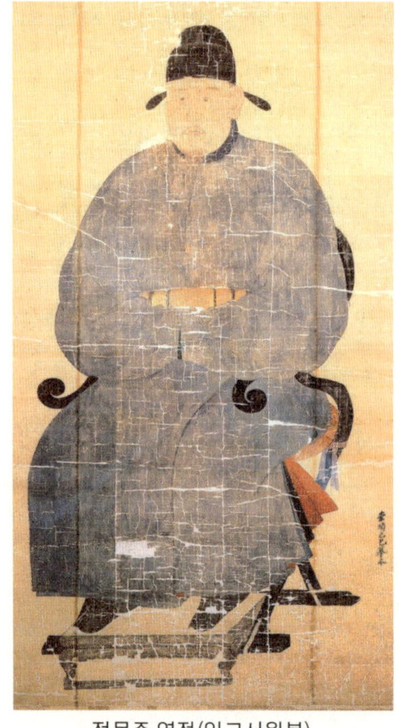
정몽주 영정(임고서원본)

하지만 우리는 조금 더 시야를 넓혀볼 필요가 있을 것 같다. 그것은 곧 한강 정구와 동강 김우옹과 같은 인물이 조선 중엽에 이르러 갑작스레 낙동강 중류 일대에서 영남 유학을 열어갔느냐 하는 것이다. 낙동강 중류 일대는 잘 알려져 있다시피 이미 고려 말 조선 초부터 포은圃隱 정몽주鄭夢周(1337~1392)를 이은 야은冶隱 길재吉再(1353~1419)가 사림의 씨앗을 부은 곳이며, 그것이 싹터 낙동강 일대로 퍼져 나가고 다시 온 조선

1) 이들 이외에도 당시 퇴계와 남명 양 문하를 출입한 이 지역 인물로 洛川 裵紳(1520~1573)과 竹牖 吳澐(1540~1617), 松庵 金沔(1541~1593) 등이 있다.

으로 퍼져 '유교 조선'을 만들었던 것이다. 이렇게 낙동강 중류 일대에서는 일찍이 유교의 씨앗이 뿌려졌으며, 조선 중엽에 이르러 마침내 한강 정구와 여헌旅軒 장현광張顯光(1554~1637)의 이른바 '한려학파寒旅學派'가 출현하였고, 조선말에 이르러서는 당대 '최대, 최고'의 면모를 지닌 한주寒洲 이진상李震相(1818~1886)의 '한주학파寒洲學派'가 출현하였다. 이렇듯 낙동강 중류 일대에서는 퇴계와 남명이 등장하기 이전에 이미 사림의 온상溫床이 마련되었으며, 그 위에 한려학파가 등장하였고 이러한 형세는 조선말까지 이어졌던 것이다.

길재 영정

이러한 역사적 상황을 감안할 때, '낙동강 중류(洛中)' 지역의 유학을 '낙동강 상류(洛上)' 지역의 퇴계학과 '낙동강 하류(洛下)' 지역의 남명학 변방이나 경계, 사이로만 이해하기보다는 보다 적극적으로 이를 독립시켜 낙상과 낙하 유학과 병렬시켜 이해하는 것이 필요하다고 생각한다. 그리고 낙중 유학은 반드시 고려 말 조선 초 우리 역사에서 유학이 주도적 위치를 차지할 때부터 그 운명이 다하는 조선말까지 통시적通時的으로 살펴볼 필요가 있다고 생각한다.

2. '강안학'과 '낙중학'

위와 같은 문제의식에서 근자에 몇몇 학자들은 '강안학江岸學'을 제기하고 나섰다.[2] 이 '강안학'과 논자가 제기하고 있는 '낙중학洛中學'은 구체적인 내용상에서 약간의 차이는 있지만 문제의식 등 기본적인 입장에서는 뿌리가 같다. '강안'이라는 말은 이동영이 낙동강을 중심으로 시조문학상 뚜렷이 변별되는 '영좌시가嶺左詩歌'와 '영우시가嶺右詩歌'의 완충지역을 새롭게 설정하면서 '강안시가江岸詩歌'[3]라고 규정한 데에서 유래하였다. 이후 박병련은 사상적 배경에서 강안지역을 다음과 같이 주목하였다.

> 일반적으로 영남을 낙동강을 중심으로 강좌江左, 강우江右로 나누고, 학파도 강좌를 퇴계학파, 강우를 남명학파로 보는데, 여기서 필자가 강안지역이라 칭하고자 하는 것은 한강 정구, 여헌 장현광 등 소위 문목연원文穆淵源 또는 한려학파寒旅學派라는 독특한 분위기를 갖고 있는 지역을 지칭하고자 하는 것이다. 이 지역은 영남이 강좌, 강우로 대별되면서 상대적으로 주목받지 못한 지역이지만 퇴계와 남명 모두를 수용하면서 독특한 학풍을 형성하기도 한 지역이다. 구체적으로는 성주, 고령, 현풍, 창녕, 영산, 의령, 함안, 밀양, 청도, 김해, 창원지역을 지칭하고자 하는 것이다. 이 지역은 초기에는 남명학파의 핵심지역이었으나, '광해군 복립 모의' 사건에 연루되어 세력이 와해되었다. 이 사건 이후 이 지역에서는 한강을 매개로 범 퇴계학파로 흡수되었으나 여러 가지 미묘

---

2) 이하 '강안학'에 대한 정리는 정우락. 2008.「강안학과 고령 유학에 대한 시론」.『퇴계학과 한국문화』제43호. 경북대학교 퇴계연구소 참조.

3) 이동영. 1984.『조선조 영남시가의 연구』. 부산대학교출판부. 308쪽 참조.

한 특징들을 나타내고 있는 지역이다.[4)]

여기에서 박병련은 한강 정구와 여헌 장현광의 '한려학파'를 중심으로 '강안지역'을 설정하고 있으며, 그것은 구체적으로 낙동강 중류 성주에서부터 낙동강 하류 일대를 가리킨다고 말하고 있다. 이어 설석규도 사상적 관점에서 강안지역의 유학을 주목하면서 직접적으로 '강안학'이라는 말을 제시하였다.[5)]

정우락은 다시 문학과 사상의 관점을 아우르고 유교문화 일반으로

낙동강과 금호강이 합류하는 모습

4) 박병련. 2002. 「'광해군 복립 모의' 사건으로 본 강안지역 남명학파」. 『남명학연구논총』 11. 남명학연구원. 230쪽. 박병련은 이후 같은 관점에서 「남명학파와 영남 강안지역 사림의 혈연적 연대」(『남명학보』 4. 남명학회. 2005) 등을 발표하였다.

5) 설석규. 2007. 「강안학파의 실학적 풍모를 지킨 徵士-西溪 金聃壽」. 『선비문화』 12. 남명학연구원; 2008. 「여헌학과 강안학」. 『여헌학보』 15. 여헌학연구회 등 참조.

확장시키면서 본격적으로 '강안학'을 정립하고 나섰다. 그는 강이 가지는 소통, 통섭의 보편적 특성으로부터 시작하여 낙동강 중류 일대에서 형성된 '강안학'의 개념과 범위를 다음과 같이 정리하고 있다.

> 강안학은 '16세기 이후 낙동강 연안의 유학사상'으로 개념과 범위가 설정될 수 있다. 이때 낙동강이라 함은 상주에서 창원으로 한정한다. 따라서 강안학은 16세기 이후라는 시간적 범위, 상주에서 창원에 이르는 공간적 범위, 유학사상이라는 학문적 범위를 포괄한 개념이다.[6]

정우락도 한강 정구의 '문목연원'(여헌 장현광 포함)을 중심으로 '강안학'의 개념 및 범위를 설정하고 있음을 볼 수 있다. 따라서 시간적으로 퇴계학과 남명학을 모두 받아들인 정구를 기점으로 삼고, 공간적으로 낙동강 본류가 시작하는 곳이자 퇴계학의 본산지인 안동의 학풍과는 사뭇 다른 풍모를 지닌 서애학파西厓學派(柳成龍)의 근거지인 상주에서부터 정구의 강학처 하한선인 창원의 관해정觀海亭까지를 그 대상 속에 넣고 있다. 이처럼 그는 여기에서 비록 '강안학'을 16세기 정구로부터 시작된 것으로 보고 있지만 이에 앞선 길재나 김종직, 김굉필 등의 연원을 완전히 배제하고 있지는 않다. 그리고 유학사상을 넘어서서 선유시회船遊詩會 문화의 구축, 강안 승경勝景의 공간 활용, 유산문화遊山文化와 가야산 기행 등의 관점에서 강안 문학

6) 정우락. 2008.「강안학과 고령 유학에 대한 시론」.『퇴계학과 한국문화』 제43호. 경북대학교 퇴계연구소. 55쪽.

을 분석하고서 풍류 · 문예정신의 구현, 도학 · 절의정신의 계승, 소통으로서의 감성공간 등을 그 특성으로 제시하고 있다.[7)] 뿐만 아니라 그는 '강안학'의 특성으로 기령학畿嶺學과 퇴남학退南學을 융합한 회통성, 박학博學에 바탕 한 실천정신의 실용성, 세계에 대한 새로운 인식의 독창성 등을 들고 있다.[8)]

논자는 '강안학'에 대해 기본적으로 인식을 같이 하면서도 그 대상 시기와 지역 등에서 약간의 다른 생각을 가지고서 '낙중학'을 조심스레 제기해본다. 먼저 앞에서도 잠시 언급했다시피 조선 중엽에 이르러 정구와 장현광이 등장하면서 낙중 지역에 유학이 크게 일어난 것은 사실이지만 그 이전 정몽주, 길재 이래 사림파를 형성해간 제현들을 반드시 포함시킬 필요가 있으며, 한려 이후 조선말 이진상의 한주학파를 위시하여 허전許傳(1797~1886)의 성재학파性齋學派, 장복추張福樞(1815~1900)의 사미헌학파四未軒學派 등도 함께 살펴볼 필요가 있다고 생각한다.

그리고 대상 지역 및 학파와 관련하여 상주 일대에 발판을 둔 유성룡의 서애학파에 대해서는 좀 조심스레 접근하고자 한다. 낙동강 본류가 상주 땅에서 시작하므로 지역적으로 이곳을 중류에 포함시킬 수

---

7) 정우락. 2010. 「조선중기 강안지역의 문학활동과 그 성격」. 『한국학논집』 40집. 계명대 한국학연구원 참조.

8) 정우락은 '강안학으로서의 고령 유학'의 특성을 위와 같이 제시하였지만, 그의 논지로 볼 때 그것은 강안학 일반의 특성으로 보아도 큰 무리는 없을 것 같다. 정우락. 2008. 「강안학과 고령 유학에 대한 시론」. 『퇴계학과 한국문화』 제43호. 경북대학교 퇴계연구소. 55~78쪽 참조.

있고, 서애학파를 김성일金誠一의 학봉학파鶴峯學派와 대별해볼 수는 있겠지만, 그렇다고 서애학파를 한려학파와 한데 묶기에는 주저되는 바가 없지 않다. 서애학파가 상주만이 아닌 그 본산지인 풍산 등 안동 서부와 의성 일대에도 분포하고 있어 더욱 주저가 된다. 물론 논자도 이진상의 철학적 연원을 서애학맥에 댄 적이 있고 해서 '낙중학'과 서애학파 간 학파적 연원이나 학문적 공통성을 완전히 배제하는 것은 아니다.[9] 다만 '낙중학'의 외연이 너무 넓혀져 도리어 경계가 모호해짐을 우려하는 것이다. 이러한 우려는 대상 지역의 하한선을 설정하는 데에서도 똑같이 하게 된다. '강안학'에서는 그 대상 지역을 낙동강 하류 지역인 창원, 심지어 남해바다와 이어지는 김해까지 포함시키고 있다. 퇴계학과 남명학의 종합이라든가 '강안학' 본래의 의미에 충실한 결과라고 생각되지만, 그렇게 되면 낙동강 중류 지역의 유학이라는 의미에서 제안한 '낙중학'의 의미가 허물어질 수밖에 없게 된다. 결국 '낙중학'은 학파의 분포를 중시하지 않을 수는 없지만, 일단 낙동강 중류 지역이라는 지역적 한계를 먼저 설정해둘 필요가 있다고 생각한다.

이상과 같이 조선 시대 영남 유학을 중심으로 '낙중학'을 조심스레 제기하면서 그 관건은 먼저 주관적으로 학파 내 정체성과 각 시기 학파 간 계승의식을 가지고 있었는가와 객관적으로 그들 간 학문적 연속성과 타 학파와 차별적 특성이 나타나는가에 달려 있다고 생각한

9) 홍원식. 2008.『한주 이진상의 생애와 사상』. 예문서원. 49~58쪽 참조.

다. 나아가 유학 사상 방면만이 아니라 문학과 역사 방면, 그리고 행동 양식과 정치적 입장 등에서도 그러한 것들이 확인된다면 더할 나위 없이 좋을 것이다. 그러나 우선 유학 사상을 중심으로 '낙중학'을 정립한 뒤 심화된 연구를 기다릴 필요가 있을 것 같다.

3. 낙중 지역 시기별 학파의 등장과 계승의식

낙동강과 금호강이 합류하는 낙동강 중류 지역에서는 크게 보면 조선 초기 사림파의 등장에 이어 중기에는 한려학파가 출현하며 말기에는 한주학파를 위시하여 여러 학파들이 활동하였다.

흔히 사림파의 도통연원道統淵源이 고려 말 포은 정몽주로부터 시

정몽주 유허비 (경북 영천 소재)

작해서 야은 길재, 강호江湖 김숙자金叔滋(1389~1456), 점필재佔畢齋 김종직金宗直(1431~1492), 한훤당寒暄堂 김굉필金宏弼(1454~1504), 정암靜庵 조광조趙光祖(1482~1519)로 이어진 것으로 말한다. 여기에서 정몽주로부터 김굉필까지가 모두 낙중 지역 출신인 것을 볼 때, 낙중 지역이 그야말로 사림의 온상이었음은 이론의 여지가 없다. 도통은 학통學統과 달라 반드시 학문적 수수관계가 확인되는 것은 아니지만 대부분 이들 간에는 학문적 혹은 혈연적 연속성이 확인된다. 그리고 사림파의 도통은 정치적 입장과도 긴밀한 관계가 있다.

낙중 지역에서 학파적 유대를 다지는 모습은 일찍이 정몽주에게서부터 확인된다. 그는 1387년(禑王13년) 8월 15일 달성 동화사에서 제자 13명과 어울려 놀며 15년 전 명나라 사행使行에서 얻어온 태조太祖 왕건王建의 친필 「소사시所思詩」 1수를 내보이고서 각자 연구聯句를 단 시첩詩帖을 남겼다. 이때 참석하여 연구를 남긴 이들은 바로 이보림李寶林, 이종학李種學, 길재吉再, 홍진유洪進裕, 고병원高炳元, 김자수金子粹, 김약시金若時, 윤상필尹祥弼, 홍로洪魯, 이행李行, 조희직曹希直, 도응都膺, 안성安省인데, 이들은 모두 포은 문하의 낙중 제유들이었다.[10] 이 모임이 있은 뒤 5년 후 정몽주는 선죽교에서 순절하고, 그의 제자 길재는 고려의 운명이 다해 감을 보고 고향 땅 선산으로 낙향하며, 새 왕조인 조선이 세워져 그를 다시 불렀을 때는 불사이군不事二君의 의리를 내세운 채 망국지신亡國之臣의 삶을 살

---

10) 洪魯, 『敬齋先生實記』, 「白猿帖」 참조.

았다.[11] 홍로 등 나머지 제자들도 대부분 스승의 뜻을 받듦으로써 낙중 지역에는 일찍부터 대의명분大義名分과 절의節義를 중시하는 도학道學의 전통이 뿌리내리게 되었다.

야은 길재가 포은의 도통을 이어 사림의 첫 씨앗을 뿌린 곳은 그의 고향 선산 땅이다. 이후 선산 일대에는 수많은 인재들이 쏟아져 나와 이중환은 일찍이 "조선 인재의 반은 영남에 있고, 영남 인재의 반은 선산에 있다"[12]고 말한 적이 있다. 그리고 그의 문하에서는 강호 김숙자와 같은 인물이 배출되어 사림의 숲은 낙동강 하류 밀양으로까지 퍼져 나갔다. 김숙자는 일찍이 선산과 성주에서 교수를 맡았고 고령과 개령 현감을 지내면서 낙동강 하류로 포은과 야은의 도통을 퍼트렸던 것이다. 그의 아들 김종직은 마침내 중앙 정계에 진출하여 성종의 총애 속에 활발한 활동을 벌였으며, 문하에는 달성 출신의 김굉필을 위시하여 청도 출신의 탁영濯纓 김일손金馹孫(1464~1498), 함양 출신의 일두一蠹 정여창鄭汝昌(1450~1504)과 같은 초기 사림을 대표할 도학자들을 두었다. 김종직과 그의 제자들은 연산군 때 「조의제문弔義帝文」으로 말미암아 두 차례(戊午士禍와 甲子士禍) 큰 화를 당하게 되었지만, 그들의 정신은 더욱 줄기차게 이어져 갔으며, 이로

---

11) 그는 1390년 38세 때 고려가 패망의 기색을 드러내자 가족을 데리고 고향인 선산으로 낙향하였는데, 이후 조선이 건국되고 定宗이 부르자 그는 松都를 떠난 지 10여 년 만에 다시 송도를 둘러본 뒤 고려의 遺臣으로서 회고의 마음을 담아 다음과 같은 유명한 시조를 남겼다. "오백 년 도읍지를 필마로 돌아드니, 산천은 의구하되 인걸은 간 데 없다. 어즈버 태평연원이 꿈이런가 하노라."(吉再, 『冶隱集』)

12) 李重煥. 『擇里志』 참조.

양산서원 전경(경재 홍로 주향, 경북 군위 소재)

말미암아 그들은 동방 도통 적전嫡傳의 반열에 오르게 되었다.

16세기 중엽 퇴계 이황과 남명 조식도 길재가 마련해놓은 사림의 텃밭에서 나왔으며, 뒤이어 등장한 한강 정구나 여헌 장현광도 마찬가지로 그곳에서 나왔다. 특히 정구와 장현광에게 있어서 정몽주와 길재, 김굉필 등 초기 사림들은 바로 낙중의 동향同鄕 선유先儒들이었다. 따라서 그들은 동향 선유들에 대해 각별한 존모尊慕의 마음과 함께 기리는 일에도 게을리 하지 않았다.

낙중의 성주 사월에서 태어난 정구는 낙상의 퇴계와 낙하의 남명 두 문하에 두루 나아가 이른바 '퇴남학退南學'을 이루며, 양 선생 사후 그는 '영남맹주의식嶺南盟主意識'을 가슴에 품고서 낙중 지역은 물론 낙하와 낙상, 나아가 영남 전체와 경기 지역에까지 학파의 영역을 넓혀갔다.[13] 곧 그는 60대까지 고향 근처 한강정사寒岡精舍와 회연초당檜淵草堂, 무흘정사武屹精舍로 옮겨 가며 학문을 연마하고 강학하다가 마침내 70세 때인 1612년에는 아예 처소를 대구 근처인 칠곡의 노곡정사蘆谷精舍로 옮기며, 이곳이 화재를 당하자 다시 인근의 사양정사泗陽精舍로 옮겨 저술과 강학에 전념하였다. 그가 이렇게 만년에 대구 근처로 옮겨오게 된 배후에는 이 지역 출신 제자인 서사원徐思遠과 손처눌孫處訥이 있었으며, 이로 말미암아 대구 · 칠곡 일대의 학자들이 대거 그의 학단에 들어옴으로써 낙중 일대가 거의 그의 학파 속에 포함되었다.

만년에 그가 안동부사(1607)를 지낸 것도 영남맹주의식과 무관하지 않으며, 낙상 지역에까지 그의 학파 영역을 넓히는 데 큰 기여를 하였다. 그는 낙하 지역으로 자신의 학단을 넓혀가는 데에도 소홀히 하지 않았다. 그는 일찍이 낙하의 남명 문하에 나아간 뒤 창녕현감(1580)과 함안군수

정구 영정

13) 이하 한강학파 관련 내용은 김학수. 2010.「조선중기 한려학파의 등장과 전개-문인록을 중심으로」.『한국학논집』40집. 계명대 한국학연구원 참조.

(1587)를 지낸 적이 있어 일차로 낙하 지역에 자신의 학단을 꾸릴 기회를 가졌으며, 1603년 「동강만사東岡輓詞」에서 이황과 조식 두 스승에 대해 '정맥正脈'·'고풍高風'론[14]을 펼쳤다가 남명 문하의 동문인 정인홍鄭仁弘으로부터 호된 비판[15]과 함께 절교한 뒤에도 덕천서원과 남명의 묘소를 참배하는 등 낙하 우도 지역의 학단 경영을 멈추지 않았다. 그의 낙하 지역 학단 경영의 대표적인 모습은 만년에 지병 치료차 동래 온정溫井에 다녀온 기록을 담은 「봉산욕행록蓬山浴行錄」[16] 속에 잘 담겨져 있다.

정구가 이처럼 영남맹주의식을 가지고 낙상과 낙하 일대의 학파까지 두루 아우르려고 전심전력하였지만 그 뿌리와 출발점은 낙중이었다. 그리고 그가 낙중에서 튼튼하게 뿌리를 내릴 수 있었던 데에는 외증조부인 한훤당 김굉필의 후광이 컸다. 조선 중엽 그가 등장하여 유학을 크게 일으키기 전까지 낙중 지역에는 김굉필의 여운이 짙게 퍼져 있었다. 이에 그는 김굉필이 포함된 '오현문묘종사五賢文廟從祀'

---

14) 鄭逑.『寒岡全書』上.「輓金東岡二首」. "退陶正脈終天慕, 山海高風特地欽."

15) 이에 대한 정인홍의 생각은『來庵集』속「南冥曺先生神道碑銘」에 잘 나타나 있다.

16) 鄭逑,『寒岡全書』下.「蓬山浴行錄」. 봉산 욕행은 1617년 그의 나의 72세 때의 일로 거처하던 달성 하빈에서 출발하여 현풍, 고령, 창녕, 함안, 영산, 밀양, 김해, 양산을 거쳐 목적지인 동래 온정에 도착한 뒤 이곳에서 30일 체류한 후 통도사, 청도, 경주, 영천, 하양, 경산을 거쳐 하빈으로 돌아오는 총 45일간의 일정이었다. 그는 여로에서 한훤당 김굉필의 道東書院과 묘소를 참배하였으며, 옛 山海亭 터인 김해 新山書院에서는 남명선생에 대한 감회에 빠지기도 하고, 김일손과 정몽주가 모셔진 청도의 慈溪書院과 영천의 臨皐書院도 들러 참배하였다. 이 여로는 단순한 욕행이 아니라 낙하 일대에 문인기반을 다짐과 동시에 영남 남동지역에까지 학파의 영역을 넓히는 데 큰 의미가 있었다.

와 도동서원道東書院 건립에 앞장서면서 낙중 유학계를 결속시키고 선도하였다.

정구와 마찬가지로 낙중의 성주 인근 칠곡 출신인 장현광은 사뭇 독창적인 철학을 열어갔다. 하지만 그는 일찍이 처숙妻叔인 정구에게 종유하면서 그를 따라 김굉필의 묘소를 참배하는 등 낙중 선현에 대한 존경의 마음을 가졌으며 그들을 기리는 데에도 힘썼다. 이에 그는 김굉필의 신도비명神道碑銘에서 다음과 같이 적었다.

> 선생께서는 강유剛柔의 기질을 겸비하였고 건순健順의 덕성을 겸비하였으며, 敬으로 자기 몸가짐을 삼았고 誠으로 마음을 보존하였으며, 강구講究함이 정밀하고 함양함이 두터워 확연하게 막히지 않고 두루 통하였으나 근본에서 벗어나 흐르지 않았으니, 이것이 진실로 우리 유학 의리義理의 學이며 중정中正의 道이자 염락濂洛의 여러 현인들이 수사洙泗에 거슬러 올라가 잇고자 한 것이었다.[17]

장현광은 동향 선현인 길재도 기리면서 "우리 동방의 절의를 논하는 자들은 마침내 야은 선생을 동방의 백이伯夷라고 일컫고 있으니, 오직 백이를 아는 자만이 선생을 알 것이다"[18]고 말하였다.[19] 또한 장현광은 정구의 고제로 그의 행장을 지었으며, 정구의 학문은 김굉필

---

17) 張顯光. 『旅軒全書』 上. 「寒暄堂金先生神道碑銘」.

18) 張顯光. 『旅軒集』 卷10. 「冶隱先生文集跋」. "論吾東節義者, 乃以冶隱先生爲東方之伯夷, 惟知伯夷者, 可以知先生矣."

19) 장현광은 뒷날 길재를 모신 金烏書院에 배향되었으며, 길재, 김종직, 정붕, 박영과 더불어 '金烏五賢'으로 일컬어졌다. 홍원식, 「금오서원」, 『서원, 한국사상의 숨결을 찾아서』(안동대학교 안동문화연구소. 예문서원. 2000) 참조.

장현광 영정

에서 조광조, 이언적, 이황을 거쳐 온 학문을 이어받음으로써 "정구는 김굉필 선생의 뜻과 학문을 이어받은 점이 있으니, 바탕의 아름다움이 더해져서 더욱 빛나는 것이 많았다"[20]고 말하였다. 뒷날 한강과 여헌 문호 간에 시비가 없지 않았으나 양현의 관계에서만 볼 때 사제관계로 보는 데에는 큰 무리가 없으며, 김학수가 장현광의 제문을 분석하여 그의 학통을 오현계승론五賢繼承論(圃隱淵源論), 회퇴계승론晦退繼承論, 한려계승론寒旅繼承論(寒旅竝稱論 포함), 불유사승론不由師承論 넷으로 정리하였는데,[21] 앞의 셋은 물론이거니와 마지막 불유사승론의 경우도 낙중 제현에 대한 존모의 마음이 없는 것은 아니라고 볼 수 있다.

정구 사후 장현광이 낙중 유학계 종장의 자리에 서게 되었으나 그의 사후 낙중 유학은 뚜렷한 인물을 내지 못하고 쇠락한 모습을 보이면서 낙상 퇴계학파의 영향을 더욱 직접적으로 받게 된다. 반면 미수眉叟 허목許穆(1595~1682)을 통해 근기近畿 지방으로 전해진 한강

20) 張顯光.『旅軒全書』上.「寒暄堂金先生神道碑銘」참조.
21) 김학수. 2009.『여헌 장현광 연구』. 태학사. 179~180쪽 참조.

학맥의 일파는 성호星湖 이익李瀷(1681~1763)과 순암順菴 안정복安鼎福(1712~1791)에게로 이어지면서 근기 실학을 열어가는 등 두드러진 모습을 보였으며, 안정복 문하의 황덕길黃德吉에게서 배운 성재 허전이 김해도호부사로 부임해와 활발하게 강학활동을 벌이면서 조선 말 19세기 중엽 낙하 일대에서는 한강 연원이 있는 성재학파가 크게 일어났다.[22] 이에 이어 낙중 일대에서는 장현광의 후손인 사미헌 장복추의 사미헌학파가 등장하였으며, 그와 평생 도우道友로서 지낸 한주 이진상도 그의 학파를 열어갔다.

앞에서 보았듯이 조선 말 낙하 지역에서 일어난 성재학파는 그 연원이 한강 정구에 있으며, 그 주 무대도 한강 당시의 학단 분포와 대체로 일치한다. 낙중 지역에서 일어난 장복추의 사미헌학파는 당연히 선조인 여헌 장현광의 학을 잇고자 하는 열망이 있었다.[23] '심즉리설心卽理說'과 '리발일도설理發一途說'을 앞세워 조선 말 '최대, 최고'의 한주학파를 열어간 이진상은 일찍이 "주자를 조술祖述하고 퇴계를 헌장憲章하겠다"[24]는 뜻을 가졌지만, 남명에 대해서도 존모의 생각을 함께 가지고 있었다. 그는 1877년 60세 때 지리산 유람을 다녀오면서 우도 일대를 둘러보고 왔는데, 당시 우도 지방은 남명학파의 몰락 이후 수백 년 동안 무주공산으로 있으면서 남명학과 퇴계학의

22) 허전의 문인록인 「冷泉及門錄」에는 495명의 인명이 실려 있는데, 그 중 대부분이 영남인들이다.

23) 홍원식. 2006. 「사미헌 장복추의 성리설」. 『어문론총』 45호. 한국문학어문학회 참조.

24) 이진상은 30세 때 '祖雲憲陶'라는 편액을 서재에 걸었다. 李震相. 『寒洲文集』 附錄. 卷2. 「行錄」 참조.

여운이 깔려 있는 가운데 새롭게 등장한 허전의 성재학파와 기호지방 기정진奇正鎭의 노사학파蘆沙學派, 심지어 전우田愚의 간재학파艮齋學派마저 들어와 학파 영역을 다투던 때였다. 그의 지리산 유람은 흡사 정구의 봉산욕행과 마찬가지로 학파의 기반을 다지고 확장하는 데 주된 목적이 있었다.[25] 그는 낙중 선현들 가운데에서도 특히 정구에 대해 깊이 존경하는 마음을 가져 수시로 회연서원을 찾아 강회 등의 모임을 가졌다. 이것은 정구가 바로 그와 동향인 성주 출신이자 그의 선조가 정구의 문하에 출입하였던 것이 그 원인일 수 있다. 그가 정구를 자신의 학문적 연원으로 보는 모습은 정민정程敏政의 『심경부주心經附註』를 분석한 『심경관계心經竅啓』 속에 잘 나타나 있다.[26]

4. 낙중 지역 학파들의 철학적 공통성과 차별성

낙중 지역 학파들의 철학적 공통성과 차별성을 살펴봄에 있어서 낙중 유학도 작게는 낙동강을 중심으로 한 영남 유학과, 나아가서는 주자학 중심의 조선 유학 전체와 공통된 특성을 가지고 있음을 먼저 받아들여야 할 것이다. 그리고 낙중 유학 안에서도 시기적으로 차별적 모습을 보인다거나 같은 시기라 할지라도 학파 간 차별적 모습을 보

25) 홍원식. 2008. 『한주 이진상의 생애와 사상』. 예문서원. 82~6쪽 참조.

26) 홍원식. 2009. 「퇴계학파의 『심경부주』 연구와 이진상의 『심경관계』」. 『동양철학』 제32집. 한국동양철학회 참조.

임고서원(포은 정몽주 주향, 경북 영천 소재)

이는 것은 오히려 당연할 수 있으며, 그 속에서 또한 그들 간 공통성과 차별성을 따져 보고 나아가 낙상과 낙하, 혹은 여타 지역 유학과 비교해보는 것이 필요할 것이다.

먼저 낙중에서 포은 정몽주로부터 야은 길재로 이어져 내려온 유학은 다름 아닌 대의명분과 절의를 중시하는 것이었으며, 그것은 사림의 정신으로 굳어져 실천궁행實踐躬行을 무엇보다 중시하며 일종의 실천 성리학인 도학道學을 일으켰다. 평생을 '소학동자小學童子'로 자처한 한훤당 김굉필에게서 그 단적인 모습을 볼 수 있다. 김굉필을 위시한 초기 사림들의 이러한 실천궁행 중시의 정신과 학풍은 퇴계와 남명에게로 이어져 퇴계학에서는 실천과 직결된 심성론적 문제에 힘을 쏟거나 敬을 통한 존덕성尊德性의 마음공부를 보다 중시하는 단면을 드러내 보였으며, 남명학에서는 존덕성의 마음공부로 더욱 기울어

금오서원 전경(야은 길재 주향, 경북 구미 소재)

져 敬과 더불어 義를 더없이 강조하였다.

이처럼 퇴계학과 남명학에서 공통적으로 나타나는 경을 통한 존덕성의 마음공부 중시는 그 뿌리가 낙중 선현들이 일궈낸 실천궁행 중시의 도학에 있으며, 다시 그것은 낙중 출신의 정구에게로 그대로 이어진다. 정구는 뜻밖으로 스승인 퇴계의 생각과 달리 정민정의 『심경부주心經附註』를 대폭 개편하여 『심경발휘心經發揮』를 편찬하였다. 그는 『심경발휘』에서 특히 敬의 항목에 주목하여 정주程朱 이래 경설敬說을 샅샅이 수집하여 분류, 정리함으로써 정주학의 경설을 총결하였으며, 『심경』을 명실상부하게 경공부의 교과서로 만들었다.[27] 이것

27) 홍원식 외. 2007. 『조선시대 심경부주 주석서 해제』. 예문서원. 96~103쪽 참조.

은 퇴계학파 뿐만 아니라 남명학파 안에서도 그의 위치를 굳건하게 해주는 데 결정적 역할을 해주었다.

한편 정구는 『오선생예설분류五先生禮說分類』와 같은 예학禮學 관련 저술과 더불어 『역대기년歷代紀年』·『치란제요治亂提要』 등의 역사서, 『함주지咸州志』 등 여러 곳 지방관을 지내면서 지은 지방지地方志들, 『주자시분류朱子詩分類』·『고문회수古文會粹』와 같은 문학서에다 심지어 『의안집방醫眼集方』과 같은 의서醫書까지 편찬하였다. 이것은 퇴계와 남명 문하에서는 보기 드문 일로 그의 관심사가 도학의 계승에만 있지 않았음을 잘 말해준다. 이에 김낙진은 그의 학문을 '명체적용明體適用'이란 말로 표현하고 있다.[28] '명체'와 더불어 '적용'을 중시하는 그의 이러한 학문적 특성은 그로 하여금 조선 후기 영남 예학의 주석 자리에 앉게 해주었으며, 근기 실학의 물꼬를 터주기도 하였다.

이어 김낙진은 장현광의 여헌학을 정구의 한강학과 대비시켜 '우주사업宇宙事業'이란 말로 표현하면서 그의 역학易學에 대한 천착과 '리기경위설理氣經緯說' 등이 여기에서 비롯되었음을 말하고 있다. 그러면서도 그는 장현광의 '우주사업'이 정구가 '우주간의 수많은 일들(宇宙間許多事)'을 유학자의 일거리로 삼은 것을 이어받은 것이라고 보았다.[29]

28) 김낙진. 2010.「조선 중기 한려학파의 철학사상」.『한국학논집』 제40집. 계명대 한국학연구원 참조.

29) 김낙진. 위와 같은 곳 참조.

조선 말 낙하 일대에서 일어난 성재학파는 학맥 연원에서 한강학파와 닿으며, 내용적으로 한강이 '명체'와 더불어 강조한 '적용'의 학을 이어받았다. 또한 성재 허전이 예서인 『사의士儀』를 편찬하여 당대까지의 예설을 집성한 것도 한강학맥의 한 모습으로 볼 수 있겠다. 한편 장복추는 선조 장현광의 성리설이 갈암葛庵 이현일李玄逸 등 안동 일대의 퇴계 후예들로부터 퇴계설과는 다르며 오히려 율곡설에 가깝다는 비판을 받아온 것에 대해 대산大山 이상정李象靖 등의 설을 끌어와 여헌의 성리설을 옹호하는 데 노력하였으며,[30] 당시 영남의 학자들과 마찬가지로 예학에도 많은 관심을 가져 관련 저술을 남겼다.

이진상은 일찍이 퇴계를 사숙하고 학문의 지남指南으로 삼아 퇴계학을 '적극적'으로 계승하면서 '심즉리설' · '리발일도설'과 같은 독창적인 학설을 제기하였다. 그는 자신의 학설이 퇴계설을 활간活看한 것이라고 주장하였지만, 그의 문집은 도산서원陶山書院으로부터 돌려보내졌고 상주의 도남서원道南書院에서는 불태워지기까지 하였다. 우리는 여기에서 낙상학과 '낙중학' 간 문호지쟁의 한 단면을 볼 수 있다.[31] 그는 많은 성리학 관련 저술을 남겼지만 공부론에서는 敬을 통한 존덕성의 마음공부에 대한 편중의 모습을 퇴계보다 더 드러내보였으며, 이러한 모습은 『심경관계心經寀啓』를 저술하면서 敬을 특별히 강조한 정구의 『심경발휘心經發揮』를 중시한 데에서도 잘 나타난

30) 홍원식. 2006.「사미헌 장복추의 성리설」.『어문론총』45호. 한국문학어문학회 참조.
31) 홍원식. 2010.「19세기 낙상 퇴계학파와 낙중 한주학파의 대립과 성리논쟁」.『유교사상연구』 제39집. 한국유교학회 참조.

다. 그는 성리서 이외에도 『사례집요四禮輯要』와 같은 예서와 『춘추집전春秋集傳』·『춘추익전春秋翼傳』과 같은 역사서, 『묘충록畝忠錄』과 같은 경세서를 저술한 점은 한강학을 잇는 것이라고 보아도 큰 무리가 없을 것이다.

5. 정리와 과제

낙중 지역은 일찍이 포은 정몽주를 이은 야은 길재가 사림의 씨앗을 뿌린 뒤 사림의 숲은 낙동강을 따라 낙하, 낙상 지역으로 퍼져 나갔으며, 그것은 다시 전 조선으로 퍼져 16세기 중엽에 이르면 마침내 사림의 시대를 맞게 되었다. 낙상의 퇴계학과 낙하의 남명학 모두가 이 낙중 초기 사림의 도학에서 배태된 것이며, 다시 낙중 출신의 한강 정구가 등장하여 양 문하를 출입하면서 영남 유학의 맹주을 도모하였다. 그는 외증조부 한훤당 김굉필을 중심으로 한 오현문묘종사를 주도하면서 포은 정몽주에서 퇴계 이황에게로 전해온 도통의 적전임을 자임하였으며, 그의 문하에 종유한 여헌 장현광도 이에 동의하면서 낙중 선현들에 대해 존경의 마음과 함께 계승적 의식을 가졌다. 한강과 여헌 이후 낙중 지역은 뚜렷한 인물을 배출하지 못한 채 낙상 퇴계학파의 영향권으로 접어들었지만, 19세기 조선말에 이르러 허전의 성재학파와 장복추의 사미헌 학파, 이진상의 한주학파가 일어나면서 그들은 기본적으로 퇴계학에 대한 계승의식을 지녔음에도 한편으로 한강과 여헌의 학을 이어 낙상 퇴계학파와는 다른 모습을 보였다.

'낙중학'을 관통하고 있는 것은 포은 정몽주와 야은 길재에서 발원한 실천궁행 중시의 도학이며, 이것은 퇴계와 남명 및 한강을 거치면서 경을 통한 존덕성의 마음공부 중시로 이어졌음을 확인할 수 있다. 이것은 낙상과 낙하의 영남 유학과 대체로 공통된 점이라고 볼 수 있지만 기호 유학과는 대별된다. 그리고 '낙중학'은 조선 중엽 한강에 이르러 한차례 발전된 모습을 보이는데, 그것은 도학 중심의 '명체明體'와 더불어 '적용適用'의 학을 중시하는 것이었다. 이러한 학풍은 허목을 통해 근기 실학에서 꽃을 피우게 되지만, 낙중의 후예들도 부분적으로 이것을 계승하여 퇴율학의 성리설 다툼에 전념했던 이들과는 다른 모습을 보였다. 그리고 낙중의 유학자들은 한강의 후예답게 한결같이 예학에 관심을 가져 퇴계에서 한강으로 이어져온 영남 예학을 주도적인 위치에서 발전시켜 나갔다.

이상에서 '낙중학'은 절충과 종합을 거쳐 독자적인 특성을 드러내었음을 볼 수 있었다. '낙중학'의 이러한 특성은 그 본거지가 낙동강 중류지역이라는 인문지리적 조건과 깊은 관계성이 있다. 우선 강은 당시 중요한 교통로로 소통의 작용을 하기에 좋았으며, 특히 낙동강은 영남 지방 전체를 관통하면서 흘러 낙동강 중류 지역에서 일어난 '낙중학'은 낙상의 퇴계학과 낙하의 남명학을 절충, 종합하기에 더없이 좋은 인문지리적 조건을 갖추었던 것이다. 또한 낙중 지역은 낙상 퇴계학의 본거지나 낙하 남명학의 본거지로부터 공간적 거리가 있어 상대적으로 학문적 자유가 더 주어짐으로써 어느 한 학파와 학설에

묶이지 않을 수 있었을 뿐만 아니라 성리학에만 매몰되지 않을 수 있는 조건도 마련해주었다. 이것은 바로 독자적 학파의 길을 열어 주었으며, 실학이나 경세학에도 관심을 가질 수 있게 해주었다.

논자가 유학사상을 중심으로 제출한 '낙중학'에 대한 논의는 어디까지나 시론적이며 초보적인 것임에 틀림이 없다. 하지만 그렇다고 그것이 의미가 없다고 생각하지는 않는다. 그것은 보다 세밀하고 전체적인 영남 유학, 나아가 조선 유학을 이해하기 위해서는 '낙중학'의 관점에 선 연구가 나름의 기여를 할 수 있다고 보기 때문이다. 먼저 유학사상을 중심으로 한 '낙중학'의 입론을 더욱 굳건히 다지는 것이 필요하다고 생각하며, 나아가 이를 바탕으로 문학과 역사, 문화 및 사회 전반에 대한 연구가 깊이 이뤄져야 '낙중학'은 내실을 기할 수 있다고 생각한다.

참고문헌

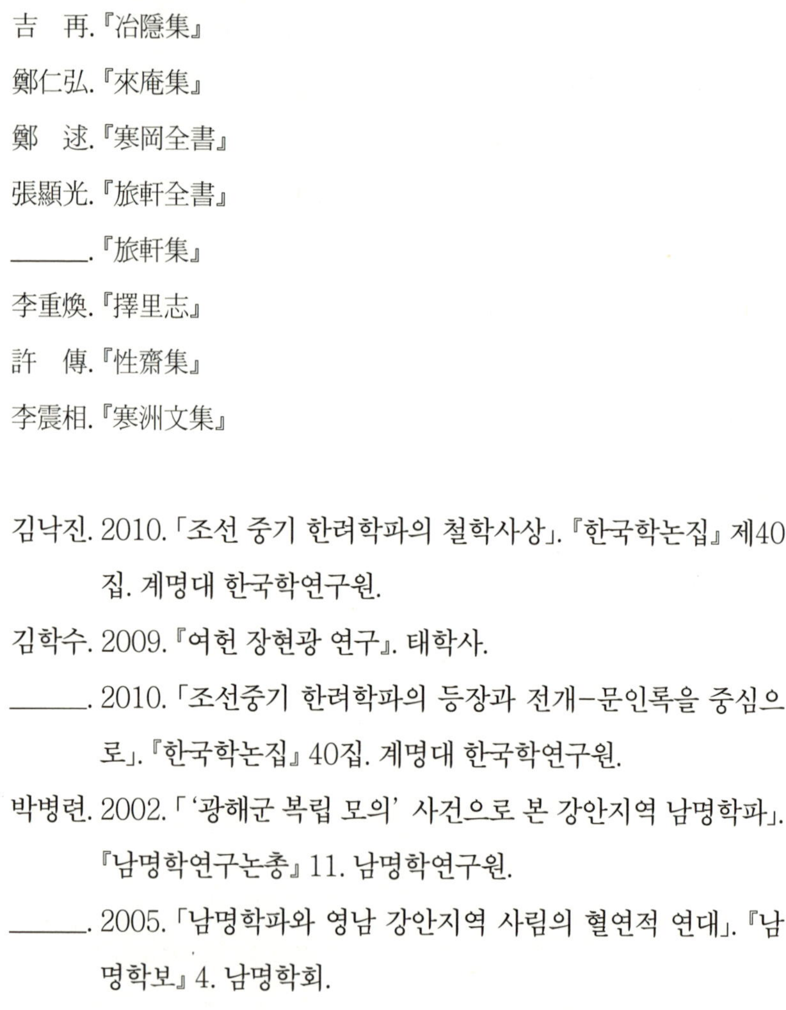

洪　魯.『敬齋先生實記』

吉　再.『冶隱集』

鄭仁弘.『來庵集』

鄭　逑.『寒岡全書』

張顯光.『旅軒全書』

______.『旅軒集』

李重煥.『擇里志』

許　傳.『性齋集』

李震相.『寒洲文集』

김낙진. 2010.「조선 중기 한려학파의 철학사상」.『한국학논집』 제40집. 계명대 한국학연구원.

김학수. 2009.『여헌 장현광 연구』. 태학사.

______. 2010.「조선중기 한려학파의 등장과 전개-문인록을 중심으로」.『한국학논집』 40집. 계명대 한국학연구원.

박병련. 2002.「'광해군 복립 모의' 사건으로 본 강안지역 남명학파」.『남명학연구논총』 11. 남명학연구원.

______. 2005.「남명학파와 영남 강안지역 사림의 혈연적 연대」.『남명학보』 4. 남명학회.

설석규. 2007.「강안학파의 실학적 풍모를 지킨 徵士-西溪 金聃壽」. 『선비문화』 12. 남명학연구원.

_____. 2008.「여헌학과 강안학」.『여헌학보』 15. 여헌학연구회.

안동대학교 안동문화연구소. 2000.『서원, 한국사상의 숨결을 찾아서』. 예문서원.

이동영. 1984.『조선조 영남시가의 연구』. 부산대학교출판부.

정우락. 2008.「강안학과 고령 유학에 대한 시론 」.『퇴계학과 한국문화』 제43호. 경북대학교 퇴계연구소.

_____. 2010.「조선중기 강안지역의 문학활동과 그 성격」.『한국학논집』 40집. 계명대 한국학연구원.

홍원식 외. 2007.『조선시대 심경부주 주석서 해제』. 예문서원.

홍원식. 2006.「사미헌 장복추의 성리설」.『어문론총』 45호. 한국문학어문학회.

_____. 2008.『한주 이진상의 생애와 사상』. 예문서원.

_____. 2009.「퇴계학파의『심경부주』연구와 이진상의『심경관계』」.『동양철학』 제32집. 한국동양철학회.

_____. 2010.「19세기 낙상 퇴계학파와 낙중 한주학파의 대립과 성리논쟁」.『유교사상연구』 제39집. 한국유교학회.

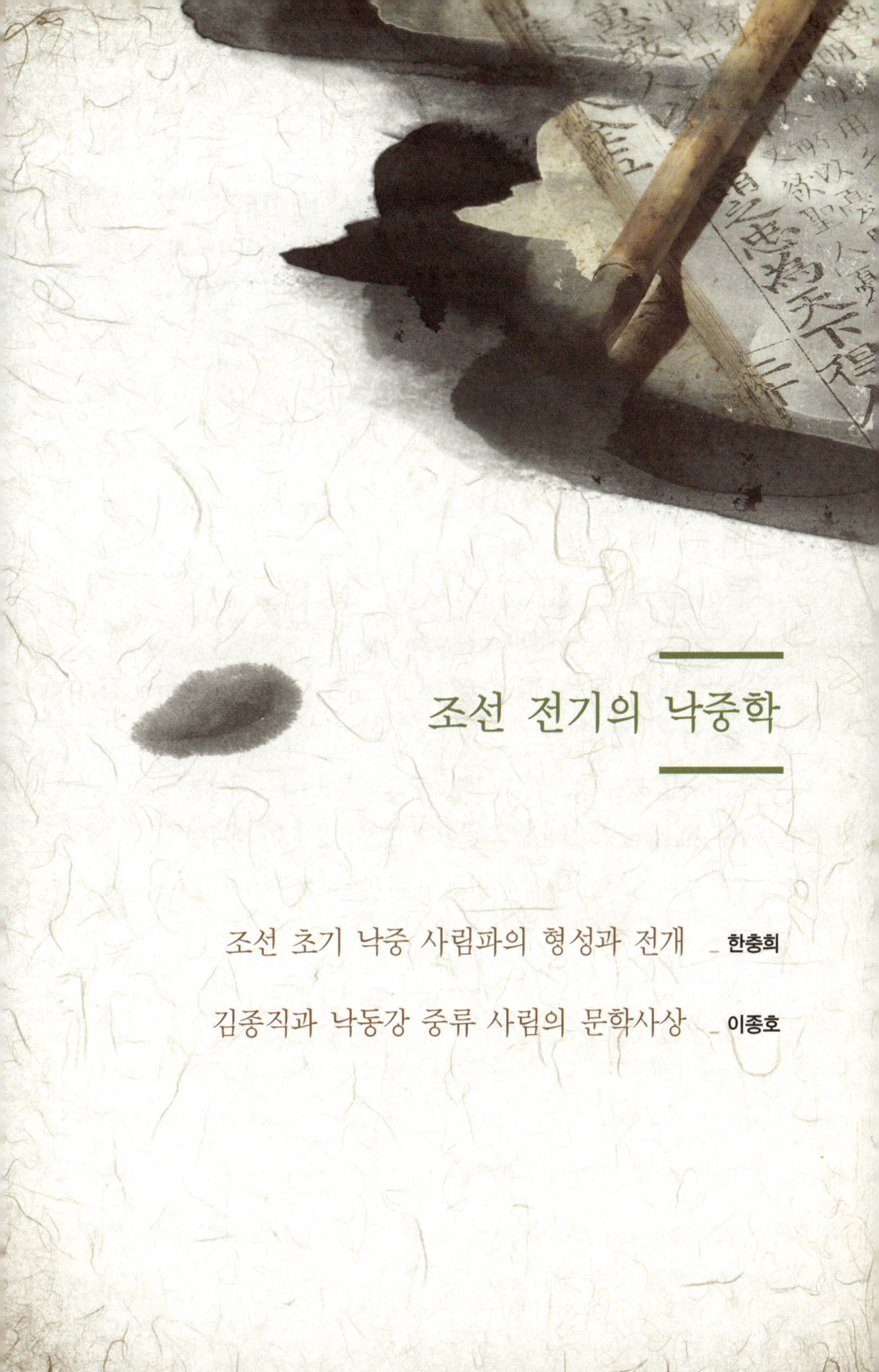

조선 전기의 낙중학

조선 초기 낙중 사림파의 형성과 전개 _ 한충희

김종직과 낙동강 중류 사림의 문학사상 _ 이종호

조선 초기 낙중 사림파의 형성과 전개

한충희 | 계명대학교 사학과

1. 머리말

낙동강은 강원도 태백시 함백산(1537m)에서 발원하여 강원도와 경상남북도, 2개광역시, 15개시군을 관류하거나 접경하면서 남해로 입류하는 525.15km의 강이다. 낙동강이 관류하는 지역은 지세 · 자연생태, 문화권, 지방행정 등과 관련되어 상 · 중 · 하류지역,[1] 좌안(경상좌도) · 우안(경상우도) 지역[2] 등으로 구분되고 있다.

---

1) 낙동강 상, 중, 하류지역이 어떠한 지역을 망라하는 가는 구체적인 연구가 없어 알 수 없다. 단지 조선중기 이후 성리학의 발전과 관련되어 퇴계학파의 중심이 된 안동 · 상주지역을 상류지역, 남명학파의 중심이 된 합천 이남 지역을 하류지역으로 인식하고 있고, 중류지역은 구체적으로 언급되지 않았다. 중류 지역을 굳이 언급하자면 상류와 하류의 중간지역이고, 퇴계학파와 남명학파가 접목된 선산 · 성주를 중심한 지역이 해당되지 않을까 한다. 본고에서는 조선초 선산이 중심이 된 성리학의 발전과 관련하여 낙동강이 관류 · 접경하는 선산~창령까지와 이에 인접한 김산 · 청도군을 포함하여 중류지역으로 설정하여 파악한다.

2) 조선은 경상도를 낙동강을 중심으로 좌도와 우도로 나누어 통치하였다. 좌도에는 경주

사림파는 15세기말로부터 16세기말에 훈구파勳舊派 내지 훈신勳臣·척신계열戚臣系列과 대립한 재야사류들 중심의 정치세력이었다.[3] 사림파는 처음에는 정치·경제·사회·문화를 주도한 훈구파나 훈신·척신계열의 질시와 박해를 받아 많은 인사가 화를 당하였지만, 선조초에는 훈신·척신의 퇴조와 함께 정치의 주도권을 장악하였다. 이 중 성종 15년경에는 스스로를 오당吾黨으로 부르거나[4] 영남선배당嶺南先輩黨이라[5] 불리면서[6] 훈구파와 구분되었고, 그에는 낙동강중류지역출신으로 김종직의 제자가 중심이 된 영남인사가 망라되었다.[7]

15세기말~16세기초 선산도호부(이하 선산으로 약칭)를 중심으로 김산군(金山郡, 이하 김산), 칠곡현(이하 칠곡), 대구도호부(이하 대구), 현풍현(이하 현풍), 청도군(이하 청도), 고령군(이하 고령), 합천군(이하 합천), 창령군(이하 창령)이 망라된 낙동강 중류지역에서는

부윤부·안동대도호부 이하 4도호부·8군·22현과 1첨사포·10만호포가 있었고, 우도에는 상주·진주·성주목 이하 3도호부·6군·19현과 1첨사포·9만호포가 있었다(『경국대전』 권4, 병전 외관직 경상도조에서 종합).

3) 李泰鎭.「士林派」.『한국민족문화대백과사전』 권11. 805쪽; 李秉烋. 1984.『朝鮮前期畿湖士林派研究』. 一潮閣. 7쪽에서 종합. '士林派' 에 대한 用例는 李樹健. 1979.『嶺南士林派의 形成』. 영남대 민족문화연구소. 18~22쪽; 李秉烋 위 책. 5~10쪽 참조.

4) 이병휴. 위 책. 7쪽(『성종실록』 권169. 성종 15년 8월 경신).

5) 이수건. 위 책. 20쪽(『성종실록』 권169. 성종 15년 8월 경신).

6) 낙중출신이 중심이 된 영남사림의 중앙 정계 진출은 성종 19년경 이후에 현저하였다. 그럼에도 성종 15년에 이처럼 훈구파와 구분된 정파로 불리게 된 것은 '성종 14년에 金宗直이 홍문관직제학에서 동부승지에 발탁되고 申俊이 예조참판에 재직하는가 하면 鄭錫堅·許琛·申從濩가 삼사에 재직하였으며, 성종 15년에는 김종직이 좌부승지에서 도승지에 발탁되고 曺偉가 홍문관부응교에 제수된' 등에서 기인된 것으로 추측된다.

7) 뒤 <별표>·<표 1> 참조. 낙중출신으로서 성종~연산군대에 문과를 거쳐 사관한 인물이 40여명이고, 김종직의 제자로서 사관한 60여명 중 20여명이 낙중출신이었다.

고려에 절의를 지켜 조선에 벼슬하지 않고 은거하여 후진교육에 진력한 길재와 그의 제자, 손제자, 특히 김종직에 의하여 수많은 학자, 관료가 배출되면서 조선중기 이후에 번창한 성리학과 사림파의 토대가 되었다.

이러한 사림파와 사림파 인물이 15~16세기 조선의 정치, 성리학에서 점하는 위치와 관련되어 1979년에 이수건이 영남사림파 형성의 사회 · 경제적 기반과 학문적연원을 구명한[8] 이래로 현재까지 많은 연구가 행해지면서 사림파의 형성과 전개, 사림파와 정치운영, 김종직의 사상과 정치활동 등이 규명되었다.[9]

이글에서는 지금까지에 걸친 사림파관계연구를 수렴하고 관련 자료를 검토하면서 15세기말~16세기초(성종 1, 1470~연산군 12, 1506) 선산이 중심이 된 낙중출신이 영남사림파형성의 토대가 된 배경, 전개 그리고 낙중출신사림과 조선성리학이 어떻게 연관되었는가를 검토하고자 한다.

---

8) 李樹健. 1979.『嶺南士林派의 形成』. 嶺南大學校 民族文化硏究所.

9) 그 대표적인 논저에는 다음과 같은 등이 있다. 李秉烋. 1984.『朝鮮前期 畿湖士林派硏究』. 一潮閣: 崔異敦. 1994.『朝鮮中期 士林政治構造硏究』. 일조각: 정홍준. 1996.『朝鮮中期 政治權力構造硏究』. 고려대학교 민족문화연구소: 이병휴. 1999.『朝鮮前期 士林派의 現實認識과 對應』. 일조각: 이수건. 1996.「佔畢齋 金宗直의 生涯와 政治 · 社會思想」.『佔畢齋 金宗直의 學問과 思想』. 金烏工科大學校 善州文化硏究所: 韓忠熙. 1997.「善山과 朝鮮前期 性理學 및 士林派」.『韓國學論集』24. 계명대학교 한국학 연구원.

2. 낙동강 중류지역 영남사림파의 형성배경

1) 길재의 절의와 교육

길재(1353, 고려 공민왕 3~1419, 세종 1)[10)]는 박분 · 이색 · 정몽주 · 권근의 문하에서 성리학을 배워 영남학파 – 조선의 성리학파가 형성되고 계승되게 된 토대가 되었다. 예부시禮部試를 거쳐 1387년(우왕 13) 성균관학정成均館學正(정9)에 제수되었고, 이어 순유박사醇儒博士(종7)와 성균박사成均博士(정7)를 거쳐 1389년(창왕 1) 문하주서門下注書(정7)가 되었으나 1390년(공양왕 2)에 사직하고 海平(오늘의 구미시 해평면)으로 퇴거하였다. 이후 고려가 멸망하기까지 종6품 외관직인 계림부鷄林府와 안변부安邊府 교수敎授에 제수되었으나 부임하지 않고 노모를 봉양하면서 학문을 익히고 품성을 도야하였다. 48세 때(1400, 정종 2) 그의 학문과 덕행을 높이 평가한 왕세제 방원(정안군, 뒤의 태종)에 의해 서울로 소환되고 태상시(뒤의 봉상시奉常寺)박사(정7)에 제수되었으나 왕세제와 정종에게 "두 임금을 섬길 수 없습니다"[11)]라고 하면서 절개를 굽히지 않았다. 이러한 그를 두고 많은 관료가 "조선의 합리성을 부인하니 죄를 주어야 한다"고 하였지만, 권근이 "한나라 엄광嚴光의 전례에 따라 길재가 뜻

---

10) 본관은 海平이고, 자는 再父이고 호는 冶隱 · 金烏山人이며, 부모는 知錦州事 元進과 金希廸의 딸이다.

11) 『정종실록』 권5. 정종 2년 7월.

채미정 전경 (경북 구미 소재)

하는 바대로 행동하게 함이 좋겠다"[12] 라고 한 요청에 따라 불사이군 不事二君의 뜻이 용납되면서 귀향하였다.

이후 노모의 봉양과 후진의 교육에 헌신하였다. 일생을 통하여 일족과 후진 수십명에게 실천을 위주로 한 성리학과 국가·군왕에 대한 충절을 강조한 교육에 헌신하였다. 대표적인 제자로는 길구(동생), 김숙자(강호, 김종직의 아버지), 김치, 박서생 등이 있다. 길재는 사후 조선시대 충신의 표상이 되기도 하였지만, 정몽주를 이어 김숙자에게 성리학을 전하였고, 이 성리학이 - 김종직 - 김굉필 - 조광조로 계승되면서 조선성리학의 주류가 됨과 동시에 절의와 명분을 중시

12) 동상조.

하고 그 실천을 강조한 사림파 – 영남학파가 형성되고 발전되는 토대가 되었다.[13)]

2) 성종대의 정치와 신진학자 중용

성종대의 정치는 성종의 유년즉위, 호학, 왕권강화도모 등과 관련되어 즉위~6년, 7~15년경, 16~25년의 시기로 구분되면서 운영되었

길재 묘소 전경(경북 구미 소재)

---

13) 초창기 사림파(영남학파)의 계통은 다음의 도와 같다(*문묘종사, #동방4현, 길재의 동문과 그 제자, 김종직의 동문과 그 제자, 조광조의 동문과 그 제자는 뒤 <도 1> 참조).

```
길재 ┬ 김숙자 - 金宗直 ┬ 金宏弼*# ┬ 趙光祖*# ── 成渾*
     ├ 김치            ├ 鄭汝昌*# ├ 김안국   ── 金麟厚*
     ├ 박서생          ├ 김일손   ├ 김정국
     └ 길구            │          └ 정붕
                       └ 손중돈  ── 李彦迪*#
```

다. 성종 즉위~6년(7년 5월)에는 세조비 정희왕후가 수렴청정하고 한명회 등 원상이 정국을 주도함에 따라 왕권이 미약하였다. 7~15년에는 왕권강화를 위한 홍문관弘文館의 설치, 대간臺諫의 우대 등과 함께 비록 훈구재상인 정난 · 좌익 · 익대 · 좌리공신들이 의정부議政府 · 육조六曹 당상에 재직하면서 정치를 주도하기는 하나 왕권이 크게 신장되었다. 16~25년에는 김종직의 제자를 대거 홍문관과 대간에 등용하고 언론활동을 장려함으로써 훈구재상을 견제하였다. 왕 17년 경부터는 경연특진관제經筵特進官制를 운영하여 경연관이 아닌 문무재상을 차례로 경연에 참여시키고 경연이 끝난 후에는 특진관 · 경연관과 함께 현안사와 정치일반에 관한 것을 논의함으로써 의정부 · 육조기능을 견제하였다.[14)]

연산군대에 있어서도 1~4년에는 그 이전과 별 차이가 없었고, 5~9년에는 무오사화로 김종직의 제자가 중심이 된 많은 신진관료가 피화되는 중에서도[15)] 신진인사의 정계진출이 계속됨에 따라 소폭으로 감소되면서 다수가 삼사 등에 중용되었다.[16)] 그러나 10~12년에는 갑자사화가 발생하고 연산군의 무단과 방종에 따라 분위기가 급변하면서 영남출신이 중심이 된 다수의 신진사류가 피화되고[17)] 그 수가 격감되

14) 한충희. 1995.「왕권의 재확립과 제도의 완성」.『한국사』 22. 136~137쪽.

15) 총 30명이 피화되었는데, 이 중 2명(秀泉副正 李貞恩 · 장령 柳廷秀)을 제외 한 28명이 김종직과 그의 제자였으며, 28명 중 이조정랑 金馹孫 등 5명이 낙중출신이었다 (뒤 <표 3>에서 종합).

16) 1~2명이 감소되면서 5~10명이 유지되었다(뒤 <표 2> 성종 22~연산군 10년조 참조).

었으며, 언론활동 등 정치활동이 크게 위축되었다.

이러한 정치운영 · 정치분위기에 따라 성종 7년~25년에는 언론활동이 장려되고 언관이 우용됨에 따라 영남지방이 중심이 된 지방 신진학자들의 진출이 증대되면서 대거 홍문관과 대간에 제수되었다. 성종대에 진출한 영남출신 사대부에는 영남지방 중에서도 선산이 중심이 된 낙동강중류지역출신의 진출이 현저하였는데, 성종 1~25년까지 최한후 등 30여명이 문과를 거쳐 사관하였고 최한후 등 20여명이 홍문관 · 사헌부 · 사간원 각급 관직과 승지 등을 역임하였다. 연산군 즉위~9년에도 강중진 등 10여명이 문과를 거쳐 사관하였고, 성종대에 사관한 조위 등 20여명이 삼사의 각급관직과 승정원 · 육조의 당상관직을 역임하였다.

이러한 성종 7년~연산군 9년의 정치와 신진학자의 중용은 낙중출신이 중심이 된 영남출신 신진사대부의 진출이 크게 증대되었고,[18] 그 대부분이 삼사관직을 역임하는 등 정치력을 강화시켜 영남사림파가 형성되는 토대가 되었다고 하겠다.

---

17) 훈구재상 · 내시 · 사노 등 13명을 제외한 38명 중 김종직의 문인이 應敎 李守恭 등 9명이었고, 낙중출신이 전헌납 朴漢柱 등 5명이었다(뒤 <표 3> 갑자사화에서 종합).

18) 성종 1년~연산군 4년에 김종직의 문인과 낙중출신으로서 문과를 거쳐 사관하고 대간과 홍문관관을 역임한 인원은 다음과 같다(이병휴. 1996. 「사림세력의 진출과 사화」. 『한국사』 28. 177쪽(문과) · 183쪽(대간 · 홍문관), 뒤 <표 2>에서 종합). 성종 1~14; 문인 – 문과 14 · 대간 · 홍문관, 낙중 – 문과 19 · 대 11 · 홍 8, 성종 15~연산 4; 문인 – 문 28 · 대 21 · 홍 16, 낙중 – 문 21 · 대 15 · 홍 12.

3) 김종직의 정치 · 교육활동

김종직(1431, 세종 13~1492, 성종 23)[19]은 1458년(세조 4) 문과에 급제하고 익년에 권지승문원부정자(종9)에 제수되면서 본격적인 벼슬살이를 시작하였다. 이후 성종 20년까지 문명을 떨치면서[20] 경외의 관직을 두루 역임하였다.[21] 특히 성종 14년 이후에는 탁월한 문학적 재능을 높이 평가한 성종의 총애를 받으면서[22] 홍문관응교에서 동부승지에 발탁되었고,[23] 이후 성종 20년 지중추직을 띠고 퇴거하

19) 본관은 善山이고, 자는 孝盥 · 季昷이고 호는 佔畢齋이며, 부모는 成均館司藝 叔滋와 司宰監正 朴弘信의 딸이다.

20) 김종직은 세조 7년에 「世子嬪韓氏哀冊文」의 제진을 시작으로 성종대까지 「仁壽王后封崇玉冊文」(세조 8년), 「王世子代祭文昭殿文」(세조 9), 「睿宗諡冊文」(예종 1), 「睿宗挽詞」(예종 1), 「貞熹王后哀冊文」(성종 14) 등 예문을 제진하였다. 성종 14년에 「昌慶宮上樑文」을 제진하고, 왕 15년에는 「環翠亭記」를 제진하고, 왕 17년에는 『東國輿地勝覽』의 편찬에 참여하는 등 文翰에 크게 기여하였다(한충희. 1997. 「佔畢齋金宗直의 生涯와 政治 · 教育活動」. 『漢文學硏究』 12. 13쪽에서 전재.

21) 그 중 성종 1~13년까지의 관력은 다음과 같다(『조선왕조실록』 성종 1~13년조, 『佔畢齋集』 연보에서 종합.

성종 1; 藝文館修撰知製敎兼經筵檢討官 春秋館記事官
2~6; 咸陽郡守
7~10; 知承文院事, 善山都護府使
10~13; 母喪
13; 弘文館應敎知製敎兼經筵侍講官 春秋館編修官

22) 『성종실록』 권187. 성종 17년 1월 갑자. 김종직이 지중추직을 띠고 은퇴하자 성종이 金帶를 하사하였다. 이를 두고 史官이 "김종직이 이조참판으로 經筵同知事를 겸대하여 경연에 모시었다. (경연당상관은) 으레 郎員이 堂上에서 進講하면 入侍할 뿐인데, 매양 輪番이 김종직에게 이르면 특별히 진강을 명하였다. 이 때에 이르러 특별히 금대를 내려주니, 그 때의 사람들이 영광으로 여겼다" 라고 하였다. 그 외에도 "제자들로부터 숭앙되었고(弟譽其師, 『성종실록』권142. 성종 13년 6월 갑자 · 권213. 19년 2월 무신) 영남 출신 훈구대신인 姜希孟 · 徐居正 등의 적극적인 후원을 받았다(이수건. 앞 논문 82쪽)"고 하였음에서 제자들의 숭앙과 서거정 등의 후원도 일인이 되었다고 하겠다.

23) 『성종실록』 권159. 성종 14년 10월 임술.

기까지 정3품 당상관에서 정2품까지 승진하고 도승지, 이조참판, 경기와 전라관찰사, 공조와 형조판서 등 추요직을 두루 역임하였다.[24) 또 경관재직기를 통하여 장기간 문교·문한에 종사하거나 지휘하는 경연·홍문관·성균관·예문관·춘추관의 각급 관직을 장기간 겸직하였다.[25)

김종직은 이러한 본직과 겸직으로서 성종대의 정치에 큰 영향력을 발휘하였다. 본직 중 성종 13~14년에 재직한 홍문관 응교·직제학·부제학은 국왕의 시종侍從·고문顧問에 응대하기도 하였지만 홍문

24) 성종 14년~20년의 역관은 다음과 같다(『조선왕조실록』 성종 14~20년조에서 종합).
14년 11월; 우부승지, 16. 9; 행첨지중추, 20. 2; 형조판서,
15. 6 ; 좌부승지, 17. 1; 이조참판, 22. 2; 지중추(퇴거),
15. 8 : 도승지, 18. 5; 경기관찰사, 전라관, 23. 8; 지중추졸.
15. 10 ; 이조참판, 19. 5; 한성좌윤,

25) 성종 13년~20년의 7.5년간의 시기에 있어서 6년여(13년 3월~17년 3월과 20년 1월~8월)에 걸쳐 당시 정치운영의 중심이 된 經筵의 侍講官·參贊官·同知事·知事를 겸대하고 경연에 참여하였고, 6년여(16년 1월~9월·16년 10월~17년 3월·19년 5월~10월 및 20년 1월~8월)에 걸쳐 경연을 전담하고 언론활동을 주도한 홍문관을 지휘하였고, 2년여(16년 1월~10월, 19년 10월~20년 8월)에 걸쳐 訓誨를 주관한 成均館을 지휘하였고, 3년여(13년 3월~14년 10월, 17년 3월~18년 5월)에 걸쳐 文翰을 관장한 藝文館의 知製敎·提學을 겸대하였다(『佔畢齋集』 년보, 『성종실록』에서 종합). 이를 표로 재정리하여 제시하면 다음과 같다(한충희. 위 「점필재 김종직의 생애와 정치·교육활동」 8 쪽 <표 2>에서 전재).

관아별 겸직		성종13년 3월	14년 10월	16년 1월	16년 9월	16년 10월	17년 3월	18년 5월	19년 5월	19년 10월	20년 1월	20년 2월	20년 8월
經筵	侍講官	↔											
	參贊官		↔										
	同知事			←	—	→		외관			↔		
	知事											↔	퇴거
弘文館	提學			↔		↔		〃	↔		←	→	〃
成均館	同知事			←	→			〃		←	→		
	知事											↔	〃
藝文館	知製敎	↔											
	提學						↔	〃					
春秋館	編修官	↔											

관관 선발의 토대가 되는 '홍문록弘文錄'의 작성을 주도하는 관직이었고,[26] 성종 14~15년의 도승지는 이조의 정사를 출납하고 승정원사를 총치하는 관직이었으며, 성종 16~17과 19년의 이조참판은 문반의 인사에 영향력을 발휘한 관직이었다. 겸직에 있어서도 홍문관제학弘文館提學으로서 홍문록의 작성에 간여하였고, 성균관동지사成均館同知事·지사知事로서 성균관유생의 교육에 공헌하였다. 또 홍문관·예문관제학藝文館提學으로서 문과고시관이 되어 인재의 선발에 참여하였다.[27]

또 김종직은 후진의 교육에 노력하여 생애를 통해 다음의 표와 같이 80여명 이상의 문인을 육성하였다. 김종직의 교육활동은 세조 10년 언사로 인해 감찰에서 파직된 직후부터 시작되었고, 이후 함양군수(성종 2~6년)·선산도호부사(성종 7~10년) 재직기,[28] 모상(성종 10~13년) 중과 그 직후,[29] 성균관동지사(성종 16년, 19년) 재직기[30], 일시 퇴거기(성종 16년)와 은퇴기(성종 20년 이후)[31] 등을 통하여

---

26) 김종직이 '홍문록'의 작성에 끼친 영향을 직접적으로 언급한 자료는 확인되지 않지만, 그의 학식과 성종의 총애 및 '홍문록'의 작성이 홍문관 부제학 이하 녹관에 의하여 주도되었음에서 추측하였다. '홍문록'의 작성에 대해서는 崔承熙. 1978.「弘文錄考」.『大丘史學』15·16 합집. 273~277쪽 참조.

27) 『성종실록』 권262. 성종 23년 2월 무신. 이 보다 앞선 예종 1년에는 典校署校理로서 생원·진사시 1所 參試官을 역임하였다(『成化己丑六年九月日生員進士試榜』甲寅字本. 고려대 晩松庫文 소장).

28) 『佔畢齋集』年譜 성종 2년 任所莅事之暇 選境內聰明冠者童蒙 教誘日課講讀 學者聞之自遠方來會. 같은 책. 년보 성종 8년 高靈權生員處智與伯謙兄有舊 亦來肄業.

29) 『佔畢齋集』 년보 성종 12년 楊秀才浚與其弟沈 從洪貢生裕孫自京洛 徒步千里來學, 같은 책. 년보 성종 13년 前執義金先生孟獻遣其子 驥孫馹孫講學 先生授以韓(愈)文.

30) 『성종실록』 권262, 성종 23년 2월 무신 虞庠興 菁莪之敎.

계속되었다. 제자의 입문은 직접적인 수학을 통하여 맺어지기도 하였지만, 제술과차<製述科次>로 인해 맺어지기도 하였다.[32)]

김종직 영정

김종직의 문인교육은 유교적인 이상실현에 가장 적합한 『소학』을[33)] 토대로 하면서 4서5경이나 한유문(韓愈文)을 학습시키는 것이었다.[34)] 또 김종직은 조의제문弔義帝文에 제시되었듯이 의리와 명분에 대한 인식이 확고하였다.[35)] 이러한 김종직의 『소학』을 중시한 실천윤리적인 교육방법과 의

31) 『점필재집』 년보 성종 16년 以病辭 南還密陽田庄 學者從四方來集.

32) 입문경로와 입문시가가 명확한 曺偉 등 15명의 경우에 조위 등 9명은 직접문하에서 수업을 받았고 그 후에 소과(李承彦)나 문과(그 외)에 급제하였으며, 蔡壽등 8명은 김종직이 그들이 급제한 문과 고시관인 인연으로 입문하였다. 입문한 시기가 불명한 48명은 출사자가 30명이고 미출사자가 18명(1명은 종친)이었다. 이중 사관자의 문과급제시기나 출사시기를 보면 趙益貞 등 17명은 김종직이 은퇴한 성종 20년 이전이었고, 方有寧 등 13명은 그 이후였다. 이처럼 조위 등 39명은 김종직으로부터 직접 수업을 받은 후에 문과에 급제하거나 출사하였으며, 채수 등 8명은 과거에 급제한 후부터 수업을 받았다(그 내용은 뒤 <표 1> 참조).

33) 이수건. 앞 논문. 88쪽.

34) 이수건. 앞 논문. 81쪽. 김숙자는 길재의 교육방법을 계승하여 제일 먼저 『童蒙須知』를 가르치고, 이어 『幼學字說』, 『正俗篇』, 『小學』, 『孝經』, 『大學』, 『論語』, 『孟子』 등을 차례로 가르쳤다.

35) 「조의제문」의 내용과 은유적 의미는 李九義. 1996. 「佔畢齋 金宗直의 [弔義帝文] 攷」. 『大東漢文學』 8. 96~16쪽 참조.

리와 명분을 중시한 정치 · 윤리관은 교육을 통해 자연스레이 문인들에게 전달되고 흡수되어졌다고 추측된다.

이를 볼 때 김종직은 성종중기를 통하여 장기간 홍문관과 문한관을 겸대하면서 인재의 추천과 제자의 양성에 열성을 다하였고, 그 중 낙중출신이 중심이 된 수십명의 제자가 삼사직에 진출하여 활발한 정치활동을 전개함으로써 성종대에 영남사림파가 형성되는 한 토대가 되었다고 하겠다.

〈표 1〉 김종직문인 입문경로와 시기[( )는 문과급제·천거 시기, *은 낙중출신][36]

시 기		입문배경		
		受　業	製述科次	계
科業準備期(~세조4)				
外官期	함양군수시 (성종2~6년)	曺偉(성5*),[37] 李承彦(4, 소과),[38] 安覲(25),[39] 南孝溫[40]		14
	선산부사기 (성종7~10)	康伯珍(성8*) · 康仲珍(연1*)[41]		2

36) 『佔畢齋先生全書』, 『燕山君日記』, 『東儒師友錄』, 『濯纓集』 등 문집에서 종합. 입문시기가 불명한 金訢 등 48명에 있어서 김흔 등 17명은 문과에 급제한 때가 김종직이 은퇴하기 전이고 무오사화시에 제술과차로 인한 제자에 포함되지 않았다. 방유령등 13명은 김종직의 은퇴 후에 문과에 급제하거나 출사하였다. 이에서 이들 모두를 입문시기가 불명한 수업자로 파악하였다. 한충희. 위 「점필재 김종직의 생애와 정치 · 교육활동」. 18~19쪽 <표 2>에서 전재.

37) 『연산군일기』 권30. 연산군 4년 7월 신해 以宗直妻弟 自少受業.

38) 동상조.

39) 『佔畢齋先生全書』 권7. 七歲能屬文 受業於先生之門.

40) 『秋江集』 墓碣銘 景泰甲午(1454)生 甫弱冠 已有求道志 負笈從佔畢齋先生之門 成宗三年 公上書請復昭陵.

41) 『東儒師友錄』 권5. 康伯珍 · 康仲珍 行蹟.

시 기		입문배경		
		受 業	製述科次	계
京官期	세조5~8년			
	세조13~성종1년	李昌臣(성5),[42] 李義亨(8),[43] 申從濩(10*),[44] 孫仲暾(19),[45] 金紳.[46]	蔡壽(예1)[47]	6
	성종6~7년	鄭汝昌(천, 성21)[48]		1
	성종13~20	權五福(17),[49] 柳順汀(성17),[50] 李穆(연1),[51] 李仁亨(세14).[52]	崔溥(성13) · 權景裕(16) · 申用漑(18) · 李胄(18) · 李繼孟(20) · 金巓(20) · 李黿(20).[53]	11
母喪期(성종10~13)		金馹孫(13*),[54] 朴漢柱(16*),[55] 金駟孫(17*),[56] 姜渾(17),[57] 金宏弼(25, 천*),[58] 李鐵均(연2*),[59] 李承彦·郭承華,[60] 元槩,[61] 朴亨達.[62]		10

42) 『연산군일기』 권30. 연산군 4년 7월 신해.

43) 위 전서 권7. 遊學先生之門 年二十四擧進士.

44) 『燕山君日記』 권30. 연산군 4년 7월 신해 宗直在京時受業.

45) 위 전서 권7. 早歲從學于先生之門.

46) 위 전서 권7. 早(세조5)孤受學於先生.

47) 『연산군일기』 권30. 연산군 4년 7월 신해.

48) 鄭在景. 1988. 「鄭汝昌年譜」. 『鄭汝昌硏究』. 集文堂.

49) 『연산군일기』 권30. 연산군 4년 7월 신해 宗直同知成均時居館.

50) 『동유사우록』 권5. 柳順汀遺事 嘗受業於金宗直.

51) 『동유사우록』 권5. 李穆遺事 少從遊佔畢公受業.

52) 위 전서. 與從子翮翩翃受業於先生之門.

53) 『연산군일기』 권30. 연산군 4년 7월 신해.

54) 『동유사우록』 권5. 金馹孫遺事 負笈往尋佔畢齋門.

55) 『연산군일기』 권30. 연산군 4년 7월 신해 慶尙道儒生時受業.

56) 『동유사우록』 권5. 金駟孫遺事 年十七受學於文簡公.

57) 『木溪遺逸』 권2. 戊午士禍事蹟 年十七(1480) 始遊畢齋之門.

58) 『연산군일기』 권30. 연산군 4년 7월 신해.

59) 위 전서 권7. 與金宏弼同遊先生之門.

60) 위 전서 권7. 丁酉(성8) 李承彦與進士郭承華安生員 與金宏弼同遊先生之門.

시 기		입문배경		
		受 業	製述科次	계
退去期	세조9~10년	金訢(성2) · 金諶(5),[63] 洪裕孫 · 姜訢,[64] 楊浚 · 楊漑.[65]		6
	은퇴기 (성종20~23)	盧筆(중13) · 安遇(중13) · 鄭世麟[66]		3
입문시기 불명		趙益貞(세11), 表沿沫(성2), 兪好仁(5), 鄭錫堅(5*), 金孟性(7*), 姜景敍(8), 姜謙(11), 周允昌(11*), 李宗準(16), 洪翰(16), 李守恭(19), 方有寧(성20*), 鄭承祖(25), 鄭希良(연1), 任熙載(4), 許磐(4), 莊子健(미), 金用石(미), 閔九齡(미), 朴守堅(미), 孫孝祖(미), 辛永禮(미), 禹善言(미), 李摠(茂豊副正), 河沖(미).		26

3. 낙중사림파의 정계진출과 몰락

1) 낙중사림의 정계진출

낙동강중류지역 사림들은 조선 개국초부터 문과 등을 거쳐 중앙정계에 진출하였다. 그 수를 보면 1392년(태조 1)~1469년(예종 1)까

---

61) 위 전서 권7. 與金宏弼同遊學先生之門.

62) 위 전서 권7. 與寒暄堂一蠹汚拙齋賢托契莫逆受業于先生之門.

63) 『동유사우록』 권5 金訢神道碑.

64) 위 전서 권7. (姜訢)始從餘慶于密陽受杜詩.

65) 위 전서 권7. 浚與弟漑 從洪裕孫 自京洛 徒步千里 來學.

66) 『동유사우록』 권4. 安遇遺事 與盧祖同鄭世麟二秀才 遊載악金文簡公. 같은 조 鄭世麟遺 事與安遇盧祖同 同學于佔畢齋 所謂晩歲得三秀才也.

지는 그 수가 많지 못하였고,[67] 1470년(성종 1)~1502년(연산군 12)에는 다음의 표와 같이 매년 0~5명이 문과에 급제하는 등 성종~연산군대를 통해 42명의 문과자가 배출되었다. 즉 성종 1 · 23년과 연산군 2년에 4명, 성종 5년에 3명, 성종 3 · 11 · 14 · 16~18 · 20에 2명, 성종 6~9 · 12 · 14 · 19 · 25년과 연산군 1 · 4 · 7~8 · 12년에 1명이 급제하는(성종 2 · 4 · 10 · 15 · 21~22 · 24년과 연산군 3 · 5~6 · 9~11년에는 0) 등 성종대에는 33명, 연산군대에는 9명이 배출되었다.

〈표 2〉 성종1년~연산군 12년 낙중출신 문과급제자와 삼사 · 육조, 당상관직 역임자[68]

		성 종																				
		1	2	3	4	5	6	7	8	9	10	11	12	13	14	15	16	17	18	19	20	21
문과		4		2		3	1	1	1	1		2	1	2	1		2	2	2	1	2	
종6 ~ 정3	삼사	1	1	1	1			1	3	4		5		4	4	2	1	2	2	2	4	1
	의정부										1											
	육조	1	1																1	1	2	1
	계	2	2	1	1	0	0	1	3	4	1	5	0	4	4	2	1	2	3	3	6	2
정3 ~ 정1	삼사							1												1	1	1
	승정원								1	1					1	1						1
	의정부																					
	육조	1		1	1	1	1		1	1	1	1			1	1	2	3	1	1	2	1
	기타																		1	1		1
	소계	1	0	1	1	1	1	1	2	2	1	1	0	0	2	2	2	3	2	3	3	4
합계 (종6~정1)		3	2	2	2	1	1	2	5	6	2	6	0	4	6	4	3	5	5	6	9	6

67) 田可植 등 50여명에 달하였다(선산부 29명, 대구 5, 청도 3, 고령 5, 현풍 1, 김산 5, 칠곡 2, 『선산부읍지』 등 낙중 군현 읍지, 『국조문과방목』에서 종합).

68) 『선산부읍지』 등 낙중 군현 읍지. 『국조문과방목』. 『조선왕조실록』 성종 1년~연산군 12년조 등에서 종합.

		성종				연산군												합계	비고
		22	23	24	25	1	2	3	4	5	6	7	8	9	10	11	12		
문과			4		1	1	4		1			1	1				1	42	
종6 ~ 정3	삼사	4	5	5	4	5	2	1	3	3	6	6	1		2	1	2		
	의정부														1				
	육조	2	2	1	3	1	1	2	1						1				
	계	6	7	6	7	6	3	3	4	3	6	6	1	0	4	1	2		
정3 ~ 정1	삼사	1		1	1		2	1			1		1	1					
	승정원	2	3	2	2	2	1		2	1	1	2	1						
	의정부								1						1*	1*			의정
	육조		1			3	1	3	1	1	2	2	2	2	1	1	1		
	기타	1	1		1			2	1	1			2	3	1				
	소계	4	5	3	3	5	4	6	5	3	4	4	6	6	3	2	1		
합계 (종6~정1)		10	12	9	10	11	7	9	9	6	10	10	7	6	7	3	3		

이들 문과급제자가 연산군 4 · 10년에 피화되거나 연산군 12년까지 진출한 관직(관계)을 보면 다음과 같이 허침 등 15명이 당상관직, 최한정 등 9명이 당하관, 성담년 등 18명이 참상관에까지 진출하였다.[69)]

정1품 ; 1명(許琛, 의정)
정2 ; 3명(金宗直, 申浚, 宋軼)
종2 ; 7명(曺偉, 楊熙止, 崔漢源, 申從濩, 成希顔, 金應箕, 申用漑)
정3 당상; 4명(崔漢禎, 金瑄, 金巓, 黃筆)
정3 당하; 9명(金長訥, 朴孝元, 李晟, 康伯珍, 金駿孫, 李世仁, 黃璘,
~종4 方有寧, 鄭鵬)

69) <별표 >에서 종합.

정5~ ; 18명(成聃年, 金成慶, 金孟性, 宋殷尙, 金驥孫, 河潤, 朴漢柱,
종6 金馹孫, 曺世唐, 裵益臣, 金宏弼, 康仲珍, 李鐵均, 鄭僖, 朴闓, 崔重洪, 李紹元, 黃瑋)

정7~ ; 1명(李希曾)

이들이 삼사·육조 등의 당상관 이하 추요직에 재직한 수를 보면 위의 표와 같이 매년 1~12명이 명이었다. 즉 성종 23년에는 12명(당상 5/당하 7), 연산군 1년 11명(5/6), 성종 22(4/6)·25(3/7)년과 연산군 6(4/6)·7(4/6)년 10명, 성종 20(3/6)·24(3/6)년과 연산군 3(6/3)·4(5/4)년 9명, 연산군 2(4/3)·8(6/1)·10(3/4)년 7명, 성종 9(2/4)·11(1/5)·14(2/4)·19(3/3)·21(4/2)년과 연산군 5(3/3)·9(6/0)년 6명, 성종 8(3/2)·17(3/2)·18(2/3)년 5명 등이었다. 즉 낙중출신의 추요직 진출은 성종 7년까지는 1~3명에 불과하다가 성종 8년에 5명으로 증가된 후 19년경까지 이 수가 계속되었고, 20년에 9명으로 증가된 후 연산군 10년까지 10명 내외가 유지되었으며, 연산군 11·12년에 3명으로 격감되면서 계속되었다.

또 김종직 등이 재직한 추요직 – 의정부·육조·홍문관·사헌부·사간원 등 정1~종6품관직을 시기별로 보면 다음과 같이 성종 1~7년에는 당상관이 최한정 등 2명이었고, 정6~정3품관이 김장눌金長訥 등 2명이었다. 성종 8~14년에는 당상관이 최한정 등 2명이었고, 종6~정3품관(이하 당하관)이 김종직 등 15명이었다. 성종 15~25년에는 당상관이 김종직 등 8명이었고, 당하관이 조위 등 16명이었다. 연산군 1~10년에는 당상관이 신준申浚 등 12명이었고, 당하관이 양희지楊熙止 등 18명이었다. 연산군 11~12년에는 당상관이 허침許琛 등 2명이었고, 당하관이 방유령 등 3명이었다. 즉 성종 8~14년 · 성종 15~25년 · 연산군 1~10년에 육조 등 당상관과 삼사 등에 당하관에 재직한 연평균 인원을 보면 각각 전자는 1.1 · 3.1 · 4.7명이었고, 후자는 3.0 · 4.1 · 3.6명이었다.[70)]

그런데 성종 8년~연산군 10년의 정치를 보면 성종 8~14년경과 연산군 4~10년경에는 훈구재상이 중심이 된 의정부 · 육조가 정치를 주도하였고, 성종 15~25년과 연산군 1~3년경에는 영남사림파 · 김종직의 문인이 중심이 된 삼사의 언론활동이 활발히 전개되고 훈구재상과 의정부 · 육조(당상)는 이들의 잦은 탄핵과 논란으로 정치력이 약화되고 능동적인 정무수행이 제약되었다.[71)] 또 신준 · 김종직 · 양희지 · 신종호 · 허침 등은 문재文才 등을 토대로 성종의 신임을 받으면서 강연과 왕명출납에 크게 기여하였고, 허침 · 송일 · 최한후 · 신용개는 연산군의 신임을 받으면서 왕명출납과 국정운영에 크게 기여하였다.[72)] 이러한 낙중출신이 역임한 추요직과 그 수, 김종직 등의 활동을 볼 때 낙중출신은 영남사림파가 성종 8~14년에 홍문관과 대간, 성종 15년~연산군 10년에 육조 · 승정원과 홍문관 · 대간이

---

70) 위 <표 2> · <별표>에서 종합.

71) 『조선왕조실록』 성종 8년~연산군 10년조에서 종합. 그 대표적인 인물로 양승지 · 한명회 · 任元濬 · 任光載 · 尹弼商 · 尹殷老 등 훈척재상, 부당하게 승진된 閔永肩 · 朴元宗, 의정으로서 왕의 뜻에 맹종한 李克培 · 盧思愼 · 洪應 등과 이판에 재직한 李克均(성종 22년) 등이 있다(이중 성종 11~25년에 지속적으로 탄핵된 재상 등은 鄭杜熙. 1994. 『朝鮮時代의 臺諫硏究』. 一潮閣. 109~114쪽 <표 2-3-1> 참조).

72) 『조선왕조실록』. 성종 8년~연산군 11년조에서 종합(김종직은 앞 2-3) 참조).

각각 전개한 활동에서 상당한 비중을 차지한 것으로 추측된다.[73)]

성종 1~7년 ; 당상 – 최한정(대사간), 신준(병조참지 · 참의), 정6~정3 대간 – 김장눌, 박효원, 육조 – 박효원

8~14년 ; 당상 – 최한정(참의), 신준(승지 · 도승지, 참판) 종6~정3 홍문관 – 김종직, 성담년, 조위, 허침, 양희지, 신종호, 김응기, 대간 – 최한정, 박효원, 최한후, 성담년, 김성경, 조위, 정석견, 허침, 김맹성, 육조 – 정이교, 성담년, 김맹성.

15~25 ; 당상 – 최한정(참의), 김종직(승지 · 도승지, 참판, 판서), 신준(판서), 조위(승지 · 도승지, 참판), 정석견(승지), 허침(승지, 대사헌, 참판), 송일(부제학, 승지), 신종호(부제학, 승지 · 도승지, 대사헌, 참판), 김응기(승지) 종6~정3 홍문관 – 조위, 양희지, 송일, 신종호, 성희안, 김일손, 이세인, 김응기, 신용개, 김전, 대간 – 조위, 정석견, 양희지, 강백진, 송일, 성희안, 박한주, 김일손, 이세인, 김응기, 신용개, 육조 – 정석견, 양희지, 송일, 김기손, 하윤, 김일손, 이세인, 신용개.

연산군 1~10 ; 당상 – 김선(병참지), 신준,(판서, 참찬), 조위(동지충추), 정석견(참의, 대사간, 참판), 양희지(부제학, 승지, 대사간, 한성윤), 허침(참판, 판서, 의정), 송일(승지, 참판, 판서), 최한원(승지 · 도승지, 대사헌), 신종호(참판), 성희안(참판), 김응기(승지, 참판, 판서), 신용개(승지, 참판), 김전(대사성) 종6~정3 홍문

73) 성종 1~14년과 성종 15년~연산군 4년에 문과를 거쳐 사관하고 대간관과 홍문관관을 역임한 김종직의 문인과 낙중출신을 보면 그 수가 비슷하였는데, 이점은 낙중출신이 영남사림파와 김종직문인에서 점하는 비중이 어떠하였는가를 잘 보여주고 있다고 생각된다. 문과자와 삼사재직자는 앞 주 18) 참조.

관 – 양희지, 신용개, 김전, 정붕, 박은, 대간 – 김선, 최한후, 강백진, 최한원, 하윤, 박한주, 이세인, 황린, 정붕, 조세당, 배익신, 이철균, 육조 – 신용개, 김굉필, 강중진.

11~12 ; 당상 – 송일(판서), 허침(의정) 정6~정3 대간 – 방유령, 황필, 강중진, 의정부 – 성몽정, 육조 – 최중홍.[74)]

이를 볼 때 낙중출신의 사관은 성종 8년에 본격화되기 시작하여 19년에 그 수가 크게 확대되었으며, 연산군 9년부터 쇠퇴하였다고 하겠다. 이러한 낙중출신의 추요직 진출을 볼 때 연산군대에는 성종대에 비해 사림세력의 진출이 위축되기는 하나, 갑자사화가 발생하기 전즉, 연산군 1~4년에는 성종대 후반의 경향과 차이가 없었던 것으로 추측되고, 5~10년에는 그 수가 감소되기는 하나 계속 다수가 삼사 등의 당하관 이하와 승지 등에 재직하면서 상당한 정치력을 발휘하였다고 하겠다.

2) 낙중사림의 피화와 몰락

낙중출신은 성종 8년경부터 본격적으로 정계에 진출하였고, 성종 15년경~연산군 3년에는 언론활동을 통하여 훈구파와 대립하면서 정치에 큰 영향력을 발휘한 영남사림파의 중심이 되면서 존속하였다.

---

74) 뒤 <별표>에서 종합.

그러다가 연산군 4년 이후에 훈구파의 탄압과 연산군의 성정과 관련된 무오사화와 갑자사화에 김종직의 문인이 중심이 된 영남사림파가 대대적으로 피화됨에 수반되어 다수의 핵심적인 인사가 피화되면서 급격이 쇠퇴하고 몰락하게 되었다.

연산군대에는 4년에 무오사화, 10년에 갑자사화가 발생하면서 세조대 이래의 훈구재상 이하 많은 관리가 살해되거나 유배되는 화를 입었다(피화자는 뒤 <표 3> 참조). 무오사화 때에는 사화가 김일손이 그의 스승 김종직이 지은 조의제문을 사초史草에 기록하여 제출한 것에서 기인되었고,[75] 이와 관련되어 성종중기 이래로 언론을 통하여 훈구재상과 대립하던 영남출신이 중심이 된 김종직의 문인을 두고 "김종직의 문도들은 붕당을 결성하고 서로가 서로의 명예를 칭송하였다"[76]라고 하였듯이 표적이 되면서 많이 피화되었다. 이때 피화된 30명의 성명과 관직은 다음의 표와 같다. 이 중 낙중출신이 김종직(지중추졸), 김일손(이조정랑), 김굉필(형조좌랑), 조위(호조참판), 박한주(헌납), 강백진(사간) 등 6명이었고, 이들을 포함한 김종직의 제자가 27명이었다.[77]

갑자사화는 연산군의 생모인 윤씨의 사사에서 야기된 관계로 그와 관련된 훈구재상 이하 많은 인물이 피화되었지만,[78] 연산군의 언론탄

---

75) 무오사화의 배경과 진행상은 이병휴. 앞 논문. 186~191쪽 참조.

76) 『연산군일기』 권30. 연산군 4년 7월 신유(金)宗直門徒 結爲朋黨 互相稱譽.

77) 그 외의 21명은 權五福, 權景裕, 李穆, 許磐, 姜謙, 表沿沫, 洪翰, 鄭汝昌, 李摠, 姜景敍, 李守恭, 鄭希良, 鄭承祖, 崔溥, 李黿, 李胄, 辛永禧, 洪裕孫, 任熙載, 李繼孟, 姜渾이다(위 <표 1>과 뒤 <표 3>에서 종합).

예림서원 정면(경남 밀양 소재)

압과 연관되면서 그간에 강직한 언론을 전개하였던 다수의 언관역임자와 언관이 피화되었다. 이에 따라 낙중출신인 박한주(전헌납), 강백진(전장령), 김굉필(전좌랑), 조위(참판졸), 박은(수찬), 정붕(전교리) 등 6명이 피화되었다.

무오사화와 갑자사화를 전후한 시기의 낙중출신 인사로서 당상관과 삼사 등의 당하관 이하에 재직한 수를 보면 연산군 4~10년에는 6~10명이었는데 그 중 허침은 우의정에까지 진출하였으며,[79] 11~12년

78) 갑자사화의 배경과 진행상은 이병휴. 앞 논문. 191~193쪽 참조. 피화된 훈구재상은 49명 중 의정과 찬성 · 대사헌을 역임하고 사거한 韓明澮 등 8명, 의정인 成俊 · 李克均과 판중추 李世佐 등 11명이었다(뒤 <별표 3> 갑자사화 참조).

에는 3명이었다. 또 낙중출신으로서 성종초 이래로 출사하였다가 연산군 12년까지 관직에 종사하거나 생존한 인물을 보면 연산군 4년까지는 40여명 중 24명 이상이 피화 · 사거하거나 퇴거하였고,[80] 10년까지는 현직자를 포함한 생존자가 성희안 등 십수명에 불과하였다고 추측된다.[81] 즉, 낙중출신으로서 연산군 5년과 11년 이후까지 생존하거나 관직에 종사하는 인물은 십수명에 불과하였다고 하겠다.

따라서 낙중출신은 연산군 4~9년에는 삼사 등 추요직에 재직한 인물이 그 이전에 비해 1~2명이 감소됨에 그쳤지만 그 토대가 현저히 약화되었다고 하겠다. 10년 이후에는 갑자사화로 무오사화 때에 죽음을 면하거나 새로이 관계에 진출하였던 김굉필과 박은 등이 피화됨에 따라 추요직 재직자가 3명에 그쳤고, 무오 · 갑자사화의 여파로 출신인사의 정계진출이 경색되면서 관직진출자와 사관자가 급격히 퇴조하였다고 하겠다.[82]

---

79) 『연산군일기』 권52. 연산군 10년 4월 병신. 11년 5월 좌의정으로서 졸하였다(권58. 연산군 11년 5월 경자).

80) 다음에 제시된 인물과 같이 金宗直 등 14명이 사거하였고, 金長訥 등 10여명이 퇴직하거나 퇴거하였다고 추측되었다(뒤 <별표>에서 종합. *은 추측). ○사거: 김종직, 최한정, 조위, 정석견, 양희지, 김맹성, 강백진, 김기손*, 김준손*, 박한주, 김일손, 김굉필, 박은. ○퇴직(유배): 김장눌*, 박효원*, 정이교*, 김성경*, 이성*, 송은상*, 하윤*, 조세당.

81) 뒤 <별표>에서 종합.

82) 그 경향은 기묘사화와 을사사화를 거치면서 더욱 심화되었겠지만, 명종 22년초, 선조 4년초- 선조 8년초에 의정부 · 육조 · 승정원 당상관과 삼사의 재직자를 보면 명종 22년초에는 1명이 확인 되었고(사간 金就文), 선조 4년과 8년에는 1명도 없었다(한충희. 위「조선초기 선산과 조선전기 성리학 및 사림파」. 26쪽 <표 4>).

〈표 3〉 사화별 피화자와 낙중출신(*)(관직은 피화당시)[83)]

무오사화(연산군4년)			갑자사화(연산10)					
관직	성명	비고	관직	성명	비고	관직	성명	비고
故형판	金宗直	*	故영의정	尹弼商	훈구	朱溪君	李深源	
이조정랑	金馹孫	*	〃	韓致亨	〃	홍문응교	趙之瑞	
호당	權五福		〃	韓明澮	〃	승지	鄭誠謹	
홍문관교리	權景裕		〃	鄭昌孫	〃	직제학	沈順門	
영안도평사	李穆		고좌의정	魚世謙	〃	부제학	鄭麟仁	
승문부정자	許磐		〃	沈澮	〃	역교리	鄭鵬	선
성균관직강	姜謙		고좌찬성	李坡		역박사	成仲淹	
성균	表沿沫		좌의정	李克均	〃	대사간	柳軒	
이조참의	洪翰		영의정	成俊	〃	역정언	韓訓	
安陰縣監	鄭汝昌		고대사헌	金升卿	〃			
茂豊正	李摠		판중추	李世佐	〃	장령	郭宗藩	
집의	姜景敍		대사헌	權柱		정자	卞亨良	
홍문전한	李守恭		역헌납	朴漢柱	*	병정랑	成景溫	
예문봉교	鄭希良		홍문응교	李守恭		정언	申澄	
예문	鄭承祖		역장령	康伯珍	*	判內侍事	金處善	내시
사인	李宗準		茂豊正	李摠	종친	私奴	金同	노비
사간	崔溥		역사간	崔溥		미사	李自華	
좌랑	李黿		역참봉	李黿		“	朴氣	
정언	李胄		역좌랑	金宏弼	*	홍부제학	張順孫	
형조좌랑	金宏弼	*	역정언	李胄		홍응교	李荇	
未仕	辛永禧		역장령	姜謙		홍직제학	尹碩輔	
秀泉副正	李貞恩		고현감	鄭汝昌				
미사	洪裕孫		고참판	曺偉	*			
호조참판	曺偉	*	대사간	姜詗				
헌납	朴漢柱	*	승지	洪湜				
홍문관관	任熙載		생육신	南孝溫		계	2/38 (훈구재상 · 내시 · 사노 등제외)	
사간	康伯珍	*	역좌참판	洪貴達				
장령	柳廷秀		홍문교리	權達手				
역장령	李繼孟		홍문수찬	朴誾	*			
홍문관관	姜渾		고직제학	金千齡				
계	2/30		홍문교리	洪彦忠				

83) 『연려실기술』 연산조 고사본말 戊午黨籍 · 甲子黨籍條에서 종합.

4. 낙중 영남사림파와 성리학

조선은 개국과 함께 유학(성리학)을 국시로 삼았고, 이 유학은 이후 정부와 관인 · 사대부의 장려와 숭상을 받고 융성하면서 국가의 사상적 토대로 정착하고 국가통치를 뒷받침하였다.

조선의 성리학은 여말선초에 길재가 정몽주 · 이색 · 권근으로부터 성리학을 배우고 고려에 절의를 지켜 선산에 은거하여 효행을 실천하고 후진의 교육에 전념하면서 토대가 되고, 길재의 절의 · 효행과 성리학이 제자인 김숙자와 손제자인 김종직으로 계승되어 조선성리학의 주류가 되었다. 조선초~성종중기의 성리학에 있어서는 다음의 성리학자 계보도와 같이 낙중출신 성리학자인 길재 – 김숙자 – 김종직으로 성리학 계통이 전해지면서 그 토대가 되었다.

〈도1〉 고려말 ~ 조선 선조대 성리학자 계보(*은 낙동강중류지역 출신)[84]

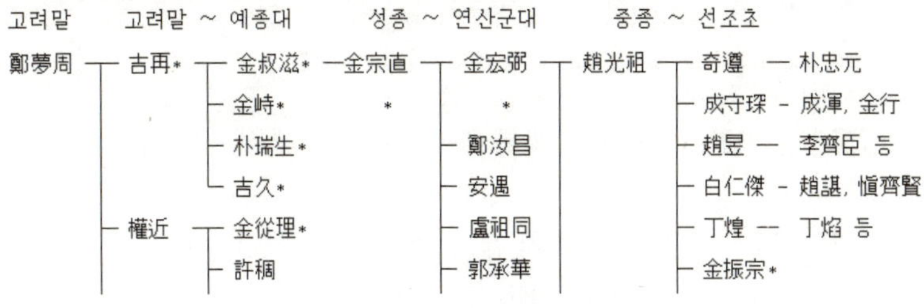

84) 이 글은 2010년 한국학연구원 춘계기획학술대회 '낙중학' 조선시대 낙동강 중류지역의 유학의 1주제로 발표되어 『한국학논집』 40집에 게재된 것을 다시 정리한 것이고, '낙동강중류지역'을 善山~昌寧으로 설정한 관계로 영남사림파의 핵심인물 중 다수가 제외되었다. 또 주제상 기존연구를 인용함이 많았다. 동학제현의 이해를 바란다.

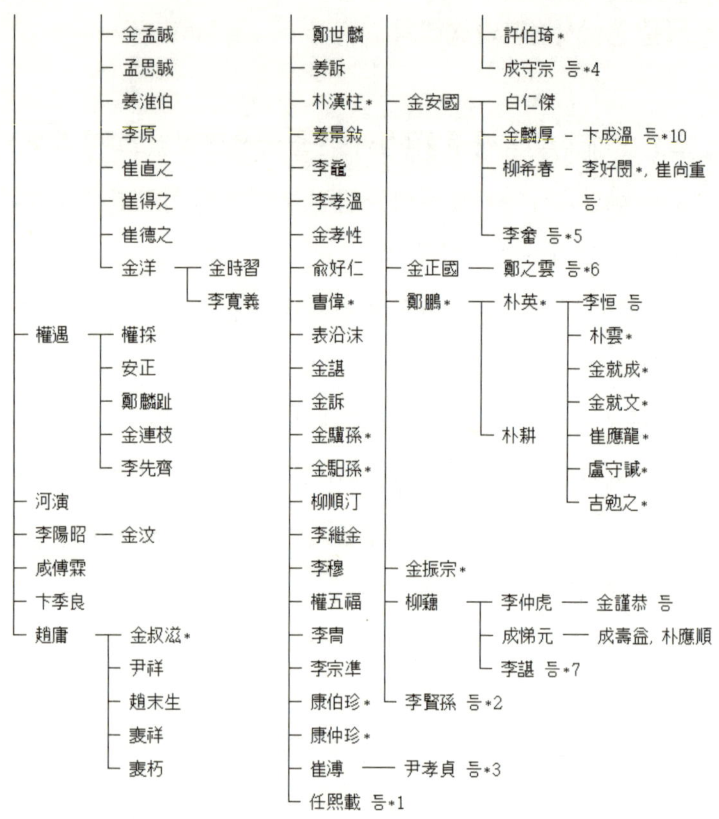

1 方有寧, 元槩*, 李承彦, 李鐵均, 周允昌*, 楊浚, 楊漑, 洪裕孫, 李仁亨, 南袞.

2 崔壽城, 李勣, 成世昌, 李長坤, 禹成允, 禹成勳, 禹成功, 鄭應祥, 尹信, 閔龜孫, 崔忠成, 朴漢參, 柳桂鄰, 孟權, 李長吉.

3 林遇利, 朴誾, 林遇蘭

4 梁山甫, 丁煥, 羅湜, 洪奉世, 鄭源, 尹寬, 洪暹, 李希閔, 李忠楗, 李文楗*, 朴世煦, 尹忭, 李由慶, 崔汝舟, 安曇, 趙希尹.

*5 洪德演, 李之忠, 曺守元, 金漢仁, 許忠吉, 沈連源, 鄭宗榮, 朴蘭, 李塢,

金器, 鄭千齡, 朴壽春*, 朴敢, 權骰, 朴漢老, 成敬忠, 李場, 李增, 韓宗道, 李勤忠, 尹棐, 沈銓, 許忭, 許淮, 朴希年, 朴希載, 朴士豪, 朴士傑, 申漑, 成好問, 柳忠洪, 朴恬, 朴希齡, 林士榮, 洪彦平, 金鉉, 鄭滋, 權沼, 尹玉, 許磁, 尹漑.

*6 朴衡, 柳用諶, 鄭軾, 柳忠良, 柳公竹, 黃彦忠.

*7 禹彦謙, 吳謙, 鄭惟吉, 朴應川, 尙鵬南.

성종후기~중종초에 있어서는 김종직의 학통이 제자인 김굉필과 정여창 등 40여명에게 계승되면서 융성하였는데, 이 중 낙중출신이 김굉필을 위시한 박한주 · 조위 · 김기손 · 김일손 · 강백진 · 강중진 · 방유령 · 주윤창 등 10여명이나 되었다. 다시 김굉필의 제자인 조광조, 김안국, 김정국, 정붕, 김진종, 권우, 이현손으로 계승되면서 조선성리학의 주류가 되었는데, 이 중 정붕, 김진종, 정응상, 박은이 낙중출신이었다(김굉필 손제자 이하 제외).

이를 볼 때 낙중 성리학은 조선초기에는 성리학의 근원이 되었고, 조선중기에는 주류가 된 조선성리학의 토대가 되었다고 하겠다.

5. 맺음말

성종중기에 낙중사림을 중심으로 영남사림파가 형성되게 된 것은 길재의 절의와 교육활동, 성종의 호학과 훈구재상을 견제하고 왕권을 강화하기 위한 영남출신을 중심한 신진학자의 중용, 김종직의 열성적인 제자육성과 천거에서 기인되었다.

낙중사림의 정계진출은 성종 7년까지는 미미하다가 성종 8년부터 활발해지고 성종 19년경부터 연산군 9년까지 그 수가 크게 증대되고 다수가 삼사 등 추요직에 제수되고 판서 이하의 육조 · 승정원 · 홍문관 · 사간원의 당상관에까지 진출하였으며, 연산군 10년 갑자사화를 겪으면서 그 수가 격감하고 쇠퇴하였다.

낙중출신은 성종 8년~연산군 9년에는 영남사림파의 중심이 되면서 다수가 육조 · 승정원 · 사간원의 판서 이하 당상관직과 삼사 · 의정부 · 육조의 직제학 이하 당하관직에 진출하였고, 특히 성종 8년~연산군 3년에는 왕권강화와 관련된 언론기능의 강화와 관련되어 활발한 언론활동 전개하면서 정치에 큰 영향력을 발휘하였다.

낙중출신관인은 연산군 4~12년에는 성종초 이래 정계에 진출하였던 다수가 사거하기도 하였지만, 무오사화에 이어 갑자사화에 다수가 피화됨에 따라 정계진출자가 격감하고 재직자가 감소하면서 정치력이 약화되었으며, 이러한 경향이 후대로 계승되었다.

낙중출신인 길재는 정몽주 · 이색의 성리학을 선산지역에 전하여 조선성리학의 토대를 놓았고, 길재로부터 비롯된 성리학이 김숙자 – 김종직 – 김굉필 – 조광조로 이어지면서 조선성리학의 주류가 되었다.

요컨대 조선초기의 낙중출신은 성종 8년 이후에 다수가 중앙정계에 진출하여 성종 15년경에 성립된 영남사림파의 중심이 되었고, 이후 연산군 9년까지 다수가 육조 · 승정원 · 삼사 당상관 이하에 진출하여 정치에 큰 영향력을 발휘하였다. 낙중은 고려말 성리학의 정통을 길재, 길재의 손제자인 김종직과 김종직의 제자인 김굉필에게 계승시켜 조선성리학의 주류, 조선성리학의 토대가 되게 하였다. 참고로 조선초기 낙중출신 명망인사를 표로 정리하여 제시한다.[85)]

〈별표〉 성종 1년 ~ 연산 12년 낙중출신 명망인사
(문무과 급제 · 삼사역임 · 당상관 재직자)[86)]

성명	생애	본관	가계	문, 무과	역관		비고
					육조, 삼사 (감찰제외)	당상	(최고역관, 출신지, 김종직문인(*))
金宗直	1431~1492	일선	부 叔滋	천, 문 (세조5)	응교(성13), 직제학(성14)	승지 · 도승지(성14~15), 이 · 병 · 예참판(15~17), 형판(20)	판서, 선산
崔漢禎	1427~1486	화순	부 士老	음, 문 (세5)	헌납(성1), 집의(2~4)	대사간(성7), 이참의(8), 형 · 예참의(16~17)	참의, 김산
金長訥		선산	부 安生	문(세11)	집의(성종)		목사, 선산
朴孝元	?~?	비안	부 璟	문 (세11)	이좌(성1), 이정(2~), 행장령(성7), 행사간(성8).		사간, 선산
金瑄		咸昌	부 遇賢	문 (세14)	집의(연산5)	병참지(연8)	咸安君, 선산
崔漢侯		화순	부 善門	음, 문 (성1)	지평(성11), 사간(연6~7, 10)		대사간, 김산
鄭以僑		연일	부 從韶	문(성1)	정랑(?)		정랑, 김산

85) 이 중 金宗直 · 金宏弼 · 鄭汝昌의 문인의 家系 · 入仕路 · 最高歷官 · 根據地는 李秉烋. 앞 책. 19~23쪽 <표 1-2 · 3 · 4> 참조(이장곤은 기묘사화후에 창녕에 은거하였기에 낙중출신에서 제외한다. 뒤의 <별표>도 같다).

86) 『세조~중종실록』, 『國朝人物考』, 『東儒師友錄』, 『國朝文科榜目』, 『善山金氏大同譜』, 『萬姓大同譜』, 『靑丘氏譜』, 『萬家譜』 등에서 종합.

성명	생애	본관	가계	문, 무과	역관		비고
					육조, 삼사 (감찰제외)	당상	(최고역관, 출신지, 김종직문인〈*〉)
申浚	1441~1509	고령	부 叔舟	음, 문 (성1)		병참지(성1), 병참의(3~6), 동부~도승지(8~9), 호 · 이 · 예참판(9~11, 14), 이 · 공판(17~18, 19~20, 연1~4), 우 · 좌참찬(4~8)	부원군, 고령
成聃年	?~?	창령	부 熺	음, 문 (성1)	부수찬(성8), 정언(8~ 9), 이 · 공정(10), 교리(11)		정랑, 창령
金成慶		덕산	부 地	? · 문 (성3)	헌납(성11)		헌납, 선산
李晟			부 保民	문(성3)	문(성3)	행목사(성24)	첨중, 성주
曺偉	1454~1503	창령	부 繼門	문(성5)	수찬(성11), 지평(13), 부응교(15), 장령(22)	동부~도승지(성종22~23), 호참판(24), 동지중추(연산9)	참판, 김산, * 김종직 처남
鄭錫堅	1444~1500	해주	부 由恭	문(성5)	정언(성14), 지평(17~18), 이정(19), 장령 (20), 집의(23)	승지(성24), 병참의(연1), 대사간(3), 이참판(연3~4).	참판, 선산
楊熙止	1439~1504	중화	부 孟淳	문(성5)	부수찬(성9), 교리(19), 병정(20), 장령(23~ 24), 전한 · 직제학(연1~3)	부제학(연3), 좌부승지(4), 대사간(6), 동중(8), 한성윤(9)	대사헌, 대구
許琛	1444~1505	양천	부 蓀	음, 문 (성6)	부수찬(성9), 지평(9), 수찬(14), 직제학(21)	동부~좌승지(성21~23), 대사헌(24), 예 · 병 · 호 · 이참판(25~연7), 이판(8), 우의정(10)	의정, 김산
金孟性	1437~1487	해평	부 遵禮	일, 문 (성7)	정언(성8), 이정(?)		정랑, 성주, *, 서 김종직 자 곤
康伯珍	?~1504	신천	부 愓	문(성8)	지평(성20), 장령(성25), 사간(연4).		사간, 선산, *, 외숙 金宗直

성명	생애	본관	가계	문, 무과	역관		비고
					육조, 삼사 (감찰제외)	당상	(최고역관, 출신지, 김종직문인(*))
宋軼	1454~1520	여산	부 恭孫	문(성9)	박사(성12), 병정(18), 장령(20), 직제학(24)	부제학(25), 동부~우승지(25~연2), 형·공·호·이참판(3~8), 예·형판(9~12)	의정, 대구
崔漢源		화순	부 善復	문(성11)	사간(연1), 집의(1)	동부~도승지(연4~7), 전라관(7), 동중(8), 대사헌(8~9)	대사헌, 김산
申從濩	1456~1497	창령	부 㷀	문(성11)	수찬(성11), 부교리(13 ~16), 부응교(17), 전한(17), 직제학(17~19)	부제학(19), 동부~도승지(20~21), 대사헌(22), 예·병참판(21, 23, 연산1~3)	참판, 고령
宋殷尙		예안	부 ?	문(성12)	승문교리, 성주		
金驥孫		김해	부 孟	문(성13)	병좌(?)		좌랑, 청도, *
金駿孫		김해	부 孟	문(성14)	박사(성19)		직제학, 청도
河潤		진주	부 繼文	문(성14)	예좌(성20~25), 지평(연2)		지평, 선산
成希顔	1461~1513	창령	부 瓚	문(성16)	부수찬, 정언(성24), 부교리(25), 교리(연1)	동중(연9), 형·이참판(10)	의정, 창령
朴漢柱	1459~1504	밀양	부 敦仁	문(성16)	정언(성22), 헌납(연3)		헌납, 대구, *
金馹孫	1464~1498	김해	부 孟	문(성17)	박사(성21), 부수찬(22), 부교리(23), 헌납(23), 교리(24), 지평(24), 이정(25)		정랑, 청도, *
李世仁	1447~1512	성주	부 壁	문(성17)	정언(성24), 교리(25), 예정(25), 지평(연1), 장령(4), 사간(6)		대사간, 선산
黃璘		선산	부 龜壽	문(성18)	집의(연7)		목사, 선산

성명	생애	본관	가계	문, 무과	역관		비고 (최고역관, 출신지, 김종직문인〈*〉)
					육조, 삼사 (감찰제외)	당상	
金應基	1455~1519	일선	부 之慶	문 (성18)	수찬(성13), 집의(성22), 직제학(성23)	승지(성23~연1), 관찰사(연1), 호·공참판(연4~6), 형·공판(6~10)	의정, 선산
申用漑	1463~1519	고령	부 沔	문 (성19)	이·예좌(성23), 지평(25), 교리(25), 이정(연1~4), 부응교·직제학(4~7)	동부~좌승지(연7~8), 형참판(9)	의정, 고령, *
金巓	1458~1523	연안	부 友臣	문 (성20)	부수찬(성20), 수찬(연1), 전한(5)	대사성(10)	대사성, 합천,
方有寧	1460~1529	온양	부 仲止	문 (성20)	집의(연11)		참판, 합천, *
黃筆	1464~1526	덕산	형 璘	문 (성23)	장령(연12)		당상, 선산, *
鄭鵬	1467~1512	해주	부 錫堅	문 (성23)	수찬(연6), 지평(연8),교리(연10)		부사, 선산, *
曺世唐		창령	부 尙謙	문(성23)	정언(연7)		정언, 창령
裵益臣		대구	부 著	문 (성23)	정언(연7)		부사, 대구
金宏弼	1454~1504	서흥	부 紐	천거 (성25)	형좌(연3)		좌랑, 현풍, *
康仲珍	1459~1520	신천	형 伯珍	문 (연산1)	저작, 형좌, 헌납(연12)		판교, 선산, *, 외숙 김종직
李鐵均	1450~1514	벽진	부 末貞	문 (연산2)	정언(연6)		대사성, 칠곡, *
鄭僖		서산	부 成德	문(연2)			현감, 합천, *
朴誾	1479~1504	고령	부 聃孫	문(연2)	부수찬·수찬(연6~7)		수찬, 고령
崔重洪	1466~1533	화순	부 漢禎	문(연2)	예정(연10)		참판, 김산
成夢井	1471~1517	창령	부 聃年	문(연4)	사인(연10)		참판, 창령
李紹元		벽진	부 約東	문(연7)	형좌(?)		좌랑, 김산

성명	생애	본관	가계	문, 무과	역관		비고 (최고역관, 출신지, 김종직문인<*>)
					육조, 삼사 (감찰제외)	당상	
黃瑋	?~1498	덕산	형 璘	문(연8)			판관, 선산
李希曾	1486~1509	초계	부 允儉	문 (연12)			수찬, 합천, 정여창문인
嚴誠	?~1506					참의(?)	참의, 현풍

참고문헌

『定宗實錄』

『世祖實錄』

『睿宗實錄』

『成宗實錄』

『燕山君日記』

『中宗實錄』

『燃藜室記述』

『國朝人物考』

『東儒師友錄』

『經國大典』

『國朝文科榜目』

『木溪遺逸』

『佔畢齋全書(佔畢齋集)』

『秋江集』

『濯纓集』

『善山府邑誌』

『善山金氏大同譜』

『萬姓大同譜』

『靑丘氏譜』

『萬家譜』

『成化己丑六年九月日生員進士試榜』(甲寅字本. 고려대학교 晩松文庫 소장).

李九義. 1996.「佔畢齋 金宗直의 [弔義帝文]攷」.『大東漢文學』8.

李秉烋. 1984.『朝鮮前期 畿湖士林派研究』. 一潮閣.

이병휴. 1996.「사림세력의 진출과 사화」.『한국사』28.

이병휴. 1999.『朝鮮前期 士林派의 現實認識과 對應』. 일조각.

李樹健. 1979.『嶺南士林派의 形成』. 영남대학교 민족문화연구소.

이수건. 1996.「佔畢齋 金宗直의 生涯와 政治·社會思想」.『佔畢齋 金宗直의 學問과 思想』. 金烏工科大學校 善州文化研究所.

李泰鎭. 1991.「士林派」.『한국민족문화대백과사전』11.

鄭杜熙. 1994.『朝鮮時代의 臺諫研究』. 一潮閣.

鄭在景. 1988.「鄭汝昌 年譜」.『鄭汝昌研究』. 集文堂.

정홍준. 1996.『朝鮮中期 政治權力構造研究』. 고려대학교 민족문화연구소.

崔承熙. 1978.「弘文錄考」(『大丘史學』15·16 합집.

崔異敦. 1994.『朝鮮中期 士林政治構造研究』. 일조각.

韓忠熙. 1995.「왕권의 재확립과 제도의 완성」.『한국사』22.

한충희. 1997.「佔畢齋 金宗直의 生涯와 政治·教育活動」.『漢文學研究』12.

한충희. 1997.「善山과 朝鮮前期 性理學 및 士林派」.『韓國學論集』24. 계명대학교 한국학연구원.

김종직과 낙동강 중류 사림의 문학사상

이종호 | 안동대학교 한문학과

1. 낙동강 중류와 김종직

우리는 15세기 후반에서 16세기 초반까지 조선사회에서 활동한 정치세력을 논할 때, 훈구파와 사림파라는 용어를 사용하는데 익숙하다. 이 글에서는 아직 안정된 권력을 구축하지 못했으나 세력화 가능성이 높은 신진 관료 지식인 집단을 '사림'으로 부르기로 한다.[1]

본래 신진 사류였던 김종직金宗直(1431~1492, 善山人, 자 季昷 · 孝盥, 호 佔畢齋, 시호 文忠)과 그 문도들은 모두 훈구에 의해 만들어진 15세기 조선체제와 권력구조의 장(그물망) 안에서 각기 하나의

1) 훈구는 공훈을 세운 공신과 그 계승자 그리고 누대에 걸쳐 관원을 배출한 가문 출신의 기득권 세력이다. 여기에 왕실의 척신까지 더해지면 훈구척신 세력이 되는데, 이러한 기득권 세력은 조선조 전 시기에 걸쳐 존재했다. 따라서 아직 권력에 진입하지 못했거나 진입했더라도 온전한 세력으로 정착하지 못한 집단을 우리는 신진 관료층 혹은 신진 사인층이라 부른다. 이러한 신진 세력 역시 어떠한 역사시기에나 있게 마련이다. 사학적 담론에서 출발한 '사림' 혹은 '사림파'란 용어가 문학적 담론에 유용할 것인가 아니면 장애를 줄 것인가는 토론을 요하는 문제이다.

점으로 존재하며 주어진 장 안에서 순응하는 인간형으로 살아갔다. 그들은 서둘러 현실에 적응하기 위해, 먼저 자기합리화를 통해 주어진 장을 내면화하려고 제각기 애를 썼다. 김종직 그룹이 당시 훈구계층에 속해 있던 관각문인들과 친밀한 관계를 유지한 것도 이 때문이다. 현실에 적응한 뒤, 그들은 어느 시점에 이르렀을 때 자기성찰을 통해 체제의 모순을 깨닫고, 능동적으로 주체를 확립해 나가기 시작한다. 그리하여 마침내는 주어진 장을 변화시키기 위한 방법으로 또 하나의 새로운 장을 만들기로 기획한다. 김종직이 문도교육에 적극적이었던 까닭이 바로 여기에 있다. 새로운 장은 의식의 공유를 통해 스스로 변화의 주체이자 대상이 되는 새로운 인간형으로 나가는 길에서 주어지는 것이었다. 그랬을 때 비로소 '사림'이 역사적 개념으로 자리 잡게 된다. 훈구가 아닌 사림의 정체성과 존재근거를 발견하려는 적극적 의식이 이루어진 것은 김종직 사후의 일이다. 개별이 아닌 집단 차원으로 가해진 '사화士禍'라는 정치적 박해가 동류의식, 집단의식을 고양시킬 수 있었기 때문이다. 그 전까지는 혈연관계, 사제관계, 교우관계, 동향관계에서 생겨나는 유대의식이 이들을 느슨하게 묶어주고 있었다.

김종직은 이황李滉(1501~1570)의 언급이[2] 있은 후로 줄곧 학문

---

2) 李滉, 『退溪集』 卷1, 「和陶集飮酒二十首」 其16, "佔畢文起衰, 求道盈其庭, 有能靑出藍, 金鄭相繼鳴, 莫逮門下役, 撫躬傷幽情."; 『鶴峯集續集』 卷5, 「退溪先生言行錄」, "先生曰, 金佔畢非學問底人, 終身事業, 只在詞華上, 觀其文集, 可知." 이 「和陶詩」에서 이황은 김종직이 문장으로 전대의 쇠미함을 흥기시키자 유학의 도리를 구하는 문도들이 많아졌고 그 가운데 김굉필과 정여창 같은 뛰어난 인물이 나왔다고 예찬했다. 이렇게 보면 김굉필과 정여창의 도학연원을 김종직으로 보는데 아무런 문제가 없어 보인다. 그러나 이황은 김굉필의 도학연원을 김종직에게 두는 것을 극히 꺼려했다. 문장학과

學問(道學)보다 사화詞華(詩文) 전공자로 인식되어 왔다.[3)] 그러나 이황은 김굉필金宏弼(1454~1504)에 대해서 그의 도학연원道學淵源이 분명치 않은 것을 혐의하면서도 중종이 그를 추장한 뜻을 감안하여 '근세 도학의 종장宗匠'으로 인정했다.[4)] 김굉필의 스승이 김종직인데, 김종직을 도학자로 보지 않았기에 응당 김굉필의 도학연원이 모호해질 수밖에 없다. 그럼에도 불구하고 이황은 김굉필이 김종직과 노선을 달리했다는 남효온南孝溫(1454~1492)의 지적을 믿고 그를 도학의 종장으로 치켜 올렸다. 이러한 이황의 인식은 조위曺偉(1454~1503)에 대해서도 그대로 이어져, 조위曺偉를 늘 사모하고 있다고 하면서도,[5)] 도학을 잘 몰라 유자儒者의 학문의리學問義理가 부족한 문인소객의 마음을 지닌 인물로 평가했다.[6)] 이황 이래 김굉필과 정여창鄭汝昌(1450~1504)은 도학전수 맥락에서 거론되고 김종직과 조위,

---

도학을 대립시켜 보려는 관점이 우세했기 때문이다.

3) 李滉, 『退溪集』 卷22, 「答李剛而」, 別紙, "右兩詩往復如此而已. 秋江所謂佔畢, 寒暄相貳者, 今無以考其爲某時某事. 但今以佔畢公全集觀之, 惟以詩文爲第一義, 未嘗留意於此學此道, 而寒暄以是歸責, 雖以師弟之分之重, 固不能志同氣合而終不相貳也. 又豈待形於事蹟, 顯相排擯, 然後謂之相貳耶." 이황과 李彦迪(1491~1553)은 '도학의 전수맥락'에 있어 김종직으로부터 비교적 자유로운 위치에 있었기 때문에 도학적인 관점에서 김종직을 인색하게 평가하는데 과감할 수 있었다.

4) 李滉, 『退溪集』 卷12, 「答盧仁甫」, "但於其間有極難處者, 金先生道學淵源, 固非後學所敢測者, 然以先朝追獎之意推之, 斷然以爲近世道學之宗也."

5) 李滉, 『退溪集』 卷24, 「答鄭子中」, "梅溪集, 此人雖不知此學, 其遺風餘韻, 足以使人興起, 心常慕之."

6) 李滉, 『退溪集』 卷22, 「答李剛而」, "臨淸一記, 文體與相承亭記, 大不相似, 揆以他文字, 亦固可疑. 但其鄕耆所藏寫本所題年月軒號, 如彼分明, 又詳考其語意與所自稱述者, 只似從文人騷客懷抱中來, 略無有儒者學問義理一段氣象, 則爲梅溪之作, 決矣. 古之文章之士, 往往有別出異體之作, 比其他作, 如出二手者, 梅溪此文, 其亦別體者歟."

김일손金馹孫(1464~1498)은[7] 문장가를 논하는 자리에서 자주 등장하게 된다.[8] 이러한 흐름은 다소 일방적이기는 하지만 영남학파의 공통된 인식으로 굳어졌거니와[9] 상당 부분 실제와도 부합되는 것이다.

김종직은 타고난 문학적 재질에 힘입어 중앙문단 진입초기부터 세인들의 주목을 받았다. 김종직이 누린 시인으로서의 성가聲價는 당대를 압도했거니와[10] 후대에 조선 전기 3대가의 하나로 평가되었을 정도이다.[11] 혹자는 서거정徐居正(1420~1488)이 그의 재주를 시기하

---

7) 吳喜昌(1656~?), 『栗里笑方』 卷3, 「與息山處士李萬敷仲舒論文書」, “佔畢齋晦齋之文得於經傳, 濯纓之文得於孟氏局於韓子.” 김종직과 이언적의 문장이 경전에서 득력했고, 김일손의 문장이 孟子에서 득력했으나 韓愈에게서 국한되었다는 지적은 상당히 일리가 있어 보인다. 오희창 역시 김종직과 김일손을 문장가로 대우하고 있음을 본다.

8) 李萬敷(1664~1732)의 『息山續集』 卷1, 「南風幷序」 其11, “文章世相關, 汚隆載治忽, 畢翁始起衰, 王猷煥黼黻, 才俊於斯盛, 嗣興蔚羣哲, 矧爾道學傳, 源流未通徹, (我東道學之傳, 始自圃隱, 冶隱學於圃隱, 佔畢父子學於冶隱, 而猶未大明) 寒蠹奮而起, 劘采歸本實, (寒暄堂一蠹齋兩先生, 受業於佔畢, 而其學全以躬行心得爲主), 廉貪復立懦, 千秋猶激烈.” 이러한 이만부의 인식은 이황의 그것을 수용하여 부연한 것이다.

9) 이만부의 손자 李承延(1720~1806)은 「嶺對」(『剛齋集』 권4)에서, “佔畢濯纓之文章, 寒暄一蠹之道學.”, “徐四佳卞春亭鄭湖陰蔡懶齋洪虛白曺梅溪金東園諸公, 以文鳴世.”, “四佳春亭懶齋虛白梅溪濯纓東園諸公之文, 或涵泓渟蓄, 紆餘演迤, 或風檣陣馬, 馳騁無敵, 若夫佐佑經傳, 淵源濂洛, 布帛菽粟, 各適其用, 取之有餘, 酌之不渴者, 晦退兩先正之文也.”, “魚無跡林芑曺伸權應仁李全仁, 地局而名顯.”이라고 하여, 김종직과 조위・조신, 김일손을 뛰어난 문장가라 했고, “弘儒文昌肇起羅代, 安晦軒禹祭酒鄭圃隱吉冶隱倡明於麗氏, 文敬文獻得傳其學, 文元文純作興於後, 文敎大振, 遂成風俗, 鄕稱鄒魯, 學比洛閩, 童年幼學, 咸究天人, 鶉衣百結, 口譚性理, 圭竇蓽戶, 絃誦洋洋.”, “及乎弘儒, 始配文廟, 乃在王氏, 文成倡之, 祭酒由之, 文忠修之, 冶隱繼之, 昭代之隆, 司藝及之, 佔畢承之, 寒蠹比肩, 並出其門, 寸膠排渾, 明燭炳夜, 道不墜之, 賴有君子, 於是晦翁起於東海, 退陶作於江左, 日月昏衢, 指南迷塗, 顔曾思孟, 正脈不羞, 濂洛關閩, 遺緖煥然, 聖學復傳, 吾道益明, 天生兩賢, 豈偶然哉.”라 하여, 김굉필과 정여창이 앞서 여말의 도통을 잇고 이언적과 이황이 뒤이어 일어난 것으로 보았다. 여기서 중간에 도통 전수맥락이 단절되고 있음을 보게 되는데, 이는 바로 이황이 김종직을 도통반열에서 제외시킨 결과이다.

10) 成俔, 『虛白堂集』 卷7, 「濡溪詩集序」, “先生以詩鳴於世, 縉紳之士, 攀附而席餘光者, 無限.”

예림서원 전경 (경남 밀양 소재)

여 23년 동안이나 대제학大提學 자리에 눌러 앉아 있으면서 문형文衡을 넘겨주지 않았다고 한다.[12] 비록 그가 문형의 자리에 오르지는 못했지만 당대나 후대의 문인들에 의해 변함없이 탁월한 문장가로 인식되었다.[13] 흥미로운 것은 정사룡鄭士龍(1491~1570)이 조선 초기 시인들 가운데 김종직의 시를 아주 좋아해서 비점批點을 쳐가며 숙독하여 자신의 창작 재료로 섭취했다는 사실이다.[14] 정사룡의 시맥이

---

11) 申欽, 『晴窓軟談』 · 張維, 『谿谷漫筆』 · 南龍翼, 『壺谷詩話』 · 洪萬宗, 『小華詩評』 등을 참조.

12) 南龍翼, 『壺谷詩話』, “國初……徐四佳之大手, 可謂我朝之燕許, 而終不詣妙境. 當時李三灘姜晋山一體各有長於四佳, 而其大皆不如, 惟佔畢獨超出, 而四佳終不讓文衡, 難免於佔矣.”

13) 尹根壽의 「贈金學士尙憲序」(『月汀集』 卷5): “世常說, 金佔畢與徐四佳, 論文不相下, 遂失其意. 迨四佳病䂀, 將遞文衡, 而不薦佔畢, 佔畢遂不得柄文, 然佔畢之名日揭海東, 至今婦孺猶道之, 而其他握文者, 或爲其所掩而不甚著, 則豈徒尙其外至之名乎哉. 要有實以副其名焉耳.”

14) 許筠, 『惺叟詩話』, “李益之, 少時學杜詩於湖陰, 一日命取架上諸書, 看之. 到春亭集, 擲之地, 梅溪集則展看, 笑掩之. 盖輕之也. 唯取佔畢集, 熟看不已. 覘之則悉自批抹, 盖好之而取才爲料也.”

삼당파三唐派의 한 사람인 손곡蓀谷 이달李達로 계승되었다는 점에 비추어 볼 때, 김종직이 조선시학사朝鮮詩學史에 끼친 영향 또한 자못 컸다. 김종직은 창작방면에서 뿐만이 아니라 『청구풍아靑丘風雅』와 『동문수東文粹』를 선집選集함으로써, 시와 산문에 대한 비평관점을 제시하기도 하는 등 문장가로서 적극적인 태도를 드러내기도 했다.

김종직은 밀양부密陽府 서편 대동리大洞里에서 태어나 초년에 부친의 사환지인 고령과 성주에서 머물러 독서한 적이 있거니와 벼슬길에 나간 뒤로는 중앙관료로 재직 중이거나 1년여 전라도관찰사로 있던 기간을 제외하고는 줄곧 영남지방에서 활동했다. 조령을 넘어 낙동강 중류가 시작되는 문경, 함창을 기점으로 훈도를 지냈던 영산靈山, 처향인 금산金山(금릉, 개령), 외향인 밀양密陽, 평사評事나 지방관 시절 머물렀던 경주, 함양, 선산, 영해 등 영남의 여러 고을을 왕래하였다. 김종직의 주된 활동공간은 오늘날의 행정구역으로 볼 때 상주 · 의성 · 구미 · 김천 · 칠곡 · 성주 · 대구 · 고령 · 합천 지역, 곧 낙동강 중류에 해당하는 것이다.

김종직은 상주의 낙동진洛東津 동쪽 언덕에 있던 관수루觀水樓나 선산부의 동편 여차니진의 동쪽 산허리에 있던 월파정月波亭에 올라서, 객선客船이나 관선官船, 상선商船이 자유롭게 오르내리는 모습을 바라보며, 15세기 영남 사림의 사상을 온축시켜갔다. 그러나 김종직 시대에 낙동강 중류가 상류의 안동권 계산溪山문화와 하류의 동래권 해안海岸문화를 소통시켜주는 역할을[15] 온전히 수행했다고 볼 수 있는지는 의문이다. 상선을 통한 물류의 소통은 가능했을 터이나 강거

江居보다 계거溪居를 선호했던 조선 사인들의 취향에 비추어, 수로를 이용한 문화 활동이 그다지 활발했다고는 볼 수 없다. 오히려 그들은 부득이 한 일로 강을 건너거나 공무수행을 위해 해로海路를 이용하는 경우, 그리고 특정 계절에 향중인사들과 함께하는 일시적인 선유船遊를 제외하고, 평시에 배를 타고 낙동강을 오르내리는 일을 좋아하지 않은 듯하다. 수로의 위험성을 누구보다 잘 알고 있었을 터이기 때문이다. 따라서 그들은 누대정사樓臺亭榭에서 난간너머로 유장하게 흐르는 강물을 감상하는 한가한 강호풍류를 선호함으로써 영남의 누정문화를 발달시켰다.

김종직은 평사나 목민관 활동의 경험, 『동국여지승람東國輿地勝覽』의 수정과 『선산지도지善山地圖誌』의 제작으로 볼 때, 영남의 지리에도 밝았다. 이 점에서 김종직은 조선 초기 낙동강 중류의 사림문화를 해명하는데 있어 반드시 집중적으로 탐구해야 할 인물인 것이다.

김종직 문도그룹으로는 다음과 같은 인물을 거론할 수 있다. 서울 계방桂坊에서 출생하여 성주목星州牧 가천리伽川里에 터전을 마련한 김맹성金孟性(1437~1487, 海平人, 자 善源. 호 止止堂, 김종직과 사돈간), 금산金山 봉계리鳳溪里 출신의 조위(昌寧人, 자 太虛, 호 梅溪, 시호 文莊, 김종직의 처남)와 조신曺伸(1454~1529, 昌寧人, 자 叔度 혹은 叔奮, 호 適庵, 조위의 庶弟로 김종직의 처남)[16], 청도군淸

15) 강물은 소통과 단절의 두 측면을 지닌다. 물 위에서는 소통이지만 물 밖에서는 단절이다. 배를 이용하여 건너지 못하는 한 중류는 넓은 그 강폭으로 인해 언제나 兩岸을 갈라놓을 수밖에 없다.

道郡 운계리雲溪里 소미동少微洞 출신의 김일손(金海人, 자 季雲, 호 濯纓, 시호 文愍)[17] 등이 대표적이다.[18]

김종직의 문도들은 모두 인재를 고무시키고 사기를 진작시켜 홍문관을 문장에 뛰어난 선비들로 가득 차게 만든 조선 제9대 왕 성종[19] 재위(1469~1494) 기간에 진출한 신진 사인들로, 대부분 사행使行으로 중국과 일본을 다녀왔거나 사가독서賜暇讀書에도 발탁된 이력이 있다. 또한 서로 성종의 시종지신侍從之臣이 되어 수시로 왕명에 응해 「정희왕후애책문貞熹王后哀冊文」, 「내반원기內班院記」, 「환취정기環翠亭記」, 「독서당기讀書堂記」, 「사십팔영발四十八詠跋」과 같은 시문을 짓는가 하면, 『동국여지승람』, 『두시언해杜詩諺解』, 『이륜행실도二倫行實圖』, 『강목綱目』, 『실록實錄』 등 국가의 문헌편찬 사

---

16) "七赴燕京, 三往馬島"한 조신은 서출이라는 신분적 한계에도 불구하고, 김종직이 "叔度吾婦弟, 頗好紙田墾, 弱冠無師資, 能以三隅反, 詩史偏搜討, 經藟亦穮蔉, 仲季若塤篪, 蘭蕙滿畦畹, 充積已有餘, 誰爲發關楗, 時作不平鳴, 班班傾藝苑, 波瀾漸滂沛, 奇峭雜華婉, 鄕人輕節信, 吾力難推輓, 聖朝少遺材, 何況此琰琬, 一日聲徹天, 寧學踰垣遯, 待詔於公車, 得喫太官飯."(『佔畢齋集』 卷14, 「送曺伸, 得本字」)라고 칭송했듯이, 문도 그룹에서 시학으로 가장 탁월한 성취를 보인 문인이다.

17) 김일손은 시보다 문에 능한 문인으로 알려져 있다. 또한 宋時烈이 「濯纓集序」에서 "華人至稱以東國之昌黎."라 했듯이, 한유의 고문을 익혀 문장역량을 제고시킨 것 같다. 權應仁, 『松溪漫錄』 上, "濯纓金先生, 以文章自名, 南止亭常稱曰, 挹翠軒之詩, 濯纓之文, 其文集盛行於世, 而詩則罕傳."

18) 그리고 善山의 鄭鵬(1467~1512, 海州人, 자 雲程, 호 新堂)과 朴英(1471~1540, 密陽人, 자 子實, 호 松堂). 청도의 金大有(1479~1551, 金海人, 자 天佑, 호 三足堂) 등도 있으나, 여기서는 거론하지 않는다.

19) 金安老의 『龍泉談寂記』, "宣廟好文, 纘契兩聖, 寵獎儒林, 逈出常謨, 一時文章魁傑之士, 彪炳玉署, 如梅溪三魁礌溪暨先大夫, 尤被隆眷, 常所述作, 隨月書進, 梅溪礌溪俱以親老丐外, 特致米碩以優其親, 礌溪進稿, 有北望君臣隔南來母子同之句, 上從容賞咏曰, 好仁身雖在外, 心不忘君矣. 梅溪遭艱, 錫祭榮之, 寵及存亡, 人人感起, 鼓舞人材, 振作士氣, 誠千載罕遇之盛也."

업에 참여하여 사신詞臣으로서[20] 실무적 역할을 충실히 수행했다. 뿐만 아니라 김종직과 그 문도 그룹은 함께 무리지어 감문산甘文山 능여암能如菴, 황악산黃岳山 직지사直指寺, 가야산 해인사, 지리산 신흥사 등지에서 유산遊山과 독서를 즐겼다. 이를 통해 김종직을 고리로 하는 영남 초기사림의 세계관과 미의식이[21] 형성되기에 이른다.

여기서 세계관이란 사회적으로 일상의 행동양식을 규정하고 문화적으로 개체의 창작활동을 지배하는 근본법칙이고, 이를 작품창작을 통해 관철해내고자 하는 의식을 '미의식'이라 규정한다. 초기 사림의 세계관과 미의식을 지배하는 것은 성리학적 이데올로기이다. 이 성리학적 세계관과 미의식은 훈구 집단과 대립하는 욕망이나 사상, 감정의 총체로서 초기 사림의 집단의식을 표지한다.

예를 들면, 박구원朴龜元(1442~1506)의 고사구곡古射九曲(밀양)과 조신(1454~1529)의 가야구곡伽倻九曲(합천)[22] 그리고 박하담

---

20) 『明宗實錄』 14년, 기미(1559), 2월8일(경술)조, "暹又曰, 臣聞成宗朝, 如曺偉申從濩俞好仁許琛等, 別以詞臣待之."

21) 새롭게 역사무대에 등장한 일정한 집단이 주어진 현실 구조 속에서 자신의 입장을 개선하기 위해 이루어지는 활동 가운데 정신활동, 즉 새로운 이데올로기를 모색하는 단계가 있다. 특수하고 특권적 사회집단인 훈구 기득권 계층은 기존 사회구조의 보존 방향에서 수구적 이데올로기를 고수하고자 하는 만큼, 정치적으로 새로운 세력을 만들어가는 입장에서는 변화를 지향하는 혁신적 이데올로기를 구축해내기 마련이다. 물론 신구 이데올로기가 갈등하는 하부에는 물질적 이해관계가 첨예하게 대립하게 되어 있다. 물질적 이해관계의 대립이 신구 이데올로기의 대립으로 이어지고, 궁극적으로는 그 대립하는 언어가 구조적으로 문학텍스트에 반영되는 것이다.

22) 權鼈(1589~1671)의 『海東雜錄』 3, 本朝3, 「曺伸」, "效武夷九曲歌, 作伽倻九曲詩, 錄寄金慕齋, 一曲月光寺, 二曲武陵橋, 三曲七姓臺紅流洞, 四曲吟風瀨泚筆岩, 五曲光風瀨霽月橋噴玉瀑吹笛峰, 六曲明鏡潭, 七曲題詩石致遠臺, 八曲伏龍湫, 九曲蓬萊方丈瀛洲."

朴河淡(1479~1560)의 운문구곡雲門九曲(청도) 등이 조선에서 가장 이른 시기인 15세기에 남송南宋 주희朱熹(1130~1200)의 무이구곡武夷九曲을 모방하여 구곡을 경영한 사례로 알려져 있다.[23] 이를 통해 우리는 영남사림파의 형성과 구곡문화의 전개가 매우 밀접한 관련성을 가지고 있으며[24] 아울러 김종직의 문도들이 주자 성리학적 세계관과 미의식을 선도적으로 구체화해가고 있음을 알게 된다.

그런데 영남 초기사림의 문학에 나타난 성리학적 세계관과 미의식은 간단치 않다. 김종직 시대에는 아직 그러한 세계관과 미의식이 확립되어 있었다기보다는 형성되어가는 과정에 있었기 때문이다. 본론에서는 이를 김종직의 문예의식를 중심으로 살펴보기로 한다. 다만 문도 그룹 가운데서 문예활동이 부진하거나 활동자료를 남기지 못한 김굉필이나[25] 정여창 등 도학성향이 우세했던 인물은 자연스럽게 논의의 대상에서 제외하고 조위, 김일손 등 이른바 관각문인으로서 일정한 성취를 보인 인물의 문학과 사상을 중점적으로 검토한다.[26] 아무쪼록 이 번 작업을 통해 초기 사림의 공유 가능한 낙동강 사림의 중류의식을 다소라도 드러내 보일 수 있게 되기를 기대한다.[27]

---

23) 김문기, 「陶山九曲詩의 作品 현황과 創作 경향」, 『退溪와韓國文化』 45, 경북대 퇴계연구소, 2009.

24) 박구원과 조신은 김종직과 師友관계를 맺고 있고 박하담 역시 기묘사화 이후 강화된 사림의식을 체현한 인물이라는 점에서 더욱 그러한 생각을 하게 된다.

25) 김굉필은 서울 정릉동에서 출생하여, 선향 玄風縣 馬山里와 처향 합천군 야로현을 왕래했기에 낙동강 중류 사림에 속한다.

26) 이 논의는 필자가 『조선의 문인이 걸어온 길』(한길사, 2004)에 수록된 김종직에 관한 논의를 확대하여 기술한 것이다.

2. 성정의 도야와 풍교의 실현

김종직은 “문장은 작은 기술이다. 그런데 시와 부는 더욱 문장의 말단이다. 그러나 성정을 다스리고 풍교를 통달시켜 당세에 울리고 영원히 전하는 데에는 시詩와 부賦가 사실상 큰 구실을 한다. 만일 호걸스러운 재주가 아니면 누가 여기에 참여할 수 있겠는가?”[28]라고 했다. 여기서 ‘성정을 다스리고 풍교를 통달시킨다(理性情 · 達風敎)’는 대목은 유가의 수기修己 · 치인治人 논리와 조응되고 있거니와, 이는 시부詩賦가 갖는 내면작용과 사회작용을 말한 것이다. 이 ‘이성정理性情’과 ‘달풍교達風敎’라는 명제는 조선 전기 한시의 주요한 두 가지 경향을 개괄하고 있다.

대체로 선초에서 성종대까지는 ‘풍교’의 실현이 주된 작용으로 인식되었다. 그러다가 점차 신진 사인층이 성장하여 중앙정계에서 활동하기 시작한 중종대, 조광조趙光祖(1482~1519)의 도학정치 시대로 진입하면서 ‘성정’의 문제가 ‘풍교’ 못지않게 문예에서 주요 관심사로 떠올랐다. 그 후 선조대에 이르러 이황과 이이李珥(1536~1584)

---

27) 이번 작업이 진정한 의의를 가지려면, 중류지역의 문학적 색깔이 상류나 하류, 혹은 기타 중앙이나 기호지방의 그것과 어떻게 다른지, 그 차별상을 밝히는 데 기여하는 성과를 제출할 수 있어야 한다. 그런데 과연 어떻게 조선 초기라는 문학 지도를 지역적으로 가늘게 잘라 각 부위의 특징을 명징하게 설명할 수 있을까? 방법론에 대한 모색이 필요한 시점이다. 앞으로 이러한 문제의식을 닭이 알을 품듯이 마음에 담아두고 그 출구를 찾아 玩索해 나가기로 한다. 김종직이나 그 문도들에 대한 연구논저는 일괄해서 말미의 <참고문헌>에서 소개하고 일일이 각주하지 않는다.

28) 金宗直, 『佔畢齋文集』 卷1, 「永嘉連魁集序」, “文章小技也, 而詩賦尤文章之靡者也. 然而理性情達風敎, 鳴于當世, 而傳之無窮, 詩賦實有賴焉. 苟非豪傑之才, 其孰能與於此.”

등에 의해 '성정의 시학'이 더욱 심화되어 갔다. 그런데 김종직은 '풍교'가 '성정' 보다 강조되는 시대를 살았다. 그에 따라 그의 문예도 풍교를 강조하는 방향에서 전개되었다.

김종직은 중원과 동방 양국이 제반 예악제도를 완비하여 새로운 나라로 탈바꿈되어 가는 시대를 살았다. 새로운 나라는 응당 예의가 바로 서는 나라이어야 했다.[29] 그러한 나라 만들기에 김종직과 그 문도들은 적극 참여하여 기여하고자 했다. 동방을 예의가 강물처럼 흐르는 나라로 만들기 위해서 여러 가지 수단과 방법이 모색되었을 것이다. 세상을 경륜하고 백성을 잘 길러내려는 뜻을 가진(經世養民之志) 지식인이라면 누구나 풍속의 교화를 제1의 정책목표로 삼았다.[30] 물론 일차적으로 나라의 근본인 백성을 부유하게 만들기 위해 힘써야 하지만 궁극에 있어서는 풍교가 제대로 실현될 때, 비로소 상하가 안정되어 성인의 왕도정치가 완성된다고 보았기 때문이다.[31]

김종직 그룹은 49제와 같이 불교적 유속流俗에 젖어 있는 제례祭禮를 배격하고 주자 가례家禮 실천을 생활화하고자 했다. 이러한 움직임은 김종직의 아버지 김숙자金叔滋(1389~1456)에게서부터 시작되었다. 김종직은 이를 계승하여『가범家範』을 만들어 문도를 비롯한

---

29) 金宗直,『佔畢齋文集』卷2,「跋成磬叔觀光錄後」, "蓋燕非舊日之燕也, 今爲帝王之都, 東非舊日之東也, 今爲禮義之邦."

30) 金馹孫,『濯纓集』卷1,「敎化說, 送權子汎」, "學者, 莫不爲民也. 苟能善民, 足以壽國, 其道舍敎化, 無以."

31) 曺偉,『梅溪集』卷4,「勸農文序」, "蓋民惟邦本, 食乃民天, 爲人君者, 當先知稼穡之艱難, 然後不以一己之欲自肆, 而節儉愛民, 不奪其時矣. 農不失時, 則民富庶矣. 民富庶矣, 則敎化行矣. 敎化行矣, 則上下安矣. 隆古聖人之治, 不過如斯而已."

당대 사대부 계층에 확산시켜나가고자 했다.[32] 뿐만 아니라 그는 선산부사 시절, 풍속을 바로잡는 데 효과적인 향사례鄕射禮와 향음주례鄕飮酒禮를 시행하여 그 중요성을 주변에 알렸다. 김종직의 문도들은 여말 선초에 나라의 정령政令을 백성에게 전달하여 지방 수령의 정치를 돕고, 향리鄕吏의 횡포를 막으며, 조세의 부과와 징수를 도와주는 등, 백성들의 풍속을 교화하기 위해 설치되었던, 지방 자치기관인 유향소留鄕所를 회복시키고자 노력했다.[33]

다만 성리학적 이데올로기와 미의식으로 무장해가기 시작한 김종직의 계층적 입장을 감안할 때, 여타 훈구계 문인과 달리 '성정의 문제'도 문예에서 소홀히 다루지 않았음이 분명하다. 실제로 김종직 그룹은 문학, 음악, 회화 분야에도 일정한 관심을 기울였거니와, 그 이면에는 이러한 예술 활동이 인간의 성정을 다스리는 데 크게 기여한다고 생각했기[34] 때문이다.

김종직은 『청구풍아』를 엮을 때, '풍교를 기록하고 미자를 드러내어(識風敎 · 形美刺)' 변화 있는 구성을 보이면서도 '성정의 바름(性

32) 曺偉, 『梅溪集』 卷4, 「彝尊錄序」, "況祭禮一事, 尤關風敎, 我國家久染習俗, 士大夫喪祭, 用浮屠, 莫或至此, 獨司藝公, 奮不顧流俗, 一遵文公之禮, 倡於鄕里, 先生又筆之於書, 著爲家範, 一洗世俗之陋, 豈徒金氏一家世守之規, 抑亦當世搢紳之所當法也.

33) 『成宗實錄』 16년, 을사(1485), 1월6일(기축)조, "誠謹啓曰, 鄕射鄕飮酒之禮, 雖若迂闊, 亦正風俗之一端也. 國家已令諸邑行之, 著在令甲, 而一無行之者. 臣聞, 金宗直曾爲善山府使, 擇鄕中有行者, 許參鄕射, 鄕飮酒之禮, 其不得與選者, 咸愧之, 多懷勸勵之志. 請申明擧行. 留鄕所, 國家慮其弊生, 革之已久, 今雖不復, 但擇鄕中有德望者一二人, 糾察一鄕, 則風俗自正矣." 『成宗實錄』 10년, 기해(1479), 4월22일(무신)조에서 조위가 향사례의 시행을 촉구한 바 있다.

34) 金馹孫, 『濯纓集』 卷1, 「書六絃背」, "古人多置琴, 以其能理其性情也."

情之正)'을 깊이 터득한 작품을 이상적으로 생각했다.[35] 그리하여 성정의 바름에서 나오지 않아 감발感發하고 징창懲創하는 효과가 없는 작품은 취하지 않았다.[36] '성정지정性情之正'의 중시는 김종직이 신진 사인층 출신으로 문예에서 훈구계 관각문인과 구별되는 '우월한 도덕성'을 담보해내는 노력의 일단이었다. 선을 칭찬하고 악을 비난하는 '미자'의 강조 역시 이러한 차원에서 이해할 수 있다. 김종직 시대에 문예의 풍교기능은 누구나 강조하면서도 미자의 문제를 본격적

김종직 종택(경북 고령 소재)

35) 金宗直, 「青丘風雅序」, "其間, 識風教 · 形美刺, 開闔抑揚, 深得性情之正者, 可以頡頏於唐宋, 模範於後世."

36) 崔淑精의 「青丘風雅跋」, "余愛而閱之, 其擇之之博, 選之之精, 極盡底蘊, 而諸不出性情之正無所感發而懲創者, 亦無取焉. 信乎, 季昷之於詩, 深造逢源, 而是選又盡玄取之當也."

으로 거론한 경우는 많지 않은 것 같다.[37] 이처럼 김종직은 풍교와 미자를 균형 있게 창작의 원칙으로 수용했다.

김종직은 즐겨 풍속과 역사를 소재로 삼았고, 풍자와 우의를 담아 현실을 비판한 작품도 여러 편 남겼다.[38] 또한 그는 『시경』에 수록된 작품이 감계鑑誡와 풍유諷諭를 잘 보여주었다고 여겼다. 그리고 이러 유형의 작품을 높이 평가했다.[39] 김종직은 『시경』의 '사무사思無邪', 즉 성정지정性情之正을 계승한 두보의 '시사詩史' 정신을 이상적으로 생각하여, 달과 이슬 바람과 꽃(月露風花)과 같은 계절감을 노래하는 순수한 서정시는 안중에도 두지 않았다.[40] 이는 그의 시가창작이 낭만주의적 정조를 되도록 억제하여 현실주의적 정조가 강화되는 방향으로 전개되었을 것임을 시사한다. 『시경』의 '사무사'와 두보의 '시사' 정신을 중시하는 김종직의 시학은 문도인 조위와 남효온에게 수용되어 초기 사림의 시학으로 정착된 것으로 보인다.

『두시언해』를 편찬한 조위는 시의 풍속교화 기능을 긍정하여, 당대

37) 여말의 李齊賢이 「謹齋先生集序」(『謹齋集』 卷1, 關東瓦注)에서 "古者, 置官採詩, 非取其絺章繪句而已. 欲以觀其美刺而爲之勸誡也."라고 한 말은 매우 원론적 시경관을 표출한 것이고, 申用漑(1463~1519)가 「焚書坑儒賦」(應製, 『二樂亭集』 卷7)에서 "復何說夫狂秦之自愚兮, 唯寄興於美刺."라고 하여, "美刺에 興을 붙일 뿐이다"라 한 것 역시 賦 창작의 일반원리를 말한 것이다. 그리고 다른 성종대의 관각문인들의 문집에서는 '미자'를 거론하지 않았다.

38) 향후 다른 지면을 이용하여, 그의 한시세계가 風敎와 美刺의 실천을 기반으로 전개되고 있음을 논할 생각이다.

39) 金宗直, 『佔畢齋文集』 卷2, 「跋松都錄」, "多乎哉. 鑑誡昭, 而諷諭著, 三百篇之旨, 不越乎是矣."

40) 金宗直, 『佔畢齋集』 卷12, 「呈藏義寺讀書諸公」, "詞賦紛紛各鬪雄, 古來只有杜陵翁, 憑君三復無邪頌, 月露風花眼底空."

의 정사를 미자하여 인간의 선악을 감발징창할 수 있다고 믿었다. 그리고 이러한 시 정신을 온전히 이어받아 시가창작으로 연결한 시인으로 두보를 특기했다. 왜냐하면 두보가 당시 유행하던 음염화미淫艶華靡한 습속을 제거하고 안녹산의 난을 겪으면서도 지성至誠에서 우러나 시대를 아파하고 임금을 사랑하는(傷時愛君) 작품을 남겼는데, 그 '충분忠憤'이 격렬하여 영원토록 감동을 주었기 때문이다. 그가 보기에, 인간의 성정에 감동을 주는 두보의 시풍은 '사실을 가리켜 실정을 진술하는(指事陳實)' '시사詩史'를 만들어내었다는 점에서 『시경』과 표리 관계를 이루기에 후대의 음풍농월해서 인간의 성정을 깎아버리는 시와는 비교할 수 없는 것이었다.[41)]

남효온은 "천지의 정기正氣를 얻은 것이 사람이고, 한 사람의 몸을 주재하는 것이 마음이며, 사람의 마음이 밖으로 발로된 것이 말이고, 사람의 말 중에 가장 정밀하고 맑은 것이 시다. 마음이 바른 사람은 시가 바르고 마음이 바르지 않은 사람은 시가 바르지 않다"고 했다.[42)] 그는 『시경』의 「국풍國風」이 그러한 시 정신을 잘 체현體現했는데, 그 때는 산수의 기운이 완전하고 인물의 품성이 온전하였기 때문에,

41) 曺偉, 『梅溪集』 卷4, 「杜詩序」, "詩道之關於世敎也大矣. 上而郊廟之作, 歌詠盛德, 下而民俗之謠, 美刺時政者, 皆足以感發懲創人之善惡, 此孔子所以刪定三百篇, 有無邪之訓也. 詩至六朝, 極爲浮靡, 三百篇之音墜地, 子美生於盛唐, 能抉剔障塞, 振起頹風, 沈鬱頓挫, 力去淫艶華靡之習, 至於亂離奔竄之際, 傷時愛君之言, 出於至誠, 忠憤激烈, 足以聳動百世, 其所以感發懲創人者, 實與三百篇相爲表裏, 而指事陳實, 號稱詩史, 則豈後世朝風詠月, 刻削性情者之所可擬議耶."

42) 南孝溫, 『秋江集』 卷7, 「冷話」, "得天地之正氣者人一, 人身之主宰者心一, 人心之宣泄於外者言一, 人言之最精且淸者詩, 心正者詩正, 心邪者詩邪."

시에 공력을 들이지 않아도 시가 저절로 정밀하고 완전했다고 본다. 그러나 인심이 그릇되고 엷어지며 풍기가 완전하지 못해서 '풍風'이 원망하는 '소騷'가 되고, '소'가 지리한 오언시五言詩가 되고, 오언시가 구속이 많은 율시律詩가 되면서, 시의 본래 정신이 사라져 갔다는 것이다. 남효온은 이러한 추세를 인정하는 기초 위에서 두보나 구양수와 같은 치열한 시 공부의 필요성을 제기했다.[43)]

그러나 동문인 정여창은 시 공부의 필요성을 부정했다. 그는 시가 성정의 발현인 만큼 번거롭게 억지로 공부할 필요가 없으니, 비록 시를 짓지 않더라도 덕이 갖추어지고 경서에 통하면(德備而經通) 그만이라는 입장을 취했다. 송대 성리학을 이해하고 경전에 통달했던 정여창으로서는 주장할 만한 발언이었다. 남효온은 이를 '썩은 선비의 소견(腐儒之見)'으로 치부했다. 남효온은 '마음의 찌꺼기를 깨끗이 녹여 주고 혈맥을 시원히 소통시켜 주는(消融渣滓, 動盪血脈)' 음악 예술의 기능을 이해하고 있던 문예취향이 강한 선비였다. 때문에 쉽게 '사람의 마음을 맑게 하고, 회포를 비우게 하며, 사심邪心을 없게 하고, 호연지기를 기르게 한다'는 시의 기능을 긍정할 수 있었다.[44)] 남

---

43) 南孝溫,『秋江集』卷7,「冷話」, "商周之頌, 桑間之風是也. 然太古之時, 四岳之氣完, 人物之性全, 樵行而歌吟者, 爲標枝擊壤之歌, 守閨而詠言者, 爲漢廣摽梅之詩, 初不用功於詩, 而詩自精全. 自後人心訛漓, 風氣不完, 風變而騷怨, 騷變而五言支離, 五言變而律詩拘束. 漢而魏, 晉而唐, 浸不如古矣. 雖以太白, 宗元爲唐之詩伯, 而所以爲四言詩, 所以爲平淮雅者, 猶未免時習, 視古之稚人婦子, 亦且不逮遠矣. 是故, 士君子莫不於詩下功焉, 如杜詩讀書破萬卷, 下筆如有神, 歐陽子從三上覓之, 而晩唐之士, 積功夫或至二三十年, 始與風雅彷彿者間或有之, 夫豈偶然哉."

44) 이러한 관점은 훗날 퇴계가 말한 '문예의 성정 정화 기능'과 소통되는 것이다. 여기에 대해서는 『퇴계학에세이, 온유돈후』(이종호, 아세아문화사, 2009)를 참조.

효온이 정여창과 달리 시 공부의 필요성을 적극 강조한 이유가 바로 여기에 있다. 남효온은 송대 성리학자도 시를 좋아하여 학습과 창작에 힘썼으므로 성리학자는 시 공부에 치력할 필요가 없다는 정여창의 주장이 그릇된 것임을 환기시켰다. 그리하여 마침내 "백욱伯勖(정여창의 字)이 시를 이단으로 여긴다면, 주자周子(주돈이)와 소자邵子(소옹)를 이단시한다는 것이며, 회암晦庵(주희)을 이단시한다는 것인가!"라고 반문하면서, "점필재 김 선생이 말하기를 '시는 성정을 도야한다(陶冶性情)'고 했으니, 나는 스승의 말씀을 따르겠노라"[45]고 선언했다.

이를 통해 우리는 김종직 문도그룹 내부에 정여창과 같은 학시學詩 부정론자와 남효온과 같은 학시 옹호론자의 첨예한 대립이 있었고, 이러한 유형의 인식을 확장시켜 가다 보면, 후대에 남곤南袞(1471~1527)[46]과 같은 사장 옹호론자와 조광조趙光祖(1482~1519)와 같은 도학 지상주의자의 대립으로 재현될 개연성이 충분히 있는 것이다.

김일손도 조위나 남효온과 같은 시학 옹호론자였다. 이들은 모두 『시경』과 『두시』를 표준으로 하면서도 당대唐代에 발달한 근체시인 율시에 대해 비교적 부정적인 태도를 보였다. 율시가 시인을 하여금 법도와 율격에 구속되도록 하여 시상의 전개를 자유롭지 못하게 만들

---

45) 南孝溫, 『秋江集』 卷7, 「冷話」, "自勖以詩爲異端, 則亦異端周邵乎晦庵乎. 佔畢齋金先生曰, 詩陶冶性情, 吾從師說."

46) 남곤은 김종직의 고제였던 정여창 · 김굉필 · 김일손 · 남효온 등과는 가문배경이나 기질면에서 거리감이 느껴지는 인물이지만, 만년제자로서 스승을 향한 존모는 다른 문도들과 다를 바 없었던 것으로 보인다.

기 때문이다.[47] 그런 연유인지는 모르겠지만, 김종직 그룹의 한시에서 고시창작이 근체시보다 우세한 듯한 느낌을 받는다. 김종직의 경우, 고시 가운데서 내용이 뛰어난 작품을 종종 목도할 수 있는 것도 그 때문인 듯하다.

권오복權五福(1467~1498, 예천) 역시 김종직의 문도인데, 김일손은 권오복의 『관동록關東錄』에 수록된 작품이 『시경』과 『두시』의 전통을 잘 체현한 것으로 보았다. 권오복은 음풍농월하는 선비가 아니었기에 나라와 부모를 위한 흥취와 생각이 강개慷慨하고 격절激切했다. '강개하고 격절하다'는 표현은 김종직 그룹의 문예적 상상력이 지닌 특성이다. 이러한 지평 위에서 그들이 지향한 '충분忠憤'의 정서가 고양될 수 있었다. 김일손은 권오복의 작품에서 성정화되어 있는 충효정신을 찾아내어 일반인의 시가창작과 구별했다.[48] '충효' 역시 김종직 그룹이 추구한 실천윤리의 궁극처였다. 김일손은 비록 충효를 내용으로 하더라도, 앞서 정여창처럼 문예의 형식적 요소를 소홀하게 여기는 태도에는 반대했다. 그래서 그는 "대저 사장은 다만 말단일 뿐이다. 그러나 도덕을 지닌 사람은 반드시 그에 합당한 언어를 남기나니, 언어가 정미해서 사람을 감동시킬 수 있는 것이 시詩이다. 그러니 사장이 또한 도덕과 배치되는 것이 아니다"[49]라고 했다. 도덕 혹은 도

---

47) 金馹孫, 『濯纓集』 卷1, 「四十八詠跋」, "律詩始於唐, 而其法漸密, 雖有高下, 未免規規於法律而詩病, 仰觀風雅, 亦可以觀世變."

48) 金馹孫, 『濯纓集』 卷1, 「題權睡軒關東錄後」, "其所寓興抽思, 無非慷慨激切, 多古人埋朱輪望白雲之懷, 而不少以嘲弄煙月爲事, 嚮之平生忠孝兩段發於性情者, 於斯錄可掬. 其但詩觀乎哉."

학이 사장과 배치되지 않는다는 김일손의 생각은 김종직의 그것과 일치하는 것이다. 이에 대해서는 뒷장에서 살필 경술 문장 일치론에서 상론하기로 한다.

이상의 논의를 통해, 우리는 김종직 그룹의 시학이 기본적으로는 『시경』의 시 정신에 기초하여 성정의 바름을 강조하고, 교화와 미자를 중시하면서도 사장과 도학을 갈등이 아닌 조화의 관점에서 바라보고 있음을 알 수 있다. 이같이 사장을 긍정하는 태도가 보다 진전되면, 조신에게서 보이는 것과 같이, 다양한 시의 풍격을 인정하는 바탕 위에서 작가의 개성을 평가하는 포용력 있는 시론, 작가비평으로 발전하게 되는 것이다.[50)]

3. 경술의 중시와 이승의 추구

조위는 김종직이 도덕과 문장으로 한 시대의 사표가 되었다고 말한 바[51)] 있다. 이처럼 김종직과 그 문도들은 도덕과 문장을 분리 혹은 대립시켜 이해하지 않았다. 한편 조위는 "공자가 '덕을 지닌 이는 반드시 훌륭한 말을 남기지만, 훌륭한 말을 남긴 이라고 해서 반드시 덕을

---

49) 金馹孫, 『濯纓集』 卷1, 「題權睡軒關東錄後」, "若夫詞章, 特末矣. 然有道者必有言, 言之精而有以感發乎人者爲詩, 則詞章, 亦非與道背馳者也."

50) 曺伸, 『謏聞瑣錄』, "詩者言也. 人言之不同如其面, 詩之或奇險華麗, 或豪壯飄逸, 或淸峻典實, 或天然枯淡各異, 而及其圓熟, 自成一家, 則各有所長, 不可是此而非彼也."

51) 曺偉, 『梅溪集』 卷4, 「彝尊錄序」, "文簡公佔畢齋先生, 道德文章, 師範一世."

지닌 것은 아니다.'고 말했다. 화순이 마음속에 쌓여야만 영화가 밝게 나타난다(和順積中, 英華發外). 언어로 드러나며, 문장으로 베풀어지는 것은 모두 덕이 밖으로 드러난 것이다. 공자의 무리가 어찌 붓을 잡고 종이를 희롱하며 문장을 배우겠는가! 사장이 비록 아름답고 언어가 비록 공교롭지만 만일 그 덕이 없다면 사람을 감동시킬 수 없는 것이다"[52]라고 했다. 조위는 덕을 우위에 두고 전개된 공자의 언어(문장)론을 수용했다. '화순적중和順積中, 영화발외英華發外'는 『예기禮記·악기樂記』에 보인다. 「악기」에서는 음악의 창작문제를 논하여, "이런 까닭으로 정의 느낌이 깊어야 문식의 밖에 나타나는 것이 밝고, 천지의 기운이 성하여야만 조화의 물건에 비치는 것이 신묘하며, 화순이 마음속에 쌓여야만 영화가 밝게 나타난다. 오직 악樂은 거짓을 해서는 안 된다"[53]고 했다. 요컨대, 「악기」는 음악 창작에서 작자의 인격과 작품의 풍격이 통일된다는 논리를 전개한 것이다. 인격미와 문예미의 통일은 오래된 유가의 전통 문예사상이다. 중간에 주자는 「악기」에서 '화순적중和順積中, 영화발외英華發外'라는 8자를 절취하여 '유덕자필유언有德者必有言' (『논어·헌문』)과 "충실이유광휘지위대充實而有光輝之謂大" (『맹자·진심하』) 등의 구절을 풀이

52) 曺偉, 『梅溪集』 卷4, 「止止堂集序」, "孔子曰, 有德者必有言, 有言者不必有德, 和順積中, 英華發外, 顯於言語, 施諸文章者, 皆德之著於外者也. 孔子之徒, 豈操觚弄翰, 學爲文者哉. 詞華雖美, 言語雖工, 苟無其德, 不足勸也." 『止止堂集』은 김종직을 師友하여 사돈지간을 맺은 김맹성의 문집이다.

53) 『禮記』, 「樂記」, "是故情深而文明, 氣盛而化神, 和順積中, 而英華發外, 唯樂不可以爲僞."

하여 자신의 이학가적 관점을 선명하게 드러내기도 했다. 따라서 조위의 문학주장 역시 주자의 그것에서 유래한다고 보아야 한다. 다만 조위는 사장을 부정하지 않는 선에서 사장이 감동을 주는 문예로 서기 위해서는 도덕의 내재화가 절실하다고 말한 것이다.

김종직은 성종에게 늘 재상을 사장으로 시험해서는 안 된다고 말했다고 한다. 그러나 성종은 중국의 문사文士가 황제의 명을 받들고 나오면 반드시 함께 수창해야 하니, 미리 익히지 않을 수 없다고 하여 대신들을 문장으로 시험했다고 한다.[54] 이른바 김종직의 사장무용론과 성종의 사장유용론이 대립하는 듯한 느낌을 준다. 그러나 김종직은 사장무용론자가 아니었다. 앞서 논한 조위가 말한 것과 같이, 도덕을 중시하면서 사장과 도학을 조화롭게 운용하고자 했다. 대립과 갈등이 예정되어 있는 양자 사이에서 균형적 시각을 잃지 않으려 한 김종직의 입장은 경술과 문장을 대할 때도 여전히 유지된다.

김종직은 "문장이란 것은 경술에서 나오는 것이니 경술은 곧 문장의 뿌리이다"[55]고 했다. '경술'이란 사마천이 "공자가 예가 없어지고 악樂이 무너져 버린 것을 슬프게 여겨, 뒤미처 경술을 닦아서 왕도를 통달시켰다"[56]고 한 데서 유래하는 바, 일반적으로 '경학經學'과 통용된다. 사마천의 말에서 우리는 예악禮樂의 진흥을 위해서는 반드시

---

54) 『國朝寶鑑』 卷17, 성종조3, 17년(병오, 1486) 11월조를 참조.

55) 金宗直, 『佔畢齋文集』 卷1, 「尹先生祥詩集序」, "文章者出於經術, 經術乃文章之根柢也." 김종직이 스스로 私淑했노라고 한 윤상은 선산출신으로 황간현감으로 부임해 왔을 때, 김종직의 부친 김숙자가 그에게 『주역』의 심오한 뜻을 물었다고 한다.

56) 『史記』, 「太史公自序」, "仲尼, 悼禮廢樂崩, 追脩經術, 以達王道."

경술을 닦아야 한다는 암시를 받는다. 어쨌든 여기서 경술은 이른바 시서육예詩書六藝를 지칭하는 것으로 '육예'는 곧 '육경六經'의 동의어이다. 이어서 김종직은 "만일 능히 그 문장을 통하여 그 이치를 연구하여 정밀하게 살피고 넉넉히 체인하여 이치와 문장이 내 가슴 속에 융회관통하게 되면, 곧 그것이 펴져서 언어와 사부詞賦가 될지니, 공교롭기를 기필하지 않아도 공교롭게 될 것이다"[57]라 했다. 육경의 문사(형식)와 이치(내용)를 총체적으로 터득하면 언어와 문장이 모두 저절로 공교롭게 된다는 말이다. 그러나 현실은 그와는 반대로 전개되고 있었다. '구두나 띄우고 낱말풀이 따위에 매달리는 습속(句讀訓詁之習)'과 '문장만 화려하게 꾸미거나 억지로 짜 맞추는 기교(雕篆組織之巧)'가 경술과 문장의 이원화를 조장하고 있었다. 김종직은 이원화한 구도 속에서는 '왕업의 성대함을 드러내어주는 문장(黼黻經緯之文)'이나 '성리와 도덕을 논하는 학문(性理道德之學)'이 바르게 실현될 수 없다고 보았다.[58]

이러한 김종직의 경술문장 일치론은 주자의 도문일치론道文一致論과 큰 차이가 없어 보인다. 다만 도본문말道本文末이나 중도경문重道輕文에서 벗어나 있을 따름이다. 비록 도본道本을 전제하고 있지만

57) 金宗直, 『佔畢齋文集』 卷1, 「尹先生祥詩集序」, "苟能因其文而究其理, 精而察之, 優而游之, 理之與文, 融會於吾之胸中, 則其發而爲言語詞賦, 自不期於工而工矣."

58) 金宗直, 『佔畢齋文集』 卷1, 「尹先生祥詩集序」, "人徒見夫今之所謂經術者, 不過句讀訓詁之習耳, 今之所謂文章者, 不過雕篆組織之巧耳. 句讀訓詁, 奚以議夫黼黻經緯之文, 雕篆組織, 豈能與乎性理道德之學. 於是乎遂岐經術文章爲二致, 而疑其不相爲用, 嗚呼, 其見亦淺矣. 居今之世, 有能踔厲振作, 拔乎流俗, 上探孔孟之閫奥, 而優入作者之域者, 豈無其人耶."

북송北宋 정이程頤(1033~1107)의 '위문해도爲文害道'와 같이 극단으로 나아가지는 않았다. 김종직의 경술문장 일치론은 당시 관각문인들이 형식적으로 '문장만 화려하게 꾸미거나 억지로 짜 맞추는 기교'에 치우쳐, 문풍이 지나치게 '문승文勝'으로 흐르는 폐단과, 경술하는 산림학자들이 '구두나 띄우고 낱말풀이 따위에 매달리는 습속'에만 매몰되어 실용성 있는 문장구사에 어두워져 가는 '문졸文拙'의 폐단을 아울러 구제하려는 노력의 일단이었다.[59)]

일찍이 김종직은 경술과 문장이 일치된 예로 윤상尹祥(1373~1455, 醴泉人, 호 別洞)의 글을 든 바 있다. 그가 보기에, 윤상의 문장이 평이하고 간략하고 온당하여, 얼핏 보면 마치 질박하고 속된 듯하나, 자세히 완미해보면 흥취가 작작하게 넘치는 즐거움(감동)이 있다는 것이다. 그러한 감동은 어디에서 오는 것일까. 김종직은 육경의 힘에서 연유한다고 했다.[60)] 세종조에 경사에 박통하고 성리학에도 정통한 김말金末(1383~1464)이나 김반金泮(?~?), 김구金鉤(?~1462)

---

59) 김종직의 호인 '佔畢齋'도 '句讀訓詁' 와 관련이 있는 듯하다. '佔畢'이 과연 본인의 自號인지 아닌지에 대해서는 분명치 않은데, 만일 자호라면, 무슨 의도에서 이렇게 붙였는지 자못 궁금하다. 본디 '佔畢'이란 『禮記』「學記」편에 "오늘날 사람을 가르치는 자는 그 '점필'을 되풀이 하고 그 물음을 많이 해서 말이 수다스럽다."(今之敎者, 呻其佔畢, 多其訊, 言及于數.)는 대목에서 따온 것이다. 정현의 주석에는 "呻吟也, 佔視也, 簡謂之畢……言今之師者, 不曉經之義, 但吟誦其所視簡之文."이라 하였는바, '점필'은 '簡冊을 본다.'는 뜻이다. 따라서 '점필'은 경전을 가르치는 교사가 經의 뜻을 제대로 이해하지 못하고, 다만 책에 쓰인 글자만 誦讀하여 사람을 가르친다는 의미를 지니고 있다. '점필' 은 본문에서 말한 '句讀訓詁之習'에 젖은 하찮은 시골 훈장과 유사한 의미를 갖는다고 볼 수 있다. 김종직은 '점필'이라 號함으로써, 시골 경학 선생에 비유하여 자신의 학문이 깊지 못함을 에둘러 겸손하게 표현한 것이다.

60) 金宗直, 『佔畢齋文集』 卷1, 「尹先生祥詩集序」, "爲文章, 雖出於緖餘, 而平易簡當, 乍見若質俚, 而細玩之, 綽有趣味, 皆自六經中流湊而成."

등이, 선초 이래 '사범師範'의 으뜸으로 알려진 윤상의 뒤를 이어 대사성大司成이 되었는데, 그들이 후진 교육과 경학 발전에 공로가 컸으므로 '삼김三金'(經學三金)[61] 또는 '관중삼김館中三金'[62] 등으로 일컬어졌다고 한다. 그러나 김종직은 이들이 경술역량은 상당하였지만 문장역량은 다소 부족했다고 평가했다. 이에 비해서, 윤상은 재덕才德을 겸비한 바탕 위에서 그 문장 역시 모두 육경 속에서 흘러 나왔기에 경술과 문장의 일치를 이룰 수 있었다는 것이다.[63]

김종직의 문도들 사이에는 수기修己를 중시하는 이들이 있는가 하면 치인治人을 중시하는 이들도 있다. 앞서 잠시 언급한 바 있거니와, 이황과 같은 후기 사림들은 김굉필이나 정여창과 같이 수기를 중시했던 이들을 도통의 반열에 넣으면서 김종직과의 도학 수수관계를 부정해 버렸다. 그러나 실제로 김종직 주변에는 도학성향의 인사가 적은 반면 상대적으로 문예취향이 강한 문도들이 많았다. 그들은 대부분 적극적으로 정치에 참여했으며, 문예방면에서도 두각을 나타내었다.[64] 성종대에 적극적으로 정치에 참여하여 사신詞臣의 영예를 누렸

---

61) 徐居正, 『筆苑雜記』 卷1, "金文長公鉤, 金文長公末, 金大司成泮, 皆博通經史, 尤邃性理之學, 同時選授胄監, 誨人不倦, 作成有效, 人稱曰三金, 而泮先逝, 兩金皆年踰八耋, 官躋一品, 俱謚曰文長. 謚法博聞多見曰文, 誨人不倦曰長, 其得此謚宜矣. 尹提學祥時爲胄監之長, 學問尤精, 諸生爭先摳衣, 絲分縷析, 耳提面授, 終日矻矻, 不知倦. 今之達官聞人, 皆公弟子也. 國朝以來, 爲師範之最."

62) 李肯翊, 『燃藜室記述』 別集 卷7, 官職典故, 「成均館」을 참조.

63) 金宗直, 『佔畢齋文集』 卷1, 「尹先生祥詩集序」, "同時據皐比, 如金樞府末, 金司成泮, 金文長鉤, 經術則可爲流亞, 而文章則不能與之爭衡焉. 先生眞所謂有兼人之德之才者也."

64) 남곤은 김종직의 문도 중 表沿沫 · 曺偉 · 兪好仁 · 金孟性 · 金訢 · 金馹孫 등이 文章과 行誼로써 세상에 크게 이름을 떨친 자들이라고 말한 바 있다. 남곤이 열거한 이들

던 인사들은 대부분 연산조 무오사화와 갑자사화의 당사자들이 되고 말았다. 그러나 중종반정 이후 살아남은 문도와 재전再傳 제자 반열에 있던 이들은 서서히 역사의 주역으로 성장해 갈 수 있었다. 그 가운데 남곤은 반정을 주도하여 훈구의 입장에 서게 되자 후진인 조광조와 대립하게 된다.[65] 이를 역사는 사장파와 도학파의 대립이라 말한다. 대립의 결과는 기묘사화를 불렀고, 사장파의 승리로 끝났다. 이쯤에서 궁금한 것은 사장파의 거두로 알려진 남곤의 문학관이다.[66]

남곤은 「점필재집서佔畢齋集序」에서[67] 김종직의 문학사상을 계승

은 모두가 현실정치에 나아가 문장으로 명성을 얻은 자들로, 김종직이 문장학을 경시하지 않았다는 증거이다. 「佔畢齋集序」: "其身尙未崇顯, 四方學者已知有佔畢齋, 而願爲之摳衣焉. 其親薰而成就者, 藍溪表少游 · 梅溪曺太虛 · 濡溪兪克己 · 止止金善源 · 顔樂金君節 · 濯纓金季雲, 皆以文章行誼樹大名於世, 其聞而興起者, 亦能謹守矩矱, 知所取捨, 而駸駸於立言之域."

65) 후기 문도 그룹의 이 같은 대립양상이 과연 김종직과 어떠한 관계가 있는지 생각해 볼 일이다. 필자의 천견으로는 김종직은 사장과 도학에 대한 균형감각을 유지하고 있었으나, 문도들이 이를 수용하는 과정에서 타고난 기질과 지역적 기반(중앙, 기호, 영남)에 따라 각자의 길을 달리하게 된 것이 아닌가 한다.

66) 토론자로서 蕪雜한 원고를 읽고 여러 가지 부족한 점을 일깨워준 윤호진 교수에게 고마움을 전한다. 윤 교수에 의하면, 남곤이나 조위 같은 문인을 (대표적인) 사림파 반열에 넣어서 논하는 것이 적절하지 않다고 한다. 아마도 이는 남곤이 중종반정 이후 훈구의 입장에 서게 되었고, 조위가 從父兄인 曺錫文(세조의 즉위를 도와 佐翼功臣에 책록됨)의 집에서 수학한 사정을 염두에 둔 지적으로 보인다. 즉 남곤은 훈구가 된 사림출신이고 조위는 훈구집안을 배경으로 성장한 사림출신이라는 분석이다. 필자 역시 이러한 사실을 모르는 바 아니다. 다만 본고가 점필재와 그 문도그룹 사이에서 문예를 바라보는 관점의 같고 다름을 논하는 것을 목표로 하고 있기에, 일부러 출신배경의 여하에 큰 비중을 두지 않으려 했다. 본고에서 일부러 '사림파'란 용어를 피하고 '신진 사인', 혹은 '신진 사림'이라는 용어를 자주 사용하게 되는 까닭도 여기에 있다. 또 한 가지 덧붙인다면, 점필재 문도그룹의 가문이나 성장배경을 낱낱이 파헤쳐 보면, 훈구와 전혀 무관한 인물이 거의 없다는 사실 역시 그리 놀라운 일이 아닐 것이다. 훈구가 기득권 세력으로 중앙권력을 독점하고 있는 상황에서, 신진 사인들은 본인이 뜻하였건 아니건 간에 훈구세력의 磁場圈을 쉽게 벗어날 수 없었을 것이기 때문이다.

하여 '경술과 문장의 일치'를 하나의 이상으로써 긍정했다. 그러나 이상을 구현한 작가의 출현이 드물었다고 하면서, 이상에 접근한 작가로 여말선초의 이제현李齊賢(1287~1367)·이색李穡(1328~1396)·정몽주鄭夢周(1337~1392)·권근權近(1352~1409) 4인을 꼽고, 그러한 이상이 한 동안 구현되지 않았다고 했다. 그 결과 문장을 화려하게 얽어내려는 풍조가 만연하여, 문장의 정도正道가 사라질 지경에 이르게 되었는데, 김종직이 퇴조하는 문풍을 진작시켜 정도로 복귀시켰다고 한다.[68] 즉 남곤은 여말 이제현에게서 출발한 문장학의 적통이 이색→정몽주→권근으로 이어졌다가 중간에 막혔는데, 김종직이 이를 회복했다고 본 것이다.[69] 여기서 흥미로운 것은 권

---

67) 당초에 점필재의 시문은 그의 생질 康伯珍 등이 시문 25권과 「彝尊錄」을 모아 曺偉의 편집·교정을 거쳤다. 이른바 『佔畢齋集』의 초고 정리가 이루어진 셈이었다. 1494년 成宗은 이를 繕寫해 올리도록 했으나 승하로 인해 간행되지 못했다. 1496(연산 2)년에 그 중 일부가 전라도감사 鄭錫堅(점필재 문인)에 의해 간행되었고(李世英의 日記), 또한 李昌臣 (점필재 문인)의 요구에 따라 1497년과 1498년에 걸쳐 鑄字로 전체 5권이 간행된 바 있다고 하나, 사실 여부는 확인할 수 없다. 그 후 戊午士禍로 『점필재집』은 소실의 위기를 맞은 듯하다. 그러다 기묘사화 직후인 1520년에 康仲珍(점필재 문인, 생질)이 남은 殘稿를 수집하여 善山에서 다시 간행을 보게 된다. 25권(詩集 23권·文集 2권) 8책으로 된 이 목판 초간본에는 권수에 남곤의 서문과 「弔義帝文」이 수록되어 있었다. 이 때 서문 속에서 남곤은 거침없는 필치로 당대의 문풍과 사장파의 입장을 잘 드러내었다. 『점필재집』의 간행경위에 대해서는 『韓國文集叢刊』 12, 『점필재집』에 대한 吳世玉의 해제와 장인진 교수의 「조선 초기 낙중 사림파의 형성과 전개」에 대한 토론문을 참조.

68) 南袞, 「佔畢齋集序」, "自經術文章判而爲二, 功文之士名溢於縹囊, 而求其粹然一出於正, 則雖以漢唐宋之盛而代不過數人. 吾東方自高麗氏以來, 文風大盛, 豪傑之才以文名世者, 前後相接也, 而其醇而無疵者, 益齋李文忠圃隱鄭文忠而止耳. 我朝初興, 有若牧隱陽村諸公, 爲斯文立赤幟, 其爲文章渾厚磅礴, 泛溢奫淪, 莫可涯涘, 雖謂之轇轕宇宙無愧矣. 風流旣遠, 漸背本初, 組織穠麗, 靡所不至, 而文爲之蔽, 於是先生起而振之, 煥然復歸於正."

근 이후 문형을 잡았던 서거정이나 성현과 같은 이들을 문통文統의 맥락에서 빼고 언급하지 않은 대목이다. 남곤은 정도에서 멀어져 간 문장을 '조직이 화려하여 이르지 않은 곳이 없다(組織穠麗, 靡所不至)'고 비판한 바 있다. 이는 아마도 관각체가 지닌 폐단을 지적한 것으로 보이는데, 남곤이 당시 관각 대수大手들의 문장을 정도로 보지 않았다는 증거이다.

남곤은 김종직이 문통을 계승한 이유를 '학문이 밑받침되어 문사가 이루어진 것'에서 찾았다. 김종직이 경술과 문장을 일치시켜 '혼연하게 자연으로 이루어지고, 진부한 말을 깎아 버리는(渾然天成, 刊落陳言)' 고문을 구사하여 일세의 문풍을 창도했다는 것이다.[70] 김종직이 창도한 고문풍은 그의 문도들에게 수용되었음은 물론인데, 그래서 남곤은 "아! 선생이 사문斯文에 끼친 공이 크도다"[71]고 예찬하였다. 김종직의 또 다른 문도였던 이원李黿(?~1504, 慶州人, 자 浪翁, 호 再思堂)도 스승의 시호를 '문충文忠'이라 정한 이유를 밝히면서, "종직은 처음으로 정심正心의 학문을 창도하여, 후진들을 교육함에 정심으로 근본을 삼도록 하였고, 사도斯道를 자임하고 사문斯文을 흥기시키는 것을 자기의 책임으로 삼았으니, 그 공은 오히려 공명사업이 탁월한

69) 허균도 「答李生書」(『성소부부고』 제10권)에서 "중간에 김문간(김종직)이 포은과 양촌의 문통의 맥락을 얻어서 사람들이 대가라 일렀다(中間, 金文簡得圃陽之緖, 人謂大家)"고 하여, 포은→양촌→점필재로 문통이 이어졌음을 인정한 바 있다.

70) 南袞, 「佔畢齋集序」, "蓋先生生嶺南, 早以英材絶識私淑於家, 有志聖賢之業, 學充於身, 而發爲文詞, 機軸之高, 渾然天成, 刊落陳言, 力爲古文, 以與一世倡."

71) 南袞, 「佔畢齋集序」, "噫, 先生之有功於斯文, 大矣."

자보다 더 나은 점이 있다"고 말한 바 있다.[72] 남곤이 위에서 말한 '사문' 역시 정심에 기초한 정통유가들의 문예를 가리킨 것으로 볼 수 있다.[73] 이처럼 김종직의 경술문장일치론은 남곤과 같은 사장성향의 문도들에 의해 계승되어, 이상적인 '고문관'으로 정립되어 가고 있었던 것이다.[74]

김종직도 일정기간 태평성대를 구가하는 관각문인의 반열에 참여하여,[75] 훗날 동방의 거벽으로 불렸다.[76] 김종직 문예의 장처는 '문

---

72) 『成宗實錄』 24年 正月, 乙亥條, "宗直始倡正心之學, 誘掖後進以正心爲本, 身任斯道興起斯文爲己責, 其功, 反有賢於功名事業之卓然者矣."

73) '正心'은 사대부로서 지켜야 할 고유 규범과 정도를 넘어서지 않았다고 자부했던 신진 사류의 도덕적 정당성을 분명하게 표지해 주는 낱말로, 뒷날 퇴계학의 핵심적 용어가 되었다. 또한 '正心'은 사대부의 본래적 규범과 기준에서 이탈해 갔던 勳舊나 權貴와 사림을 차별화 할 때 종종 사용되기도 한다.

74) 成俔은 『慵齋叢話』에서 김종직의 『東文粹』와 『靑丘風雅』을 두고 "金季醞踵而成之, 名曰東文粹. 季昷, 專惡文之繁華, 只取醞藉之文, 雖致意於規範, 而萎薾無氣, 不足觀也. 其所撰靑丘風雅, 雖詩不如文, 詩之稍涉豪放者, 棄而不錄, 是可膠柱之偏"라고 하여, 김종직의 문예의식을 융통성이 없고 편협하다는 의미의 '교주고슬'에 비유한 바 있고, 또한 「文變」에서는 "大抵詩文華麗則取華麗, 淸淡則取淸淡……各成一體而自底於法, 豈有愛梅竹而欲盡廢群卉, 好竽瑟而欲盡停衆樂乎. 此崇善子膠柱固執之見也. 崇善雖死, 而譊譊者猶未已, 故作文變以曉世之學爲文者"(『虛白堂文集』 권13)라고 하여, 문예의 다양성을 인정하지 않으려는 김종직의 편향적 문예의식이 문도들에 의해 여전히 지켜지고 있음을 개탄스럽게 생각했다. 여기서 번화한 문장이나 호방한 시편을 멀리하고 온자하고 규범 있는 시문을 추구한다는 문예정신은, 곧 김종직과 당시 신진 사인층이 지니고 있던 審美理想에 부합하는 것이었다. 그에 따라 김종직의 후예들은 문예의 다양성과 자율성을 긍정하는 관각파 문예라는 '중심적 흐름'에서 점차 벗어나, 理法을 우선시하여 규범 있고 온자한 미적 경계를 體現하는 새로운 문예를 추구하기 시작하여, 마침내 이황의 시대에 이르면 溫柔敦厚의 미의식이 확고한 사림파의 문예정신으로 정착하게 되는 것이다.

75) 김종직이 중앙문단에서 활동했을 때, 先進으로는 최항(1409~1474)·김수온(1409~1481)·신숙주(1417~1475)·서거정(1420~1488)·이승소(1422~1484)·강희맹(1424~1483)·노사신(1427~1498) 등이 생존하고 있었다. 이들은 모두가 세종조의 집현전 출신이었지만 성삼문 등의 사육신과는 길을 달리하여 공신록에 오름

사와 이치가 모두 갖추어져 있는(詞理備)' 데 있다.[77] 그러면서도 한편으론 '이승理勝'[78]한 문장을 선호하여, 이치에 나아가지 않고 한갓 문자의 말단 기예에만 급급하여, 조궤조직雕繢組織을 공교롭게 여기거나, 휼기험삽譎怪險澁을 신기하게 여기는 것에는 반대했다. 그 대신 김종직은 '세상 쓰임에 절실하고 의리를 잘 밝힌(切世用·明義理)' 작품을 높이 평가했다.[79] 김종직이나 김일손은 이승한 문장을 구사한 고문가로 한유와 구양수를 상정한 듯하다.[80] 이렇게 볼 때, 우리는 김종직이 문사와 이치의 통일을 지향하면서도 경세적인 실용성과 도덕적인 의리성을 담아낸 이승한 문장을 이상적인 것으로 생각했음

으로써 勳舊의 대열에 편입되었다. 따라서 향촌에서 성장한 김종직과 달리 이른 시기부터 궁정의 화려한 분위기를 몸에 익힌 문인들이었다. 그 가운데 서거정은 권근의 사위로 선초의 관각문예의 전통을 온전히 계승하였기에, 조선 전기 관각파를 이끈 유력한 지도자 가운데 하나였다. 김종직이 중앙관인으로 진출한 이후 말년에 이르기까지, 서거정은 20여 년이 넘도록 문형을 잡아 줄곧 문단의 종장으로 세인의 추숭을 한 몸에 받고 있었다.

76) 李睟光, 『芝峰類說』, "我國之人, 用功於詩學者衆矣, 至於散文則全不着力, 故鮮有可觀. 如容齋湖陰, 亦不能工於文, 佔畢齋號爲東方之巨擘, 而多用俗下文字, 其他何說焉."

77) 張維, 『谿谷漫筆』, "我朝之文, 大不如前麗. 稱名家者三, 乖厓佔畢及近代崔簡易. 三家短長, 余於簡易集序略論之. 佔畢似最優, 以其詞理備耳."

78) 성리학들은 "天理가 人欲을 이긴다."거나 "理가 氣를 이긴다."는 의미로의 '理勝'을 주로 사용한다. 또한 程明道가 "남과 이야기할 적에 理性으로 자기의 감정을 억누르면 일이 명백하게 해결되지만, 화난 기분으로 대하면 아무리 좋은 말이라도 기분이 상해서 상대방이 듣지 않게 된다."(『近思錄』 권10, 政事類, "凡爲人言者, 理勝則事明, 氣忿則招拂.")고 했을 때도 '이승'이란 말이 쓰였다.

79) 申從濩, 「東文粹跋」, "夫文以理勝爲主, 不于其理, 而徒屑屑於文字之末, 以雕繢組織爲巧, 以譎怪險澁爲奇, 則皆公所不取. 惟切世用·明義理, 然後取之."

80) 金宗直, 「佔畢齋集」 卷12, 「呈藏義寺讀書諸公」, "擇焉不精語何詳, 百氏膠膠大道荒, 砥柱中流配山斗, 至今韓後說歐陽."; 『濯纓集』 卷1, 「非鄂人對」, "或曰, 退之立言, 是也. 平生好古道, 爲理勝之文,"

을 알 수 있다. 김종직의 이승위주의 문학관은 여러 문도들에게 전수되었을 것이다.

남곤은 일찍이 생원 · 진사시에 합격한 이듬해인 1490년(경술, 성종 21) 김종직의 문하에 들어갔다.[81] 남곤의 제자례弟子禮를 받은 김종직은 그의 재주를 칭송하면서 격려해주고 마지막으로 남곤에게 말하기를 "문장은 쓸데없이 길게 늘어져서는 절대로 안 되고, 반드시 이치가 분명해야 한다. 말을 할 때에는 다만 평범한 이야기(尋常說話)를 가지고 참신하게 표현(點化)하면 그만이다"[82]라고 했다. 남곤은 이를 평생토록 잊지 않고 실천에 옮기려 힘썼다고 한다.[83] 남곤에게 들려준 김종직의 말 속에서 '이승위주'의 문장관이 반복되고 있음을 본다. 또한 김종직은 이치가 분명한 문장을 구사하려면 까다롭고 어려운 전고를 끌어다가 이야기를 하지 말고, 평범한 이야기를 생동감 있게 표현하는 것이 좋다고 했다. 이 같이 김종직의 문장관은 정보의 전달측면이 매우 강조되어 있다. 풀어 말하면, 남이 알아듣도록 조리가 분명하고 쉬운 말로 글을 쓰라는 주문이다. 말의 알맹이가 중요한 것이지 껍데기는 그렇게 중요하지 않다는 것이다. 그렇다고 김종직이 수사修辭의 기능을 홀시한 것은 아니다. 그는 심상설화에 점화點化를

---

81) 南袞, 「佔畢齋集序」, "昔在庚戌歲, 袞以諸生操所業, 請益於門下, 先生謬加奬譽, 多以不敢及者勗之. 末用數語擊蒙曰."

82) 南袞, 「佔畢齋集序」, "文切忌冗長, 須要理致分明, 至於下語, 則只就尋常說話, 加點化耳."

83) 南袞, 「佔畢齋集序」, "袞時方弱冠, 尙能默有所會. 自是每當構思, 輒記先生之言, 荏苒三十載, 了然在耳. 袞粗解文句, 所有今日者, 罔非先生賜也."

가해야 한다고 했기 때문이다.[84)]

후대에 김안로金安老(1481~1537)는[85)] "무릇 사장도 육경에서 흘러나온 뒤에야 이승하는 글이 됩니다. 사장으로서 이승하지 않으면 글이라 할 수 없습니다. 만약 시부를 짓는데 이승하게 된다면 어찌 시부를 천하게 여기겠습니까"[86)]라고 했고, 또한 "무릇 시를 지을 때는 운치가 심원하고 이치가 뛰어난 것을 위주로 해야 하는데, 저 말과 뜻이 궁하여 한번 읽으면 바로 끝나버리는 것은 말할 것이 못된다"[87)]고 해서, 김종직의 문학사상을 그대로 수용하고 있다. 김안로 시대의 문단상황을 짚어보자면 이렇다. 조광조의 도학정치가 추진되자 그로 인해 사장학이 한 동안 위축되었다. 그러다가 기묘사화로 조광조가 제거되고 사장파가 정권을 잡자 다시 사장학을 진흥하려는 움직임이 일어났고, 그 과정에서 김안로와 같은 발언이 나오지 않았나 싶다.

여기서 우리는 사장파의 기본입장을 확인할 수 있는데, 기본적으로 사장파는 경학을 실학으로 보고 경학에 힘쓰는 것을 문제 삼지 않았다. 또한 그들은 사장에만 골몰하고 경학을 돌보지 않았을 때는 부화

---

84) '點化'는 修辭의 다른 표현이다. 이는 후대의 이황이 지녔던 문장관과도 서로 소통되는 점이다. 이황의 문장관에 대해서는 「퇴계미학의 기본성격」 하(이종호, 안동문화 제10집, 안동대 안동문화연구소, 1989)를 참조.

85) 김안로는 김종직의 문도인 金訢(1448~1492)의 아들로서 간접적으로 김종직의 문학론을 수용했을 가능성이 높다.

86) 『中宗實錄』 31년, 병신(1536), 2월6일(신묘)조, "大凡詞章, 出於六經, 然後爲理勝之文矣. 詞章而非理勝, 則不可謂之文矣. 若能製詩而理勝, 則豈以詩章爲賤乎."

87) 『希樂堂文稿』 卷4, 「作詩」, "凡爲詩, 要以韻遠理勝爲主, 彼辭與意窮, 一讀便了者, 旣不足言."

浮華로 흐르게 되고, 다만 실학에만 힘쓰고 사장을 돌보지 않게 되면 사리에 통창하지 못한 폐단이 있다는 사실을 직시했다. 그래서 실학에 힘쓰면서 사장에도 능한 인재의 출현을 대망했던 것이다. 이런 경학과 사장에 밝은 인재는 사리에 두루 통할 수 있어 언제나 국가를 위해 보다 널리 쓰일 수 있다. 더구나 국가로서는 현실적으로 사대외교를 위해 이러한 인재의 확보가 절실히 요구되었던 것이다.[88] 김안로의 발언에서 보듯이, 문장을 업으로 하여 생활하는 이들에게 '이승위주'의 문학관은 하나의 당위로 받아들여졌던 것이다.

대체로 문장학에서 쓸모 있는 글을 만들어내기 위한 조건으로 '이승'을 요구하게 된다. 그럴 때 '이승'은 사화詞華를 억제하여 '글의 조리와 알맹이'를 갖추라는 주문이다.[89] 후대로 내려가면, 이승理勝에서 '이理'를 정주가 주장하는 '성즉리性卽理'의 그 '이理'로 보아, 정주성리학程朱性理學을 해야만 이승한 문장을 구현할 수 있다고 생각하는 이도 생겨났다. 그들은 읽고 이해하기에 까다로운 육경고문六經古文을 오활하고 진부한 말이라 하여 이승한 글이 아니라고 했다. 오히려 읽고 이해하기 쉬운 글이 정주의 저작이라고 보는 것이다. 이

88) 『中宗實錄』 31년, 병신(1536), 2월6일(신묘)조, "近於實學者, 務實學. 其只治實學, 而不爲詞章者, 不能通暢, 故終爲無氣之人, 而只任訓誨之職而已. 其長於詞章者, 多有發揮之事, 故該通於事理. 是故國家之任用, 亦多其人. 今則經學詞章, 俱不爲之, 安有如此之時乎. 常時以專尙詩章, 爲不可者, 恐末流之弊, 或至於浮靡, 故古之人君, 亦不敢專以詩章爲尙, 今則專不習詩章, 故別立法勸之. 況我國, 乃事大之邦, 尤不可專尙實學也, 而無一人能爲詞章者, 不知何以爲之然後可也."

89) 李瀷, 『星湖僿說』 卷24, 經史門, 「秦隋作俑」, "或曰, 自董仲舒天人之策, 科式始創, 猶是理勝, 近於可用, 轉歸無用之詞章, 則肇自漢靈之世."

러한 성리학적 관점이 우세한 이승관理勝觀은 훗날 허목許穆(1595~1682)과 같이 육경고문이 이승한 문장이라고 생각하는 육경고문론자들의 반발을 불렀던 것이다.[90)]

김종직의 '사리일치'와 '이승위주'의 문장관은 어디에서 유래하는 것일까? 이 역시 그의 도학적 가문배경과 신진사인들이 지녔던 계층의식의 소산이라 하지 않을 수 없다. '사리일치'는 선초 이래 모든 관각파 문인들도 중시해왔다. 그러나 김종직은 '사리일치'에서 진일보하여 '이승위주'에 강조점을 두었다. 여기서 그가 말하는 '이'는 구체적으로 유가의 사상이나 내용의 논리성을 뜻하는 것으로 생각된다. 그러므로 문장의 외면적 형식보다는 유가의 사상, 문사의 수식보다는 내용의 논리성을 중시한 것이 '이승위주'이다. 이는 겉치레보다 실질을 숭상하는 신진 사인층의 미의식과 일치한다. 왜냐하면 신진 사인층은 유력한 가문배경에 힘입어 출사한 부류가 아니라, 부단한 독서궁리와 심성수양을 통해 형성된 사상과 인격을 바탕으로 발신한 무리들이었기 때문이다. 따라서 '이승위주'의 문장관은 당시 문단의 본류本流를 지도하고 있던 일부 관각파 대수들의 그것과는 방향을 달리하는 것이며, 향후 사림파의 문장노선을 암시하는 것이기도 했다.

---

90) 許穆, 『記言』 卷5, 上篇, 文學, 「答朴德一論文學事書」(庚辰作), "後來論文學者, 苟不學程朱氏而爲之, 以爲非儒者理勝之文, 六經古文, 徒爲稀闊之陳言, 穆謂儒者之所宗, 莫如堯舜孔子, 其言之理勝, 亦莫如易春秋詩書, 而猶且云爾者, 豈古文莫可幾及, 而註家開釋易曉也."

4. 김종직의 문학과 낙중인 의식

김종직은 15세기 영남의 산천이 길러 낸 거목이다. 그는 경상도 밀양 대동리 마을에서 중앙에 진출하여 판서의 자리에까지 올랐다. 그는 아무런 배경도 없이 순전히 실력으로 중앙의 관각문인과 승부했다. 호학군주 성종의 은총을 받았다 하더라도 문예적 역량이 특출하지 않았다면 애초부터 중앙 진입이 어려웠을 것이다.

김종직은 방외적 삶을 살아간 김시습과 달리 불의한 정권에 뛰어들어 주연酒宴에서 세조가 내리는 술잔을 받기도 했다. 세조는 김종직을 장래가 기대되는 학술이 있는 문신으로 대우했다. 그러나 김종직은 잡학을 긍정했던 세조와 달리 시사詩史 이외의 잡학은 유자가 전공할 일이 아니라는 입장을 분명히 했다.[91] 이처럼 정난공신靖難功臣

91) 『實錄』에 근거하여, 세조 재위 기간에 있던 김종직의 활동을 요약해 본다. 세조 5년 6월29일: 세조가 文臣 가운데 일정 수를 선발하여 閑官을 제수하여 讀書도록 하면서 『中庸或問』을 1件씩 내려 주었다. 이 때 權知承文院副正字로 있던 김종직도 선발되었다. 세조 8년, 5월17일: 세조가 文學하는 선비가 옛만 같지 못함을 염려하여 도승지 洪應에게 명하여 文士 가운데 學術이 있는 자를 揀選하여 藝文館 職事를 겸하게 하고, 매 초하루와 보름 朝會 후에 經書를 親講하게 하고, 또 한 달에 2번씩 賦詩하게 했다. 이 때 承文院著作으로 있던 김종직도 선발되었다. 세조 8년 5월25일: 세조가 慶會樓에서 酒宴을 베풀고 전날 뽑은 文臣들에게 『中庸』을 강하게 했는데, 이 때 김종직도 李坡 등과 참여했다. 다음날 세조가 김종직 등 전날 進講한 문신을 불러 다시 『書經』을 講하게 하고, 각각 1資級을 더해주었다. 세조 8년 8월17일: 세조가 華韡堂서 주연을 베풀고, 承文院博士로 있던 김종직 등 5인에게 經書를 講하게 하고 술을 내려 주었다. 세조 10년 7월27일: 양성지와 임원준 등에게 명하여 여러 學門을 나누어, 각 학문에 6인을 두고 나이 어린 文臣을 배정하게 했는바, 김종직은 史學門에 들었다. 세조10년 8월6일: 雜學에 능한 것이 문신의 일이 아님을 말한 김종직이 파직을 당했다. 당시 監察로 있던 김종직은 "詩史는 본래 儒者의 일이지만, 그 나머지 雜學이야 어찌 儒子들이 마땅히 힘써 배울 學이겠습니까?"라고 해서, 세조의 정책에 반기를

세력의 틈바구니에 끼어든 뒤 김종직은 가만히 자기만의 공간을 확보하기 위해 궁리를 거듭했다. 그는 신진 사류 출신이었기에 체질적으로 훈구가 조성한 관각문예의 흐름만 추수할 수 없었다.

김종직은 훈구계가 주도하고 있던 관각문예의 폐단을 발견하고 이를 수정하고자 했다. 문예의 두 차원인 형식과 내용을 일치시키면서 내용의 합리성을 우위에 두고자 하는 문학관을 제출했다. 당시 관각문예가 점차 형식을 지나치게 존중하면서 내용이 점차 부실해져 가는 경향을 보이고 있다고 판단했기 때문이다. '경술문장일치론'에 의하면 지나친 형식 추향은 바람직스럽지 않다. 김종직은 내용의 합리성을 강조함으로써 형식 쪽으로 기울고 있던 문예라는 저울의 반대편에 무게를 실어 주는 방식으로 균형을 잡으려 했다.

김종직의 수정 노선이 어느 정도 성공을 거두었는지는 확실치 않다. 사후에 그의 계승자들이 거의 다 사화로 목숨을 잃었기 때문이다. 다만 그의 문집을 읽고 그의 유풍을 접하며 자라난 후속 사림들에 의해 계승되고 발전되어 16세기 사림파 문예의 성립을 가져온 것만은 분명하다. 후대의 이황과 이이는 김종직의 문집을 읽고 자라난 세대여서 그의 영향을 받지 않을 수 없었다. 그러나 그들은 주자성리학에 대한 심화된 이해를 바탕으로 문예를 성리학적인 관점에서 해석하는

들었다. 그러자 세조는 "김종직은 輕薄한 사람이다. 雜學은 나도 뜻을 두는 바인데, 김종직이 이렇게 말하는 것이 옳은가? 攸司에 내려 그 정상을 鞫問하는 것은 옳다. 그러나 이미 輪對의 法을 세워서 사람들로 하여금 의견을 다 말하게 하는데, 또 말한 자를 죄준다면 言路가 막힐 것이니, 그것을 중지하고 罷職을 시키라"고 했다.

능력이 김종직보다 뛰어났다. 이들은 나중에 김종직이 제시한 '경술문장일치론'을 주자의 '도문합일론'을 수용하는 차원에서 이해한 것으로 보인다. 김종직은 문예의 작용을 말하면서 '성정을 다스리고 풍교를 창달한다'고 하였을 뿐 다른 형이상학적 논리를 개입시키지 않았다. 육경이란 텍스트에 충실한 그리고 그로부터 수렴된 문학관을 가지고 있었다는 증거이다. 이황과 이이는 육경을 다시 해석한 주자의 이론으로부터 문학관을 구축하였다. 그들의 문학관도 형이상학적 용어로 조직되었다. 사실 이황과 이이의 문학관과 미의식은 조선 성리학의 착근을 입증하는 표지이다. 그들의 성리학적 주장들은 김종직 사후에 전개된 사화라고 하는 정치적 탄압과 좌절을 딛고 정권을 획득한 '사림파'의 강렬한 자신감과 정체성의 소산이라 할 수 있다.

요컨대, 권근이나 서거정 등에 의해 주도되던 조선 초기 관각문예가 김종직을 만나면서 결과적으로 성리학적 세계관과 미의식으로 무장한 사림파 문예로 분화의 조짐을 보이게 되었다. 이 점은 김종직을 논하는 자리에서 아무리 강조해도 지나침이 없을 것이다.

이 글에서는 조위, 조신, 남효온, 김일손, 남곤 등의 문예의식을 함께 다루어 김종직의 문학사상이 문도들에게 어떻게 영향을 주었는지 살폈다. 그러나 많은 부면이 수위 높게 전개되었던 중앙의 문예사조(본류)로부터 일방적인 자극을 받고 형성된 것이어서 독창적이라고 내 세울 만한 관점을 제시하기 어렵다. 저들의 계층적 입장에 서서 훈구와 변별되는 관점을 추론해 내기 위해 노력할 뿐이다. 사실 이들의 문학사상은 단편적인 문학관으로는 다 설명할 수 없다. 더구나 낙동강 중류지역 출신의 문학사상과 중앙이나 다른 지역 출신의 그것이 어떻게 다른지를 따지는 일은 결코 쉽지 않다. 우선 무오사화로 인해, 이들의 저작이 거의 전하지 않아, 전 생애를 지속하는 사유思惟의 실상을 파악하는데 한계가 있다. 단편적인 자료는 분절된 생애의 한 부분만 설명할 수 있거니와 그런 자료를 가지고서는 한 인간에 대한 총체적 이해를 이끌어낼 수 없다. 그런 측면에서 비교적 온전한 형태로 문집이 전하는 김종직은 후대인의 고민을 어느 정도 덜어줄 수 있어, 매우 다행스럽다. 이 글에서 결국 김종직을 중심으로 논의를 이어나가지 않을 수 없는 이유도 여기에 있다.

어떻게 보면, 이 글은 낙동강 중류지역을 배경으로 창작된 문학작품을 분석하기 위한 예비 작업의 성격이 짙다. 문집을 읽으면서 다음과 같은 방향으로 작품분석을 심화시켜 보면 어떨까 하는 생각을 해 보았다.

하나는 낙동강 중류 사림의 시대의식을 알아보는 일이다. 그들은 시간적인 측면에서 지난 시절의 기억을 되살리고자 노력했다. 그런 노력은 역사와 대화하는 행위로 나타났다. 뒤를 돌아보고 앞을 향해 나가자는 정신은 과거 역사를 냉철하게 성찰하는 바탕 위에서 반듯한 역사의식을 이끌어내는 방법으로 진행되었다. 이른바 '역사바로보기'의 과정에서 김일손이 김종직의 「조의제문弔義帝文」을 사초에 넣을 수밖에 없었다고 보는 것이다. 역사바로세우기는 먼저 역사에 대한 회고의식을 불러일으켜, 전 왕조의 수도인 송도와 경주를 유람하고 난 느낌을 송도유람松都遊覽 시편詩篇이나 「유송도록遊松都錄」,

「동도악부東都樂府」, 「계림팔관鷄林八觀」 등으로 남겨 전하도록 했다. 그리고 중국 고대역사 사실에서 모티브를 가져다 문학적 상상력을 가하여 창작한 「조의제문」이나 「화도연명술주和陶淵明述酒」와 같은 단계에 오면, 불의한 정권, 난신적자亂臣賊子을 향한 비판이 통렬하다. 이러한 작품에서 드러나는 그들의 심리상태는 매우 격앙되는 경향을 보이는 바, 일면 현존하는 당대와 불화하고 일면 지난 불의한 시대를 용서할 수 없던 신진사림파의 내면풍경이 우회적으로 표출되고 있던 것이다. 이를 '술고述古의 충분忠憤과 기속紀俗의 풍유諷諭'를 키워드로 삼아 기술해보면 어떨까 한다.

다른 하나는 낙동강 중류 사림의 공간의식을 알아보는 일이다. 아마도 공간적인 측면에서 접근하는 방식이 낙중인洛中人 의식의 공유점을 찾는 데 용이할는지 모른다. 이들은 조령鳥嶺을 기점으로 남북을 갈라서 바라보는 공간인식에 익숙했다. 「가흥첩可興站」이나 「낙동요洛東謠」와 같은 작품에서는, 조령이북의 북인과 이남의 남인이 종종 대립하고 갈등하는 형상으로 그려진다. 상업도시와 농촌, 소비와 생산의 관계로 대립하기도 하고, 중심과 주변, 지배와 착취의 구도로 대립하기도 한다. 그러한 공간인식을 연장시켜 가다 보면 자연 훈구와 사림의 대립으로 발전할 가능성이 있다. 아울러 가야산이나 지리산(두류산)을 다녀오면서 남긴 기록들에서, 낙중 사림은 한결같이 최치원을 예찬하고 동정했다. 그러한 지역인물에 대한 공통된 인식이 곧 지역사림의 결속을 강화하고 상호 온정의 교류를 촉진시키기도 했다. 나아가 관향貫鄕과 동향同鄕에 대한 자긍심을 드러내어 동향민의 연대감을 고취함으로써 상부상조의 미풍양속을 유지해 나가려고 했다. 이러한 노력은 모두 향촌교화를 기반으로 조선을 예악문명이 빛나는 나라로 만들어 가고자 한 초기 사림의 원대한 이상과 맞닿아 있는 것이다. 이를 앞으로 '남주南州의 자긍自矜과 남인南人의 우수憂愁'로 정리해보면 어떨까 한다.

참고문헌

權　鼈.『海東雜錄』. 奎章閣本.

權應仁.『松溪集』. 安東大 圖書館.

金安老.『龍泉談寂記』. 大東野乘本.

______.『希樂堂文稿』. 韓國文集叢刊 21. 民族文化推進會.

金馹孫.『濯纓集』. 韓國文集叢刊 17. 民族文化推進會.

金宗直.『佔畢齋集』. 韓國文集叢刊 12. 民族文化推進會.

______.『青丘風雅』.『東文粹』. 啓明漢文學會.

南龍翼.『壺谷集』. 韓國文集叢刊 131. 民族文化推進會.

南孝溫.『秋江集』. 韓國文集叢刊 16. 民族文化推進會.

成　俔.『虛白堂集』. 韓國文集叢刊 14. 民族文化推進會.

______.『慵齋叢話』. 成大 大東文化硏究院.

申用漑.『二樂亭集』. 韓國文集叢刊 17. 民族文化推進會.

申　欽.『象村稿』. 韓國文集叢刊 71~72. 民族文化推進會.

安　軸.『謹齋集』. 韓國文集叢刊 2. 民族文化推進會.

吳喜昌.『栗里笑方』. 後孫家藏本. 民族文化推進會.

尹根壽.『月汀集』. 韓國文集叢刊 47. 民族文化推進會.

李萬敷.『息山集』. 韓國文集叢刊 178~179. 民族文化推進會.

李承延.『剛齋集』. 後孫家藏本.

李　滉.『退溪集』. 韓國文集叢刊 29~31. 民族文化推進會.

張　維.『谿谷集』. 韓國文集叢刊 92. 民族文化推進會.

曺　伸.『謏聞瑣錄』. 詩話叢林本.

曺　偉.『梅溪集』. 韓國文集叢刊 16. 民族文化推進會.

許　筠.『惺所覆瓿藁』. 韓國文集叢刊 74. 民族文化推進會.

許　穆.『記言』. 韓國文集叢刊 98~99. 民族文化推進會.

洪萬宗.『詩話叢林』(『洪萬宗全集』). 太學社.

강구율. 2009.「적암 조신 한시의 '昨非 · 今是'의 시세계」.『동양한문학연구』 29. 동양한문학회.

곽귀남. 2009.「점필재 악부시에 형상된 풍교의식 연구」. 창원대학교 석사논문.

권지영. 2005.「적암 조신의 소문쇄록고」.『인문사회과학논문집』 36.

권혁명. 2008.「남효온의 자만시 연구」.『동양한문학연구』 27. 동양한문학회.

김광수. 1990.「점필재선생문집 연구」. 계명대학교 석사논문.

김광순. 1998.「탁영의 예술론과 그의 산문에 나타난 현실주의적 경향」.『민족문화연구총서』 20. 영남대학교 민족문화연구소.

김기림. 1995.「이행의 시세계 연구」. 이화여자대학교 박사논문.

김기현. 2004.「정여창 도학의 특색에 관한 소고」.『동양철학연구』 38. 동양철학연구회.

______. 2006.「사림파 도학자들의 실천정신과 그 굴절」.『국학연구』 9. 한국국학진흥원.

김남이. 2008. 「가계 · 사우 관계를 통해 본 15세기 지식인 남효온」. 『동양한문학』 26. 동양한문학회.

김동석. 1994. 「조선초기 사림파의 도학사상과 『소학』에 관한 연구」. 성균관대학교 석사논문.

김보정. 2008. 「경재 하연의 생애와 사상」. 『지역과 역사』 22. 부경역사연구소.

김성규. 1990. 「15세기 후반 사대부문학의 몇가지 경향: 성현 · 김종직 · 김시습의 현실주의적 시문학에 관하여」. 성균관대학교 박사논문.

______. 1993. 「점필재의 역사, 풍속시에 대하여(3): 동도악부를 중심으로」. 『한성어문학』 12. 한성대학교 한성어문학회.

______. 1994. 「점필재의 역사, 풍속시에 대하여(4): 기타 향토사적, 풍속과 시적 정서의 융화」. 『한성어문학』 13. 한성대학교 한성어문학회.

김성언. 1997. 『남효온의 삶과 시』. 태학사.

김영두. 2006. 「조선 전기 도통론의 전개와 문묘종사」. 서강대학교 박사논문.

김영봉. 1989. 「김종직 시 연구」. 연세대학교 석사논문.

______. 1995. 「점필재 김종직의 관료문인적 성격」. 『연민학지』 3. 연민학회.

______. 1998. 「점필재 김종직의 시문학 연구」. 연세대학교 박사논문.

______. 1999. 「『회당고』에 나타난 김종직의 초기 시 연구」. 『한국한

문학연구』 24. 한국한문학회.

______. 2009. 「이요정 신용개의 시문학 연구」. 『동양한문학연구』 28. 동양한문학회.

김영숙. 1997. 「탁영 김일손 詞의 문학적 성격」. 『한국한문학연구』 20. 한국한문학회.

______. 1998. 「탁영 사부의 문체적 성격과 현실인식」. 『민족문화연구총서』 20. 영남대학교 민족문화연구소.

김옥선. 2000. 「홍유손시연구」. 인천대학교 석사논문.

김용각. 1989. 「점필재 김종직의 시문학고」. 동국대학교 교육대학원 한문교육전공 석사논문.

김용철. 2007. 「초기 사림파의 자기 형상」. 『동양한문학연구』 24. 동양한문학회.

______. 2008. 「김일손 賦의 미적 시공간」. 『동양한문학연구』 26. 동양한문학회.

김용태. 2009. 「허백정 홍귀달과 초기사림파」. 『동양한문학연구』 28. 동양한문학회.

김우정. 2005. 「15세기 기서문의 성격과 의의: 괴애, 사가, 점필재를 중심으로」. 『동양학38』. 단국대학교 동양학연구소.

김윤곤. 1998. 「『탁영선생연보』」. 『민족문화연구총서』 20. 영남대학교 민족문화연구소.

김윤수. 2006. 「『점필재집』의 판본 연구」. 『서지학연구』 35. 서지학회.

김익재. 2009. 「남계 표연말의 학문성향과 현실대응」. 『동양한문학연구』 29. 동양한문학회.

김정수. 1988. 「김종직과 성현의 문학사상 연구」. 인하대학교 석사논문.

김종구. 1998. 「추강 남효온 문학 연구」. 성균관대 박사논문.

김종철. 1990. 「『동문수』의 문체양상과 선문의식」. 경북대학교 석사논문.

김창호. 2008. 「조위 시를 통해 본 15세기 후반 문학 지형의 일면」. 『동양한문학연구』 26. 동양한문학회.

______. 2008. 「홍귀달 교유시에 나타난 15세기 후반 관인의 형상」. 『한문고전연구』 16. 한국한문고전학회.

김태영. 1980. 「초기 사림파의 성격에 대하여: 김종직을 중심으로」. 『경희사학』 6~8.

김현영. 2008. 「김종직 시문선집의 주제의식과 의미」. 경북대학교 대학원 석사논문.

김혜정. 1997. 「적암 조신의 한시연구」. 경상대 교육대학원 석사논문.

노경민. 2008. 「매계 조위의 생애와 작품세계: 그의 다변적 삶의 양상과 의식성향을 중심으로」. 경상대학교 교육대학원 석사논문.

도민재. 1999. 「조선전기 예학사상의 이념과 실천」. 『유교사상연구』 12. 한국유교학회.

문범두. 2007. 「탁영 김일손의 「속두류록」고」. 『한민족어문학』 51. 한민족어문학회.

______. 2009. 「탁영 김일손의 누정기 연구」. 『한민족어문학』 55. 한민족어문학회.

박　경. 2009.「불효 행위 처벌에 대한 김종직의 政見 그 의미」.『영남학』 15. 경북대학교 영남문화연구원.

박선정. 1984.「점필재 김종직 연구」. 고려대학교 박사논문.

박언정. 2004.「15~6세기 지리산유람록 연구: 김종직의 유두유록·김일손의 속두유록·조식의 유두유록을 중심으로」. 동국대학교 교육대학원 석사논문.

서경수. 1983.「점필재 한시문학 연구」.『동방한문학』 2. 동방한문학회.

송재소. 1998.「탁영의 시에 대하여」.『민족문화연구총서』 20. 영남대학교 민족문화연구소.

______. 2003.「점필재 김종직 문학 연구의 몇 가지 문제」.『대동문화연구』 44. 성균관대학교 대동문화연구원.

신승운. 1995.「성종조의 문사양성과 문집편간」. 성균관대학교 박사논문.

신승훈. 1997.「김종직 시의 유가적 성격 연구」. 한국정신문화연구원 석사논문.

______. 2005.「점필재 김종직의 조의제문에 대하여」.『대동한문학』 23. 대동한문학회.

신태영. 2005.「목계 강혼의 생애와 경륜」.『남명학연구』 20. 경상대학교 남명학연구소.

______. 2008.「탁영 김일손의 賦에 대한 한 연구: 道友와 憂國哀情」.『한국한문학연구』 41. 한국한문학회.

______. 2008.「탁영 김일손의 불굴의 삶과 賦」.『한문학보』 18. 우리한문학회.

안세현. 2008. 「채수 누정기 연구」. 『동방한문학』 36. 동방한문학회.
안장리. 2005. 「남계 표연말의 생애와 문학」. 『남명학연구』 20. 경상대학교 남명학연구소.
우홍준. 2001. 「조선시대 향약정착의 한 원인으로서의 유교정치사상」. 『한국행정학보』 34-4. 한국행정학회.
유병석. 1986. 「점필재시문학의 사실성 고찰」. 『어문학』 47. 한국어문학회.
유영봉. 2005. 「점필재 「동도악부」의 성격과 계승 양상」. 『동방한문학』 29. 동방한문학회.
유호진. 2009. 「이주의 당풍 지향과 그 문학사적 의미」. 『동양한문학연구』 28. 동양한문학회.
윤사순. 1998. 「탁영의 도학정신」. 『민족문화연구총서』 20. 영남대학교 민족문화연구소.
윤영옥. 2006. 「장륙당의 륙가와 완세불공」. 『시조학논총』 25. 한국시조학회.
윤인숙. 2010. 「소학의 성격과 정치론, 그 적용: 조선전기 사림파의 정치이론과 적용」. 『사림』 35. 수선사학회.
윤호진. 1999. 「탁영 김일손의 관처사묘지명에 대하여」. 『남명학연구』 9. 경상대학교 남명학연구소.
______. 2005. 「매계 조위의 학문연원과 시세계: 점필재 김종직 문하에서의 위치와 무오사화를 전후한 시세계의 두 국면을 중심으로」. 『남명학연구』 20. 경상대학교 남명학연구소.

이경수. 2007. 「재사당 이원의 생애와 시세계」. 『한국한시연구』 15. 한국한시학회.

이구의. 2009. 「탁영 김일손의 시에 나타난 정신세계」. 『동방한문학』 41. 동방한문학회.

이동순. 1999. 「김종직 시 연구: 풍격을 중심으로」. 서울대학교 대학원 석사논문.

이동재. 1993. 『매계 조위의 삶과 문학』. 보고사.

______. 2001. 「매계 조위의 시문학 연구」. 성신여자대학교 박사논문.

______. 2007. 「뇌계 유호인의 동도잡영 시 일고」. 『한자한문교육』 18. 한국한자한문교육학회.

이민홍. 1982. 「이조초기 사림파의 문학연구: 배경과 형성과정을 중심으로」. 『호서문화연구』 2.

이병휴. 1979. 「조선초기 영남·기호 사림의 접촉과 그 추이」. 『한국사연구』 26. 한국사연구회.

______. 1998. 「조선 초기의 사림파와 탁영의 현실인식 및 대응」. 『민족문화연구총서』 20. 영남대학교 민족문화연구소.

______. 2005. 「15세기 후반, 16세기 초의 사회변동과 김종직 및 그 문인의 대응」. 『역사교육논집』 35.

______. 2005. 「조선전기 사림파의 추이 속에서 본 김굉필의 역사적 좌표」. 『역사교육논집』34. 역사교육학회.

______. 2006. 「16세기 정국의 추이와 호남·영남의 사림」. 『국학연구』 9. 한국국학진흥원.

이상성. 2007.「뇌계 유호인 사상의 도학적 고찰」.『유교사상연구』 30. 한국유교학회.

이수건. 1998.「문민공 탁영선생 묘비문」.『민족문화연구총서』 20. 영남대학교 민족문화연구소.

______. 1998.「탁영의 정치 사회사상과 개혁안」.『민족문화연구총서』 20. 영남대학교 민족문화연구소.

이양구. 2003.「점필재 김종직의 교육사상 연구」. 한국교원대학교 석사논문.

이연순. 2000.「점필재 김종직의 악부시 연구」. 이화여자대학교 석사논문.

이옥선. 1989.「조선조 사화기의 권력구조에 관한 연구」. 이화여자대학교 정치외교학과 박사논문.

이우성. 1999.「경북 선산지방의 서원・사우에 대한 고찰」. 충남대학교 석사논문.

이원걸. 2001.「김종직 기속시에 반영된 민족 생활상과 풍속미」.『한문학보』 5. 우리한문학회.

______. 2002.「김종직 시문학의 한 연구: 풍교의식의 형상화를 중심으로」. 성균관대학교 대학원 박사논문.

______. 2002.「김종직의「부」에 반영된 유자 의식」.『퇴계학』 13. 안동대학교 퇴계학연구소.

______. 2004.「김종직의 연작 기속시에 형상 된 관풍역속 이념」.『퇴계학』 14. 안동대학교 퇴계학연구소.

이은영. 2009.「사화기 한 젊은 사대부의 초상: 허암 정희량론」.『동양한문학연구』 29. 동양한문학회.

이재숙. 2009.「용재 이행의 한시 연구」. 고려대학교 박사논문.

이종묵. 2004.「15세기 후반 문단의 추이와 점필재 김종직」.『국문학연구』 12. 국문학회.

이종범. 2008.「기억공간으로서의 길: 15세기 후반 사림의 여행과 소통」.『역사와경계』 69. 부산경남사학회.

_____. 2009.「점필재 김종직의 내면세계와 초기사림파」.『동양한문학연구』 28. 동양한문학회.

이종호. 1997.「점필재 김종직의 문학관에 나타난 계층의식에 대하여」.『한문학연구』 12. 계명한문학회.

_____. 2004.『조선의 문인이 걸어온 길』. 한길사.

_____. 2009.『퇴계학에세이: 온유돈후』. 아세아문화사.

이지경. 2003.「정여창 정치사상의 재평가」.『동양정치사상사』 3-2. 한국동양정치사상사학회.

이창경. 1989.「추강 남효온의 교유와 시적 변용」.『민족문화』 12. 민족문화추진회.

이희목. 2003.「점필재 김종직의 밀양 관련 시에 대하여」.『한문학보』 9. 우리한문학회.

_____. 2006.「점필재 김종직 재평가」.『한문학보』 15. 우리한문학회.

장동표. 2007.「예림서원의 건립 중수와 김종직 추숭 활동」.『역사와경계』 64. 부산경남사학회.

장병한. 2007. 「뇌계 유호인의 유학 공부론과 실천론」. 『한문학보』 17. 우리한문학회.

장은영. 2007. 「일두 정여창의 사우와 사상적 역할」. 조선대학교 교육대학원 석사논문.

전송열. 2001. 「조선조 초기學唐의 변모 양상 연구」. 연세대학교 대학원 박사논문.

정경주. 1990. 「점필재 기속시의 문명의식에 대하여」. 『석당논총』 16. 동아대학교 석당학술원.

______. 1993. 『성종조 신진사류의 문학세계』. 법인문화사.

______. 2008. 「조선조 예악문명과 점필재 김종직의 위상」. 『동양한문학연구』 26. 동양한문학회.

정기상. 2003. 「김굉필의 한빙계에 나타난 경의 교육론」. 영남대학교 교육대학원 석사논문.

정상균. 2002. 「김종직의 조의제시(문) 연구」. 『고시가연구』 10. 한국고시가문학회.

정석용. 1987. 「김종직의 詞 고찰」. 『한문학논집』 5. 근역한문학회.

______. 1987. 「김종직의 한시연구」. 단국대학교 석사논문.

______. 1988. 「김종직의 『유두유록』 소재 한시연구」. 『한문학논집』 6. 근역한문학회.

정성희. 2008. 「조선 도통론의 비판적 검토: 김종직을 중심으로」. 『유교사상연구』 31. 한국유교학회.

정숙인. 2009. 「김종직의 和陶淵明述酒詩 고찰」. 『어문론집』 40. 중앙어문학회.

______. 2010.「청구풍아에 나타난 김종직의 선시의식」.『우리문학연구』 29. 우리문학회.

정시열. 2001.「점필재 김종직의 영남 제영 고」.『한민족어문학』 39. 한민족어문학회.

정우락. 2002.「김종직 문학의 주제에 관한 연구: 동국문화에 대한 인식을 중심으로」.『한국사상과 문화』 17. 한국사상문화학회.

______. 2008.「강안학과 고령 유학에 대한 시론」.『퇴계학과한국문화』 43. 경북대학교 퇴계학연구소.

______. 2008.「오한 손기양의 문학인식과 문학적 형상화 방식」.『어문학』 102. 한국어문학회.

정종대. 1998.「김종직의 시와 사림의식」.『선청어문』 26. 서울대학교 국어교육과.

조문주. 1998.「탁영 김일손의 기문에 대한 일고찰」.『한문학논집』 16. 근역한문학회.

조창렬. 2002.「회재 이언적의 경학사상 연구: 주자의 대학·중용 주석과의 비교를 통하여」. 성신여자대학교 박사논문.

______. 2009.「16C초 조선성리학의 특징: 화담과 회재의 성리학 사상을 중심으로」.『한문고전연구』 18. 한국한문고전학회.

조현규. 2006.「김병희, 김종직의 "풍교 의식"에 대한 논의」.『교육철학』 30. 한국교육철학회.

진상원. 2003.「조선전기 정치사건의 처벌과 신원: 김종직의 사례를 중심으로」. 『역사학보』 180. 역사학회.

______. 2005. 「조선중기 도학의 정통계보 성립과 문묘종사」. 『한국사연구』 128. 한국사연구회.

최 식. 1999. 「청구풍아에 대한 연구」. 성균관대학교 석사논문.

최연식. 2005. 「조선시대 사림의 정치참여와 향촌자치의 이념」. 『한국정치외교사논총』 27-1. 한국정치외교사학회.

최정동. 2007. 「탁영 김일손의 사우와 정치활동」. 조선대학교 교육대학원 석사논문.

한춘순. 2003. 「조선 성종의 육조직계제 운용과 승정원」. 『한국사연구』 122. 한국사연구회.

허권수. 2004. 「경남지역 한문학에 대한 역사적 고찰」. 『동방한문학』 26. 동방한문학회.

______. 2005. 「점필재 김종직의 선도와 강우학파」. 『남명학연구』 20. 경상대학교 남명학연구소.

홍성욱. 1992. 「김종직의 賦 및 산문의 연구」. 고려대학교 석사논문.

______. 1994. 「김종직 악부시의 일고찰: 기속악부와 영사악부를 중심으로」. 『한문교육연구』 8. 한국한문교육학회.

______. 2004. 「신증동국여지승람 전라(북)도조 소재 시문 연구: 김종직의 전라도 관찰사 시기 시문과 대비하여」. 『동방한문학』 26. 동방한문학회.

황위주. 2005. 「김종직의 현실인식과 동도악부」. 점필재 김종직의 문학세계 발표논문. 밀양문화원.

조선 중기의 낙중학

조선 중기 한강학파의 등장과 전개
- 문인록을 중심으로 -

김학수 | 한국학중앙연구원

1. 머리말

영남학계嶺南學界에 있어 명종[16세기 중엽]~인조[17세기 중엽]에 이르는 100년 역사적 시간은 학파의 형성, 발전기이자 통합과 분열 그리고 재통합으로 이어지는 격변의 시기였다. 한국지성사의 거두 이황李滉과 조식曺植은 각기 퇴계·남명학파를 형성시켜 영남학파 출현의 토대를 마련했고, 그들의 문도는 저마다 사설師說을 계승하며 한국 유학의 이론적 심화와 실천성을 제고하는 한편으로 조정에 출사해서는 이른바 '목릉성세穆陵盛世'의 주역으로서 제 몫을 다했다.

퇴계학파가 안동·예안 등 강좌江左 지역을 거점으로 하였다면 남명학파는 김해·진주 등 강우江右 지역을 학파의 토대로 삼았다. 물론 두 학파는 각기 이론과 실천에 비중을 둠으로써 학문적 지향이 서로 달랐고, 거기에 따른 경쟁적 갈등구도도 잔존한 것은 사실이다. 그러나 이황 · 조식의 당대만 하더라도 상호 관계는 원만했고, 양문을 동시에 출입한 인물도 적지 않았다. 이 글의 주인공인 한강寒岡 정구鄭逑(1543~1620)는 그 상징적인 존재였다.

동서분당과 기축옥사己丑獄事, 임진왜란으로 이어지는 국내외적 충격과 환경 변화는 영남학계의 향배에도 영향을 미쳤다. 동서분당 당시 정치적 입장을 같이했던 퇴계 · 남명학파는 기축옥사, 임진왜란 등 일련의 정치 · 안보적 변동을 거치면서 각기 남인과 북인으로 분립했고, 이 과정에서 유성룡柳成龍과 정인홍鄭仁弘은 정적이 되었다. 이후 정인홍을 정점으로 하는 남명학파는 광해군을 옹립, 북인[대북] 정권을 창출하여 그 실세가 되었지만 1623년 서인이 주도하고 남인이 방관하는 상황에서 기도된 인조반정仁祖反正으로 패망의 길을 걷게 되었다.

북인의 정치적 패망은 남명학파의 와해를 수반하였다. 종전까지만 해도 남명연원이라는 학문적 자부심이 컸고, 또 정인홍의 문인으로서 학문 · 사회적 기반을 다져왔던 많은 인사들이 퇴계학파 쪽으로 연원 전향을 시도하였다.[1] 이 석연찮은 통합은 정인홍 또는 남명학파 관련 기록의 왜곡 또는 축소라는 역사적 후유증을 낳았고,[2] 그 폐단은 지금까지도 한국사 및 한국 유학 연구에 있어 심각한 장애가 되고 있다.

---

1) 김학수. 2007.「'寒岡(鄭逑)神道碑銘'의 改定論議와 그 의미」.『朝鮮時代史學報』42. 조선시대사학회.

2) 金益載. 2008.「來庵 鄭仁弘의 現實對應과 그 門人集團의 師承意識」. 경상대학교 대학원 한문학과 박사학위논문.

인조반정과 남명학파의 와해⇒퇴계학파의 외연확대[몸집불림]로 이어지는 흐름은 조선후기의 영남학파가 퇴계학파 주도로 움직일 수 밖에 없는 결정적 요인이 되었고, 그런 추세는 한말까지 지속되었다.

퇴계학파로의 통합의 역사성에 대해서는 별도의 논의가 있어야 하겠지만 필자가 석연찮은 통합으로 표현한 연원 이행의 중간지대에 존재하며 상당한 역할을 한 사람이 정구였음에는 이론의 여지가 없다. 지금까지 정구에 대해서는 학문과 사상, 문학, 관료로서의 역할과 위상 등 문학 · 역사 · 철학을 아우르는 연구가 진행되어 상당한 결실을 쌓았지만 그가 배출한 문인집단인 '한강학파寒岡學派'에 대한 본격적인 연구는 없었다. 이 점에서 「회연급문록檜淵及門錄」을 분석한 권연웅[3], 남명학파 연구의 일환에서 한강문인을 세밀하게 추적, 검토한 이상필[4], 『남명집南冥集』의 편간과 관련지어 한강문파寒岡門派의 성립 배경 및 과정을 다룬 서정문의 연구는[5] 이 분야 연구의 길잡이로서 그 의의를 높이 평가할 만하다.

이 글은 한강학파의 형성과 지역적 전개 양상을 정구의 문인록인 「회연급문록」에 바탕하여 추적, 검토한 것이다. 한강학파가 조선후기 영남학파를 이해함에 있어 결코 간과할 수 없는 한 축임에는 이론의 여지가 없겠지만 연구 방법에 있어서는 퇴계 · 남명학의 응용과 새로

---

3) 權延雄. 1985. 「『檜淵及門諸賢錄』 小考」. 『韓國의哲學』 13. 경북대학교 퇴계연구소.

4) 李相弼. 2005. 『남명학파의 형성과 전개』. 와우출판사.

5) 서정문. 2006. 「朝鮮中期의 文集編刊과 門派形成」. 국민대학교 대학원 국사학과 박사학위논문.

운 적용이라는 관점에서 진행될 필요가 있을 것 같다. 우선 학파의 근거지가 지니고 있는 인문지리적 환경이 퇴계·남명학파의 거점 안동·예안이나 진주와 사뭇 다르다. 그것이 지리산이든 청량산이든 종전의 연구가 '산문화'를 중심으로 진행되었다면, 한강학파에 대한 연구는 '강문화'에 대한 탐색이 되어야 할 것이다. 아울러 종전의 인식이 영남을 낙동강의 좌와 우로 양분하는데 익숙해져 있었다면 이제는 그 강 또는 그 연안을 직시해야 할 것이다. 산은 높고 웅장하지만 폐쇄적인데 반해 강은 지식과 정보, 물산이 활발하게 유통되는 개방과 포용의 무대이다.

어느 사상이건 인간과 시대 그리고 지역과 무관하게 존재할 수는 없다. 이 점에서 16세기 중엽 이후 낙동강 연안, 특히 중류지역을 거점으로 형성된 한강학파 속에는 여느 학파와는 차별되는 독특한 어떤 것이 있으리라는 학문적 추측이 가능하다. 이것이 한강학파가 매력적인 연구 대상으로서 새롭게 주목되는 이유일 것이다.

시기적으로는 16세기 중반에서 17세기 중반, 지역적으로는 낙동강 중류지역 학계의 동향을 분석함에 있어 항상 고민거리로 등장하는 것은 장현광과 여헌학파의 존재이다. 일반적으로 학계에서는 정구와 장현광을 '한려寒旅',[6] 그 학파를 '한려학파寒旅學派'로 병칭하는데 익

6) '寒旅'에 대한 병칭은 여헌고제 金應祖를 비롯하여 李瀷, 蔡濟恭, 張福樞, 郭鍾錫 등 남인계에서는 일반화 되어 있었고, 서인계[노론·소론]에서는 이런 표현을 거의 찾아볼 수 없다.(金應祖.『鶴沙集』卷4. <答金參奉以承是楹>. "第以妄見言之 寒旅兩先生一生以古禮自處"; 李瀷.『星湖集』卷24. <答安百順辛未>. "曾聞京裏士大夫家有如此者 寒旅兩先生事 未之知也"; 蔡濟恭.『樊巖集』卷45. <東溪權公神道碑銘>. "公有師友

숙해져 있다. 그러나 정구의 '한강학파', 장현광의 '여헌학파'를 통칭하는 용어로서 '한려학파'라는 표현은 가능할지 몰라도 본디 '한려학파'라는 것은 존재하지 않았다.[7] 이러한 통칭 관행은 기본적으로 양 학파의 지역이 교차하고, 문인이 서로 겹친다는 인식에서 비롯된 것으로 보인다.

물론 지지地誌 편찬과 같은 경세론經世論의 일부 영역에서는 정구[한강학파]⇒장현광[여헌학파]로의 계승의식이 뚜렷하여[8] 이를 '한려학풍寒旅學風'으로 규정할 수 있는 측면이 있고, 양 학파의 거점 지역이 교차하는 것 또한 사실이지만 양 문인의 인적 교차상은 생각보다 큰 것이 아니다. 발표자가 조사에 따르면, 한강(342명) · 여헌(355명) 양문을 동시에 출입한 사람은 20% 남짓한 70명 정도에 지나지 않는다.

필자는 이미 장현광의 여헌학파에 대해 졸견을[9] 제시한 바 있거니와 위에서 언급한 요소들을 고려할 때, 두 학파를 묶어서 얘기하는 것보다는 각기 별고로서 그 형성의 과정, 문인 집단의 성격 등을 세밀하게 조명하는 것이 역사적 실상에 좀 더 근접할 수 있다고 생각한다. 이

寒旅二賢"; 張福樞. 『四未軒集』 卷10. <處士碧珍李公墓碣銘>. "有浣石亭先生諱彦英爲寒旅高弟"; 郭鍾錫. 『俛宇集』 卷142. <虎溪集跋>. "公嘗師事寒旅二先生 潛心於本原之奧")

7) 河謙鎭은 『東儒學案』(一鵬精舍. 1970) 제12편에 '寒旅學案'을 편차하여 '寒旅學派' 설정의 가능성을 시사한 바 있다.

8) 김학수. 2010. 「17세기 旅軒學派 형성과 학문적 성격의 재검토」. 『한국인물사연구』 13. 한국인물사연구회.

9) 김학수. 2009. 「旅軒學派의 형성과 전개」. 『여헌 장현광 연구』. 태학사.

글에서의 논의 대상을 정구의 한강학파에 한정한 이유도 여기에 있다.

2. 한강학파의 등장

1) 「회연급문록」을 통해 본 한강학파의 외연

정구의 문인록인 「회연급문제현록檜淵及門諸賢錄」(이하 「회연급문록」)에 수록된 문인은 총 342명이다. 대부분의 문인록과 마찬가지로 「회연급문록」 또한 여러 차례의 증보 과정을 거쳐 1974년 완정完定되어 성주 오암서당鰲巖書堂에서 간행되었다.[10] 「회연급문록」 범례(제1항)에 따르면, 정구의 문인록은 회연서원 소장의 구본舊本이 있었던 것으로 파악된다. 이후 숙종 연간 배정휘裵正徽(1645~1709)를 비롯한 일부 연원가淵源家의 자손들이 구본을 수정하여 명덕明德이 현저한 인물 50여 명을 수록하였고, 정조~순조 연간 정구의 8세손 정위鄭煒(1740~1811)[11]가 이를 다시 수정하여 170여명을 추가함으로써 한강문인은 약 220여 명으로 확대되었다. 그 뒤 정구의 13세손 정재기鄭在夔(1857~1919)[12]가 60여 명을 추록했고,

---

10) 「檜淵及門錄」의 完定本인 갑인본은 『寒岡全書』(景仁文化社. 1979) 수록되어 있으며, 본고에서도 이것을 참조하였다.

11) 정위는 李象靖과 崔興源의 문인으로 예학에 뛰어나 『嘉禮彙通』을 편찬했다. 특히 그는 한강추양사업에 노력하여 宿夜齋와 武屹精舍의 중건하는 한편으로 1784년에는 「武屹九曲圖」의 제작키도 했다.

1974년 '갑인본'의 편찬에 즈음하여 다시 수십 여명[약 40명]을 추가함으로써 「회연급문록」에 수록된 문인의 총수는 342명으로 확정되었다.[13)]

〈표1〉 한강문인의 지역적 분포[14)]

권역	지역	문인수	권역	지역	문인수
① 낙동강 연안권 [213명/62.3%]	김산	2	① 낙동강 연안권 [213명/62.3%]	함안	8
	상주	10		청도	5
	선산	10		밀양	8
	인동	5		창원	3
	칠곡	9		김해	1
	성주	67	② 진주권 [32명/9.35%]	진주	5
	대구	30		삼가	1
	경산[하양]	12		단성	4
	현풍	11		곤명	1
	고령	9		거창	4
	창녕	12		안음	2
	영산	11		산음	2

12) 정재기는 農山 張升澤(1838~1916)과 鄭來錫의 문인으로서 정구의 『心經發揮』에 심취한 학자였고, 1919년 여러 유림들과 함께 파리장서운동에 적극 참여했다. 이로 인해 일본 경찰이 출두할 것을 통보하자 이해 3월 9일 선비답게 의연하게 스스로 목숨을 끊었다. 문집으로는 『省齋集』이 전한다.

13) 「檜淵及門錄」의 편찬 과정 및 한강문인의 구성과 분포에 대해서는 權延雄. 1985. 「『檜淵及門諸賢錄』 小考」(『韓國의哲學』 13. 경북대학교 퇴계연구소)에 자세하게 밝혀져 있으며, 본고 작성에 크게 도움이 되었다.

14) 한강문인의 거주 현황은 대부분 李相弼. 2005. 『남명학파의 형성과 전개』. 와우출판사: 115~166쪽에 실린 도표를 참조하였다. 다만, 여기에서도 거주지가 미상으로 처리된 100명 가운데 78명은 필자가 다른 자료를 참조하여 보충하였고, 일부 수정한 부분도 있다. 예컨대, 앞의 논고에서는 蔡先見의 거주를 大邱로 표기했으나 필자는 박이립 무고시 변무소청 題名錄(金寧. 『遯峯集』 「年譜」<庚戌>)에 근거하여 河陽으로 수정한 정도이다. 342명 가운데 6.4%를 차지하는 22명의 거주는 여전히 밝히지 못했는데, 이에 대해서는 추가적인 검토가 요구된다.

<table>
<tr><th>권역</th><th>지역</th><th>문인수</th><th>권역</th><th>지역</th><th>문인수</th></tr>
<tr><td rowspan="2">② 진주권
[32명/9.35%]</td><td>함양</td><td>8</td><td rowspan="5">④
경주권
[25명/7.3%]</td><td>청송</td><td rowspan="2">8</td></tr>
<tr><td>합천</td><td>5</td><td>영천</td></tr>
<tr><td rowspan="9">③
안동권
[37명/10.8%]</td><td>영주</td><td>2</td><td>경주</td><td>13</td></tr>
<tr><td>봉화</td><td>2</td><td>양산</td><td>1</td></tr>
<tr><td>예안</td><td>8</td><td>동래</td><td>1</td></tr>
<tr><td>예천[용궁]</td><td>4</td><td rowspan="2">⑤ 서울권
[9명/2.63%]</td><td rowspan="2">서울</td><td rowspan="2">9</td></tr>
<tr><td>안동</td><td>12</td></tr>
<tr><td>의성</td><td>4</td><td rowspan="3">⑥
기타지역
[5명/1.46%]</td><td rowspan="3">연천, 온양
충주, 목천
등</td><td rowspan="3">5</td></tr>
<tr><td>군위[의흥]</td><td>3</td></tr>
<tr><td>평해</td><td>1</td></tr>
<tr><td>영덕</td><td>1</td><td colspan="2">⑦ 거주미상 [21명/6.14%]</td><td>21</td></tr>
</table>

「회연급문록」은 그 편찬 방식에 있어 주자朱子의 『이학통록理學通錄』과 이황의 『도산급문제현록陶山及門諸賢錄』을 준용하였는데, 이는 주자⇒이황⇒정구로 이어지는 학통인식과 관련이 깊었다.[15] 다만, 주자와 이황의 예를 준용하면서도 모두에 '신도비명神道碑銘'(申欽 撰), '한강언행록寒岡言行錄'(李厚慶 撰), '알회원문목묘문謁檜原文穆廟文'(許穆 撰)은 수록하되, 정작 장현광이 지은 '한강행장寒岡行狀'은 싣지 않은 것은 '한려시비寒旅是非'의 여파와 무관치 않아 보인다.[16]

<표1>에 따르면, 한강문인은 강우 · 강좌 등 경상도 전역을 비롯하여 서울 및 경기, 호서지역에까지 두루 분포하고 있는데, 이는 한강학

15) 권연웅. 1985. 앞의 논문: 85쪽.

16) 寒旅是非의 쟁점과 의미에 대해서는 아래의 논고가 참조된다. 兪奉學. 1998. 「南人의 분열과 畿湖南人 學統의 성립」. 『조선후기 학계와 지식인』. 신구문화사.; 김학수, 2010. 「17세기 旅軒學派 형성과 학문적 성격의 재검토」. 『한국인물사연구』 13. 한국인물사연구회.

파의 외연이 매우 광범위했음을 뜻한다. 그러나 문인의 지역별 분포를 세밀히 살펴보면, 영남권 중에서도 낙동강 연안지역으로의 집중 현상이 뚜렷함을 알 수 있다. 즉, 342명 가운데 약 90%가 영남 출신이고, 약 62%가 낙동강 연안지역[김천, 상주, 선산, 인동, 칠곡, 성주, 대구, 경산, 현풍, 고령, 영산, 창녕. 함안, 청도, 밀양, 김해]에 분포하고 있었다. 연안지역 중에서도 성주, 대구를 중심으로 상류로는 상주, 선산, 칠곡, 하류로는 현풍, 고령, 영산, 창녕, 함안 등 낙동강 중류지역 밀집 현상이 두드러지는데, 이는 한강학파가 경상도 전역, 서울 및 경기 · 호서의 일부 지역을 외연으로 하면서도 낙동강의 중류, 즉 '낙중지역洛中地域'에 주요 기반을 두고 있었음을 의미했다. 342명에 이르는 한강문인은 조선중후기 영남학파를 통틀어 이현일의 문인(358명)과 장현광의 문인(355명) 다음으로 큰 규모이다.[17)]

17) 한강문인 중에는 金宇顒, 鄭仁弘, 柳成龍, 曺好益, 張顯光, 鄭經世의 문인과 겹치는 인물이 146명에 이른다. 이를 정리하면, 한강 · 동강문인은 徐思遠, 宋遠器, 宋光廷, 趙靖, 朴明彦, 朴明胤, 金應成 등 38명, 한강 · 내암문인은 文景虎, 朴廷璠, 鄭蘊, 姜緖, 曺應仁, 黃汝一, 柳仲龍, 鄭弘緖, 朴文楧, 楊晅, 郭趪, 文緯, 吳長, 朴敏, 李彦英, 許燉, 成好正 등 17명, 한강 · 서애문인은 鄭經世, 黃廷幹, 鄭允偉, 張興孝, 朴明榑, 鄭允穆 등 6명, 한강 · 지산문인은 朴敏修, 鄭樟, 鄭湛, 鄭四勿, 蔡先見, 朴暾, 任屹, 鄭四象, 孫起陽, 鄭克後, 曺以咸 등 11명, 한강 · 여헌문인은 郭衛國, 權潚, 金光繼, 金寧, 金孝可, 盧景任, 朴敏, 朴敏修 등 64명, 한강 · 우복문인은 柳袗, 黃紐, 沈大孚, 申楫, 全以性, 鄭始亨, 金廷堅, 金榮祖, 金光繼, 趙遵道 등 10명이다. 이들 양문 출입자들이 사승인식을 機軸을 어디에 두었는지는 밝혀내야만 영남학계의 지형을 보다 생동감있게 파악할 수 있을 것 같다. 특히, 정인홍 및 장현광 문인과의 중복상은 인조반정 이후 남명학파의 연원 전향, 한려학파의 성정 가능성과 관련하여 깊이 검토할 필요가 있다. 김익재는 인조반정 이후 내암문인의 사승관계 왜곡양상을 1)언급회피형, 2)온건폄하형, 3)적극폄하형으로 구분하였다. 이 구분에 따르면, 한강 · 내암문인 가운데 박정번, 곽준은 1)유형, 성호정, 문경호, 문위, 이언영, 정홍서는 2)유형, 조응인, 박문영, 박민은 3)유형에 속한다(김익재. 2008. 앞의 논문: 115~181쪽).

〈표2〉 영남지역 주요 학파[문파]의 문인현황

구분	문인수	전거	비고
退溪門人	309	『陶山及門諸賢錄』	『退溪全書』
南冥門人	30	『山海師友淵源錄』	朴絪(編)
來庵門人	115	『南冥學派의 形成과 展開』	李相弼(著)
月川門人	19	「月川先生門人錄」	光山金氏 後彫堂 所藏
西厓門人	117	「西厓先生門賢錄」	『西厓全書』
鶴峯門人	40	「鶴峯先生門人錄」	金龍洙(編)
芝山門人	94	「芝山先生師友錄」	道岑書院 所藏本
旅軒門人	355	『旅軒先生及門錄』(丙辰本: 1916)	單行本(木版本)
		「旅軒先生及門諸賢錄」(己未本: 1919)	『旅軒全書』
愚伏門人	107	「愚伏門人錄」	「愚伏先祖別集營刊時文蹟」 (愚伏宗宅 所藏本, 藏書閣寄託)
敬堂門人	221	「敬堂先生及門諸賢錄」	『敬堂集』別集
葛菴門人	358	「錦陽及門錄」	『葛庵全書』
大山門人	273	「高山及門錄」	『大山全書』

한강문인[342명]과 여헌문인[355명]의 총수는 697명이며, 여기서 양문을 출입한 64명을 빼면 문인록을 통해 확인되는 한려학파의 총원은 633명이다. 바로 이들이 퇴계·남명 이래의 영남의 학문적 전통을 절충적으로 계승하면서 17세기 초반의 영남학계를 이끈 실체들이라 할 수 있다. 아울러 이들의 상당수가 '성인함령星仁咸靈(성주·인동·함안·영산)'으로 약칭되는 낙동강 중류에 포진하고 있었다는 점에서[18] '낙중洛中'은 17세기 영남학파의 학문적 중심지대였음에

18) 李象靖은 『沂洛編芳』 序文에서 정구를 이황의 적전으로 평가하는데 주저하지 않았고, 泗水[칠곡 泗陽精舍] 및 성주·인동·함안·영산을 한강학파의 핵심 거점으로 표현하였다. 뿐만 아니라 그는 정구가 활동하던 나아가 여맥이 미치던 시대의 洛江을 嶺南 道學의 연수로 평하는 등 다소 과감한 주장을 펼친 바 있다(朴尙節. 『沂洛編芳』

분명했다.

2) 정구의 강학과 한강학파의 형성

정구는 성주 사월리 유촌柳村에서 태어났지만 30대 이후 그는 여러 번 주거를 옮겼다. 30대에는 창평산의 한강정사寒岡精舍(31~41세), 40~50대에는 회연초당檜淵草堂(41~49세), 60대에는 수도산修道山의 무흘정사武屹精舍(62~70세), 70대에는 칠곡의 노곡蘆谷 · 사양정사泗陽精舍(70~78세)에서 생활하며 저술 및 후진양성에 매진했다. 선영 인근에 건립된 한강정사는 초기 학술의 공간이었고, 회연초당은 장년기 유식遊息과 강학의 근거지로서 한강학파의 핵심 거점이 되었다. 무흘정사는 피세避世와 은둔을 통해 주자학의 높은 경지를 추구하고자 했던 구도의 공간으로 자리매김할 수 있고, 노곡 · 사양정사는 대구 · 칠곡지역 문

정구 영정

<序文>(李象靖) "寒岡先生早遊陶山之門 退而講授於泗水之上 星仁咸靈之間 盖彬彬多君子之風焉…寒岡陶山之正傳 而洛水又濯纓之下流也 不待百年之久 而其正聲之續出於門人高弟之手 使洛派一帶 便爲道學之淵源". 공교롭게도 『大山集』에는 이 서문이 빠져 있다.

인들의 주선과 협력 속에 마련된 만년 강학처였다. 특히 사양정사는 정구의 고종처로서 후일 이곳에는 사양서원泗陽書院이 건립되어 한강학파의 또 하나의 거점을 이루게 된다.

한강정사寒岡精舍⇒회연초당檜淵草堂⇒무흘정사武屹精舍⇒노곡蘆谷 · 사양정사泗陽精舍로의 주거 이동은 정구의 학자적 생활권이 점차 성주 외곽으로 확대되어 갔음을 의미하며, 그 배경은 학문[강학] 및 저술의 효율성 모색, 현실로부터의 도피 등 다양한 측면에서 찾아볼 수 있었다.[19]

정구가 문도들을 규합하여 강학에 들어간 시점은 정확하지 않다. 다만, 한강문인 가운데 가장 선배격인 서사원(1550~1615)이 1577년(선조10)에 입문한 사실을 고려한다면[20] 한강정사 시절인 30대 중반에 이미 강학 또는 문답 등을 통해 문인을 양성했음은 분명한 것 같다.[21] 37세 때인 1579년(선조12) 한강정사에 학도를 모아 『소학』을

---

19) 김학수. 2008.「鄭逑 文學의 創作現場과 遺跡에 대한 연구」.『大東漢文學』29. 대동한문학회.

20) 徐思遠.『樂齋集』.「年譜」. <丁丑>.

21) 한강학파의 형성과 관련하여 주목할 것은 정구가 지니고 있었던 인척적 기반이다. 정구 직계에 한정할 때, 한강가문의 통혼권은 낙중을 비롯한 강우 지역에 집중되어 있었다. 김굉필과 조부 鄭應祥의 옹서관계는 재론이 필요치 않고, 아버지(鄭思中)는 성주의 벽진이씨(李煥家), 정구 자신은 성주의 光州李氏(李樹家), 아들 鄭樟은 밀양의 창녕조씨(曺光益家), 장손 鄭惟熙는 고령의 현풍곽씨(郭宗敬家), 차손 鄭惟熟은 합천의 진양강씨(姜翼文家), 3손 鄭惟燾는 성주의 의성김씨(金科家), 장증손 鄭昌址는 대구의 전이이씨(李之華家) 집안에 장가들었다. 뿐만 아니라 鄭思中의 사위 盧儼은 창녕 출신이었고, 정구의 사위 姜繗과 盧勝은 둘 다 합천 출신이었다. 결국 정구 집안은 현풍, 대구, 성주, 창녕, 밀양, 합천 등 강우지역을 통혼권으로 삼고 있었고, 그 중에서도 낙중 지역과의 혼인 빈도가 가장 높았다. 이렇게 구축된 혼맥은 학통과도 매우 긴밀하게 얽혀 있었다. 曺光益(정구의 사돈, 鄭樟의 처부)은 퇴계문하의 동문이었

강론한 점,[22] 문경호 · 박경찬 등이 각기 1576년과 1581년에 입문한 사실[23] 또한 이러한 추정에 설득력을 더해준다.

그러나 정구의 강학이 본격화 된 것은 회연초당을 낙성하면서였다. 한강정사에서 꼬박 10년을 보낸 정구는 1583년(선조16) 한강정사에서 조금 떨어진 회연으로 옮겨와 초당을 짓고 생활하게 된다. 이후 그는 1591년 인근의 사창社倉으로 이거하기까지 약 8년 동안 이곳에서 매우 바쁜 삶을 살며 학문을 더욱 심화시키고 경륜도 쌓아가게 된다. 이이가 자신을 포함한 '이이 · 성혼 · 정구의 3인공조'를 통해 동서 내지는 영남 · 기호의 보합을 제의해 온 것도 이 때였다.[24]

고, 郭宗敬(鄭惟熙 처부)의 아들 郭衛國, 李玧(鄭昌址의 처부), 金科(鄭惟素의 처부)의 숙부 金天澤 · 天澀, 사위 강린과 노승도 한강문인이었다. 특히 정구의 처부 李樹의 자손들은 일가 7인, 정구의 자형 盧儼의 자손들도 일가 5인이 한강문하에 입문하여 한강학파의 한 축을 이루었다.[이에 대해서는 후술]. 대상을 방계로 확대하면 학연은 더욱 확장된다. 張顯光과 成辨奎(한강문인)는 정구의 질서였고, 성변규의 사위 李주, 장현광의 아들 張應一도 한강문인이었다. 그리고 정구의 숙부 鄭思誠의 사위가 郭율(한강문인)인데, 곽율의 사위 李厚慶과 손자 郭鴻漸도 한강문하를 출입했다. 특히 이후경은 한강고제로서 한강학파의 영산지역 확산의 견인차가 되었다. 이런 정황을 고려할 때, 한강학파의 형성과 확산의 저변에는 청주정씨 한강가문과 강우지역 명가들과의 혼맥이 깊이 자리하고 있었음을 알 수 있다.

22) 鄭逑.『寒岡全書』.「年譜」. <己卯>. "聚學徒講小學"

23) 鄭逑.『寒岡全書』.「檜淵及門錄」卷1. <朴慶纘> 및 <文景虎>.

24) 이이는 평소 정구를 김우옹, 정인홍과 함께 조식의 고제로 인식하는 가운데, 정구를 '예학에 공을 들이고, 율신에 엄격하며, 논의가 英發하여 淸名이 날로 드러났다' 고 평하는 한편 관료로서의 자질에 대해서도 격찬한 바 있었다. 그리하여 1583년 3월 成渾, 成允諧와 함께 그를 전격 추천하였고, 동년 10월 이조판서 재직시에도 적극 천거하는 등 정구의 引進에 공을 들였다. 그 결과 동년 겨울 정구가 형조 · 호조정랑에 제수될 수 있었던 것이다. 이 때 정구는 소명을 사양하는 대신에 이이에게 감사의 편지를 보냈다(鄭逑.『寒岡集』續集 卷2. <答李叔獻珥>). 이 사실은 서인계 명사들 사이에서 공공연하게 회자되었고, 특히 박세채가 이 편지에 입각하여 이이와 정구의 '麗澤道合說' 을 주장함으로써 한 때 정구의 '栗谷門人說' 이 나돌기에 이른다. 정구가 이이에게 보낸 편지의 발신일은 1584년(선조17) 정월 19일인데, 공교롭게도 이이는

또한 이 무렵 정구는 학자적 신망 및 인지도가 더욱 높아져 1585년(선조18)에는 『소학』 및 4서 언해 교정청校正廳의 낭청郎廳으로 발탁되어 상경한 바 있고, 1589~1590년 경에는 생도들을 모아 『심경』, 『근사록』 등을 정력적으로 강론했다. 『한강집』에 보이는 '계회입의契會立議', '월조약회의月朝約會儀', '통독회의通讀會儀', '강법講法'[25] 등이 이 시기에 문생들을 위해 만든 교육지침들이다.[26] 정구의 회연강학은 사도를 표방하며 문호를 세운 것에 다름 아니었고, 그것은 그가 사림파에서 중요한 위상을 점했던 김굉필의 외증손이자 퇴계 · 남

회연서원 전경(한강 정구 주향, 경북 성주 소재)

이보다 3일 전인 동월 16일에 사망하였다. 따라서 이이는 이를 受讀치는 못했지만 이 서한에는 이이에 대한 정구 평소의 인식과 기대가 잘 나타나 있었다.(김학수. 2008.「17세기 영남학파 연구」. 한국학대학원 박사학위논문: 35~37쪽)

25) 鄭逑.『寒岡集』卷9;『寒岡集』續集 卷4.

26) 회연초당 시절 정구의 대표적 저작으로는 '醫眼集方序' (1600), '書己卯薦擧科榜目後' (1602), '心經發揮序' (1603), '忠原志序' (1603) 등이 있다.

명 양문의 고제라는 가학적 배경과 학통상의 지위에 기초하였다.[27)]

회연에서의 강학 활동은 그 형식과 내용에 있어 이전에 비해 훨씬 체계적이었고, 그 수준 또한 매우 높았다. '월삭강회계月朔講會稧'의 결성이 강학의 형식을 정비한 것이라면[28)] 『심경』, 『근사록』의 강론은[29)] 주자학 내지는 퇴계학의 본령을 탐구하는 학습이었다. 후일 이 곳에 그의 주향처인 회연서원이 건립되고, 그의 문인록이 「회연급문록」으로 명명된 배경도 여기서 찾아야 할 것이다. 「회연급문록」에 따르면, 회연 초당 시기에 입문한 인사로는 채선길(대구, 1587), 안숙(창녕, 1588), 신방즙(영산, 1589년), 이주(대구, 1589), 손기양(밀양, 1589) 등이 있다.

정구의 존재는 1604년(선조37)을 기점으로 한 층 더 부각되기에 이른다. 물론 한 해 전인 1603년에는 동문 정인홍과 결별하는 곡절도 있었지만 이 무렵 그는 『오선생예설분류五先生禮說分類』, 『심경발휘』 등 역저를 연이어 탈고하며 학문적으로 커다란 결실을 맺고 있었다. 이후 정구는 1612년(광해군4) 칠곡의 노곡정사로 이거하기까지 약 8년 동안 대부분의 시간을 무흘정사에서 보내며 학문과 저술 그리고 문인 양성에 주력하였다. 한강정사, 회연초당에 이어 새로운 강학

27) 정구의 학문적 성장에 미친 김굉필, 이황, 조식의 영향은 사림 사회에서는 중소공지의 사실로 받아들여졌으나 정구 사후 신도비명을 찬하는 과정에서 김굉필과 조식과의 관계성은 일정 부분 축소되어 갔다. 이 부분에 대해서는 김학수. 2007. 「'寒岡(鄭逑)神道碑銘'의 改定論議와 그 의미」. 『朝鮮時代史學報』 42. 조선시대사학회. 참조.

28) 鄭逑. 『寒岡集』 卷9. <契會立議>.; 鄭逑. 『寒岡全書』. 「言行錄」 卷2. <處鄕>. "先生在寒岡精舍時 鄕人之有志於學者 後生之稍有志向者 合爲一稧"

29) 鄭逑. 『寒岡全書』. 「年譜」. <己丑> 및 <庚寅>.

처로 모색된 무흘정사의 낙성은 주거 외연의 확대를 넘어 출처 · 학문관의 변화 과정으로 이해할 수 있으며, 그 요체는 주자학에 대한 이론적 심화와 체화였다. 『렴락갱장록濂洛羹墻錄』, 『수사언인록洙泗言仁錄』, 『와룡암지臥龍庵志』, 『경현속록景賢續錄』, 『곡산동암지谷山洞庵志』 등이 바로 이 시기에 편차 또는 찬술한 것이었다.[30)]

한편 정구는 무흘정사에 강학 기반을 두면서도 가끔 출산하여 문인들과 학문을 토론하거나 시사를 자문했다. 1604년 4월에는 한강정사에서 손처눌과 회합하여 '5현문묘종사'에 대해 자문했고,[31)] 1605년 3월에는 선사에서 손처눌 등 문인들을 모아 강학했다.[32)] 그리고 1606년 3월에는 선사에서 손처눌과 『심경』을 강론

玉雪軒 편액(미수 허목 친필, 회연서원)

望雲庵 편액(미수 허목 친필, 회연서원)

---

30) 이 외 무흘정사 시절의 주요 저작으로는 '書洙泗言仁錄後'(1604), '書啓蒙圖書節要後'(1607), '書武夷志附退溪李先生李仲久家藏武夷九曲圖後'(1609), '書讀書要語續選後'(1607), '題止止堂集下附佔畢齋詩後'(1606), '書景晦堂屛後'(1607), '書川谷書院額板下"(1607), '書安東蓮亭追揭退陶先生和松齋詩後'(1607), '深衣製造法'(1610), '五先生禮說分類序'(1611), '治亂提要小敍'(1606), '西原鄭氏族會圖序'(1607), '武夷志跋'(1604), '宣城九老會帖跋'(1610), '祖妣墓誌'(1607), '先考墓誌'(1607), '外祖考墓誌'(1607), '伯氏墓誌'(1607), '書古鏡重磨方後'(1607), '書道東書院額板下'(1607), '書西原世稿譜圖下'(1607) 등이 있다.

31) 孫處訥. 『慕堂集』. 「年譜」. <甲辰>.

32) 孫處訥. 『慕堂集』. 「年譜」. <乙巳>.

하였고, 동년 10월에는 장현광 · 서사원 · 곽근 · 박정번 · 성안의 등을 대동하고 김굉필의 묘소를 참배하고 치제했다.[33] 이처럼 왕성했던 학문 · 사회적 활동은 성주 · 칠곡 · 대구 등 낙강연안의 학문적 분위기를 크게 고조시키는 결과를 가져왔고, 그만큼 문인들의 내학 활동도 빈번해졌다.[34]

이런 가운데 정구는 1607년 3월 안동부사로 부임했고, 이후 그는 약 9개월간 부사로 재직하면서 강학을 통해 경내의 학문적 분위기를 진작시키는 한편으로 안동 · 예안 · 봉화 일원의 인사들을 문인으로 규합하게 된다. 종전까지 출사를 자제했던 정구가 끝내 안동부사직을 수락했던 것은 '영남맹주의식嶺南盟主意識'으로 표현할 수 있는 학자적 포부 때문이었다.

1607년 3월초 안동부사로 부임한 정구는 '퇴계경모론退溪景慕論'에 바탕하여[35] 안동 · 예안지역의 사론을 수렴하는데 적극성을 보였

---

33) 孫處訥.『慕堂集』.「年譜」. <丙午>.

34) 정구가 무흘정사에 정착하기 직전인 1602년에서 노곡정사로 이거하던 1612년까지 급문한 인사로는 權守經(의성, 1602), 都汝兪(대구, 1603), 趙遵道(청송, 1604), 文後(곤명, 1604), 韓景祚(1605), 成以格(창녕, 1605), 許燉(삼가, 1606), 金中淸(봉화, 1607), 任屹(예안, 1607), 張興孝(안동, 1607), 鄭俶(안동, 1607), 都愼修(대구, 1609), 李時馩(단성, 1610) 등을 들 수 있다.

35) 金坽.『溪巖日錄』. <丁未3月8日>. "鄭寒岡令公 拜花伯 自京直造陶山 謁廟祭墓 盖嘗受業于先生 而先生沒後 此其始到也"; 金光繼.『梅園日記』. <丁未3月8日>. "朝寒岡歷觀巖栖 · 觀瀾軒 · 天淵臺 余與諸友從行焉 食後寒岡往溪上 酹酒于退陶先生墓"; 金光繼.『梅園日記』. <丁未5月20日>. "食後入拜寒岡先生 見權諶及任參奉丈 先生命我及任參奉丈(任屹:筆者註) 校退溪先生喪禮 余有故欲來 而不聽還 不得已與任丈 退寓私家校之…同校者金義精 · 權弘甫 · 權臣哉 · 隣哉 · 李以敬 · 柳仁植 以寓舍有非便事告先生移寓鄕校"; 金光繼.『梅園日記』. <丁未6月27日>. "朝陪話于典敎堂 食後 寒岡先生將發 入巖栖軒 徘徊瞻眺 欲起還坐 有慕戀不忍去之意 又出天淵臺 久坐 日晩乃發"

다. 물론 부임 초기에는 일정한 저항이 따르기도 했지만[36] 토론 및 강학을 통해[37] 사론이 귀부하게 되면서 상당수의 인사들이 그에게 입문하게 되었다. 김중청 · 임흘 · 장흥효 · 정숙 · 권사막 · 권태일 등은 이런 흐름 속에서 한강문하에 입문한 경우였다. 그리고 이들의 입문은 한강학파가 퇴계학파의 본거지로까지 확산되는 직접적인 계기가 되었는데, 「회연급문록」에서 확인되는 안동 · 예안 · 봉화지역의 한강문인은 무려 23명에 이른다.[38] 이들의 상당수가 조목 · 구봉령 · 박승임 · 김성일 · 류성룡 · 장현광 · 정경세 · 김중청의 문인과 겹치기는 하지만 이들의 존재는 한강학파의 외연 확대와 관련하여 매우 중요한 의미가 있었다.[39]

안동 · 예안 · 봉화지역 한강문인 가운데 주목할 인물은 김광계 · 장흥효 · 김중청이다. 김광계는 정구의 안동부사 재직시 가장 밀접하게 교유한 사람의 하나로서 강학이 열리면 항상 참가하여 수강했고, 정구 또한 그를 매우 신임하여 「퇴계선생예설」의 교정을 맡긴 바 있었

---

36) 鄭逑.『寒岡集』續集 卷5. <播諭安東諸生文>.

37) 金光繼.『梅園日記』. <丁未4月24日>. "陪任丈到府 乃得入拜 盧豊基 景任 · 申秀才亮在座矣 盧 · 申二公先出 任丈乃進坐于亟丈前 橫經問難 探索義理 至暮乃罷"; 金光繼.『梅園日記』. <丁未6月26日>. "又招諸生 講讀心經 是日盾炎之酷 汗流如漿 而先生乃儼然端坐 論說不厭 亦可見先進進德之心 無須臾息也"

38) 「檜淵及門錄」(鄭逑.『寒岡全書』)에 따르면, 안동 · 예안 · 봉화 지역의 한강문인은 金中淸, 金潗, 張興孝, 金允安, 任屹, 鄭佺, 權泰一, 李蒔, 李苙, 李葳, 金奉祖, 禹鎭, 金榮祖, 金是樞, 金光繼, 柳袗, 鄭俶, 金光岳, 金柱宇, 權思邈, 柳袨, 金鑌 등이다.

39) 물론 이들의 입문 시기는 개별적인 차이가 있다. 퇴계문인 이덕홍의 아들인 李苙은 정구의 성천부사 재직시인 1598년, 서애문인 金允安은 대구부사시에 재직하던 1613년, 김중청의 아들인 金柱宇는 1619년 정구의 영주 온행시에 입문한 경우였다.(鄭逑.『寒岡全書』.「檜淵及門錄」卷1. <金允安>; 卷3. <李苙>; 卷4. <金柱宇>)

다. 이런 관계성을 바탕으로 그는 정구 사후 『한강집』의 편간시에도 매우 중요한 역할을 담당하게 된다.[40)]

〈표3〉 안동 · 예안 · 봉화 지역의 한강문인(寒岡門人)[41)]

순번	성명	본관	거주	여타 사승	순번	성명	본관	거주	여타사승
1	金中清	안동	봉화	月川 · 嘯皐門人	13	金榮祖	풍산	안동	西厓 · 鶴峯門人
2	金 濼	의성	안동	鶴峯門人	14	金是樞	의성	안동	鶴峯淵源
3	張興孝	안동	안동	鶴峯 · 西厓門人	15	李 蒧	영천	예안	月川淵源
4	金允安	순천	안동	西厓門人	16	金光繼	광산	예안	旅軒門人
5	任 屹	풍천	안동	月川 · 鶴峯門人	17	柳 袗	풍산	안동	西厓 · 旅軒門人
6	鄭 佺	청주	안동	鶴峯 · 栢潭門人	18	金光岳	광산	예안	敬堂門人
7	權泰一	안동	안동	鶴峯門人	19	鄭 俶	청주	안동	
8	李 蒔	영천	예안		20	金柱宇	안동	봉화	金中清門人
9	李 苙	영천	예안		21	權思邈	안동	안동	
10	李 蒧	영천	예안	金中清門人	22	柳 袨	풍산	안동	
11	金奉祖	풍산	안동	西厓 · 愚伏門人	23	金 鑌	선성	안동	
12	禹 鎭	단양	예안	月川淵源					

김중청은 1607년 정구가 안동에서 『심경』을 강론할 때 입문하였고,[42)] 치원암致遠庵 중수시에는 정구를 대신하여 의연금 요청문을 짓기도 했다.[43)] 1612년 김중청이 정구에게 조목의 도산서원 종향을 자문할 수 있었던 것도[44)] 이런 관계성에서 바탕하였고, 김중청은 신안

40) 金光繼. 『梅園日記』. <辛未2月26日>. “昔年寒岡門下諸公 以我爲有司 使裒聚寒岡書札 在此地者 謄寫以送 而遷延未果 頃見茂伯書 寒岡文集修整垂畢 當汲汲寫送云云”

41) 鄭逑, 『寒岡全書』. 「檜淵及門錄」.

42) 金中清. 『苟全集』. 「年譜」. <丁未>. “四月 拜寒岡鄭先生于安東 時鄭先生爲府使 聚士講心經 先生往拜 仍留講”

43) 金中清. 『苟全集』 卷5. <致遠庵重修勸牓>.

44) 서정문. 2006. 「朝鮮中期의 文集編刊과 門派形成」. 국민대학교 박사학위논문: 57쪽; 朴賢淳. 2006. 「16~17세기 禮安縣 士族社會 硏究」. 서울대 박사학위논문: 10쪽.

현감 재직시[1616~1619]에 사양정사를 빈번하게 왕래하며 학문적 관계를 지속했다. 일반적으로 학봉문인으로 잘 알려져 있는 장흥효는 정구의 안동부사 재직시에 청업하여 문인이 되었고,[45] 1617년(광해군9)에는 김성일의 행장을 받기 위해 사수泗水로 가서 깊이 있는 문답을 주고받았다.[46] 이런 학문적 관계성에 바탕하여 그는 안동지역 한강문인 중에서는 유일하게 「한강언행록」을 남겼다.

3) 서사원 · 손처눌 계열의 흡수와 학파의 기반강화

무흘정사 시기 학문을 더욱 심화시키며 학파의 외연을 확대해 가던 정구와 한강학파는 1610년(광해군2) 박이립의 고변사건告變事件이 발생하자 커다란 위기에 직면하였다. '박이립 고변사건'이란 성주 유생 박이립이 정구가 부도지언不道之言을 행하며 역모를 도모했다고 고변한 사건을 말한다. 이로 인해 정구는 관부에 나아가 대죄하며 자명소를 올리는[47] 등 이 사건은 한 때 조야를 시끄럽게 했다.

물론 이 사건은 무고로 결론이 났지만 사관이 정인홍을 박이립의 배후로 지목한 것에서[48] 보듯 손처눌을 비롯한 일부 한강문인들은 정

---

45) 鄭逑.『寒岡全書』.「檜淵及門錄」卷2. <張興孝>. "先生宰安東 負芨請業 多有誘掖之恩"

46) 張興孝.『敬堂集』卷1. <南行錄>. "(九月)二十三日乙酉晴 質心經發揮疑處于先生"; 張興孝.『敬堂集』卷2. 附錄 <行狀>. "又嘗以喜怒哀樂之未發及靜中須有物者 反復論辨於寒岡鄭先生 鄭先生心服其學有心得"

47) 鄭逑.『寒岡集』續集 卷1. <庚戌爲兇人朴而立所誣陷>.

48) 『광해군일기』 권31. 광해군 2년 7월 28일(신미).

인홍의 배후설을 확신했던 것 같다.[49] 결국 이 사건은 정인홍과 정구 상호간 갈등 구도에 그 근원이 있었던 것이다. 양측의 대립은 『남명집』의 편간에 있어 정구의 배제, 정구의 '동강만사東岡輓詞'와 정인홍의 반박(고풍정맥변高風正脈辨), 1608년 '임해군옥사臨海君獄事'에 따른 입장 차이를 거치면서 점차 격화되었고, 급기야 무고사건으로 비화한 것이었다.

이에 한강문인들은 변무소를 기획, 추진하였는데, 그 중심에는 손처눌이 있었다. '한강변무소(변한강선생피무소辨寒岡先生被誣疏)'[50]는 난국의 돌파를 위한 불가피한 선택이었지만 이를 통해 한강문인들은 자신들의 결속을 강화한 측면이 있었고, 이 과정에서 한강문인들의 존재 양상도 좀 더 선명하게 드러나게 된다. 변무소는 손처눌의 주도로 성주 향교에서 일차 의정되었고, 상주에 소청이 설치되자 영남 제읍의 유생들이 동조해 왔다. 당초 소두에는 손처눌이 거론되었으나 한강문인 김녕으로 최종 결정되었고, 소문 역시 한강문인 김익정의 찬본이 채택되었다.

소두 김녕의 『둔봉집遯峯集』에 실린 '소청제명록疏廳題名錄'[51]에 따르면, 소회에 참가한 유생은 223명이었다. 지역적으로는 성주·인동·선산·고령·대구·창녕·함양·고성·삼가·영산·안음·영주·경

---

49) 孫處訥.『慕堂日記』. <庚戌8月2日>(김형수, 2006.「17세기초 대구사림의 형성과 분화」.『歷史教育論集』 36: 286쪽 각주 55)에서 재인용).

50) 金寧.『遯峯集』 卷2. <辨寒岡先生被誣疏>.

51) 金寧.『遯峯集』.「年譜」. <庚戌>.

주·영천·영해 등 영남 열읍을 망라하고 있고,[52] 학통상으로는 한강문인을 중심으로 서애·여헌·우복·모당문인이 중심을 이루었다. 223명 가운데 한강문인(한려양문 포함)은 46명인데, 이는 이 소사가 사실상 한강문인들의 주도하에 추진되었음을 단적으로 반영하는 것이다.

〈표4〉 1610년 한강변무소 추진시 배소유생명단[53]

구분	성 명
陪疎儒生 [列邑]	鄭三戒(興海), 李時清(寧海), 李說(醴泉), 宋思誠(安東), 李希陽(善山), 李民淳(軍威), 金善道(醴泉), 趙敏德(安陰), 李得鳳(永川), 郭嶕(玄風), 申澈(盈德), 柳友潛(安東), 李宜潛(慶州, 愚伏門人), 申挺立(寧海), 陳奉扈(興海), 楊許國(昌寧), 金景達(知禮), 宋以修(尙州), 徐競(禮安), 金成玉(榮川), 郭嶙(玄風), 閔希顔(榮川), 權汝軾(龍宮), 崔敬止(慶州), 李英馥(善山), 曺宅仁(咸昌), 權奐(安東), 崔龍虎(泗川), 金克諴(尙州), 申檥(青松), 張承福(昌原), 成汝櫄(尙州), 郭昌後(玄風), 金業(安東), 嚴士愷(玄風), 鄭顯道(永川), 丁文衍(新寧), 李檍(慶州), 李景華(淸河), 琴尙紘(奉化), 申桂(眞寶), 崔寔(淸道), 徐瓘(義城), 李弘中(大丘), 成篞(昌寧), 金致中(慶州), 郭柱國(玄風), 郭以寧(玄風), 安頊(豊基), 金慶遠(豊基), 鄭穎達(晉州), 金俊敏(長鬐), 李弘業(咸陽), 林擎星(山陰)
陪疏儒生 [寒岡] [旅軒] [樂齋] [慕堂] 門人	宋遠器(星州, 岡門), 權應生(慶州, 旅門), 金震護(善山, 寒旅兩門), 都應俞(大丘, 岡門), 張悌元(仁同, 寒旅兩門), 孫處約(大丘, 岡門), 李道孜(靈山, 岡門), 蔡夢硯(大丘, 岡門), 趙熙道(咸安, 旅門), 郭澍(玄風, 岡門), 郭慶興(玄風, 岡門), 蔡先見(河陽, 岡門), 李時馠(高靈, 岡門), 都汝俞(大丘, 岡門), 朴有文(仁同, 旅門), 許國弼(善山, 旅門), 成以直(永川, 旅門), 郭涌(大丘, 岡門), 李立可(軍威, 岡門), 申佑德(仁同, 旅門), 朴晉慶(善山, 寒旅兩門), 權守經(義城, 岡門), 李之英(大丘, 寒旅兩門), 徐愼(大丘, 洛慕兩門), 朴宗祐(大丘, 岡門), 李忠民(仁同, 寒旅兩門), 李時馩(義興, 岡門), 朴敏修(玄風, 寒旅兩門), 金光岳(禮安, 寒旅兩門), 金輳(星州, 岡門), 李命龍(星州, 岡門), 李天封(星州, 岡門), 李見龍(高靈, 岡門), 陳晛(慶山, 樂門)

52) 223명 가운데 안동 출신은 류성룡의 아들 류진을 비롯하여 모두 18명이다. 안동유생의 대폭적인 참여는 안동부사 재직시에 미친 학문적 영향력과 무관치 않아 보인다.

53) 金寧. 『遯峯集』. 「年譜」 <庚戌>.

배소유생 명단에서는 이런 경향이 더욱 분명해진다. 배소유생은 손처눌의 지휘하에 정삼계 · 권응생(이상 장의), 도응유 · 이시청(이상 유사有司) 등 총 88명으로 구성되었는데,[54] 이 중 34명이 한강문인(한려양문 포함)으로 전체의 40%를 차지한다.[55] 이 가운데 송원기, 도응유, 손처약, 이도자, 채몽연, 채선견, 도여유, 박종우, 이충민, 박민수 등은 한강학파 내에서도 그 위상이 확고한 사람들이었다.

이런 곡절을 거치면서 마침내 정구는 1612년 팔거현 노곡蘆谷으로 이거하게 된다. 노곡 이거의 배경을 정인홍과의 불편한 관계 때문이라 설명한 『한강연보』 편찬자의 표현대로[56] 이 무렵 정구는 정인홍과의 갈등, 폐모살제로 대변되는 광해군 정국의 난맥상으로 인해 정치 · 사회적 고충이 컸다. 이에 그는 서사원 · 이윤우 등의 문인들과 논의한 끝에 노곡 이거를 단행한 것이다.[57] 이 과정에서 서사원 · 손

---

54) 孫處訥. 『慕堂集』 卷6. 「年譜」. <庚戌>. "赴尙州疏會所…二十八日入會所 定掌議鄭三戒權應生 有司都應兪李時淸"

55) 金寧. 『遯峯集』. 「年譜」. <庚戌>에 따르면, 배소유생 88명 가운데 한강문인[寒旅兩門 포함]은 宋遠器(星州, 岡門), 權應生(慶州, 旅門), 金震鑊(善山, 寒旅兩門), 都應兪(大丘, 岡門), 張悌元(仁同, 寒旅兩門), 孫處約(大丘, 岡門), 李道孜(靈山, 岡門), 蔡夢硯(大丘, 岡門), 趙熙道(咸安, 旅門), 郭澍(玄風, 岡門), 郭慶輿(玄風, 岡門), 蔡先見(河陽, 岡門), 李時馠(高靈, 岡門), 都汝兪(大丘, 岡門), 朴有文(仁同, 旅門), 許國弼(善山, 旅門), 成以直(永川, 旅門), 郭涌(大丘, 岡門), 李立可(軍威, 岡門), 申佑德(仁同, 旅門), 朴晉慶(善山, 寒旅兩門), 權守經(義城, 岡門), 李之英(大丘, 寒旅兩門), 徐愼(大丘, 洛慕兩門), 朴宗祐(大丘, 岡門), 李忠民(仁同, 寒旅兩門), 李時榦(義興, 岡門), 朴敏修(玄風, 寒旅兩門), 金光岳(禮安, 寒旅兩門), 金轃(星州, 岡門), 李命龍(星州, 岡門), 李天封(星州, 岡門), 李見龍(高靈, 岡門), 陳晛(慶山, 樂門) 등이다.

56) 鄭逑. 『寒岡全書』. 「年譜」 卷1. <壬子>(1612). "正月移居八莒縣蘆谷－先生居常不離於先塋之下 以鄭仁弘相近 遂決意移卜－"

57) 鄭逑. 『寒岡集』 卷4. <答李茂伯>. "僕移卜之計固切 而尙未得其地 前日所見蘆谷 雖不能全忘 而亦不暇再尋 姑此蟄縮有若無計於他焉者耳"; 『寒岡集』 續集 卷2. <答徐行甫

처눌 · 이윤우 등 대구 · 칠곡지역 한강문인들의 적극적인 지원과 협조가 있었다.[58)]

물론 노곡정사는 1614년(광해군6) 화재를 당해 각종 저술의 원고들을 소실하는 아픔이 따랐지만[59)] 1617년 사수에 건립된 사양정사泗陽精舍[60)]와 더불어 정구의 만년의 양대 강학처이자 한강학파의 새로운 구심점으로[61)] 그 확고한 위상을 점하게 된다. 그리고 이러한 일련의 과정은 이 지역에 대한 정구의 학문적 영향력의 확대 및 강화 과정으로 해석할 수 있다.

〈표5〉 서사원의 사우관계 [전거: 〈낙재연보樂齋年譜〉]

구분	낙재문인 [낙재만 사사한 경우]	낙재문인[여타 문하를 동시 출입한 경우]			합계
		한강문인	여헌문인	한려양문	
稱門人 [輓詞 · 祭文]	任鋏, 崔漄, 南銑, 成攬	李濯, 朴宗祐, 都汝兪, 李立可, 蔡楙, 都慶兪, 都聖兪		張乃範, 李之英	13

思遠>. "重以舊居 變恠百出 亦有不可以一日苟佳者 而新遷之宜 百思而莫得其地 駐杖路左 四顧而彷徨者 豈七十老夫事乎 亦堪可歎 明明間 欲暫往還大谷近處係勢非便未遂會奉之願 令人徒費浩思而已 惡舊居與仁弘相近 遂决避地之計"; 『寒岡集』 卷4. <答李茂伯潤雨>. "蘆谷之岸 果有數椽之計 他固不須言 而只以不遠於仁者之里 時時巾屨 或可以相親 是用自慰其窮寂之懷耳 近擬理屐就彼 亦未必不與相値 而爲數夕團圞之幸 不能不爲之跂予耳"

58) 鄭逑. 『寒岡全書』. 「寒岡言行錄」 卷2. <雜記>. 孫處訥所錄.

59) 鄭逑. 『寒岡全書』. 「寒岡言行錄」 卷3. <著述>. "(前略)並百餘卷 亦沒入灰燼 先生嘆曰天喪余天喪余"[李簭所錄]; 鄭逑. 『寒岡集』 卷4. <答李茂伯潤雨>. "蘆谷賤寓 失火盡灰 滿架書冊 皆不之免焉"

60) 鄭逑. 『寒岡全書』. 「年譜」 卷1. <丁巳>.

61) 「檜淵及門錄」에 의거하여 노곡·사양정사 시절에 입문한 문인들을 정리하면 다음과 같다. 全克昌(1613), 金允安(1613), 金應鳴(1613), 金是聲(1617), 鄭應智(1617), 尹孝全(1617), 朴宗佑(1619), 朴檜茂(1619), 金柱宇(1619), 全以性(1619), 睦大欽(1619).

구분	낙재문인 [낙재만 사사한 경우]	낙재문인[여타 문하를 동시 출입한 경우]			합계
		한강문인	여헌문인	한려양문	
來學 受學 來講 來討 者	郭涌(受學), 金克銘(來學), 徐思建(課讀), 李濁(來學), 柳堯臣(參講), 鄭好仁(來講), 禹拜善(參講), 成攬(來學), 徐再謙(來講), 徐愼(學心經), 朴守謙(來講), 張仲甫(來講), 李景旭(受讀), 李尙晉(來講), 南銑(來學), 李瀞(講話), 禹達海(學古文), 李興雨(來講), 梁弘澍(來講), 都慶益(來講)	都聖兪(來學), 都汝兪(受讀, 問家禮), 都應兪(受讀小學, 講心經), 蔡夢硯(來講), 朴宗祐(受讀小學,學中庸), 許士中(許勉:來學), 李厚慶(來留講討), 朴宗男(受學), 李立可(受學), 朴廷璠(來講), 申之悌(來講), 崔東집(受朱書), 都 愼修(受小學), 蔡先吉(來講), 李明忞(來講), 蔡楙(來學), 李潤雨(來質朱書), 李簭(講話), 裵尙龍(講話), 都慶兪(受大學), 李時幹(受講), 呂燦(受講), 鄭錘(來講), 蔡先見(來講), 鄭錡(來講)	柳思溫 (受讀) 李之華 (來學) 李元生 (來學) (來講)	李之英 (來學) 張乃範 (來講) 柳時藩 (來講) 徐思選	53
1603년 [受讀者]	羅應淑, 徐愼, 金克銘	都聖兪, 朴宗男, 都應兪, 朴宗祐, 都汝兪, 李立可	李之華	李彦英 徐思選 柳時藩 李之英 徐時立	16
1611년 [來講者]	李興雨, 梁弘澍, 都慶益	蔡夢硯, 都聖兪, 鄭錘, 都汝兪, 蔡先見, 朴宗祐, 都慶兪, 鄭錡		柳時藩 徐思選 李之英	14
著名人士 [官人]	李時發(監司, 來講心經), 黃敬身(來講), 金尙容(來講), 權盼(監司, (來講)	趙靖(大邱府使, 參講), 鄭蘊(來講), 鄭經世(大邱府使, 來講), 孫起陽(大邱府使, 講話)			8

「회연급문록」에 따르면, 대구 · 칠곡지역 한강문인의 수는 39명(대구 30명, 칠곡9명)이다. 인근 지역인 경산(3명), 하양(9명)을 포함하면 범대구권 한강문인은 51명에 이르며 성주(67명) 다음으로 많은 수치이다. 한강학파의 형성과 확산에 있어 대구권 문인들의 동향을 주목해야 하는 이유도 바로 여기에 있다.

대구지역 한강문인의 양대 산맥을 이룬 사람은 서사원(1550~1615)과 손처눌(1553~1634)이다. 서사원이 정구를 사사한 것은 1577년이고,[62] 손처눌이 정구와 학연을 맺은 것은 이보다 빠른 1571년이다.[63] 이들은 대구지역의 토착 사족들로서 정구와의 연령 차이, 입문 시기 등을 고려할 때, 한강문하의 최선배격으로 분류할 수 있다.

그러나 원래 이들은 대구지역 사림의 학문적 전통을 착실히 계승해 온 사람들이었고, 이런 흐름은 정구를 사사한 뒤에도 지속된 측면이 컸다. 한강학파가 등장하기 이전 대구지역은 김굉필 · 곽승화 · 박한주 등 점필재 문인들의 학풍에 영향을 받는 가운데[64] 16세기 초중엽부터는 채응린(1529~미상), 채응룡(퇴계문인), 전경창(1532~1585: 퇴계문인), 정사철(1530~1593) 등이 지역의 학풍을 이끌었다. 특히, 채응룡은 손처눌의 외숙이자 장현광의 자형이었던 채응곤의 형이었고, 채응린은 한강고제 이윤우의 처부였다.

정사철의 문하로까지 학연을 확대하였다. 손처눌 역시 1566년 전경창의 문하에 입문한 이후 정사철 및 그 아들 정광천과 줄기찬 학문토론을 벌이며 학문을 심화시켜 나갔다. 결국 서사원, 손처눌은 한강문하를 출입하기 이전에 이미 전경창 · 정사철에게서 수학했던 것이다. 특히 전경창에 대한 손처눌의 사승의식은 장현광의 평가에서 분

62) 徐思遠.『樂齋集』.「年譜」卷1. <丁丑>. “十月服闋 就寒岡鄭先生問學師事”

63) 孫處訥.『慕堂集』卷6.「年譜」(上). <辛未>. “赴外舅松巖公(蔡應龍)葬 始謁寒岡鄭先生”

64) 김형수. 2006.「17세기초 대구사림의 형성과 분화」.『歷史敎育論集』36: 273쪽.

명하게 확인할 수 있다.

> 손형 處訥은 공(全慶昌)을 스승으로 섬겨 전수받은 은혜가 있으므로 종신토록 감히 잊을 수 없었다. 그러므로 근래에 그 言行의 대략과 공이 저술한 家憲과 家令 등 약간 조항 및 한때 여러 분들의 祭文과 挽章의 글을 수록하여 한 책을 만든 다음 나에게 보내주었다.…손형은 이미 항상 그 門下에 출입하여 공의 실제 행실을 익히 보고 친히 가르침을 받았으니, 이 어찌 자기가 좋아하는 분에게 아첨하여 자신을 속이고 남을 속이는 자이겠는가. 諸公들이 공의 죽음을 애석하게 여기고 그 善行을 사모한 것이 마치 한 사람의 손에서 나온 듯하니, 이 어찌 모두 지나치게 찬미하고 과장한 글이겠는가. 나의 관점으로 상상해 보건대, 操執이 있는 지킴과 독실한 행실은 미칠 수 없는 바가 많았을 것이다.[65]

이후 서사원과 손처눌은 각기 정구를 사사한 뒤에도 전경창, 정사철과의 사승관계를 굳건하게 이어갔고, 장현광 등과의 강학을 통해 지역의 학문적 분위기를 크게 고조시켰다. 이런 바탕 위에서 두 사람은 대구학계의 새로운 맹주로 부상할 수 있었던 것이다. 서사원의 경우 30 대에 이미 후학을 양성하기 시작했고, 이런 추세는 이천정사, 선사 완락당, 연경서원 등에서의 강학을 통해 확대되어 갔다.[66] 이 과

---

65) 張顯光.『旅軒集』卷10. <書全溪東慶昌行錄後>.

66) 1601년 서사원은 자신의 독서 · 강학처 玩樂齋를 낙성한 다음 금호강 선사에서 張顯光 · 呂大老 · 李天培 · 鄭四震 · 張乃範 · 李宗文 등 23명의 선비들과 선유한 바 있다. 당시 선유에 참가한 선비들의 절반 정도가 서사원의 문인이었는데, 이를 통해서도 대구지역에서 차지하고 있던 서사원의 학문적 영향력을 규찰할 수 있다.(김학수. 2010.「船遊를 통해 본 洛江 연안지역 선비들의 집단의식-17세기 寒旅學人을 중심으로-」.『嶺南學』18. 경북대 영남문화연구원. 58~59쪽.

연경서원의 퇴락한 모습(대구 북구 소재)

정에서 서사원은 이시발(경상감사), 김상용, 권분(경상감사), 조정(대구분사), 정온, 정경세(대구부사), 손기양(대구부사) 등 경향의 명사들과도 두류 교유함으로써 학문적 위상도 크게 격상되었다.

〈표6〉 손처눌의 사우관계 [전거: 〈慕堂年譜〉]

<table>
<tr><th rowspan="2">구분</th><th rowspan="2">모당문인
[모당만 사사한 경우]</th><th colspan="3">모당문인[여타 문하를 동시 출입한 경우]</th><th rowspan="2">합계</th></tr>
<tr><th>한강문인</th><th>여헌문인</th><th>한려양문</th></tr>
<tr><td>通講諸子錄
[乙巳錄]
(1605)</td><td>羅應淑, 禹舜弼, 徐承後, 柳紹祖, 孫起業, 全僩, 李宗澤, 李雲根, 徐思建, 鄭鏞, 李應祺, 楊遇亨, 許忠國, 郭涌, 南銑, 蔡楙, 徐愼, 蔡楨, 李晦根, 金克銘, 呂應周, 李興雨, 閔謙, 任諴, 鄭鋐, 裵宗緖, 朴曾孝, 郭淳, 呂克弘, 任誠, 韓景祺, 許庭樞, 鄭日新, 朴忠男, 裵胤緖, 裵正己, 曺諴, 洪頤性, 李景旭, 張以愿, 陳曄, 陳晛, 丘新立, 潘濬</td><td>蔡先修, 蔡先吉, 裵褧可, 都聖兪, 鄭銑, 鄭錘, 都應兪, 都汝兪, 蔡先見, 韓景祚, 朴宗男, 朴宗祐, 鄭錡, 崔東岊, 都彦兪, 許士中(許勉)</td><td>孫宇男
柳思溫
張慶遇
李之華
李元生
崔喆</td><td>鄭四象
柳時藩
徐時立
李之英
徐思選</td><td>71</td></tr>
</table>

구분	모당문인 [모당만 사사한 경우]	모당문인[여타 문하를 동시 출입한 경우]			합계
		한강문인	여헌문인	한려양문	
通講諸子錄 [乙卯錄] (1615)	李應祺, 徐思建, 郭涌, 李興雨, 禹舜弼, 李晦根, 徐愼, 徐承後, 蔡楨, 金克銘, 趙咸英, 楊景洙, 趙咸章, 尹民吉, 李時雨, 李和雨, 李尙晉, 禹達海, 孫處毅, 楊景泗, 孫處恪, 閔譚, 禹達河, 尹先哲, 孫處愼, 楊景濂, 羅廉, 崔潔, 全有翼, 李之馨, 孫紇, 全弘業, 鄭嗣明, 李瑑, 李瑜, 李道恒, 鄭承明, 徐憓, 盧斗亨, 盧懿亨, 申之義, 徐慄, 徐忭, 郭後立, 都愼徽, 徐業, 楊景汶, 李璥, 孫處恒, 李玧, 李惟馨, 蔡之海, 金振宇, 郭後昌, 金光宇, 嚴惟吉, 李球, 朴東老, 朴東耉, 李玕, 楊景沂, 李樑厦, 徐登, 裵尙智, 李道益, 曺盡孝, 柳宗慶, 李弘中, 李廷英, 李陽晉, 洪汝鎭, 裵尙禮, 金湒, 崔敬止, 趙復生, 柳汝橿, 任汝衡, 崔迵, 鄭時稷, 李廷華, 全守業, 徐恒, 李柱厦, 裵尙賓, 柳宗和, 愼亨亮, 洪海, 潘潤孫, 孫處業, 全諒, 楊弘禮, 李之發, 李之葩, 徐懼	蔡先吉, 都聖兪, 蔡先修, 都應兪, 都汝兪, 蔡先見, 鄭錡, 裵褧可, 崔東律, 朴宗祐, 都慶兪, 崔東集, 李濯, 李道昌, 都愼修, 李剛, 崔東直, 李休運, 郭澍, 金大澤 孫沆	柳思溫 張慶遇 李元生 鄭好仁 朴弘慶 鄭好禮 李道章 鄭好信 鄭好問 具仁繼 金是聲 柳汝樟	鄭四象 柳時藩 徐時立 徐思選 李之英 李之華 鄭四勿 鄭克後 李道長 黃中信 郭衛國	138
저명인사 [관인]	吳允謙(來講), 李德胤(論周易), 權昐(來講)	李潤雨(質周易), 崔晛(來講), 金允安(來講), 孫遴(講質)			7

그리고 손처눌도 40대 중후반에서 50대 중후반까지는 녹봉서당, 향교, 동학암, 연경서원에서, 60대 초반~80대 초반까지는 연경서원, 영모당, 오야서당, 동학암, 망사암 등에서 강학활동을 벌여 많은 문인을 양성했다. 한강고제로 일컬어지는 이윤우 · 이언영 · 채몽연 · 이후경 등은 본디 서사원 또는 손처눌의 문인으로서 한강문하에 흡수된

경우로 해석할 수 있다.[67] 예컨대,「회연급문록」에 보이는 채선근 · 채선길 · 채선수(이상 채응린 · 응룡의 자손), 정광천 · 정추 · 정기 · 정선 · 정천주(이상 정사철의 자손 및 문자제) 등도 채응린 · 채응룡 · 정사철의 사후 낙재 · 모당문하에 흡수되었다가 다시 한강문하로 편입된 것으로 해석할 수 있다.

이런 정황으로 볼 때, 한강학파의 대구 확산과 서사원과 손처눌의 역할은 불가분의 관계를 가지고 있었는데, 그 결정적인 계기가 된 것이 바로 1612년의 노곡 이거였던 것이다. 물론 정구는 연경서원이 중수된 1602년 이후부터 강학 및 주유 등을 통해 대구지역 사림들에 대한 학문적 영향력을 한 층 강화시켜 온 것은 사실이다. 1605년 3월과 1605년 3월 선사仙查에서의『심경』강론,[68] 1609년 연경서원에서의『심경』강학, 1613년 이황의 연경서원 봉안과 관련하여 손처눌의 자문에 응한 것이 그 단적인 사례가 된다.

---

67) 한강문인 가운데 서사원의 樂齋門人과 겹치는 사람은 都聖兪(來學), 都汝兪(受讀,問家禮), 都應兪(受讀小學,講心經), 蔡夢硯(來講), 朴宗祐(受讀小學,學中庸), 許士中(許勉: 來學), 李厚慶(來留講討), 朴宗男(受學), 李立可(受學), 朴廷璠(來講), 申之悌(來講), 崔東집(受朱書), 都愼修(受小學), 蔡先吉(來講), 李明怘(來講), 蔡楙(來學), 李潤雨(來質朱書), 李蕃(講話), 裵尙龍(講話), 都慶兪(受大學), 李時幹(受講), 呂燦(受講), 鄭錘(來講), 蔡先見(來講), 鄭錡(來講) [이상 한강문인], 李之英(來學),張乃範(來講),柳時藩(來講),徐思選(來講) [이상 한려양문]이고, 손처눌의 慕堂門人과 겹치는 사람은 蔡先吉, 都聖兪, 蔡先修, 都應兪, 都汝兪, 蔡先見, 鄭錡, 裵褧可, 崔東律, 朴宗祐, 都慶兪, 崔東集, 李濯, 李道昌, 都愼修, 李剛, 崔東直, 李休運, 郭澍, 金大澤[이상 한강문인], 鄭四象, 柳時藩, 徐時立, 徐思選, 李之英, 李之華, 鄭四勿, 鄭克後, 李道長, 黃中信, 金是聲, 郭衛國[이상 한려양문]이다.(徐思遠.『樂齋集』.「年譜」; 孫處訥.『慕堂集』.「年譜」)

68) 孫處訥.『慕堂集』卷6.「年譜」. <乙巳>. "三月 陪鄭先生講學于仙查 因船遊於洛江"; <丙午> "三月 陪鄭先生講心經于仙查"

특히, 1605년 강학은 박정번 · 곽근 · 이후경 · 이학 · 이난귀 등의 수행을 받으며 대곡 선영에 성묘하러 가던 차 선사를 경유하면서 이루어졌다.[69] 이 때 그는 서사원 · 손처눌(연경서원 원장) · 정선 · 곽재겸 · 손처약 · 서사술 · 도응유 · 도성유 등 무려 70여 명의 영접 속에 강학 및 주유하며 학문적 결속을 다졌는데, 후술할 1617년의 봉산욕행이 한강문하 '후진'들의 주선 속에 이루어진 것이라면 이 모임은 서사원으로 상징되는 '선진'과의 회동이라는 측면이 강했다. 그리고 당시 정구 경유했던 어목정 · 부강정 · 낙재 · 선사서재도 문인들의 정자 또는 강학공간이었던 것이다. 이 점에서 정구 재세시 낙강연안의 누정들은 정구와 그 문인들이 소통 · 교유하는 학술문화의 구심점이자 매개체로서의 성격이 컸고, 이런 모임을 통해 한강학파는 내부적 결속력을 더욱 키워 갔던 것이다.

이런 가운데 1612년 정구가 노곡정사로 이거하게 되면서 대구지역 인사들의 내학활동도 한층 활성화되었으며,[70] 1614년 노곡정사 소실 후 서사원, 손처눌 등이 사양泗陽으로의 이거를 주선했던 것도 학문적 연대의 강화 과정에 다름 아니었던 것이다. 정구가 사상으로 이거한 이듬해인 1615년 서사원이 사망하자 손처눌은 명실 공히 대구지역 한강문인의 좌장으로서 사상을 왕래하여 주자서(1615), 『춘추』

69) 徐思遠, 『樂齋集』, <爲寒岡鄭先生東遊記>. 이하 1605년의 주유는 이 기록에 근거하여 서술하였다.

70) 손처눌의 경우 1612~1613년까지 두 해 동안 무려 7차례 노곡정사를 왕래한 것으로 나타난다. 물론 이것은 「낙재연보」의 기록일 뿐 실제로는 이보다 더 빈번했을 것으로 짐작된다.

(1616), 예설(1617), 『근사록』(1619) 등을 질의 · 토론했다. 특히 1615년 주자서 강론시에는 대구지역 인사는 물론 장현광 · 이후경 · 곽근 · 김집 · 이정 · 이천봉 등과 무려 7일간 토론하는[71] 등 사양을 중심으로 한 학문활동이 매우 활기차게 전개되었는데, 낙재 · 모당계열의 한강문하 편입도 이런 맥락에서 이해할 필요가 있는 것이다.

3. 한강학파의 확산과 전개

1) 「봉산욕행록蓬山浴行錄」에 나타난 한강학파의 지역적 확산

1) 고제집단의 대두

노곡 · 사양정사에서의 의욕적 저술 및 강학활동은 비단 대구지역 뿐만 아니라 한강학파의 전반적인 외연을 확장하는데 영향을 미쳤다. 정구의 수문으로 일컬어지는 허목을[72] 비롯하여 이안눌, 윤효전, 목대흠 등 근기권 인사들의 입문도 주로 이 시기에 이루어졌다. 이 과정에서 1617년 당시 경상감사였던 이안눌은 경회당을 지어 헌납키도 했다.[73]

그리고 이 무렵은 고제그룹의 윤곽이 서서히 드러나는 시기이기도

---

71) 孫處訥. 『慕堂集』 卷6. 「年譜」. <乙卯>. "往泗上 候鄭先生…張德晦來已數日 李汝懋郭稚靜金活源李汝涵李叔發皆在 相與講論朱書七日而歸"

72) 許穆. 『記言』. 「年譜」 卷1. <丁巳>. "從議政公于居昌任所…與從兄觀雪先生 往謁寒岡鄭先生于星州 師事之"

73) 鄭逑. 『寒岡全書』. 「檜淵及門錄」 卷3. <李安訥>. "公按節時 構景晦堂 納于先生 卽泗上精舍也". 경회당은 사양정사의 본당으로서 持敬齋 · 明義齋 · 忘老軒이 딸려 있었다.

했다. 한강문하의 고제그룹을 어떻게 설정할지에 대해서는 다양한 견해가 존재할 수 있지만[74] 우선 「한강언행록」의 필진과 정구 사후 문집 편간 및 원향론 추진 등 현양사업 주도자들을 고제 그룹으로 묶을 수 있을 것 같다.[75] 물론 전자든 후자든 정구 사후 내지는 그보다 후대의 인식이 반영된 것은 부인할 수 없지만 대체를 파악하는 데에는 별다른 무리가 없을 것으로 본다.

〈표7〉『한강선생언행록』箚記諸子錄

순번	성명	본관	호	거주	여타사승
1	徐思遠(1550~1615)	達城	樂齋	대구	松潭·溪東·林下·東岡門人
2	孫處訥(1553~1634)	一直	慕堂	대구	溪東·林下門人
3	文　緯(1555~1632)	南平	茅溪	거창	德溪·來庵·東岡門人
4	郭　赿(1554~미 상)	玄風	省齋	현풍	
5	李厚慶(1558~1639)	碧珍	畏齋	영산	東岡門人, 樂齋從遊
6	崔恒慶(1560~1638)	永川	竹軒	성주	
7	張興孝(1564~1633)	安東	敬堂	안동	西厓·鶴峯門人
8	朴明胤(1566~1650)	密陽	楂翁	성주	東岡門人
9	李　籥(1566~1651)	光州	東湖	성주	樂齋從遊
10	李天封(1567~1634)	京山	白川	성주	
11	李潤雨(1569~1634)	光州	石潭	칠곡	
12	李　堉(1572~1637)	全州	心遠堂	성주	東岡門人
13	金大澤(1559~미 상)	安東	萍堂	하양	
14	裵尙龍(1574~1655)	星州	藤庵	성주	旅軒門人
15	黃宗海(1579~1642)	懷德	朽川	목천	沙溪從遊
16	李　堅(1585~1641)	全州	訒庵	성주	
17	許　穆(1595~1682)	陽川	眉叟	연천	蔥山·旅軒門人

74) 이상필은 張顯光, 李潤雨, 許穆을 한강문인을 대표할 인물, 즉 고제로 평가한 바 있다.(이상필. 앞의 책: 167쪽)

75) 鄭逑. 『寒岡全書』. 「寒岡言行錄」의 '箚記諸子目錄'에 따르면, 언행록 찬자는 徐思遠·孫處訥·文緯·郭赿·李厚慶·崔恒慶·張興孝·朴明胤·李籥·李天封·李潤雨·李堉·金大澤·裵尙龍·黃宗海·李堅·許穆 등 17명이다.

정구 만년 한강학파의 분포, 고제그룹의 동향, 한강학파 내부의 결속과 유대 등을 입체적이고 종합적으로 보여주는 사례는 1617년 7월부터 동년 9월까지 이루어진 봉산욕행이었다. 당시 정구의 나이는 75세로 사망하기 3년 전이었다. 정구가 동래로 온정행溫井行을 떠난 것은 1617년 7월 20일 새벽이었다. 칠곡 지암枝巖을 출발한 정구 일행은 하빈⇒현풍⇒고령⇒창녕⇒함안⇒영산⇒밀양⇒김해⇒양산을 거쳐 7월 26일 목적지인 동래 온정에 도착했고, 온정에서 꼬박 30일을 머문 정구는 동년 8월 26일 동래를 떠나 양산⇒통도사⇒경주⇒영천⇒하양⇒경산을 거쳐 9월 4일 사수로 돌아오게 된다. 전후 45일에 걸친 욕행은 낙동강 연안을 중심으로 탄탄하게 구축되어 있었던 한강학파의 결속을 재확인하고, 새로운 문인들을 규합해가는 과정으로 해석될 수 있을 만큼 연로의 유림들이 회합한 일대 사건이었다.

하행시 정구의 주요 경유지였던 칠곡 · 대구 · 현풍 · 고령 · 창녕 · 함안 · 영산 · 밀양 · 김해는 한강학파의 중심지로서 이 지역에 분포한 문인은 174명이다.[76] 이 수치는 한강문인 전체(342명)의 절반을 상회하는 것이다. 상행시에 경유했던 양산 · 경주 · 영천 · 하양 · 경산은 한강학파의 부심지로서 이 지역에는 총 35명의 문인이 분포하고 있었다.[77] 종합하면, 이 두 루트에 분포한 한강문인은 총 209명이고, 이는 전체 문인의 61%에 해당한다.

---

76) 174명은 칠곡 9명, 대구 30명, 현풍 11명, 고령 9명, 창녕 12명, 함안 8명, 영산 11명, 밀양 8명, 김해 1명 및 성주 67명, 청도 5명, 창원 3명을 합산한 수치이다.

77) 35명은 동래 1명, 양산 1명, 경주 13명, 영천 8명, 하양 · 경산 12명을 합산한 것이다.

45일간의 기록인 「봉산욕행록」[78]에 수록된 인물은 정구를 비롯한 한강문인[수행문인 및 내방문인], 경상감사 및 연로의 지방관, 영접차 내방한 사림, 동래 읍민 등 약 300명이고, 이 가운데 한강문인으로서 실명이 확인되는 인물은 약 80명이다. 이는 정구가 봉산욕행을 통해 자신의 문인 가운데 25%와 만남을 가졌고, 이 지역(칠곡 · 대구 · 현풍 · 고령 · 창녕 · 함안 · 영산 · 밀양 · 김해 등) 문인 209명 가운데 약 40%가 수행 또는 내방했음을 뜻한다.

「한강언행록」을 남긴 문인(서사원 · 손처눌 · 문위 · 곽근 · 이후경 · 최항경 · 장흥효 · 박명윤 · 이서 · 이천봉 · 이윤우 · 이육 · 김대택 · 배상룡 · 황종해 · 이학 · 허목) 가운데 「봉산욕행록」에 보이지 않는 사람은 서사원, 문위, 최항경, 장흥효, 박명윤, 황종해, 허목 등 7명이다. 이 가운데 서사원은 1615년에 이미 사망했고, 문위(거창), 장흥효(안동), 황종해(목천), 허목(연천/서울)은 거주 지역에 있어 봉산욕행의 경로와는 거리가 있는 사람들이다. 나머지 10명 가운데 최항경崔恒慶, 박명윤朴明胤을 제외한 8명(손처눌 · 곽근 · 이후경 · 이서 · 이천봉 · 이윤우 · 이육 · 김대택 · 배상룡 · 이학)이 정구의 봉산욕행을 기획, 추진한 주체인 동시에 한강문하의 고제들이라 할 수 있다.[79]

---

78) 「蓬山浴行錄」은 李潤雨의 『石潭集』(卷4) 수록본과 『寒岡全書』 수록본이 있다. 일반적으로 「봉산욕행록」은 이윤우의 작품으로 알려져 있고, 또 그의 기록이 가장 자세한 것은 사실이다. 하지만 詳略의 차이가 있을 뿐 당시 정구를 수행했던 다른 문인들도 이와 유사한 기록을 남긴 것으로 보이는데, 『한강전서』 수록본은 이윤우의 기록을 저본으로 하여 당시 동행했던 일부 문인들의 기록을 참작, 보론한 것이다.(鄭逑. 『寒岡全書』. 「蓬山浴行錄」. <後識>(鄭在夔) 및 <後識>(鄭在敎)). 본고에서 참조한 것은 『한강전서』 수록본이다.

2) 봉산욕행의 과정과 의미 ―학파의 결속 강화와 새로운 문인의 규합

봉산 욕행시 정구의 주요 경유지는 도동서원 및 김굉필 묘소(이상 현풍), 어목정 · 부래정(고령), 우산촌(창녕), 경양대(칠원), 망우정(영산), 두암대(함안), 신산서원(김해), 동래온정, 통도사(양산), 선도관(경주), 도천당(영천), 식송정(하양), 소유정(대구) 등인데, 대부분 한강문인들과 밀접한 관계에 있었던 지역 또는 장소였다. 아울러 도동(현풍) · 연경(대구) · 신산(김해) · 자천(청도) · 서악(경주) · 임고서원(영천) 및 성주 · 밀양 · 동래향교 등 열읍의 향교 · 서원에서도 정구의 문안과 영접에 각별한 정성을 보였는데,[80] 이 또한 당시 각 교원의 주도권을 장악하고 있었던 문인기반과 밀접한 관계에 있었다.

정구가 동래로 욕행을 떠난 일차적인 목적은 지병을 치료하는데 있었다. 하지만 이것만으로 봉산욕행의 의미를 설명할 수는 없다. 봉산욕행의 전과정에서 보여준 정구의 태도 속에는 김굉필, 오건, 이황, 조식과 종횡으로 얽혀 있었던 자신의 학문 연원에 대한 인식, 특히 퇴계 · 남명의 고제라는 의식에 바탕하여 영남학계의 맹주적 입장을 천

---

79) 당초 지암에서부터 정구를 수행한 문인은 蔡夢硯 · 郭永禧 · 李天封 · 李彦英 · 李潤雨 · 裵尙龍 · 李命龍 · 柳武龍 · 李蘭貴 · 李堡 · 鄭天澍 등 12명이었다. 얼마 후 李堉이 금강에서 합류하는 대신 이언영은 雙山의 수문에서, 곽영희 · 이명룡 · 배상룡 · 이난귀 · 유무룡 등도 현풍에서 되돌아갔다. 이로써 이윤우 · 이서 · 이천봉 · 이육 등만 남게 되었고, 이들은 7월 23일 도흥에서 이후경 · 이도자 등이 합류하여 욕행의 전과정을 수행하게 된다. 또한 이들은 윤번제로 직일을 맡았는데, 李簭 · 李天封 · 李道孜 · 李堉 · 李厚慶 및 盧垓가 곧 봉산욕행시의 '6직일'이다.

80) 연로의 지방관 및 선비들이 기일에 맞춰 등대 · 영접할 수 있었던 것은 사전에 이미 여정이 통보되었기 때문으로 보이는데, 이는 정구의 봉산욕행이 철저한 사전 기획에 의해 이루어졌고, 그 배경에는 정구의 '영남맹주의식'이 자리하고 있었다고 할 수 있다.

명코자 했던 만년의 포부가 강하게 투영되어 있었다. 또한 그가 동래에서 온욕을 마친 뒤 양산⇒경주⇒영천⇒하양⇒경산으로 이어지는 루트를 회로로 삼은 것은 한강학파의 부심지에 대한 학문적 관리, 나아가 학파의 외연 확충과 밀접한 관련이 있었다.

예컨대, 주행 첫날인 7월 20일 도동서원 서상재에서 하루를 묵은 다음 김굉필의 사당과 산소를 참배한 점,[81] 7월 24일 오건의 기일을 특별히 기념한 점,[82] 7월 25일 굳이 신산서원[산해정]을 봉심한 뒤에 동래로 간 것도 이런 맥락에서 이해할 필요가 있다. 연원의식과 관련하여 주목할 것은 이황과 조식에 대한 인식이다. 이 대목에 있어 정구는 어느 한 쪽으로 쏠리지 않는, 양자에 대한 포용적인 자세를 견지했다.

> 7월 24일. 선생께서 신산서원을 봉심한 뒤에 온정으로 갈 것이라는 뜻을 동래부사 황여일에게 보낸 답서에다 언급하였다.…25일. 맑음. 새벽에 배를 움직여 蒜山 앞 여울에서 아침을 먹었다. 김해부사 조계명이 아이를 보내 문안했다. 三叉江 앞 여울을 지나자 부사가 사람과 말을 整齊하여 선생을 맞았다. 선생께서는 서원에 들어가서는 誠正堂에서 휴식을 취했다. 從者가 먼저 사당에 들어가 향을 피운 뒤 두 번 절하고 나왔다. 조금 있다가 선생께서 부축을 받아 廟庭에 들어가서는 부복하여 절을 올린 뒤에 다시금 성정당에서 쉬었다. 선생께서는 정묘년(1567)에 산해정에서 남명선생을 뵌 지 지금 51년이 되었는데, 廟室이 위치한

---

81) 鄭逑.『寒岡全書』.「蓬山浴行錄」. <7月20日>. "夜久月光出東 金波萬頃 望見山下火城煌煌 知是道東待候處也 促棹前進 院長以小艇來迎 先生入處西上齋"; <7月21日>. "諸友二十餘人 焚香謁廟 先生以肩輿上山 展謁墳墓後下船"

82) 鄭逑.『寒岡全書』.「蓬山浴行錄」. <7月24日>. "先生以吳德溪忌日 自朝行素 盖先生童丱時 受學於德溪 故密陽倅欲設酌而辭之"

자리가 산해정의 옛 터라고 한다. 부사가 들어가 배알하여 잠시 茶禮를 행했다. 선생은 견여를 타고 배로 내려오셨고, 부사가 下龍塘까지 호송했다.[83)]

산해정은 삼가의 계복당 · 뇌룡사, 진주 덕산의 산천재와 더불어 조식의 대표적인 강학처였다. 특히 산해정은 남명문하 선진들의 수학처란 공간이란 점에서 남명학파의 산실이라 할 수 있었다. 위의 기록처럼 정구는 1566~67년 경에 산해정에서 유학하였고, 무려 51년 만에 이 곳을 다시 찾은 것이었다.

정구는 1572년 조식의 사망에서부터 1606년 덕천서원과 조식의 묘소를 알묘 · 치제하기까지 만사 한 편, 제문 두 편을 통해 선생의 죽음을 애도하고 덕을 기렸고,[84)] 1617년에는 '남명종사소南冥從祀疏'의 소문을 지어 학덕을 크게 칭송한 바 있었다. 비록 조식은 덕산에서 사망하였지만 정구의 만제挽祭 속에 산해정에서의 감회가 여실히 반영되어 있다.

이 가운데 1576년 제문과 1606년 제문의 핵심어는 각기 '청통쇄락淸通灑落'과 '성덕고풍盛德高風'이었고, 1617년의 '남명종사소

83) 鄭逑.『寒岡全書』.「蓬山浴行錄」. <7月24日>. "先生將欲尋新山書院 後往溫井 蓬山答書 已及之…二十五日 晴 平明行船 朝飯于蒜山前灘 金海府使曺繼明 遣小童問安 過三叉江前灘 府使整齊人馬以迎之 先生入書院 歇于誠正堂 從者先入廟 焚香再拜而出 少頃 先生扶持入廟庭 俯伏瞻拜後 還歇于堂 先生以丁卯年 來拜南冥先生于山海亭 今五十有一年 廟室正是山海亭之基云 主倅入謁 暫行茶禮 先生以肩輿下船 主倅護送于下龍塘"

84) 鄭逑.『寒岡集』卷1. <挽南冥曺先生>; 卷11. <祭南冥曺先生文>; 卷12. <祭南冥曺先生墓文>.

문' 에서는 성운이 조식에 대해 표현했던 '고억高嶷'을 '회학恢廓'으로, 1576년 제문에서 표현했던 '청통淸通'을 '명통明通'으로 바꾸게 된다.[85] 정구 주변의 사람들은 이런 변화를 수사적인 수정이 아니라 조식에 대한 경모심의 심화 과정으로 이해하였는데, 그런 점은 1617년 남명종사 요청시 택소擇疏의 자격으로 정구의 소본을 채택했던 하등河憕의 언급에서 분명하게 확인된다.[86)]

위 인용문에 따르면, 정구가 소본疏本을 지어 처질 이서의 이름으로 송고한 것은 1617년 8월 경이었다. 이 해 8월은 정구가 산해정[신산서원]을 다녀간 직후였는데, 그가 당시 '남명종사소' 의 수론자首論者로 인식되고[87] 있었음을 고려할 때 동년 7월의 신산서원 참배는 복합적인 의미를 담고 있었다.

한편 정구는 신산서원을 심원하고, '남명종사소'를 찬하던 바로 그 시기에 이황의 추양사업을 아울러 추진하는 모습을 보였다.[88] 앞에서도 언급한 것처럼 정구는 『심경발휘』(1603), '동강만사'(1603), 『오

---

85) 河憕이 언급한 병자년 제문의 '淸通灑落'은 <祭南冥曺先生文>(『寒岡集』 卷11)에 '光明灑落'으로 기록되어 있어 약간의 차이를 보이지만 병오년 제문의 '盛德高風'은 <祭南冥曹先生墓文>(『寒岡集』 卷12)과 일치하고, 남명종사소를 인용한 '天資迢邁氣宇恢廓' 역시 차명자인 李䆗의 문집(『東湖集』 卷1. <請從祀南冥曺先生疏>)에 실린 내용과 일치한다. '明通' 또한 『滄洲集』의 내용과 일치한다.

86) 河憕. 『滄洲集』 卷2. <書南冥先生從祀疏及新安語錄後> 및 <新安語錄>.

87) 『古文書集成』 25 -德川書院篇-. 「南冥先生請廡疏本抄」. <慶尙道儒生疏>(寒岡先生首論).

88) 鄭逑. 『寒岡全書』. 「蓬山浴行錄」. <7月27日>. "先生命潤雨 寫退溪李先生禮疑答問大目…八月初三日 先生講定五服沿革圖及李先生禮疑答問題目…八月初八日 先生命潤雨寫五服沿革圖"

선생예설』(1611) 등을 통해 이황에 대한 계승의식을 표출한 바 있고, 1607년 안동부사 재직시에는 그런 면모를 더욱 강화시켰다. 위 인용문에 보이는 이황 저술의 정리작업 역시 그 연장 선상에서 이루어진 것이었다. 결국 정구는 산해정을 찾아가는 여정 속에서도 머리 한켠에는 도산을 회고하고 있었던 것인데, 이는 자신이 퇴계 · 남명 양문의 적통임을 우회적으로 표현한 것에 다름 아니었던 것이다. 이 점에서 물길을 주로 활용한 하행길이 남명적 기질의 문인기반에 대한 존재감의 표현이었다면, 뭍길로 이어진 상행길은 퇴계적 성향의 사림집단에 대한 학문적 영향력의 확산 과정으로 해석할 수 있는 여지가 있는데, 이것이 곧 양측적 계승의식에 바탕한 영남맹주론의 실체였다.

예컨대, 「봉산욕행록」에는 일종의 집담회라 할 수 있는 동화록의 존재가 세 군데 나타난다. 「통도사동화록通度寺同話錄」(8월28일), 「회고록懷古錄」(9월1일), 「이수동화록二水同話錄」(9월3일)이 그것인데, 각기 양산, 경주, 영천에서의 집담회를 기록한 것이다. 하행시에는 찾아볼 수 없었던 동화록이 상행시에만 나타나는 이유를 어떻게 이해할 수 있을까? 아마도 이것은 낙동강 연안권에 비해 문인기반이 상대적으로 취약했던 지역을 대상으로 학적 영향력을 강화하는 과정으로 해석할 수 있을 것 같다.

3종의 동화록에 제명된 인사들의 상당수가 장현광 또는 조호익의 문인들이었고, 이런 경향은 경주⇒영천으로 갈수록 더욱 뚜렷해진다.[89] 그리고 「회연급문록」에 수록된 한강문인 중에도 장현광, 조호익의 문하를 함께 출입한 인물이 적지 않다. 예컨대, 경주의 「회고록」과 영천의 「이수동화록」에 보이는 박돈의 경우 연원의식에 있어 지산문인으로 단정해도 무리가 아니기 때문이다.[90] 결국 정구는 여헌 · 지산 문인의 세력이 강성하던 지역을 경유하는 과정에서 내방한 사림들과 잦은 회합을 가졌고, 이를 동화록이란 형식을 통해 색다른 의미를 부여함으로써 학문적 유대의 통로를 만들어갔다고 할 수 있다.

〈표8〉 정구의 봉산욕행시 동화록 제명자

구분	참회자		계(名)
	한강문인	非 한강문인	
通道寺同話錄	安璹, 崔興國, 李厚慶, 李辯, 李天封, 李潤雨, 李堉, 任以賢, 朴敏修(旅門-芝門), 崔東彦, 徐強仁(旅門), 盧垓	趙曄, 林檜, 權鍙, 河弘濟, 孫沆(旅門)	17
懷古錄	尹孝全, 孫處約, 韓克孝, 李厚慶, 鄭四象(旅門), 李辯, 李天封, 李潤雨, 徐思道, 李堉, 都汝俞, 朴暾(芝門), 鄭克後(旅門-芝門),	金得義, 孫宇男(旅門-芝門), 李琮, 李宜潛(芝門-愚門), 朴晛(芝門), 郭霫(旅門), 河弘濟, 李海容, 李檼, 李옹, 吳姬翰, 李煜, 李汝龍, 朱灌,	43

89) 8월 28일 「通度寺同話錄」 제명자(17명) 가운데 한강문인이 아닌 사람은 趙曄, 林檜, 權鍙, 河弘濟, 孫沆(旅門)이고, 9월 1일 「懷古錄」 제명자(43명) 중 한강문인이 아닌 사람은 金得義, 孫宇男(旅門-芝門), 李琮, 李宜潛(芝門-愚門), 朴晛(芝門), 郭霫(旅門), 河弘濟, 李海容, 李檼, 李옹, 吳姬翰, 李煜, 李汝龍, 朱灌, 李啓後, 崔東美, 權鍙, 鄭壁(旅門), 權葑(旅門), 金坱, 韓應命, 金世弘, 盧珏, 孫沆(旅門), 9월 3일 「二水同話錄」제명자(51명) 가운데 한강문인이 아닌 사람은 朴士愼, 成立, 李國賓, 孫宇男(旅門-芝門), 李君賓(旅門), 李用賓(旅門), 金就礪(旅門-芝門), 孫興雲(旅門), 鄭經道, 朴晛(芝門), 成以直, 朴찬, 李海容, 成以諒(旅門), 曺�(旅門), 鄭顯道, 李好榮, 孫季昌, 孫瀣(旅門), 李喜榮, 盧珏, 鄭憲道, 成以寬, 孫沆(旅門), 鄭弘道, 權鍙, 權葑(旅門), 李啓後, 崔經濟, 李時榮, 曺舫, 田汝翼 등이다.(鄭逑. 『寒岡全書』. 「蓬山浴行錄」)

90) 박돈은 관서의 朴大德, 서울의 金堉과 더불어 지산문하의 3고제로 평가되는 인물로 그의 아호 吾卒子는 道統傳授의 의미에서 조호익이 직접 명명한 것이다(朴暾, 『吾卒子實紀』 卷2, <行錄> "曺先生乃以傳鉢之意 名號以吾卒子焉") 박돈의 지산문인으로서의 역할과 활동에 대해서는 김학수. 2005. 「17세기 초반 永川儒林의 學脈과 張顯光의 臨皐書院 祭享論爭」. 『朝鮮時代史學報』 35. 조선시대사학회. 참조.

구분	참회자		계(名)
	한강문인	非 한강문인	
	黃中信(旅門), 任以賢, 朴敏修(旅門-芝門), 盧垓, 崔東尹, 徐強仁(旅門)	李啓後, 崔東美, 權鍙, 鄭壁(旅門), 權崶(旅門), 金坱, 韓應命, 金世弘, 盧珏, 孫沆(旅門)	
二水同話錄	鄭湛(芝門), 孫處約, 朴點, 鄭四象(旅門), 都汝兪, 鄭四勿(旅門-芝門), 朴暾(芝門), 黃中信(旅門), 朴文孝, 朴敏修(旅門-芝門), 徐強仁(旅門), 李時幹 [李厚慶 등 수행문인 생략]	朴士愼, 成立, 李國賓, 孫宇男(旅門-芝門), 李君賓(旅門), 李用賓(旅門), 金就礪(旅門-芝門), 孫興雲(旅門), 鄭經道, 朴晛(芝門), 成以直, 朴찬, 李海容, 成以諒(旅門), 曺輷(旅門), 鄭顯道, 李好榮, 孫季昌, 孫瀣(旅門), 李喜榮, 盧珏, 鄭憲道, 成以寬, 孫沆(旅門), 鄭弘道, 權鍙, 權崶(旅門), 李啓後, 崔經濟, 李時榮, 曺舫, 田汝翼	51

비록 제한적이기는 하지만 한강학맥이 경주·영천지역으로 확산된 데에도 서사원·손처눌의 역할이 컸다. 서사원은 권극립·정사진·정사상·손우남 등 장현광의 지우·문인들과 교유를[91] 바탕으로 1603년 임고·입암·옥산서원 심원시에는 이들 4인을 비롯하여 박점·박종효·이희백·김취려·정사물·정사악·정극후·이의잠·이의주·이용빈·권응생 등 영천·경주 일원의 여헌·지산문인들과 회화·강촌한 바 있다.[92] 손처눌은 1612년(광해군4)과 1616년 두 차례 임고서원에서의 강회를[93] 통해 정호인·손항 등을 문인을 배출

91) 徐思遠.『樂齋集』卷6. <答權强哉克立>. <答鄭君燮四震>. <與權强哉·鄭汝燮·孫吉甫·鄭君燮>.

92) 徐思遠.『樂齋集』卷7. <東遊日錄>.

93) 孫宇男.『綸庵集』.「年譜」. <壬子>. "拜慕堂先生講會于臨皐 (細註) 時本鄉儒生會者數十人" ; <丙辰>(1616). "拜旅軒慕堂于臨皐聽講."

했다. 물론 이 두 사람의 강학 활동은 단회적인 성격이 짙지만 한강학맥의 경주 · 영천지역 확산의 계기를 마련한 것은 분명했다. 정구가 경주 · 지역 경유할 때 상당수의 사림들이 내방하고, 또 정구가 이들과의 회합을 특별하게 기념할 수 있었던 것도 이런 바탕 위에서 가능한 것이었다.

봉산욕행이 정구 자신의 학문연원에 대한 경모 및 추양사업의 단계를 넘어 강학의 확대과정이며,[94] 문도 규합의 또 다른 형태였음은 여러 자료를 통해 확인할 수 있다.

> 한강 선생께서 일찍이 온정 걸음을 하시면서 德巖公(李碩慶)을 방문하시자 부군은 두 형과 함께 시립했다. 선생께서 『心經』, 『近思錄』 및 性理 諸書를 시험하셨고, 또 『太極圖說』, 『大學衍義』, 「洪範」 등의 책을 질문하시자 부군께서 곁에서 응답하심에 합당하지 않음이 없었다.[95]

「회연급문록」에 보이는 김시성, 정응지, 윤효전 등이 바로 이런 흐름 속에서 입문하였는데, 윤효전의 경우는 좀 더 특별한 의미를 부여할 수 있을 것 같다. 정구가 윤효전(1563~1619)과 상견한 것은 「회고록」이 작성되던 1617년 9월 1일이었다. 이 날 윤효전은 경주부의

---

94) 李道一. 『消憂軒集』 卷下. 附錄 <家狀>. "寒岡先生嘗作溫井之行 歷訪德巖公 府君與二兄侍立 先生試問心經近思錄性理諸書 又問太極大衍洪範等書 府君從傍應待 無不洶合."

95) 李道一. 『消憂軒集』 卷下, 附錄 <家狀> "寒岡先生嘗作溫井之行 歷訪德巖公 府君與二兄侍立 先生試問心經近思錄性理諸書 又問太極大衍洪範等書 府君從傍應待 無不洶合."

객사인 선도관仙桃觀에서 정구에게 정식으로 제자의 예를 행했다.[96)]

> 主尹(尹孝全)이 정성과 공경을 다해 선생을 대접하며 몸소 제자의 예를 행했다.[97)]

광해조에 소북으로 활동한 윤효전은 서경덕의 고제 민순의 문인으로서 학통상 화담학파에 속했다.[98)] 윤효전이 『화담집』의 발문을 지었고, 그 아들 윤휴가 『화담집』의 중간발문을 쓰면서 화담연원임을 강조한 배경도 여기에 있는 것이다.[99)] 물론 1619년 윤효전이 사망함으로써 이들 사제가 공유했던 역사적 시간은 길지 않았지만 윤효전의

---

96) 鄭逑.『寒岡全書』.「蓬山浴行錄」. <9月1日>. "主尹待先生 極其誠敬 親執弟子之禮". 경주 선도관에서 맺어진 정구와 윤효전 사이의 사제관계는 일부 사실과 다른 說談을 파생시켰다. 尹鑴.『白湖集』.「年譜」. <大明神宗顯皇帝萬曆四十五年>에는 정구가 경주에 이르던 날 윤휴가 태어났고, 이를 기념하여 정구가 윤휴에게 斗魁라는 소자를 지어준 것으로 기록되어 있다. 그러나 정구가 경주 선도관에 묵은 날은 9월 1일이고, 윤휴가 태어난 날은 10월 14일이므로 「백호연보」의 기사는 사실과 다르다("光海君十年 丁巳十月十四日乙巳 巳時 先生生于慶州之衙舍 初先大夫沂川公 當光海政亂 知世道之不可捄 乞養求外 二月 尹東京 十月 先生生 寒岡鄭先生逑 素與沂川公交好 是日適至府舍 公曰 大賢臨訪 兒子適生 豈不益爲私門之光慶乎 寒岡仍命小字斗魁). 이런 오류는 「檜淵及門錄」 卷2. <尹孝全>에도 그대로 답습되어 있다. 아마도 이것은 「회연급문록」 편찬자가 「백호연보」를 토대로 윤효전의 약전을 작성한 데에서 기인한 것으로 생각된다.

97) 「蓬山浴行錄」. <9月1日> "主尹待先生 極其誠敬 親執弟子之禮"

98) 민순은 서경덕의 처사적인 삶을 가장 잘 계승한 문인으로 평가되고 있으며, 서울 및 근기지역을 중심으로 李惟侃 · 洪可臣 · 洪履祥 · 洪鸞祥 · 韓百謙 · 郭說 · 李愼義 · 禹伏龍 · 崔鐵堅 · 崔鐵剛 · 金昌一 · 沈宗敏 · 尹孝全 · 朴恕仲 · 沈士一 등의 문인을 배출했다.(신병주. 2000.『남명학파와 화담학파 연구』. 일지사. ; 이근호. 2010.「17세기 전반 京華士族의 人的關係網-『世舊錄』의 분석을 중심으로-」.『서울학연구』 38. 서울시립대학교 부설 서울학연구소.)

99) 신병주. 2000.『남명학파와 화담학파 연구』. 일지사: 239~240쪽.

한강문하 입문은 화담 · 남명학파, 나아가 화담 · 남명 및 대곡학통 상호간의 소통으로 설명할 수 있다.[100] 그리고 비록 짧은 시간에도 불구하고 두 사람 사이에 오간 용무는 긴요한 것이 많았는데, 정구가 김덕민(윤효전의 처부)에게 보낸 서간에서[101] 그 일단을 살펴볼 수 있다.

이 편지는 윤효전의 사망 직후 김덕민이[102] 정구에게 사위의 장지 선정에 관해 질문한 것에 대한 답서이다. 여기서 정구는 일찍이 윤효

---

100) 윤효전은 김덕민의 딸과 재혼하여 윤휴를 낳았는데, 김덕민은 조식의 절친한 친구였던 성운의 양자 김가기의 아들이었다. 성운은 형 성우가 을사사화에 피화되어 사망하자 時名을 단념하고 보은 속리산 아래에 은거하였다. 그의 은거처 '大谷'은 처가 경주김씨 집안의 전장이 있던 곳이다. 아들이 없었던 성운은 자신이 宗敵이 아니라는 이유에서 입후를 마다하고 처질 김가기를 양자로 삼았으며, 말년에는 질녀(成遇의 딸)를 김가기와 혼인시켜 후사를 부탁했던 것이다.
결국 김가기는 성운의 처질 · 양자 · 질서라는 복합적인 자격으로 세업을 물려받게 되었지만 성씨 부인과의 사이에서는 아들을 두지 못했다. 김덕민은 재취 전주유씨(柳潤祥의 딸)와의 사이에서 낳은 아들이었다. 창녕성씨와의 혈연적 단절에도 김가기 · 덕민 부자는 『大谷遺稿』를 편찬하는 등 성운의 추양사업에 열성을 보임으로써 성운의 '양자가문'이라는 가격을 유지할 수 있었다. 김덕민이 신식의 사위가 된 것도 이와 무관치 않다.
『의례고증』, 『가례언해』, 『사계문답』 등을 저술한 예학자 신식은 이황의 문인으로 알려져 있으나 성운의 문인이기도 했다. 김덕민이 신식의 사위가 된 경위는 자세하지 않지만 그가 성운의 양자 김가기의 아들이라는 것이 擇壻의 주된 배경이 되었을 가능성이 크다. 김덕민이 신씨 부인과의 사이에서 낳은 딸이 곧 윤효전의 재취로서 윤휴의 어머니가 된다. 김덕민은 인란 중에 신씨를 사별한 뒤 오윤겸의 누이동생을 재취로 맞았다. 이 과정에서 윤휴는 오윤겸에게서 수학하였고, 이를 계기로 후일 윤휴는 오윤겸의 행장을 짓게 된다(이상은 다음 자료에 근거하여 서술했다. 尹宣擧. 『魯西遺稿』 卷14. <記成大谷立後事>; 宋浚吉. 『同春堂集』 卷20. <大谷成先生行狀>; 宋時烈. 『宋子大全』 卷172. <大谷成先生墓碣銘>; 柳根. 『西坰集』 卷6. <大谷集序>; 李好閔. 『五峯集』 卷15. <烈婦生員金德民妻申氏墓碣銘幷序>; 尹鑴. 『白湖集』 附錄. 「年譜」. <六年丙寅>; 尹鑴. 『白湖全書』 卷21. <領議政吳公允謙行狀>)

101) 鄭逑. 『寒岡集』 卷4. <答金邦良德民>.

102) 김덕민은 사위 윤효전보다 7세 아래였고, 정구, 정경세 등 영남의 명유들과 학연이 깊었다(鄭經世. 『愚伏集』 卷12. <答金邦良德民>). 「회연급문록」에는 그의 존재가 보이지 않지만 정경세의 문인록에 그의 이름이 올라 있다.(『愚伏先祖別集營刊時文蹟』. 「愚伏門人錄」. <金德民>)

전과 심의 제도에 대해 논의한 사실, 윤효전이 자신의 선조 윤관의 『삼휴당유고三休堂遺稿』 서문을 부탁한 것을 사양했는데, 고인을 위해 지금이라도 서문을 짓고 싶다는 입장을 피력하고 있다. 비록 위의 서문이 『한강집』에서는 확인이 되지 않지만 서로 심의 제도를 논한 점, 윤효전의 장지 선정과 관련하여 정구에게 자문을 구한 점은 정구와 윤효전 사이의 사제관계의 정도를 이해하는데 크게 도움이 된다. 아울러 정구는 위 서간의 말미에 이윤우의 조문 계획을 통지하면서 장지를 그와 더불어 논의할 것을 당부한 것으로 볼 때, 이윤우의 조문이 정구의 권유에 의한 것일 개연성이 크다.[103)]

정구와 윤효전의 사제관계는 화담 · 남명학파의 소통 측면에서도 중요한 의미를 가지지만 허목 · 허적 · 윤휴로 상징되는 숙종초기 남인정권을 한강학통과 연관시켜 설명할 수 있는 연결 고리가 된다는 점에 또 다른 의의가 있다.[104)]

이처럼 정구는 욕행의 과정에서 양측적 계승의식의 표명, 기존 문인기반의 결속 강화 및 새로운 문도의 규합 등을 통해 자신의 학문적

---

103) 鄭逑. 『寒岡集』 卷4. <答金邦良德民>. "李從事茂伯 亦爲一哭而進去 皆與之問議而取其所長如何"

104) 정구와 허목의 관계는 별론하더라도 허적의 경우 한강문인 許僴의 아들이자, 정구의 처질 이서의 사위라는 사실은 그를 한강학통으로 규정할 충분한 근거가 된다고 본다. (鄭逑. 『寒岡全書』. 「檜淵及門錄」 卷3. <許僴>. "公早遊先生門 及先生之喪 以文祭之而稱門人"). 한강고제 이윤우의 손자 李元禎과 증손 李聃命이 숙종초 영남남인의 핵심으로 부상할 수 있었던 것도 허목, 허적, 윤휴의 후원과 무관치 않으며, 이들 상호간의 후원 및 소통구조의 고리가 된 것이 바로 '한강학통'이라는 학통적 동질성이다. 이에 대해서는 김학수. 2009. 「조선후기 칠곡 광주이씨가의 정치적 위상과 학문적 성격」. 『18세기 영남 한문학의 전개』. 2009 한국학연구원 추계기획학술대회 발표자료집. 계명대학교 한국학연구원. 참조.

영향력을 극대화 하면서도 유독 남명문하의 동문 곽재우에 대해서는 다소 석연찮은 태도를 보였다. 두 사람은 김우옹 · 정인홍 등과 함께 남명문인을 대표하는 존재였고, 앞서 용화동범에서도 살펴 본 바와 같이 상호 친분 또한 막역했다. 하지만 정구는 1617년 4월 그가 사망했을 때 조문하거나 만사輓詞를 보내지도 않았고, 소상 · 대상에서도 치제致祭하지 않았다. 평소의 관계성을 고려할 때, 쉽사리 납득이 가지 않는 대목이다. 정구가 곽재우를 조문 · 치제하지 않은 것이 의도된 것이라면 그것은 '임해군옥사'에 대한 상호 입장 차이와 관련지어 설명할 길 밖에 없다.

용화동범 이듬해인 1608년 곽재우는 부호군을 사직하는 상소에서 당시 조정의 현안으로 떠오른 임해군의 옥사에 대해 언급하면서 전은론의 부당성을 맹렬하게 비판했다. 어찌보면 벼슬을 사양하면서 조정의 현안에 굳이 개입할 필요가 없었지만 그는 조금의 양보도 없이 강경한 주장을 펼쳤던 것이다.[105] 「망우선생연보忘憂先生年譜」[106]에는 당시 그의 처사를 두고 춘추토역春秋討逆의 의리를 행한 것으로 기술하였음에 반해 정구는 당시 대표적인 전은론자로 인식되고 있었다.[107] 결국 두 사람은 임해군의 처리 문제를 두고 정치적 입장 차이를

105) 이상필. 앞의 책: 129쪽.

106) 郭再祐. 『忘憂集』. 「年譜」. <萬曆三十六年戊申>. "二月 宣廟昇遐 光海卽位…九月又召 特令本道監司給衣馬護送 上疏乞寢召命 乃擧春秋討逆之義 請正臨海之罪 十一月又被召 上疏極斥全恩讓位之說 不赴"

107) 金坽. 『溪巖日錄』. <戊申10月16日>. "寒岡令公 與仁弘動與乖隔 事事皆反 仁弘侮毁退陶先生 寒岡不然 仁弘以臨海主按律 寒岡主全恩 以此兩鄭門人如水火 或有遨遊兩間 傳弄彼此之言"

보이면서 점차 소원해진 것으로 파악되는데, 1617년 7월 23일 정구가 망우정을 지나면서도 곽재우에 대해 어떤 언급도 하지 않은 것도 이와 무관치 않아 보인다.[108)]

2) 한강학파의 지역적 전개 양상 –낙동강 중류 연안지역을 중심으로–

한강학파는 정구의 주거 및 강학 거점의 변동과 연관성을 지니면서 성주(한강정사–회연–무흘정사)에서 칠곡(노곡 · 사양정사) 등 대구권으로 확대되어 갔다. 여기에 창녕현감, 함안군수, 안동부사 등 사환적 연고성이 더해지면서 그 외연은 점차 팽창되어 갔고, 만년의 봉산욕행은 한강학파가 영남 전역으로 확산되는 중요한 계기가 되었다. 이에 더하여 한강학파의 형성과 확산의 기저에는 정구의 인척 또는 주요 문인들의 인친척이 중심이 된 내학 및 급문활동의 집단성이 내재되어 있었고, 특히 서사원, 손처눌의 존재와 역할은 한강학파의 문세 확장에 중요한 영향을 미쳤다.

한강학파의 주요 거점은 어느 지역에 어느 정도의 문인이 분포하고

---

108) 당시 정구의 수행 문인 중에는 곽재우 집안과 인척관계에 있는 사람들이 많았다. 곽재우에게는 2자[瀅 · 活]6손[汝櫓 · 汝楫(이상 瀅의 자) · 汝植 · 汝梓 · 汝樞 · 汝松(이상 活의 자)]과 2서[辛膺 · 成以道] 5외손[辛東望 · 時望 · 李道純(이상 辛膺의 자녀) · 成萬江 · 萬河(이상 成以道의 자)] 및 두 서자[灘 · 沐]가 있었다(許穆. 『記言』 別集 卷16. <忘憂堂郭公神道碑銘>). 이 가운데 외손서의 한 사람인 이도순은 이후경의 조카였다. 현재 자신을 수행하고 있는 핵심 문인들과 곽재우와의 특별한 관계성에도 불구하고 정구가 곽재우의 존재를 不顧한 데에는 그 나름의 이유가 있었음이 분명하다.

있었는가를 두고 파악할 수 있지만 어느 지역에서 정구의 학문적 존재성이 특별하게 인식되고 있는가에 기준하여 설정하는 것이 보다 실질적일 것이다. 조선시대의 경우 특정 인물의 학적 존재성을 공식적으로 인정해주는 대표적 장치는 서원이다. 서원의 기능은 존현과 교육으로 압축되지만 주벽 및 배향 · 종향으로 불리는 제향 인물의 선정은 그 지역의 학통인식과 불가분의 관계를 가진다. 한강학파의 지역적 전개 과정을 살펴봄에 있어 정구의 원향 분포를 점검해야 하는 이유도 여기에 있다.

〈표9〉 정구의 원향 일람 –영남지역[109)]

순번	서원명	소재지	제향인물	제향형태	제향연도	비고
1	研經書院	大邱	李滉/鄭逑	配享	1622	
2	川谷書院	星州	程子/朱子/金宏弼/李彦迪/鄭逑/張顯光	從享	1623	1642(장현광 추배)
3	檜淵書院	星州	鄭逑/李潤雨	主享	1627	1677(이윤우 종향)
4	冠山書院	昌寧	鄭逑	主享	1638	
5	檜原書院	昌原	鄭逑/許穆	主享	1638	1708(허목 종향)
6	泗陽書院	漆谷	鄭逑/李潤雨	主享	1651	1664(이윤우 종향)
7	道東書院	玄風	金宏弼/鄭逑	配享	1678	
8	道林書院	咸安	鄭逑/李偁/朴齊仁/李瀞	主享	(1672)	

영남지역에 한정할 때, 정구가 제향된 서원은 8개처이다. 이 가운데 주향처가 5곳[회연 · 관산 · 회원 · 사양 · 도림]이고, 배향 또는 종향

109) 이 표는 「寒岡年譜」(『寒岡全書』 수록본)를 토대로 작성하였고, 마지막의 道林書院만 필자가 추가하였다.

처가 3곳[연경 · 천곡 · 도동]이다. 지역적으로는 성주를 중심으로 대구, 창녕, 칠곡, 현풍, 창원지역에 집중되었다. 낙동강 중류 연안에 위치한 이 지역은 한강문인 전체의 절반이 분포한 곳이기도 하다. 이것이 이 지역을 한강학파의 주요 거점으로 설정해야 하는 이유이다. 본 장에서는 한강학파의 지역적 전개 양상을 성주지역, 칠곡지역, 현풍-고령지역, 영산-창녕-함안-밀양지역 등 크게 네 지역으로 구분하여 살펴보기로 한다.

1) 성주지역

「회연급문록」에 등재된 성주지역 문인은 67명으로 한강문인 전체의 약 20%에 해당한다.[110] 정구의 생활 및 강학의 기반이 성주 · 칠곡에 걸쳐 있었음을 고려할 때, 이 지역에서 다수의 문인이 배출된 것은 매우 자연스런 현상일 수 있다. 일차적인 고제그룹으로 묶을 수 있는 「한강언행록」 집필자도 이 지역 출신이 8명(최항경, 박명윤, 이서, 이천봉, 이육, 배상룡, 이학)이나 된다. 한강학파의 본거지에 손색이 없는 인적 구성이라 하겠다.

---

110) 성주지역의 대표적 한강문인으로는 李簬, 李簹, 李篛, 李蘭貴, 李蘭美, 李命夔, 李命龍[이상 光州李氏], 李堉, 李埱, 李垕, 李埛[이상 전주이씨], 李天培, 李天封, 李주[이상 경산이씨], 宋遠器, 宋光啓, 宋光廷, 宋時詠 宋時準[이상 야로송씨], 鄭光天, 鄭錡, 鄭銑이상 동래정씨], 崔恒慶, 崔은, 崔린[이상 영천최씨], 裵尙龍, 裵尙虎[이상 성주배씨], 朴㺯䚯, 朴潤緖, 朴宗緖, 朴宗佑[이상 순천박씨], 朴明胤, 朴明彦[이상 밀양박씨], 都世純, 都應雲[이상 성주도씨], 呂煜, 呂焯, 呂燦[이상 성주여씨], 金孝可, 金天澤, 金天澨, 金榥, 金枓, 金櫓, 金廷堅[이상 의성김씨], 李彦英[벽진이씨], 鄭樟, 鄭惟熹, 鄭惟熟, 鄭惟熙[이상 청주정씨] 등을 들 수 있다.

〈표10〉 성주 · 칠곡지역 한강문인

지역	가문	주요 문인	비고
성주	광주이씨	李簬, 李簹, 李籜, 李蘭貴, 李蘭美, 李命蘷, 李命龍	정구 처족
	전주이씨	李堉, 李埱, 李壆, 李坰	
	경산이씨	李天培, 李天封, 李주	
	야로송씨	宋遠器, 宋光啓, 宋光廷, 宋時詠 宋時準	
	동래정씨	鄭光天, 鄭錡, 鄭銑,	
	영천최씨	崔恒慶, 崔은, 崔린	
	성주배씨	裵尙龍, 裵尙虎	
	순천박씨	朴搿衢, 朴潤緖, 朴宗緖, 朴宗佑	
	밀양박씨	朴明胤, 朴明彦	
	성주도씨	都世純, 都應雲	
	성주여씨	呂煜, 呂焯, 呂燦	
	의성김씨	金孝可, 金天澤, 金天瀣, 金榥, 金枓, 金櫓, 金廷堅	
	벽진이씨	李彦英	
	청주정씨	鄭樟, 鄭惟燾, 鄭惟熱, 鄭惟熙	

정구의 처족인 광주이씨는 흔히 '12현'을 배출한 집안으로 일컬어지는데,[111] 이 가운데 6명이 한강문인이다. 『광산이씨연원록』에 수록된 '연원도찬'에도 가학 연원을 이황⇒정구로 규정할만큼[112] 한강학에 대한 계승의식이 확고했다. 이 중에서도 단연 두드러진 인물은 이서였다. 그는 정구의 처질이자 문인으로서 사생관계가 누구보다 절친하였고, '남명종사소'의 차명 사례에서도 보듯 정구가 가장 신뢰한 문

111) '12현'은 李弘器(容齋) · 弘量(六一軒) · 弘宇(茅齋) [이상 李樹의 아들, 정구의 처남], 李簬(高灘), 李簹(廣居齋), 이서(東湖), 李蘭貴(琵谷), 李蘭美(陽村) [이상 李樹의 손자], 李命龍(洛村), 李命夔(拂日軒), 李命龜(竹塢), 李光彦(聾巖) [이상 李樹의 증손]을 말한다(『光州李氏淵源錄』(天). <十二賢淵源圖>)

112) 『光山李氏世稿』(天). <淵源圖贊>. "東方退陶倡學 有我寒岡 克承正嫡…家庭詩禮 泗水旨訣 一家之行 三世同轍"

인 중의 한 사람이었다. 특히, 그는 허적을 사위로 맞았는데, 이는 허적의 경세관료로서의 탁월한 역량이 정구의 경세관과 어떤 연관 관계를 가지는지를 따져볼 수 있는 구실이 되며,[113] 한강학의 기호권 전파가 허목과의 단선적인 관계로만 설명될 수 없음을 지적할 수 있는 대목이기도 하다.

전주이씨는 정구의 벗 이승(1552~1598)의 아들들로 구성되어 있다. 정구가 한강정사, 회연초당, 무흘정사에 못지 않게 회합과 강학의 공간으로 활용한 곳이 이승의 주거인 청휘당이었다.[114] 청휘당은 16세기 후반 성주지역의 대표적 학술문화공간의 하나로 인식되었다. 정구는 일생 여러 차례 청휘당을 방문했고, 또 더러는 유숙하며 시회 또는 강회를 열었는데,[115] 이육 형제는 이 때 입문한 것으로 파악된다. 이육은 본디 김우옹의 문인이었으나 17세 때 부명父命으로 정구를 사사했고, 1589년 정구가 청휘당에서 『심경』을 강론할 때 참강했다.[116]

---

113) 허적과 한강학통과의 관련성은 본고 각주 96) 참조.

114) 이승은 효령대군의 6세손으로 성주의 세족 성주이씨의 외손이었는데, 청휘당은 외가의 터전을 물려받은 것이었다. 청휘당의 전계 연혁은 정구가 지은 이승의 묘지명에 비교적 자세하게 기술되어 있다.(鄭逑. 『寒岡集』 卷13. <李晴暉墓誌銘>). 이승의 가계는 효령대군⇒誼城君⇒西林都正⇒貞孫⇒涑⇒希雲⇒承으로 이어지지만 생부는 李思雲이다. 이희운은 장가를 세 번[홍주이씨 · 남양홍씨 · 성주이씨]이나 들어서도 아들을 두지 못해 종제 思雲의 아들 承을 후사로 들였다. 공교롭게도 이승은 양모(李天瑞의 딸)와 생모(李大林의 딸) 모두 성주이씨인데, 어느 쪽이 이승인 계열인지는 구체적으로 확인하지 못했다.

115) 李厚慶. 『畏齋集』. 「畏齋年譜」. <庚寅>; 李厚慶. 『畏齋集』 卷1. <寒岡先生往晴暉堂以日用無餘功 相看俱努力 命門下士分韻 得努字>(庚寅).

116) 李堉. 『心遠堂集』 卷3. 附錄 <遺事>. "鄭先生與諸賢 講心經于晴暉堂 于時 學者多淹留 講磨之餘"

이후 1603년 숙야재夙夜齋에서 시강하는 과정에서 『남명집』 편간과 관련하여 정인홍에 대한 정구의 심사를 가장 가까이서 친견 · 친문한 것을「한강언행록」에 기록했다. 1606년에는 정구의 명으로 이서 등과 함께 용암 · 덕천서원을 심방했고, 1607년에는 정구의 임지인 안동에서 한 달간 머물며 수학했다. 뿐만 아니라 이육은 1610년 '한강변무소'를 주도하는 한편 1613년 계축옥사와 관련하여 정구가 상경할 때도 수행했다. 이런 관계를 바탕으로 그는 정구 사후 「한강언행록」을 남겼고, 최항경 · 이서 · 이천봉 · 배상룡 · 채몽연 · 이후경 · 이도자 등과 함께 심상 3년을 행했으며, 1633년 김세렴에게 '한강신도비'의 글씨를 부탁한 사람도 그였다.

이 외 이천봉, 송원기, 최항경, 배상룡 등도 성주지역 한강문인의 핵심들이었다. 이천봉은 평생 한강문하에서만 수학했고, '한강변무소'(1610), '봉산욕행'(1617) 등 사문의 대소사를 몸소 주관하며 정구를 부모처럼 여겼고, 정구 또한 그를 '유자猶子'로 대했다고 한다.[117] 송원기는 1610년 박이립의 고변사건 때 단독으로 상소하여 정구의 변무에 힘쓴 것으로 잘 알려져 있다.

최항경은 본디 서울 사람이었으나 정구와의 사생관계로 인해 성주에 정착하였고, 아들 최은, 최린까지 부자 3인이 한강문인이 되었다. 이후 그는 정구의 주선으로 유경심의 딸과 혼인했고, 학행이 돈독하여 정구로부터 '덕구의 독행은 제자가 미칠 수 없다'는 평가를 받았

117) 鄭逑.『寒岡全書』.「檜淵及門錄」卷3. <李天封>. "父師先生 而先生視之猶子"

다.[118] 또한 그는 천곡서원 원장으로서 후진 양성에도 기여했고, 회연서원 초대 원장으로서 1627년 정구의 봉안례를 주관했다.[119]

배상룡은 정구의 만년 고제의 한 사람으로서[120] 이윤우 등을 도와 스승의 현양사업에 적극 참여했고, 1636년에는 이서와 함께 『한강집』의 간행을 완료했다.[121] 한려 양문을 출입했던 그는 장현광이 정구의 제문에서 질서로 기명하자 장현광에게 그 까닭을 질문한 바도 있었다.[122]

배상룡의 행적에서 주목할 것은 허목과의 교유이다. 배상룡은 『오선생예설분류』를 허목에게 증정했고,[123] 1643년 조임도, 정유도, 김대진 등과 범주를 계획하고 허목을 특별히 초청한 바도 있었다.[124] 나아가 그는 허목이 『한강집』과 『오복연혁도』의 인송印送을 요청하자 이에 적극 응하는[125] 한편 허목에게 회연서원을 심방해 줄 것을 요청키도 했는데,[126] 이는 두 사람 사이의 개인적인 교유를 넘어 허목을 한강학파 속으로 강하게 끌어들이려는 노력의 일환으로 해석할 수 있다. 이 연장 선상에서 배상룡은 1647년 허목이 친상을 당했을 때 회

---

118) 鄭逑. 『寒岡全書』. 「檜淵及門錄」 卷1. <崔恒慶>. “德久篤行 諸子莫及”

119) 鄭逑. 『寒岡全書』. 「檜淵及門錄」 卷1. <崔恒慶>. “丁卯秋九月 公以洞主奉安位版”

120) 趙任道. 『澗松集』 別集 卷1. <開津期會錄>. “藤庵 寒岡鄭先生晚年高弟也 其宏材偉器 足以有爲於世”

121) 李舒. 『東湖集』 卷2. <寒岡先生文集序>.

122) 裵正徽. 『孤村集』 卷5. <通檜淵書院文>.

123) 許穆. 『記言』 卷19. <藤庵處士墓銘>.

124) 裵尙龍. 『藤庵集』 卷2. <與許眉叟>.

125) 裵尙龍. 『藤庵集』 卷2. <答許眉叟穆>.

126) 裵尙龍. 『藤庵集』 卷2. <與許眉叟>.

연서원 원장 박공구에게 편지를 보내 허목을 정구의 '혈성추모자'로 평가하며 부의賻儀 지원을 요청키도 했다.[127] 이런 정황을 고려할 때, 배상룡과 허목의 교유는 숙종 이후 허목이 한강학파의 수문首門으로 인식되는 과정, 나아가 한강학의 기호권 확산을 밝히는 단서가 되기에 충분하다.

2) 칠곡지역

칠곡지역 한강문인은 총 9명인데, 그 중심을 이루는 것은 이윤우로 대표되는 광주이씨 일문의 인사들이다.[128] 이윤우는 21세 되던 1589년 정구를 사사한 이후 꼬박 30년을 한강문하에서 수학하였다. 특히, 정구의 만년인 1616년 6월 이후부터는 사상泗上을 왕래하며 정구와 더불어 강학하며 학문에 전념하였고, 이 과정에서 정구는 자신의 저술을 그와 상확하여 절충하는 등 학문적 지우를 아끼지 않았다.[129]

이런 가운데 이윤우의 존재가 더욱 부각된 것은 1617년의 봉산욕행이었다. 당시 정구는 제자들과 더불어 「이선생예의답문」의 대목과 「오복연혁도」를 강정하는 한편 이윤우에게 명하여 이를 정사케 했다.[130] 정구 학문의 중요한 한 축이 예학에 있고,[131] 『오선생예설분류』

127) 裵尙龍. 『藤庵集』 卷2. <與朴畸翁玒衢>.

128) 「檜淵及門錄」에 실린 광주이씨 출신은 이윤우를 비롯하여 李心愍, 李心弘(이상 이윤우의 종숙), 李文雨(이윤우의 아우), 李瑞雨(이윤우의 종제), 李道長, 李道昌(이상 이윤우의 아들) 등 7명이다.

129) 李潤雨. 『石潭集』. 「年譜」. <丙辰>.

130) 李潤雨. 『石潭集』 卷4. <蓬山浴行錄>. "寫五服沿革圖."

131) 고영진. 1995. 『조선중기 예학사상사』. 한길사.

와 『오복연혁도』는 정구 예학의 정수였던 바, 이들 저술의 강정 및 편간을 이윤우에게 위임했던 것은 이윤우에 대한 한강의 기대가 그만큼 컸음을 반증한다.

이후 그는 1620년 정구가 사망하자 치상을 주관하는[132] 한편 천곡서원 추향,[133] 회연서원의 건립,[134] 『오선생예설분류』의 교정 및 간행 작업[135] 등 추양사업을 주도했다. 또한 그는 인조반정 직전인 1623년 정월에는 문도들에게 『주역(周易)』을 강론하는 등 한강학의 확산에 박차를 가했고, 인조반정 이후 입조해서는 정구의 증직 · 증시 및 『오선생예설분류』의 간행을 청한[136] 결과 1625년 6월 정구에게 문목의 시호가 내려지게 되었다.[137] 나아가 이윤우는 1628년 담양부사에 부임하면서 『오선생예설분류』와 『오복연혁도』의 간행에 착수하였고, 이듬해인 1629년 간역을 완료하였다.[138] 이러한 일련의 작업은 강문고제岡門高弟로서의 위상을 더욱 공고히 하는 과정이기도 했다.

이윤우가 강문고제로 부상할 수 있었던 것은 기본적으로 학문적 역량과 정구의 신뢰에 바탕하는 것이지만 그를 둘러싼 인척적 기반도 중요한 요소가 되었다. 이윤우는 자신의 직계 자녀를 포함하여 내외

---

132) 李潤雨. 『石潭集』 卷4. <泗濱護喪錄>.

133) 李潤雨. 『石潭集』 卷3. <呈方伯文>(寒岡先生川谷書院從祀時 代星州士林作).

134) 李潤雨. 『石潭集』. 「年譜」. <壬戌>. “建鄭先生祠于檜淵.”

135) 李潤雨. 『石潭集』. 「年譜」. <庚申>. “校正禮說”; <辛酉>. “再校禮說”; 卷2. <答孫幾道>.

136) 『인조실록』 권3. 인조 1년 10월 14일; 李潤雨. 『石潭集』 卷3. 「筵說」. <癸亥10月16日>; 『인조실록』 권7. 인조 2년 10월 13일.

137) 『인조실록』 권9. 인조 3년 6월 2일(무인).

138) 李潤雨. 『石潭集』 卷3. <五先生禮說跋> 및 <五服沿革圖跋>.

8촌 이내에서만 약 20명에 달하는 한강문인과 인척관계를 맺고 있었다.[139] 대구지역 한강문인의 중심축이었던 서사원(6촌), 손처눌(5촌), 정구의 처질이었던 이난귀 · 난미(8촌)도 그의 가까운 인척이었는데, 그가 어릴적부터 서사원, 손처눌의 문하를 출입한 배경도 여기에 있는 것이다.

강문고제로서의 위상을 반영하듯 그가 사망한 지 10년 째 되던 1642년 박명윤, 이서, 배상룡 등에 의해 매호사의 건립이 발론되었고,[140] 1655년부터는 위패를 봉안하였다. 이로부터 약 10년 뒤인 1663년 박진구(박명윤의 아들), 배세유(배상룡의 아들) 등이 이윤우의 사양서원 이향移享을 전격 거론했다.[141] 이것은 이윤우의 강문고제론을 보다 공식화하는 과정이었다. 이런 과정을 거치면서 1664년(현종5) 사양서원 이향이 실현될 수 있었다.[142] 이후 이윤우의 '강문고제론'은 1677년(숙종3) 회연서원 종향을[143] 통해 일단락을 짓게 된다. 영남 소재 서원 가운데 정구의 주향처는 모두 5개소인데, 이 중 두 곳에 이윤우가 종향된 것이다. 특히, 회연서원은 한강학파의 본산으로 기능했다는 점에서 이윤우의 회연서원 종향은 한강학통의 전수와 관련하여 매우 중요한 의미를 가진다.

---

139) 김학수. 2008.「17세기 嶺南學派 연구」. 한국학대학원 박사학위논문: 58쪽.

140) 李潤雨.『石潭集』.「實記」. <士林通文>(壬午年).

141) 李潤雨.『石潭集』.「實記」. <士林通文>(癸未年).

142) 李潤雨.『石潭集』.「實記」. <泗陽書院奉安文>(佐郎蔡楙製).

143) 李潤雨.『石潭集』.「年譜」. <丁巳>; 李潤雨.『石潭集』.「實記」. <檜淵書院奉安文>(進士朴震耉製).

3) 현풍-고령지역

현풍·고령지역의 한강문인은 총 20명(현풍 11, 고령 9)이다. 현풍지역의 경우 그 중심이 된 것은 현풍곽씨(곽근·곽재겸 등), 밀양박씨(박민수 등), 서흥김씨(김대진 등)였고, 고령은 현풍곽씨(곽홍점 등), 성산이씨(이현룡 등), 고령박씨(박정번 등) 등이다.

곽근은 정구와 연령 차이가 크지 않았지만 일찍부터 등문했고,[144] 학문 또한 독실했다. 특히 그는 언행에 있어 사훈을 준수하였고, 과단성이 있어 정구로부터 '존재存齋(곽준)와 방불彷佛한 사람'이라는 평을 들었다. 현풍은 정구의 선외향으로서 『경현록』, 『경현속록』으로 상징되는 김굉필의 추양사업을 매개로 연고성이 더욱 강화되었으며, 임란 이후 도동서원의 중건에서 그 절정을 맞았다.

도동서원의 중건론이 대두된 것은 1604년이었고, 주론자는 정구였다. 이 때 정구는 문인 곽근을 서원 중건의 적임자로 인식하여 원장으로 추대하는[145] 한편 1607년 안동부사 재직시에는 열읍의 사림들에게 경제적 지원을 요청하는[146] 등 중건을 적극 후원했다. 이런 흐름에서 곽근은 1604년에서 1620년까지 무려 16년간 원장으로 재직하면서 서원의 중건 및 사액을 실현했고, 1610년에는 김굉필의 위패를 봉

---

144) 1617년 정구가 봉산욕행시에 사용한 배도 그가 준비한 것이다.(鄭逑, 『寒岡全書』. 「蓬山浴行錄」. <7月20日> "船則道東書院船也 院長郭赾前期粧理於數日之內 而極其精緻 亦見其誠意也 使郭慶興郭楊馨等乘其舟 遡游而上 前一日已泊于枝巖矣"

145) 『道東書院誌』. 「道東重刱事蹟」. <萬曆三十二年三月通告文>.

146) 앞의 책. 「道東重刱事蹟」. <萬曆三十五年十月重建救助通文>. 이 통문의 발송 주체는 鄭逑(안동부사), 鄭經世(대구부사), 呂大老(합천군수) 3인이다.

안하였다.[147]

한강학파의 현풍지역에서의 영향력은 도동서원 관련 문헌에서 분명하게 살펴볼 수 있다. 1604년부터 1641년까지 약 50년 동안 원장을 지낸 인물 13명 가운데 곽근, 곽경흥, 이서, 곽홍점, 곽위국, 이현룡, 박민수, 곽이창 등 8명이 한강문인이었다.[148] 특히, 1610년 김굉필 위패 봉안시에는 곽근을 비롯하여 서사원, 손처약, 손린, 도여유, 정사상, 이천봉 등이 집사로 참여했고, 노세후 이후경, 이도자, 최항경, 장내범, 박민수 등 한강문하의 중진들이 대거 참제參祭하여[149] 성회를 이루었다. 원장의 추대 및 중건 임무의 부여, 심원尋院 및 봉안식으로 이어지는 일련의 사안들이 정구의 지휘하에 이루어졌음은 의심의 여지가 없다. 이런 흐름 속에서 1678년(숙종4) 정구가 김굉필의 사당에 배향됨으로써[150] 도동서원은 '한훤-한강학파'의 구심점으로

---

147) 이 때 봉안문은 정구가 지었다(鄭逑.『寒岡集』卷11. <道東書院奉安寒暄堂金先生文>)

148)『道東書院誌』.「院任案」.

149)『道東書院誌』.「萬曆三十八年四月二十二日奉安時執事分定記」. 이들 외에 참제자 가운데 한강문인은 성이각, 이도보, 정사물, 이시함, 이현룡, 유무룡, 이난귀, 이명기, 이학, 이명룡, 이선립, 곽경흥, 곽주 등이 있다. 한강문인과의 관계성은 심원한 인사들의 명단에도 살펴볼 수 있다.「尋院錄」(『道東書院誌』: 268쪽)에서 확인되는 한강학파는 정구, 곽근을 비롯하여 송원기, 박정번, 성변규, 이서, 이천봉, 정장, 곽주, 이육, 이시함, 곽위국, 노극홍, 문경호, 서사원, 성안의, 최항경, 채몽연, 박명윤, 도성유, 이현룡, 유무룡, 최은, 이난귀, 이지화, 손처눌 이후경, 신방즙, 이언영 등 그 이름을 일일이 거론하기 어려울 정도다.

150) 정구의 도동서원 배향론은 이미 1630년에 발론된 바 있으나 배상룡 등의 신중론이 피력함으로써 성사되지 못했다가 이 때에 와서 실현된 것이다.(裵尙龍.『藤菴集』.「年譜」. <庚午>. "聞校中議配享先師於玄風道東書院 貽書止之…實我先師竭誠營創之地 今若陞享 豈不爲吾黨之大幸乎 第先師於賜額之院 從祀重事 切不許徑自擅擧 語在答問中 辭意甚嚴 恐左右未及考閱耳."

수월루(도동서원)

서 그 위상을 확고하게 다지게 된다.[151)]

현풍지역 한강학파의 존재와 관련하여 주목할 대상은 박성·박민수이다.

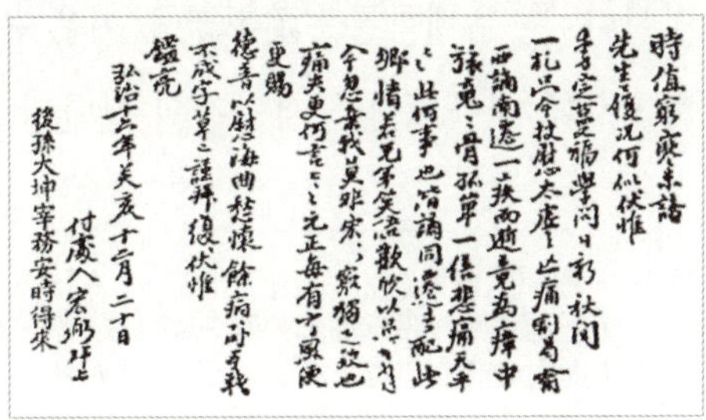

김굉필 친필

151) 이보다 한 해 전인 1677년 현풍 생원 郭壽夏 등이 숙종에게 올린 상서에 따르면, 鄭逑, 裵紳, 朴惺의 배향을 함께 청했으나 조정에서는 정구의 배향만 허락했다. 1678년 3월에 이루어진 정구의 봉안제에는 현풍·고령을 비롯하여 대구, 영산, 칠곡, 창녕 등지의 한강문인들의 자손들이 대거 참제했는데, 당시 원장 이원지는 이윤우의 손자였다. 배향 건의소의 소두 郭壽夏는 한강문인 郭衛國의 종손이고, 색장 郭壽星·郭世杓와 寫疏 郭在一은 각기 곽위국의 종손, 곽재우의 증손, 곽위국의 증손으로 대부분 한강문인의 자손이었다. 그리고 정구 봉안례 때의 아헌관 郭希天과 찬자 郭萬紀 각기 곽위국의 아들과 곽이창의 손자로서 역시 한강연원이었다. (앞의 책: 133쪽. <文穆公寒岡鄭先生奉安時執事分定記>; 앞의 책: 137쪽. <慶尙道玄風生員郭壽夏等上書>)

박성은 초년에 배신裵紳에게서 수학하였고, 이후 정인홍의 문인이 되어 의병활동에도 동참했다. 물론 그는 정인홍이 『남명집』 발문에서 이황을 비방하자 절교하게 되지만 1597년 당시만해도 정인홍측의 입장에서 성혼을 소인 · 간당으로 맹렬히 공척한 바 있었다.[152] 정구는 그의 제문(제박대암문祭朴大庵文)에서 이 상소를 '혈성血誠'으로 평가했고,[153] 장현광도 박성의 행장에서 같은 인식을 드러냈다.[154]

효종 연간 『한강집』을 열람한 윤선거는 이에 대해 극도의 불쾌감을 토로하였고,[155] 그 아들 윤증도 박성이 우율을 소인으로 공척한 행적을 들어 선배로 대우할 수 없음을 선언하는 한편 제문 · 행장 등을 통해 그를 두둔한 정구와 장현광에 대해서도 강한 불만감을 드러냈던 것이다.[156] 우계학통牛溪學統을 이은 윤선거, 윤증 부자의 항변은 기축옥사에 대한 동인 · 서인간의 상반된 인식의 차이에서 기인하는 것

---

152) 朴惺. 『大庵集』 卷4. <論時弊疏>(十六條 萬曆二十五年丁酉五月二十一日). "九曰正好惡以辨賢邪…如成渾 與李珥同心一體之人也 以守琛之子 靜居山林 一世士類 妄相推尊 渾猥得虛名 以至盜天之物 而媢嫉善士 與珥締結 竟爲姦黨之魁 實小人之難辨者也."

153) 鄭逑. 『寒岡集』 卷12. <祭朴大菴惺文丁未>에는 "十有六條之血誠"으로 표현되어 있다.

154) 張顯光. 『旅軒集』 卷13. <大庵朴公行狀>. "丁酉夏 莫耐忠憤之自激 遂枚陳十六事而致疏…此無非此時當務之急 刳肝瀝血之辭也."

155) 尹宣擧. 『魯西遺稿』 卷7. <上仲兄>. "近閱鄭寒岡稿 所論與張旅軒無異 極可駭歎 寒岡稿 洛中必多有之 試一借觀如何…祭朴德凝文 爲朴惺也 惺之十六條疏 至稱爲血誠者 與旅軒贊惺之狀一意也."

156) 尹拯. 『明齋遺稿』 卷2. <答鄭萬陽葵陽丙戌臘月大日>. "來書中所稱大庵者 卽朴惺之號 而惶卽仁弘之徒也 其詆牛栗兩先生 至以如鬼如詆 小人之難辨者爲言 實不可以斯文先輩待之者也 寒岡旅軒兩先生文集中 有祭文挽詞 頗有稱道之語 亦使人不能無追惑矣 旣蒙不鄙 屢與講說義理 此事實係窮格之大者 故不敢不布鄙意 未知高明以爲如何."

이지만 이를 통해 정구와 박성 사이의 교계의 실상을 분명하게 확인할 수 있다.

박성은 이언적의 손자 이의활(한강문인)과 황중윤(내암 · 한강문인 황여일의 아들)을 사위로 맞았다. 황여일 집안과의 통혼은 내암문하의 동문의식과 무관치 않아 보이지만[157] 두 사위 모두 한강문인인 것 또한 엄연한 사실이다. 그리고 아들(양자養子) 박민수도[158] 한강문인이었는데, 특히 그는 회연서원에 종향된 한강고제 이윤우의 사위라는 점에서 학맥 · 혼맥에 있어 한강학파와 매우 긴밀한 연관을 가지게 된다. 1678년 정구와 더불어 배신 · 박성의 도동서원 배향론이 함께 거론될 수 있었던 배경도 여기서 찾아야 할 것이다.

고령지역 한강문인을 대표할만한 계열은 박정번(1550~1611) 등 고령박씨 일문이었다. 이들은 정인홍 · 정구와 중복적인 사승관계를 맺은 전형적인 남명학파 집안이었다. 정인홍과의 학연은 박윤⇒정벽⇒원갑⇒종윤(내암문인) 가계, 박택⇒정완⇒광선(내암문인)⇒종주(내암문인) 가계에서 두드러졌고, 박일⇒정번(생부: 박택)⇒창선(효선)⇒응형 가계는 박정번이 한강문인이기는 했지만 그 아들 효선[창선]과 사위 조정생이 내암문인이었고, 또 박정번 사후 정인홍이 그의 묘표를 지었다는 점에서 이들 또한 내암계와 밀접한 관계가 있었

157) 박성과 황여일의 내암문하 출입상에 대해서는 李相弼. 2005.『南冥學派의 形成과 展開』. 와우출판사: 143~145쪽. 참조.

158) 박민수는 영천 출신으로 17촌숙인 朴惺의 양자로 출계하였다. 지산고제로 명성이 높았고「봉산욕행록」에도 등장하는 朴暾의 아우이다.

다.[159] 다만 박광선 · 종주 부자가 정인홍과 정치적 입장을 같이하여[160] 인조반정 이후 가세가 급격하게 추락한 반면 박정번의 자손들은 정구와의 사승관계를 통해 퇴계학파와의 연대를 모색함으로써[161] 조선후기에도 문호를 유지할 수 있었다.

현풍의 답곡沓谷에서 고령 도진에 이르는 강안의 요로를 점유하고 있었던 박씨 일문은 일찍부터 강거 및 누정문화를 꽃피워 박정완의 어목정을 비롯하여 박윤의 죽연정, 박택의 낙낙당, 박정번의 부래정과 학암정이 조성되었고, 박정번의 손자 박응형은 남고정을 건립하여 가문의 전통을 이어나갔다.[162] 박정번은 임란 때 형 정완과 더불어 왜구를 격파하는데 공을 세웠다. 한 때 예빈사禮賓寺 주부主簿를 지내기도 했지만 만년에는 문연재文淵齋를 건립하여 후진 양성에 노력했다.[163] 박정번은 정구보다 7년 연하였지만 정구를 스승으로 깍듯하게 섬겼으며, 1605년 '을사주유乙巳舟遊' 때는 시종일관 정구를 수행했

---

159) 김익재는 「내암 정인홍의 현실대응과 그 문인집단의 사승의식」(2008. 경상대 한문학과 박사학위논문)에서 박정번을 문집 등 각종 기록에서 정인홍과의 관계성에 대한 언급을 회피 또는 일부 윤색을 가하는 '言及回避形' 으로 구분하였다.

160) 박종주는 한강문인 이언영의 사위이다. 인조반정 직후인 1623년 4월 이언영은 박종주에게 편지를 보내 翁壻間의 연을 끊었고, 이로부터 얼마되지 않아 박종주는 복주되는 비극을 맞았다. 이언영은 寒旅門人으로 잘 알려져 있으나 그 역시 본디 내암 문인이었으며, 김익재의 구분에 따르면, 이이첨에 대한 비난을 통해 정인홍을 간접 비난하는 '온건폄하형' 에 속했다.

161) 이런 정황은 증손 朴望之가 이현일에게 묘표[鶴巖朴公墓表]를 청하고, 현손 朴世貞이 갈암문하를 출입한 것에서 확인할 수 있다.(김학수. 앞의 논문. 참조)

162) 『輿地圖書』. 「高靈」. <樓亭>. "竹淵亭 在縣南二十里孝子朴潤所築因趾立祠其上 鶴巖亭 在竹淵上 一帶淸江 十里明沙鶴巖朴廷璠所築 與諸賢講道之所"

163) 鄭仁弘. 『來庵集』 卷13. <主簿朴君墓誌銘幷序>.

다.[164] 1611년 그의 사망시 정구가 만사輓詞 · 제문祭文을 지어 특별하게 애도한 것에서도[165] 긴밀했던 학연을 엿볼 수 있다.

1610년 '한강변무소'에 배소유생으로 참가했고, 1636년 도동서원 원장을 지낸 이견룡 및 그의 아우들인 이문룡 · 택룡 등 성산이씨 일문도 고령지역 한강학파에서 차지하는 비중이 높다.

4) 창녕–영산–함안–밀양지역

창녕(12명)–영산(11명)–함안(8명)–밀양(8명) 지역의 한강문인은 총 39명이다. 이를 가문별로 구분하면, 창녕은 광주노씨 노극홍 가문, 창녕성씨 성안의 · 창원 가문, 광주안씨 안도 가문, 영산은 벽진이씨 이석경 · 강경 가문, 함안은 밀양박씨 박진영 가문, 광주안씨 안정 가문, 성산이씨 이칭 · 길 가문, 밀양은 밀성박씨 박수춘 가문, 밀양손씨 손기양 가문, 벽진이씨 이계윤 가문, 창녕조씨 조광익 가문 등이 중심을 이룬다.

창녕과 함안은 일찍이 정구가 지방관을 역임한 곳이었고, 또 혼맥에 바탕한 인척들이 다수 포진한 곳이라는 점에서 연고성이 매우 강한 지역이었다. 1607년 1월에 있었던 '용화동범'은 이 지역 한강문인들의 존재 양태를 단적으로 보여주고 있어 주목된다.

---

164) 徐思遠. 『樂齋集』. <爲寒岡鄭先生東遊記>.

165) 鄭逑. 『寒岡集』 卷1. <挽朴君信廷璠>; 『寒岡集』 續集 卷1. <祭朴君信廷璠文>.

<표11> '용화산하주유'에 참가한 인사들의 명단[166)]

순번	성명	거주	사승	비고	순번	성명	거주	사승	비고
1	鄭 逑	성주	南冥門人		19	朴震英	함안	寒岡門人	
2	郭再祐	현풍/영산	南冥門人		20	李明慾	함안		李佶의 侄
3	朴忠後			함안 군수	21	李明念	함안		〃
4	張顯光	인동		鄭逑의 질서	22	辛 膺	영산		〃
5	李 佶	함안	南冥門人		23	李明懃	함안		〃
6	成景琛	함안	寒岡門人		24	李明悆	함안		〃
7	辛 礎	영산			25	安 侹	함안	寒岡門人	
8	趙 埴	함안			26	李時馠	고령	寒岡門人	
9	李 瀟	함안		李瀞의 弟	27	郭 瀅	현풍/영산		郭再祐의 子
10	盧克弘	창녕	寒岡門人	鄭逑의 생질	28	李道一	영산	寒岡門人	李厚慶의 侄
11	辛邦楫	영산	寒岡門人		29	李蘭貴	성주	寒岡門人	
12	趙 埘	함안		趙埴의 弟	30	柳武龍	성주	寒岡門人	
13	李厚慶	영산	寒岡門人	高弟	31	趙任道	함안	旅軒門人	趙埴의 子
14	羅翼南	함안			32	李道輔	영산	寒岡門人	李厚慶의 子
15	李道孜	영산		李厚慶의 侄	33	李 瀣	영산		
16	兪 諧	영산	寒岡門人		34	李忠民	칠곡	寒旅兩門	
17	李明跂	함안	寒岡門人	李佶의 侄	35	崔門柱		寒岡門人	
18	李道由	영산	寒岡門人	李厚慶의 侄					

정구는 안동부사에 부임하기 직전인 1607년 1월 27일 장현광, 이난귀, 유무룡, 이충민 등을 대동하고 영산 창암의 망우정을 거쳐[167)] 이튿날인 28일 용화산 아래 도흥촌에서 사우들과 함께 뱃놀이를 가진

166) 朴尙節. 『沂洛編芳』. <座目>(龍華山下同泛錄).

167) 정구가 함안으로 간 표면적 이유는 비석에 쓸 돌을 찾기 위해서였다. 그는 함안군수 재직시에 묘갈로 쓸 돌[石]을 구해다 도흥강변에 보관해 둔 바 있었다. 그러나 20년 동안이나 그 소재를 파악하지 못하자 이번에는 잠수부를 동원해서라도 수색하기 위해 남행을 결심했던 것이다(趙任道. 『澗松集』 別集 卷1. <龍華山下同泛錄後序>. "蓋先生嘗得石之可碣者留置江濱 因失其所在者二十年矣 或慮其沈埋沙水 欲倩海夫搜剔而出之 故有是行云"

적이 있었다.[168] 이 모임에는 곽재우 · 박충후 · 장현광을 비롯하여 함안 · 영산 · 창녕 · 현풍 · 고령 · 성주 등지에서 정구의 문인 또는 종유관계에 있던 35명의 인사들이 참여했다. 그런데 이 모임을 범연한 '뱃놀이행사'로 치부할 수만은 없을 것 같다. 그 형식은 주유를 매개로 한 사림들의 회합의 자리였지만 참가자들의 면면을 살펴볼 때, 이 모임은 창녕 · 영산 · 함안지역 한강문인들의 대회합의 성격을 분명히 지니고 있었고, 그것은 한강학파의 외연 확대 및 기반 강화와 맞물려 있었다.

주유 참가자 35명 가운데 16명이 한강문인이고, 나머지 인사들도 정구와 인척관계에 있던 사람이 많았다. 후술하겠지만 노극홍과 이후경은 각기 창녕과 영산지역 한강문인의 핵심을 이룬 인물이고, 안정 · 이명고 또한 함안지역 한강문인의 대표격이었다. 결국 창녕 · 함안지역은 정구 중년의 환력처로서 일찍부터 그의 학문적 영향력이 크게 미쳤던 곳이었고, 영산 · 창녕은 혈연 · 학연의 중복적 관계망을 바탕으로 일찍부터 한강학파의 주요 거점의 하나로 인식된 곳이었다. '용화산하동범록'은 이처럼 탄탄하게 구축되어 있었던 한강학파의 학문적 결속과 연대를 재확인하는 자리였던 것이다.

아울러 창녕-영산지역의 한강학파는 혈연적 유대가 학연으로까지 확대, 발전한 사례를 잘 보여주는데, 광주노씨가 그 대표적이다. 이 가문은 정구의 자형 노엄의 후손들로서 「회연급문록」에 보이는 노극홍

---

168) 이하 동범에 대해서는 趙任道의 <龍華山下同泛錄後序>(『澗松集』 別集 卷1)에 바탕하여 서술하였다.

(노엄의 아들), 노세후(노엄의 손자), 노해, 노훈, 노점(이상 노엄의 증손)은 모두 그의 자손이다. 이런 척연을 바탕으로 노극홍은 어려서부터 정구에게 양육 · 훈도되었고, 1580년 정구가 창녕 현감 재직시에 건립한 세 개의 서재 가운데 하나인 관산재를 물려받아[169] 지역의 학풍을 이끌었다. '한강학'에 대한 계승 의식은 그 아들 및 손자 대에 이르면서 더욱 강화되었다. 노세후는 백매원百梅園(회연)에서 입문한 이후 20년간 한강문하에서 수학하며 언행과 관혼상제는 오로지 사훈師訓에 따랐고, 정구에게 『심경부주』를 빌려 등사하는 등 '한강학'에 대한 계승의식이 확고했다.[170] 이 과정에서 그는 정구로부터 '공부가 진실한 사람'이란 평을 들었고, 1617년 정구의 봉산욕행시에는 이윤우, 이후경, 이도자, 이서, 배상룡 등 강문의 고제들과 함께 오선생예설 및 오복연혁도를 강론 · 질의키도 했다.

'한강학'에 대한 계승의식은 관산서원의 건립으로 더욱 구체화되었다. 관산서원의 전신은 정구가 노극홍에게 전계했던 관산재였다. 노극홍은 1638년 관산재 아래에 서원을 건립하여 정구의 위패를 봉안하였는데, 이때 아버지를 보좌하여 서원의 예식 및 강학의 조례를 제정하고, 조임도에게 봉안문을 촉탁한 사람이 노세후였다.[171] 뿐만 아

169) 鄭逑. 『寒岡全書』. 「檜淵及門錄」 卷1. <盧克弘>. "先生甥姪 自幼養於先生之門 薰陶親炙 深被期許…先生宰昌山也 四境設書齋 儲養士子 曰冠山齋 曰勿溪齋 曰芙蓉齋 以冠山齋授公 使主之與鄕子弟 月朔望通讀講禮."

170) 『光山世稿』 卷10. 「月村稿」. <盧世後傳>. "時寒岡先生家食于百梅園 先生承親志 負笈請業 自是處門下二十餘年…一言一動 皆法師訓 冠婚喪祭 一遵師訓…時心經附註始出 而鄕里鮮有焉 先生請之于寒岡 手自謄寫."

니라 그는 산장으로서 관산재에 상주하며 '월삭강月朔講'을 직접 주관하는 등 유풍 진작 및 인재 양성에 주력했다.[172] 이로써 그는 '하산夏山 유학을 창도한 인물'로 일컬어지게 되는데, 그것은 곧 한강학의 정착 및 확산의 과정이었다.

노극홍의 손자 노해, 노훈, 노점도 한강학파에서의 위상이 높았다. 노점은 정구의 각별한 관심 속에 성리학에 전심한 인물로 잘 알려져 있고,[173] 노해는 『남화경』을 읽다가 정구의 계도를 받아 주자학에 전념하여 「태극론」 등의 저술을 남겼다.[174] 이처럼 광주노씨는 노극홍⇒노세후⇒노해 · 노훈 · 노점에 이르는 3대가 한강문하에 수학했고, 또 관산서원을 건립하여 한강학을 천양하는 과정에서 창녕지역 한강학파의 핵심가문으로서 그 존재를 인정받게 된다.[175]

---

171) 趙任道. 『澗松集』 卷2. <冠山書院奉安寒岡先生文>; 『澗松集』 續集 卷3. <答冠山書院儒生>.

172) 『光山世稿』 卷10. 「月村稿」. <盧世後傳>. "寒岡嘗宰本縣 以冠山齋授先公 寒岡歿 先公倡士論 立書院于齋下 凡院中奠禮儀式課講條例 皆先生所追述也 先生以山長 常居冠山齋 集鄕里生徒 行月朔之講 夏山儒學 多出於先生之門."

173) 『光山世稿』 卷13. 「望湖稿」. <盧坫遺事>. "先生每以書勉近裏着己之功 戒世俗浮薄之習 公受訓服膺 專心於性理之學."

174) 『光山世稿』 卷11. 「菊潭稿」. <附寒岡先生手札>. "汝之所讀南華經 非君子用功之學 而論孟庸學 如朝夕飮食 咀嚼詳味 尤有味也 斷其所當斷 勉其所當勉."

175) 이 외 成安義 · 以恪 부자, 成昌遠, 安璹 등도 창녕지역 한강학파의 주요 인물들이다. 성안의는 정구로부터 큰 기대를 받은 문인의 한 사람으로 총명박학하고, 인품이 느그러워 사우들로부터 巨人長者라는 평을 들었다. 또한 그는 문과를 거쳐 벼슬이 승지에 이르렀고, 조목, 정온, 정경세, 이준 등과도 교유가 깊었으며, 남명문인[또는 내암 · 수우문인] 李大期와는 사돈간이었다. 성창원은 김담수의 외손이자 한강문인 박수춘의 사위였고, 한강문인 노훈과는 사돈을 맺는 등 한강학파와 혈연 · 인척적 유대가 돈독했다(강대민 · 박병련. 2004. 「창녕 지역 향촌지배층의 형성과 변화」, 『남명학파와 영남우도의 사림』. 예문서원: 267~272쪽).

영산지역 한강학파를 대표하는 가계는 역시 이석경·후경 계열의 벽진이씨이다. 15세기 사림파에서 중요한 위상을 점했던 이약동의 후손인 영산의 벽진이씨는 이후경, 이도자·도유·도순·도일·도보, 이흡 등 일문 7인이 한강문인이었다.

특히 이후경은 정구와의 척분을[176] 바탕으로 22세에 정구를 사사한 이래 40년을 한강문하에서 수학하여 그 은의恩義가 부자와 같았다. 정구 또한 그를 외우畏友로 대할만큼 학행이 뛰어났으며,[177] 예학에 밝아 『의례문해疑禮問解』를 저술했다. 정구에 대한 이후경의 사생의식은 '혹모酷慕'에 바탕하고 있다. 그는 일생 그림자처럼 정구를 따라다니며 학문을 심화시키고 견문을 넓혔다. 1583년에는 정구에게 예설을 질의했고, 정구가 함안군수에 재직하던 1588년에는 정구, 이칭, 박제인, 이정 등과 파산을 유람했으며, 1589~1590년에는 회연에서 『심경』, 『근사록』을 읽었고, 1611년에는 모암, 무흘정사에서 예설을 강했다. 1592년에는 통천으로 가서 정구를 문안했고, 정구가 강릉부사에 재직하던 1593년에는 피난차 강릉으로 가서 약 3년을 체류한

176) 李厚慶은 郭율의 사위이고, 郭율은 정구의 숙부 鄭思誠의 사위였으므로 이후경은 정구에게 5촌 조카가 된다. 이후경이 처부 곽율을 통해 한강문하에 입문한 사실은 그의 연보에서도 확인된다(李厚慶. 『畏齋集』. 「年譜」. <己卯>. "受業於寒岡鄭先生 禮谷公夫人 寒岡先生之從姊妹也 平日以道義相許 契甚密 先生請於禮谷公曰 聞寒岡先生方講陶山之學 請執贄門下 公曰善 先生歸白參判公 謂兄子道孜曰 人生世間 徒事科業而不知爲己之學 不亦可羞之甚乎 遂同携負笈 請業於寒岡 受庸學及諸性理書 講論不怠."

177) 李玄逸. 『葛庵集』 卷28. <畏齋先生李公行狀>. "吾聞寒岡鄭先生方講明陶山義理之學 盍往求教焉 於是白參判公 相與負笈往從之 受大學中庸諸性理書 退而講論不怠 鄭先生嘉其篤志 大加稱賞 自是或親承音旨 或書疏往復 質疑請益 猶恐不及…先生遊鄭先生之門餘四十年 其恩義若父子然…鄭先生嘗曰 師友之間 當以切磋爲義 子吾之畏友也 乃命以畏字名其齋."

바 있었다. 그리고 1607년에는 이도자 · 도유 · 도일 등 자질들과 함께 용화동범에 참여했고, 1617년 봉산욕행시에는 창녕에서 사양에 이르기까지 43일 동안 정구를 수행했다. 1620년 정구가 사망하자 『한강연보』(1621년작) 및 「한강언행록」(1622년작)을 찬술하여 사문의 행적을 정리하였는데,[178] 「회연급문록」의 모두에 「서술」이란 제목으로 실린 것이 바로 그가 찬한 「한강언행록」이다. 이런 과정을 거치면서 그는 '강문이이'로 일컬어지며[179] 한강문하에서 강력한 지도력을 행사하게 된다.

이후경의 역할은 자신을 비롯하여 자질손(이도자 · 도유 · 도순 · 도일 · 도보, 이흡) 3대가 한강문하를 출입하는 계기가 되었다. 이 중에서도 이도자와 이도일이 학행으로 명성이 높았고, 이도순은 처외조부 곽재우로부터 망우정(여현정)을 전계받을 만큼[180] 당시 유림 사회에서 촉망을 받았다.

이도자는 1579년에 한강문하에 입문한 이후 1583년에는 정구에게 예설을 질의했고, 1589~1590년에는 숙부 이후경을 따라 회연에서 『심경』, 『근사록』을 강질했으며, 1611년에는 무흘정사에서 예설을 강했다. 이 과정에서 그는 정구로부터 크게 인정을 받았는데, 그의 아

---

178) 李厚慶. 『畏齋集』 卷2. <寒岡鄭先生年譜>. <有明朝鮮國嘉善大夫司憲府大司憲兼世子輔養官寒岡鄭先生言行錄>.

179) 李厚慶. 『畏齋集』. 「年譜」. <己卯>. "鄭先生一見愛重之 常期許不淺 世亦稱岡門二李"

180) 郭再祐. 『忘憂集』 卷2. <以江舍與李道純書>. "吾觀作亭於江上者 鮮有能守之者 其故何哉 以不能與賢也 今吾不私一亭 與之於君者 知君有喜好山水之心 而可以守吾亭也 君能以吾心爲心 得賢而與之 後之賢者 亦以君心爲心 傳之於可守之賢 則可以永終不墜矣."

호 '부재復齋'도 학문을 더욱 면려하는 취지에서 정구가 내린 것이었다.[181] 철저한 '한강계승론자'였던 이도자는 후학을 양성함에 있어서도 정구의 강규를 수용하였고[182], 이런 전통은 아우 이도일에게 그대로 계승되었다.[183] 정구⇒이도자⇒이도일로 이어지는 '삭망고강법朔望考講法'은 한강학 적용의 실상을 잘 보여주는 것이며, 1678년 정구의 도동서원 배향시 이시모(이도보 손), 이시정(이도일 손), 이의연(이도유 증손), 이귀연(이도보 증손), 이희연(이후경 현손) 등이 집사로 참여한 것에서도 영산 벽진이씨 일문의 한강학파 내에서의 위상을 짐작할 수 있다. 아울러 이석경·이후경 가문에 '구현九賢' 또는 '가중십군자家中十君子'[184]라는 예칭이 붙을 수 있었던 것도 이런 맥락에서 이해할 필요가 있는 것이다.

이외 함안지역의 경우 밀양박씨 박진영 가문은 후손 박상절이 『기락편방沂洛編芳』을 편찬한 것에서 보듯 정구에 대한 연원의식이 특별했다. 박진영은 비록 무반 출신이었지만 문학에 능한 인물이었고, 그 아들 박형용은 김세염과 허목을 사사하며 한강학통을 이어나갔다.[185]

---

181) 李道孜. 『復齋集』. 「年譜」. <辛丑>.

182) 李道孜. 『復齋集』. 「年譜」. <壬戌>. "倣寒岡先生講學之規 議立朔望考講法."

183) 李道一. 『消憂軒集』(下). 附錄 <家狀>. "每月朔望 會鄉中諸家子弟 立朔望考講法 一如復齋公課程 以獎進後學."

184) '九賢'은 李碩慶, 李厚慶을 비롯하여 李道孜, 李道일(이상 이석경의 아들), 李道純(이석경의 조카), 李道輔, 李道熙(이상 이후경의 아들), 李瀹(이도자의 아들), 李涑(李道由의 아들)을 지칭하고, 여기에 이석경의 종질 李屹(내암문인: 조임도 처부)의 을 포함시킨 표현이 '家中十君子'이다.(李道一. 『消憂軒集』(下). 附錄 <家狀>)

185) 장동표. 2004. 「함안지역 향촌지배체제와 재지사족층」. 『남명학파와 영남우도의 사림』. 예문서원: 391~392쪽.

광주안씨 출신의 안정은 숙야재와 무흘정사에서 수학한 경우로서 정구에게는 종자부가 되고, 조유도(한강문인), 조임도(여헌문인)는 그의 처4촌들이다. 그는 정구로부터 성학십도와 잠명, 재실(지경재持敬齋)의 명호를 받는 등 사문의 신뢰가 깊었고, 1607년 도흥강에서의 주유에도 동참했다. 이 모임을 기념하여 작성한 '용화산하동범록'의 원소장자도 그였다.[186] 그는 정구가 사망하자 영귀정咏歸亭 아래에 대를 쌓고 '모선사한강선생지대慕先師寒岡先生之臺(한강대)'라 이름할만큼 정구에 대한 추양의식이 강렬했다.[187] 이명호는 퇴계문인 이칭의 아들인데, 이 가문은 16세기 중엽에서 17세기 초반까지 함안 향사당의 운영주체로서 사회적 기반이 견고했다.[188] 1607년 용화동범시에는 숙부 이길을 비롯하여 형제 및 4촌까지 총 6명이 참회했으며, 정구의 명으로 '용화산하동범록龍華山下同泛錄'을 작성한 이가 바로 그였다.[189] 이런 정황을 고려할 때, 정구 · 이칭 · 박제인 · 이정의 제향처로서 함안지역 남명 · 한강학맥의 구심체라 할 수 있는 도림서원의 건립 및 운영 주체도 성산이씨 이칭 · 이길 집안이었던 것으로

---

186) 趙任道.『澗松集』別集 卷1. <龍華山下同泛錄後序>. "歲庚申春夏之交 安君侹 先生從姊夫 來過柰內之新居 因與逍遙江臺 指點道興 追念龍華同泛時事 慨然而嘆 安君曰 吾家有同泛錄草本藏在篋笥中 任道聞而驚且喜 走伻取來 長跪奉玩 閱之未幾 又復不樂 歔欷太息以悲"

187) 鄭逑.『寒岡全書』.「檜淵及門錄」卷3. <安侹>. "先生歿 築臺于咏歸亭前 立石題曰 先師寒岡先生之臺"

188) 장동표. 2004. 앞의 논문: 370쪽.

189) 趙任道.『澗松集』別集 卷1. <龍華山下同泛錄後序>. "先生顧謂諸生曰 今日之會 可謂盛矣 其何以不志 於是咸人進士李公明怘應命而作 取紙筆書之"; 鄭逑.『寒岡全書』.「檜淵及門錄」卷2. <李明怘>. "以文藝筆法鳴於世"

여겨진다.

밀양지역의 대표적 한강문인은 박수춘, 손기양, 이계윤, 조이복 등이다. 박수춘은 정구로부터 기우가 영호한 인물로 평가되었고, 정인홍이 신계성의 여표비문閭表碑文을 지으면서 이언적 · 이황을 비난하자 정인홍을 찾아가 면척하고는 절교했다고 한다.[190] 밀양의 세족답게 이 가문은 강우의 명문들과 혼인하였는데, 그의 대를 전후하여 형성된 혼맥은 한강학맥의 혈연적인 연대 구조를 살피는 좋은 사례가 된다.[191]

손기양은 서사원, 손처눌, 이윤우, 이후경 등과 함께 한강문하에서 학문적 성취가 가장 컸던 문인의 한 사람으로 거론할 수 있다. 그는 1590년 성주 교수 재직시에 집지執贄 · 입문했다.[192] 그는 한강문인 이의윤과 사돈을 맺었고, 역시 한강문인 박수춘 · 조이복과 함께 밀양 향론을 주도하여 정인홍 등 대북정권에 반대하는 입장을 분명히 했다.[193] 그는 후학 양성에도 노력하여 장문익 등을 문인으로 양성했다. 장문익은 「회연급문록」에도 이름이 보이는데, 이는 서사원, 손처눌의

---

190) 鄭逑. 『寒岡全書』. 「檜淵及門錄」 卷3. <朴壽春>.

191) 박수춘의 종형 朴陽春은 한강문인 孫起陽의 종처남이고, 여헌문인이었던 종질 朴璨는 곽재기의 손자 郭世健을 사위로 맞았다. 곽세건은 가인예송 이후 송시열의 告廟를 청한 것으로 유명하다. 아울러 박수춘은 郭澍(한강문인), 곽재우와 사돈을 맺었으며, 장녀서 成昌遠은 한강문인, 차녀서 辛時望은 곽재우의 외손자, 3녀서 安振翰은 한강문인 安璹의 아들, 4녀서 李長胤은 유성룡의 자형 李潤壽의 손자, 5녀서 李而楨은 한강문인 李繼胤의 아들이었다.(박병련. 2004. 「밀양지역 향촌지배세력의 형성과 변화」. 『남명학파와 영남우도의 사림』. 예문서원: 234~235쪽)

192) 孫起陽. 『聱漢集』. 「年譜」. <庚寅>.

193) 박병련. 앞의 논문: 250~251쪽.

한강문하 입문이 대구지역 한강학파의 확산에 중요한 영향을 미친 것과 마찬가지로 손기양의 한강문하 입문이 '오한문하聱漢門下'의 강문 귀속으로 이어졌을 가능성을 배제할 수 없다. 이에 대해서는 좀 더 정밀한 연구가 요구된다.

노이복은 정구의 사돈이었던 조광익의 아들이자 퇴계문하의 동문 조호익의 조카였다. 그는 정구의 아들 정장, 이언적의 손자 이의윤과는 남매간이자 한강문하의 동문이었다. 위에서 잠시 언급했듯이 조이복과 더불어 당시 밀양 향론을 주도했던 손기양이 이의윤의 아들, 즉 조광익의 외손자를 사위로 맞았는데, 이는 한강학파 상호간의 긴밀한 혈통 · 학통상의 유대로 해석할 수 있다.

4. 맺음말

정구는 개국공신의 후손이자 사림파에서 확고한 위상을 점하고 있었던 김굉필의 외후손이라는 '문벌'과 퇴계 · 남명 양문의 고제라는 '학벌'을 바탕으로 이황과 조식의 사후 영남학계의 기대주로 부상할 수 있었다. 성주 출신이었던 그는 한강정사, 회연초당, 무흘정사 등에서 저술과 후진양성에 주력했고, 만년에는 칠곡의 노곡 · 사양정사를 기반으로 하여 문도를 대대적으로 규합할 수 있었다. 「회연급문록」에서 확인되는 한강문인은 총 342명이며, 이 가운데 90%가 영남 출신이라는 점에서 한강학파는 강한 지역성을 띄고 있었다.

문인집단의 지역적 편중성은 성주, 칠곡, 대구, 현풍, 고령, 창녕, 영산, 함안, 밀양 등 낙동강 중류지대, 즉 '낙중'에서 더욱 두드러졌다. 이것은 이황의 퇴계학파와 조식의 남명학파가 청량산, 지리산 등 산을 거점으로 형성된 것과는 차별성이 있었고, 이러한 학파 거점의 인문지리적 환경 변화는 한강학파가 퇴계 · 남명학파를 계승하면서도 새로운 학풍을 지향하게 되는 주된 요인의 하나로 해석할 수 있는 여지를 남겼다.

정구가 성주를 거점으로 영남 사림들을 대대적으로 규합, 한강학파를 형성함에 있어 간과할 수 없는 것은 퇴계 · 남명의 양측적 계승의식에 바탕한 '영남맹주의식嶺南盟主意識'이었다. 이런 의식은 1607년 안동부사로 부임하여 퇴계학파의 안동 · 예안 · 봉화지역의 사림을 자신의 학문적 영향권 속으로 흡수하고, 1617년 봉산욕행시에 이황 및 조식에 대한 추양사업을 병행하는 과정에서 분명히 확인되었다. 아울러 이황의 사후 퇴계학파권의 학문적 구심점의 약화 또는 상실, 광해조 대북정권기에 보여준 정인홍의 학문적(남명집 편간 등) 독단성과 정치적 강경성도 정구에게 사림의 중망이 실리는 중요한 계기가 되었다.

한강학파는 군소 문호의 수용과 흡수를 통해 그 외연을 확장해 나갔다. 그 대표적인 예는 서사원의 낙재문파와 손처눌의 모당문파의 한강문하 귀속이었다. 대구 출신이었던 서사원, 손처눌은 채응린, 채응룡(퇴계문인), 전경창(퇴계문인), 정사철 등과 사우문인관계를 맺고 있었고, 강학을 통해 대구 및 그 인근지역 사림들을 지도, 육성했다. 일반적으로 한강문하의 고제로 꼽히는 이윤우, 이언영, 김대택 등도 본디 낙재 · 모당문파의 일원적 성격이 컸다. 추측컨대, 대구지역에는 이황⇒전경창⇒서사원 · 손처눌로 이어지는 문파의 성립이 모색된 측면이 있었으나 16세기 후반 이후 정구의 학문적 영향력이 증대되면서 독자적인 문파를 세우지 못하고 한강문하 속으로 흡수되었던 것이다. 서사원, 손처눌, 이윤우 등의 주선으로 이루어진 정구의 노곡 및 사양 이거는 흡수와 귀속으로 대변되는 상호 관계의 구체적인 표현이었다.

1617년의 봉산욕행은 한강학파의 결속 강화 및 외연 확대와 관련하여 매우 중요한 사건이었다. 정구가 하행시의 루트였던 낙강 연안은 한강학파의 중심지 또는 부심지라는 점에서 기존 문인집단의 결속을 강화하는데 초점이 맞춰졌다. 상행시에 경유한 양산, 경주, 영천, 하양, 경산, 특히 경주, 영천은 한강학파의 세력이 상대적으로 미약한 지역이었다. 이 점에서 상행시에만 나타나는 3종의 동화록은 새로운 문인을 규합하는, 학파의 외연을 확장하는 과정으로 해석할 수 있었다. 특히, 경주부윤 윤효전의 급문은 남명 · 화담 · 대곡학파의 소통으로 평가할 수 있었고, 그 아들 윤휴의 학문과 사상을 한강학의 계승이라는 측면에서 살펴볼 수 있는 좋은 구실을 제공하였다.

한강학파는 지역적으로 낙중지역에 근거를 두고 있었고, 그 중에서도 성주지역, 칠곡지역, 현풍 · 고령지역, 창녕 · 영산 · 함안 · 밀양지역이 중심을 이루었다. 한강학파에 있어 이들 지역의 중요도는 원향 현황에서도 확인되었다. 정구를 제향하는 영남지역 서원 가운데 주향처는 회연(성주) · 사양(칠곡) · 관산(창녕) · 도림(함안) · 회원(창원)서원이고, 종배향처는 천곡(성주) · 연경(대구) · 도동(현풍)서원이 있었다. 이들 서원의 분포는 한강학파의 거점과 거의 일치하는 것이었다.

한강학파의 지역적 전개 양상은 성주를 중심으로 낙동강 중하류 지역으로 확산되는 추세를 보였다. 그리고 이들 지역 한강학파의 구성원, 즉 한강문인 중에는 이서, 노극홍, 이후경, 성변규 등 학연 이전에 이미 정구와 직간접적인 척연을 지닌 인사들이 많았다. 한강학파의 본산에 해당하는 성주지역은 이서, 이육, 이언영, 최항경, 배상룡 등의 고제를 배출하는 가운데 회연서원을 중심으로 학파적 결집과 확산을 모색했고, 칠곡지역은 이윤우 등 광주이씨 일문이 한강학파의 핵심 구성원으로 존재했다. 특히, 이윤우는 정구와의 학문적 관계, 사후 추양사업의 면면을 고려할 때, 고제 또는 수문으로 인식될 여지가 충분했다. 1664년 사양서원 합향, 1677년 회연서원 종향은 이런 인식을 공식화 한 것에 다름 아니었다.

현풍 · 고령지역은 곽근 등 현풍곽씨 일문 및 박민수 등 밀양박씨(대암가문)가 중심이 되어 한강학파를 이끌었다. 특히, 1678년 정구의 도동서원 추향은 이 지역이 '한훤–한강학맥'의 구심점으로서의 위상을 공식화하는 결정적인 계기가 되었다.

창녕 지역은 정구의 생질 노극홍과 그 자손들의 역할에 힙입어 일찍부터 한강학파의 거점으로 인식도었고, 관산서원의 건립과 강학 방식에서 드러나는 한강학의 뚜렷한 계승양상은 향후 한강학파의 학풍을 연구함에 있어 이 지역을 특별히 주목해야 하는 이유가 된다. 그리고 영산은 이후경, 이도자 등 벽진이씨 일문이 주축을 이루었는데, 이들의 한강관은 '혹모'라 할만큼 강렬한 것이었다. 특히 1607년 '용화산하동범록', 1617년 '봉산욕행' 때 보여준 이들의 역할은 한강학파의 내부적 결속 강화 및 외연 확장을 검토함에 있어 누구를 주목해야 하는지를 여실히 보여주고 있었다.

이 글은 한강학파의 등장과 전개 양상을 영남, 특히 낙동강 중류지역에 초점을 맞춤으로써 서울 · 경기지역 등 여타지역에 대한 서술이 매우 소략해졌다. 서울 · 경기지역의 한강학파는 그 수는 많지 않지만 한강학의 기호 전파와 관련하여 매우 중요한 논의점이 존재한다고 본다. 특히, 허목과 한강학파와의 관계성을 반드시 별도의 논의가 있어야 하는데, 이 부분은 차후의 과제로 남긴다.

아울러 또 한가지 점검해야 할 것은 한강학파 또는 한강학의 특징이다. 한강학파가 낙동강 중류지역을 거점으로 형성된 것이 확인되었다면, 향후의 논의는 그 학풍의 특징은 무엇이고, 인문지리적 환경과 학문적 성격은 어떤 연관 관계를 가지는가에 대한 고찰로 이어져야 한다고 보는데, 이 분야 연구자의 관심을 촉구해 본다.

마지막으로 첨언할 것은 '한강학맥' 설정의 가능성 여부이다. 이 문제는 일차적으로 정구와 장현광 사이의 '연원시비'가 연구 촉진의 발목을 잡목을 잡고 있는 것은 사실이지만 그보다는 정구와 장현광의 학문적 생각 또는 지향의 동이부터 검토할 필요가 있을 것 같다. 퇴계 · 남명학파를 계승하면서도 이를 뛰어 넘는 학문집단을 추구했던 존재로서의 '한려학파'는 역사성을 가지는 것이지만 정구와 장현광 사이의 사승관계 여부에 주안점을 둔 계보적, 등위적 파악은 온당치 않기 때문이다. 이에 대한 충분한 논의가 이어지기를 기대해 본다.

참고문헌

<원전>

『朝鮮王朝實錄』.

韓國精神文化硏究院編.『古文書集成』25 -德川書院篇-. 1995.

『輿地圖書』. 國史編纂委員會. 1979.

嶺南大學校 民族文化硏究所編.『道東書院誌』. 1997.

『光山李氏淵源錄』. 韓國學中央硏究院 藏書閣 MF35-5134.

『光山盧氏世稿』. 韓國學中央硏究院 藏書閣 MF16-342.

朴尙節編.『沂洛編芳』. 韓國學中央硏究院 藏書閣圖書 B9C53.

金光繼.『梅園日記』. 國史編纂委員會. 2000.

金　坽.『溪巖日錄』. 國史編纂委員會. 1997.

郭再祐.『忘憂集』. 韓國文集叢刊58. 民族文化推進會.

郭鍾錫.『俛宇集』. 韓國文集叢刊34-344. 民族文化推進會.

金　寧.『遯峯集』. 韓國文集叢刊 續15. 民族文化推進會.

金應祖.『鶴沙集』. 韓國文集叢刊91. 民族文化推進會.

金中清.『苟全集』. 韓國文集叢刊 續14. 民族文化推進會.

朴　暾.『吾卒子實紀』. 韓國學中央硏究院 藏書閣圖書 B9I187.

朴　惺.『大庵集』. 韓國文集叢刊續6. 民族文化推進會.

裵尙龍.『藤庵集』. 韓國文集叢刊 續17. 民族文化推進會.

裵正徽.『孤村集』. 韓國歷代文集叢書1711. 景仁文化社.

徐思遠.『樂齋集』. 韓國文集叢刊 續7. 民族文化推進會.
孫起陽.『鰲漢集』. 韓國文集叢刊 續11. 民族文化推進會.
孫宇男.『綸庵集』. 韓國歷代文集叢書1287. 景仁文化社.
孫處訥.『慕堂集』. 韓國文集叢刊 續8. 民族文化推進會.
宋時烈.『宋子大全』. 韓國文集叢刊108-116. 民族文化推進會.
宋浚吉.『同春堂集』. 韓國文集叢刊107. 民族文化推進會.
柳　根.『西坰集』. 韓國文集叢刊57. 民族文化推進會.
尹　鑴.『白湖集』. 韓國文集叢刊123. 民族文化推進會.
尹宣擧.『魯西遺稿』. 韓國文集叢刊120. 民族文化推進會.
李　舜.『東湖集』. 韓國文集叢刊 續13. 民族文化推進會.
李道一.『消憂軒集』. 韓國歷代文集叢書1733. 景仁文化社.
李道孜.『復齋集』. 韓國歷代文集叢書1598. 景仁文化社.
李　埥.『心遠堂集』. 韓國歷代文集叢書1950. 景仁文化社.
李潤雨.『石潭集』. 韓國文集叢刊 續16. 民族文化推進會.
李　瀷.『星湖集』. 韓國文集叢刊198-200. 民族文化推進會.
李玄逸.『葛庵集』. 韓國文集叢刊128. 民族文化推進會.
李好閔.『五峯集』. 韓國文集叢刊59. 民族文化推進會.
李厚慶.『畏齋集』. 韓國文集叢刊63. 民族文化推進會.
張福樞.『四未軒集』. 韓國文集叢刊316. 民族文化推進會.
張顯光.『旅軒集』. 韓國文集叢刊60. 民族文化推進會.
張興孝.『敬堂集』. 韓國文集叢刊69. 民族文化推進會.
鄭　逑.『寒岡全書』. 景仁文化社. 1979.

鄭　逑.『寒岡集』. 韓國文集叢刊53. 民族文化推進會.
鄭仁弘.『來庵集』. 韓國文集叢刊43. 民族文化推進會.
趙任道.『澗松集』. 韓國文集叢刊89. 民族文化推進會.
蔡濟恭.『樊巖集』. 韓國文集叢刊235-236. 民族文化推進會.
河　憕.『滄洲集』. 晉州 晉陽河氏 澹山宗中所藏.
河謙鎭.『東儒學案』. 一鵬精舍. 1970.
許　穆.『記言』. 韓國文集叢刊98-99. 民族文化推進會.

<논저>

고영진. 1995.『조선중기 예학사상사』. 한길사.
權延雄. 1985.「『檜淵及門諸賢錄』小考」.『韓國의哲學』13. 경북대학교 퇴계연구소.
金益載. 2008.「來庵 鄭仁弘의 現實對應과 그 門人集團의 師承意識」. 경상대학교 대학원 한문학과 박사학위논문.
김학수. 2005.「17세기 초반 永川儒林의 學脈과 張顯光의 臨皐書院 祭享論爭」.『朝鮮時代史學報』35. 조선시대사학회.
______. 2007.「'寒岡(鄭逑)神道碑銘'의 改定論議와 그 의미」.『朝鮮時代史學報』42. 조선시대사학회.
______. 2008.「17세기 영남학파 연구」. 한국학대학원 박사학위논문.
______. 2008.「鄭逑 文學의 創作現場과 遺跡에 대한 연구」.『大東漢文學』29. 대동한문학회.
______. 2009.「旅軒學派의 형성과 전개」.『여헌 장현광 연구』. 태학사.

______. 2010.「17세기 旅軒學派 형성과 학문적 성격의 재검토」.『한국인물사연구』13. 한국인물사연구회.

______. 2010.「船遊를 통해 본 洛江 연안지역 선비들의 집단의식-17세기 寒旅學人을 중심으로-」.『嶺南學』18. 경북대영남문화연구원.

박병련 外. 2004.『남명학파와 영남우도의 사림』. 예문서원.

서정문. 2006.「朝鮮中期의 文集編刊과 門派形成」. 국민대학교 대학원 국사학과 박사학위논문.

薛錫圭. 2002.『朝鮮時代 儒生上疏와 公論政治』. 선인.

신병주. 2000.『남명학파와 화담학파 연구』. 일지사.

禹仁秀. 1999.『朝鮮後期 山林勢力研究』. 一潮閣.

이근호. 2010.「17세기 전반 京華士族의 人的關係網-『世舊錄』의 분석을 중심으로-」.『서울학연구』38. 서울학연구소.

李相弼. 2005.『남명학파의 형성과 전개』. 와우출판사.

이성무. 1995.『朝鮮兩班社會研究』. 一潮閣.

李樹健. 1979.『嶺南士林派의 形成』. 嶺南大學校民族文化研究所.

______. 1995.『嶺南學派의 形成과 展開』. 一潮閣.

兪奉學. 1998.『조선후기 학계와 지식인』. 신구문화사.

鄭萬祚. 1997.『朝鮮時代 書院研究』. 集文堂.

한명기. 2002.「인조반정 이후 在朝北人에 대한 소고」.『조선의 정치와 사회』.

許捲洙. 1993.『朝鮮後期 南人과 西人의 學問的 對立』. 法人文化社.

조선 중기 한려학파의 철학사상

김낙진 | 진주교육대학교 도덕교육과

1. '한려학파'의 문제

16세기 후반부터 17세기 초반까지 강좌의 퇴계학파와 함께 영남 유학계를 양분하였던 강우의 남명학파는 인조반정(1623)을 계기로 몰락하여 존재 자체가 미미해졌다. 지역적 기반을 달리하는 여러 학문들이 강우에 들어 왔고, 그나마 학문을 선도할 대가도 출현하지 않아 19세기 한주학파의 출현 전까지 침체기를 맞는다. 이런 가운데 좌도와 우도의 접경지역인 성주를 중심으로 한 일대에는 한강寒岡 정구鄭逑(1543~1620)와 여헌旅軒 장현광張顯光(1554~1637)이라는 거장이 배출되어 영남 학술의 중심지였던 좌도와도 다른 독특한 학풍을 형성하였다. 한려학파로 불리는 이들의 학풍을 주로 퇴계학의 계승으로 이해하곤 하지만 이견도 있다.

2000년대 초반부터 강좌와 강우의 중간 지대의 학문을 지칭하기 위하여 강안학江岸學, 또는 지역 범위를 낙동강 중류로 제한한 낙중학洛中學이라는 명칭이 제안되었고, 그것의 학문적 특성을 규정하기 위한 여러 시론적인 논문들이 제출되었다.[1] 이들이 주목하는 것은 퇴계退溪 이황李滉(1501~1570)과 남명南冥 조식曺植(1501~1572)의 재세在世 시절부터 이 지역의 사인士人들이 두 문하를 스스럼없이 드나들었고, 19세기에는 강좌의 퇴계 정통파와는 다른 색채를 지닌 한주학寒洲學이 출현하였다는 사실이다.[2] 16~7세기의 저명한 사람만을 꼽아본다면 덕계德溪 오건吳健(1521~1574), 낙천洛川 배신裵紳(1520~1573), 약포藥圃 정탁鄭琢(1526~1605), 성암省庵 김효원金孝元(1532~1590), 죽유竹牖 오운吳澐(1540~1617), 송암松庵 김면金沔(1541~1592), 정구 등이 양 문하를 출입하였다. 그 중 정구와 같은 학자는 두 문하의 특장점을 소화하여 독자적인 학풍을 개척하고는 장현광과 미수眉叟 허목許穆(1595~1682)의 독특한 학문적

---

1) 박병련. 2002.「광해군 복립모의 사건으로 본 강안지역 남명학파」.『남명학연구논총』 11. 남명학연구원; 박병련. 2003.「남명학파 성쇠과정의 정치사회적 특성과 사림의 동향」.『남명학연구』 제16집. 경상대 남명학연구소; 정우락. 2008.「강우학과 고령 유학에 대한 시론」.『퇴계학과 선비문화』 제43호. 경북대 퇴계학연구소; 박병련 등 4인. 2009.『여헌 장현광 연구』. 태학사; 홍원식. 2010.「19세기 洛上 退溪學派와 洛中 한주학파의 대립과 성리논쟁」.『유교사상연구』 제39집. 한국유교학회.

2) 박병련은 지역적 요소와 학문적 요소를 결합하여 "강안지역이라고 칭하고자 하는 것은 한강 정구, 여헌 장현광 등 소위 文穆淵源 또는 寒旅學派라는 독특한 분위기를 갖고 있는 지역을 지칭하고자 하는 것"이라고 강안학파를 설명하였다. 퇴계와 남명 모두를 수용하면서 독특한 학풍을 형성한 이곳은 초기에는 남명학파의 핵심지역이었다가 광해군 복립 모의 사건 이후 한강을 매개로 汎 퇴계학파로 흡수되었으나 여러 가지 미묘한 특징들을 나타내고 있는 지역이라고 한다.(박병련.「광해군 복립모의 사건으로 본 강안지역 남명학파」. 53~54쪽.) 홍원식은 이보다는 범위를 좁혀 洛中 개념을 제시하고, 그 대표적인 학문으로 한주학을 들고 있다.(홍원식.「19세기 洛上 退溪學派와 洛中 한주학파의 대립과 성리논쟁」)

성취에 영향을 주었을 것이라고 추정되고 있다. 여기서 연구자들은 정구를 퇴계학의 적통으로 보던 전래의 평가에 이의를 제기한다. 정구의 학문 연원으로 이황과 조식을 모두 인정하고, 파급의 측면에서는 낙동강을 중심으로 한려학의 세력권이 형성되어 있었다고 주장한다.

퇴율학退栗學을 중심으로 조선유학을 이해하는 상황에서 제3의 학문세계가 있었을 것이라는 가정 자체가 흥미롭다. 나아가서는 퇴계학 추수나 노론학老論學으로의 전향 정도로 평가되던 강우 유학계를 새롭게 조명할 수도 있는 것이 이 개념이다. 그런데 이 연구들은 이 지역의 학자들이 가지고 있던 철학적 정체성이 무엇인가라는 물음에 대해서는 아직 뾰쪽한 답을 내놓지 못하고 있다고 판단된다. 정구와 장현광 사이에는 강렬한 사승의식이 없었고, 한려시비寒旅是非가 있었다는 사실부터가 이들을 하나의 학파로 묶을 수 있는가 의심하게 하고, 철학 사상의 내용에서도 같은 점이 많다고 보기 어렵기 때문이다.

정구와 장현광, 그리고 허목의 학통 관계가 불분명하다는 점은 한려학파의 존재를 『동유학안東儒學案』에 '한려학안寒旅學案'으로 기술한 회봉晦峰 하겸진河謙鎭(1870~1946)도 의식하고 있었다.

> 한강은 퇴계와 남명의 문하에서 수학하였는데, 남명에게 친히 가르침을 받은 것이 더욱 오래되고 익숙하였으나, 말하는 사람들이 퇴계의 적전嫡傳으로 여긴다. 대개 그 기상으로써 말한 것이다. 그러나 선조宣祖가 '그대의 스승 이황과 조식'에 관해 묻자 "신은 두 사람에게 그 문하를 출입하면서 의문 나는 점을 물은 바는 있지만, 경전을 들고 학업을 받은 적은 없습니다"라고 하였다. 여헌은 한강에게서 지결旨訣을 이어

받았으나 스스로 말하기를 늦게 문하에 발걸음을 하였고, 강론하는 자리에 열흘이나 한 달씩 머물지는 못하였다고 함으로써 문하의 제자 반열에 있지 않은 것처럼 하였다. 두 선생이 어찌 고의로 자기를 무겁게 하려고 한 것이겠는가? 스승과 제자의 어려움이 이와 같음이 있다. 후세의 유학자들이 도를 전하고 학업을 받음의 실질이 있지 않음에도 오직 이름을 의탁함을 영광으로 여겨서 스승이다 제자라고 말하는 것은 또한 부끄러운 일이다. 미수는 끝내 한강을 스승으로 여겼으나, 그 규모와 기상은 또한 한강과 같지 않다.[3)]

여기서 볼 수 있듯이 사승관계가 아니라는 사실 때문에 한려학파의 정체성을 찾는 작업은 단편적인 기술이나 전언에 의지하게 되고, 경우에 따라서는 논자의 해석이 큰 비중을 차지하여 객관적으로 받아들이기 어려운 무리한 주장도 나타난다.

한려학파의 철학사상이 가진 특징을 찾고자 하는 본고 역시 이와 유사한 무리함을 감수하지 않을 수 없다고 예상되는데, 사상의 구조적 유사성이라는 측면에서 접근해 보고자 한다. 구체적인 사상의 기술을 미시적으로 접근하는 대신 그들이 남기고 있는 저술을 하나의 흐름이라는 거시적 관점에서 접근 해석함으로써 공통적으로 소유한 철학적인 기반을 찾아내고자 하는 것이다. 직접적인 학문전수관계가 아니라도 장현광이 「도통설道統說」에서 "전승이라고 하는 것은 반드시 얼굴을 마주대고 몸으로 전승받아야 계통이 있다고 하는 것은 아니며, 심법心法과 덕업德業이 서로 계합하면 백세百世나 떨어

3) 河謙鎭. 1970.『東儒學案』中. 一鵬精舍. 50쪽.

지고 천리千里를 격해 있어도 전승이라고 할 수 있다"[4]라고 한 말에 따라 학통 관계를 설정해 보고자 한다.

2. 정구와 명체적용

1) 남명학과 퇴계학

정구의 학문 연원에 대해서는 이견들이 있어 왔다. 남명 조식의 문도로서 퇴계학의 일부를 수용했다는 견해로부터 시작하여 퇴계학을 중심으로 남명학을 수용하였다는 견해가 있었고, 심지어 퇴계학의 수용자로만 설명하는 견해도 있었다. 이런 차이는 인조반정에서 역적으로 몰려 죽은 내암來庵 정인홍鄭仁弘(1536~1623)의 흔적을 지워 생존을 도모하고자 함은 물론 심지어 조식에 학문적 연원을 두고 있음을 부정하는 가문이 속출하면서, 이황과의 실낱같은 인연이라도 찾아 조상의 학통을 변조하였다는 역사적 사실과 밀접한 관련이 있을 것이다.[5] 정구의 「행장行狀」을 쓴 장현광과 「문목공광명文穆公壙銘」을 쓴 허목에게서 이미 이 변화가 감지된다. 정구가 이황과 조식, 대곡

4) 정만조. 「17세기초 영남학파 분기와 장현광의 학적 위상」. 앞의 『여헌 장현광 연구』. 60쪽. (張顯光. 1983. 『旅軒全書』. 「道統說」. 仁洞張氏南山派宗親會. "所謂傳所謂承者, 不必身傳面承, 而謂之統也. 其心法德業之相契, 則隔百世越千里, 而可以傳承矣.")

5) 오이환. 2000. 『남명학파연구』 상. 남명학연구원. 209쪽. 참조.

大谷 성운成運(1497~1579)에게 사사하였음을 인정하면서도, 무게 중심은 이황의 영향을 강조하는 쪽으로 기울어져 있는 것이다.

이런 판단에 기초가 된 자료는 정구가 동강東岡 김우옹金宇顒(1540~1603)을 조상한 「만사輓詞」인데, 논자의 생각으로는 재음미할 필요가 있다. 정구는 여기서 고풍高風과 정맥正脈으로 조식과 이황을 비교하였다.[6] 정맥은 요순堯舜 이래 공孔·맹孟과 정程·주朱로 이어지는 바른 연원의 학술을 이황이 계승했다는 말이다. 그런데 조식의 고풍은 높은 절의 정도를 지칭하는 언어로 이해되어 왔다. 정인홍은 이에 강력하게 반발하면서 조식이 중용中庸의 선비임을 강조한 바 있었거니와,[7] 이 용어의 의미는 장현광의 설명을 참고하여 보완할 필요가 있다. 그는 조식의 "높은 곳(高處)이란 단지 작록을 사양하여 풍절風節을 세웠다는 것에만 있는 것이 아니라, 의론이 남들의 의표를 뛰어 넘고, 식견이 남보다 몇 배 더해서, 그 타고난 그릇과 학력學力이 초절超絶하고 탁월卓越하다는 것"[8]이라고 설명하였다.

정구가 본래 생각한 의미 역시 이와 유사하다고 논자는 생각한다.

---

6) 鄭逑. 1978.『寒岡全書』상.「挽金東岡二首」. 경인문화사. 18상a. "退陶正脈終天慕, 山海高風特地欽"

7) 鄭仁弘. 1993.『來庵集』.「南冥曺先生神道碑銘」. 한국문집총간. 458하b. "世之人, 或認爲輕世, 或斥爲一節, 甚矣. 其不知道也. 嗚呼, 君子依乎中庸, 遯世不見是而不悔, 惟先生庶幾焉. 夫中之用, 無定體, 惟在時, 非衆人所能知也." 기대승은 "中庸之道, 惟聖人爲之, 其下則當氣節牢落, 不畏强禦也. 平居正色直言, 然後臨難可以伏節死義."(奇大升. 1993.『高峰集』.「論思錄」. 한국문집총간본. 201상b.) 고 하여 중용의 선비와 절의의 선비를 구분한 바 있었거니와, 절의의 선비로 조식을 평가하는 것은 폄하의 뜻이 내포된다.

8) 趙任道.『旅軒全書』상.「就正錄」. 428하b. "…先生語及南冥先生高處, 曰高處不但在辭爵祿樹風節, 議論出人意表, 識見加人數等, 其資器學力超絶卓越."

정인홍의 조식에 대한 평가와 크게 다르지 않은 입장을 정구가 「제남명조선생문祭南冥曺先生文」에서 표출한 바 있기 때문이다. 정구는 조식의 "재주는 일세에 드높았고, 기개는 천고를 뒤덮었으며, 지혜는 천하의 변화를 통달할 수 있었으며, 용기는 삼군의 장수를 빼앗을 수 있었다"고 찬양하면서, 경의敬義공부를 통해 얻은 인품과 세상을 경영할 수 있는 식견을 지닌 인물로 조식을 추억하였다. 아울러 그는 산림은일山林隱逸로 조식을 평가하는 사람들에 대한 분노도 숨기지 않았다.[9)]

조식의 경의학은 재론이 필요 없을 정도로 익히 알려져 있지만, 그는 또한 식견 있는 선비상을 중히 여겼다. 조식은 장구章句를 분석하고 성리性理를 고담준론하기보다는, 일용日用의 사태에서 실천을 통해 스스로 의미를 깨달아 가는 자득自得을 중시하고 이를 통해 고명한 식견을 기르고자 하였다. "학문을 함에는 먼저 지식을 높고 밝게(高明) 하여야 하니, 마치 태산에 올라서 만 가지 사물을 내려다보는 것과 같은 경지에 이른 후에야 나의 행하는 바가 이롭지 않음이 없다"[10)]고 배

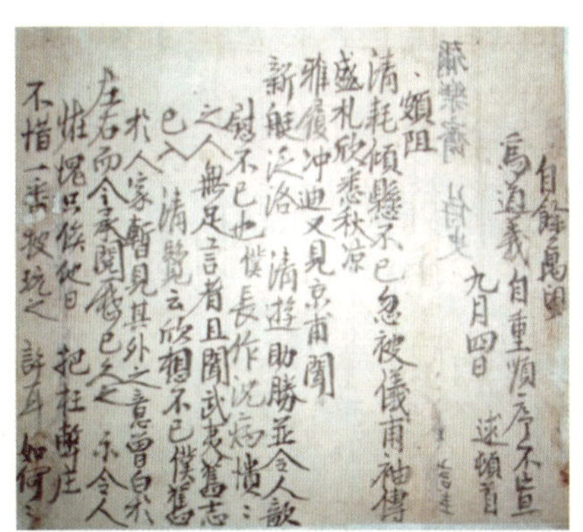
정구 간찰

9) 鄭逑. 『寒岡全書』 상. 「祭南冥曺先生文」. 206상a~207상b.

10) 曺植. 2000. 『南冥集 四種』. 「言行總錄」. 남명학연구원. 421상a. "先生曰學必以自得爲貴. 徒靠冊子上講明義理而無實得者, 終不見受用." 같은 곳, 421하b. "先生嘗謂學者曰爲學要先使知識高明, 如上東岱, 萬品皆低, 然後惟吾所行, 自無不利."

우는 자들을 가르쳤다. 정구가 「제문」에서 지적했듯이 조식은 시문詩文 · 병법兵法 · 의경醫經 · 지리지地理志 등 세상에 응용할 수 있는 학문에 두루 밝았다. 장현광의 '높은 곳(高處)'에 대한 해석은 조식의 이러한 점을 염두에 둔 것이었고, 정구가 닮고자 한 것도 엄격한 경의敬義 공부를 통한 위기지학爲己之學과 식견의 학문이었다고 생각된다.

물론 위기지학과 경의 공부는 이황 역시 중시하였다. 그러나 정구가 이황으로부터 배운 것이라고 명언한 것은 위학爲學의 차제次第와 『심경心經』 공부의 중요성이었다.[11] 이황은 "맨 먼저 『소학小學』으로부터 시작하여 『대학大學』 · 『심경心經』 · 『논어論語』 · 『맹자孟子』 및 주자서朱子書를 가르친 다음 모든 경서經書를 가르쳤다"[12]고 한 것이 정구가 배웠다는 공부의 순서일 것이다. 여기에 더해 이황은 하학상달을 긍정하면서도 본원에 대한 공부를 병행한다는 특징이 있다. "하학상달은 진실로 항상 된 순서이다. 그러나 학자들이 오랫동안 학습하였으나 얻지 못하면 중도에 폐하기 쉬우니 본원本源을 가리켜 보이는 것만 못하다고 하였다."[13] 그래서 "배우는 자는 먼저 체단體段을 알지 않으면 안 된다"고 하고는 『태극도설太極圖說』 · 『서명西

11) 文緯 錄. 『寒岡全書』 하. 「寒岡先生言行錄」. 356하b. "癸亥春, 先生往拜退溪先生, 質以所疑, 李先生語以聖門爲學次第之方, 於是始覺前日所向之未有所定, 而向裏鞭策, 規模日廣, 事業日弘." 「心經發揮序」. 185하b. "…夫皇朝程篁墩爲之附註, 而吾退溪李先生, 最愛此書,…逑之愚陋, 自少讀書, 亦嘗親質於先生矣."

12) 李德弘 錄. 1985. 『退溪全書』 4. 「退溪先生言行通錄」. 성대 대동문화연구원. 31상a.

13) 鄭惟一 錄. 『退溪全書』 4. 「退溪先生言行錄」. 179상a. "又曰下學上達, 固是常序, 然學者習久無得, 則易至中廢, 不如指示本源也. 故先生之接引學者, 頗指示源頭處."

銘』·『역학계몽易學啓蒙』 등의 서적을 많이 가르쳤다. 조식이 이를 듣고 쇄소응대 진퇴지절도 모르면서 입으로 천리天理의 심오함을 지껄인다는 기롱의 말을 전해왔으나, 이황은 편지를 보내 변론하였다.[14)] 세계와 인간에 대한 철학적 원리(本源, 體段)를 절실히 이해하는 것이 윤리적 관심과 실천을 지속하는 좋은 방법이라고 그는 생각하였다. 이것이 고원한 공부처럼 여겨질 수 있으나, 오히려 학문의 목표와 단계를 명확히 제시해 줄 수 있는 체계성을 잘 갖출 수 있는 공부라고 논자는 이해한다.[15)]

논자가 보기에 이황의 영향이 잘 나타나는 것이 정구가 어릴 적부터 퇴계문하에 드나들면서 질의하고 배웠다는 『심경』에 관한 저술이다. 그의 『심경발휘心經發揮』는 「존덕성재명尊德性齋銘」에 대한 정민정程敏政의 부주附註를 완전히 삭제하고는 책 뒤쪽에 「태극도설太

---

14) 金誠一 錄. 「言行錄」. 178하b. "誠一問讀大學於理氣上未達. 先生曰…蓋學者不可不先識體段. 故多敎以太極西銘啓蒙等書, 曺南冥聞之, 乃有手不知灑掃之節而口談天理之奧之譏, 先生貽書辨之."

15) 이황의 이 공부법의 의미에 대해 이견이 있었다. 쇄소응대 진퇴지절도 모르면서 성리를 高談한다는 조식의 비판에 근거하여 이황의 방법은 하학과 상달이 분리된 것으로서, 理와 敬을 매개로 이 둘을 연결시켜야 하는 것이었다면, 조식은 하학을 통해 상달을 도모하는 것이었다는 견해(정순우. 1999. 「남명 공부론에 나타나는 초월과 관여의 두 흐름」. 『남명학연구』 제9집. 경상대 남명학연구소.)와 이황이 『聖學十圖』에서 맨 앞에 「太極圖」와 「西銘圖」를 게시한 것은 도달하여야 할 목표를 제시한 것이고 그가 하학을 통해 상달하는 것임을 부인하지 않았으며, 상달 공부에 대한 분명한 견해를 제시하지 못한 조식이 오히려 하학과 상달이 분리되어 있다는 견해(이광호. 2002. 「남명과 퇴계의 학문관 비교」. 『동방학지』 제118집. 연대 국학연구원.)가 있었다. 논자는 조식의 경우 하학과 상달이 오히려 분리되어 있었다는 이광호 교수의 견해에 동의할 수 없고, 이황은 하학과 상달이 분리되어 있었고 이 간격을 봉합하는 노력이 중요했다는 정순우 교수의 견해에 찬성한다. 단 「태극도」와 「서명도」 등을 『성학십도』 맨 앞에 게시한 것은 추상적 사유를 조장하기 위한 것이 아니라 학문의 출발점과 목표를 분명히 하기 위한 것이었다는 이광호 교수의 견해는 탁견이라고 생각한다.

極圖說」(주돈이周敦頤) · 「정성서定性書」(정호程顥) · 「호학론好學論」(정이程頤) · 「서명西銘」(장재張載) · 「인설仁說」(주희朱熹) 및 정주程朱의 행장을 덧붙이고 있는데, 형이상학적 원리에 대한 공부를 중시한 퇴계학의 영향이다.[16] 하학을 통한 상달을 도모한 방법은 정구 역시 부단히 강조하는 것이지만, 또한 하학인사와 상달천리를 함께 공부하려 한 이황의 방법 역시 그에게 중대한 가치를 지닌다.

정구는 "이황은 덕기德器가 혼후渾厚하고 천리踐履가 독실하며 공부가 순숙純熟하며 단계가 분명하여 배우는 사람들이 쉽게 찾아들어갈 수 있습니다. 조식은 그릇과 국량이 높고 가지런하며(峻整) 재기가 호매豪邁하며 초연히 자득하며 특립독행特立獨行하여 배우는 자들이 요점을 잡기가 어렵습니다"[17]라고 비교하였다. 조식이 접시에 물을 담아 밤새 들고 경敬하는 습성을 배양하고 성성자惺惺子를 패용하여 조신하는 방법을 배우도록 한 것은 처절함이 배어 나오는 자기 변화의 방법이지만 단계성과 체계성을 갖춘 것은 아닌 듯하다. 후학들을 감발하는 바가 컸을 조식의 압도하는 기상과 의리지변의 엄격함은 도학의 소중함을 일깨웠을 것이고,[18] 이에 비해 이황의 학문하는

16) 『心經發揮』가 갖는 자세한 성격에 대해서는 전재강. 1999. 「심경발휘에 나타난 한강 심학의 특성 연구」. 『남명학연구논총』 제7집. 남명학연구원.을 참고.

17) 『寒岡全書』 하. 「(寒岡)年譜」 38세조. 228하a~b.

18) 정인홍은 조식의 역사적 역할을 이렇게 평가하였다. "東國自箕封以來, 文章節行之士, 固相望於世代間. 至於以道學爲己任, 以聖賢自期持者, 絶無而僅有. 至本朝, 靜菴趙先生一蠹鄭先生諸君子出, 唱其道學. 故士家頗知向方, 此東方之行也. 及我南冥曺先生, 奮乎南服. 當己卯斬伐之餘, 士類怵於兇禍, 惟換面改頭之不暇, 獨先生挺然堅立, 不沮不撓, 如貫大冬松柏, 打透名利關, 如千仞翔鳳. 學以敬義直方爲要, 內外交養, 不貳

방법은 전체적인 체계 속에서 단계를 분명히 제시할 수 있는 장점이 있으므로 배우는 사람들에게 용이함을 줄 수 있었던 것이다. 따라서 정구의 학문은 조식의 정신에 이황의 학문적 체계성이 더해짐으로써 형성된 것이라고 볼 수 있다.

2) 규모의 학문과 명체적용

회연초당檜淵草堂을 낙성하고 향우鄕友·문도門徒들과 월삭강회月朔講會를 만든 정구는 「계회입의契會立議」을 지어 유자儒者는 성인聖人이 되고자 하는 뜻을 가져야 한다고 강조하였다. 『성리대전性理大全』에 수록된 노재魯齋 허형許衡(1209~1281)의 말을 보고는 과거공부를 포기하고 위기지학으로 전향한 조식의 분위기가 물씬 풍기는 것이 이 입지론立志論이다. 정구는 "이윤伊尹이 처음에 천하를 책임지겠다는 뜻이 없었다면 들판의 한 농부에 지나지 않았을 것이고, 안연이 처음에 중니仲尼를 사모하는 뜻이 없었다면 어찌 누항陋巷에서 삼 개월 동안 인을 어기지 않을 수 있었겠는가?"라고 하면서

竢死, 一向爲己而不知求. 凡除拜徵召, 亦不肯就, 晩赴徵命, 登對訖, 便還山而歿. 所謂遯世不見是而不悔, 先生有焉. 故士子之稍有志業者, 莫不觀感而興起, 尊仰之如山斗, 仍自拔俗.…"(『來庵集』,「白雲書院圖帖」, 440하a~b.) 19세기의 老柏軒 鄭載圭는 왜 조식을 다시 공부해야 하는지를 다음과 같이 말하였는데, 후학들이 그에게서 감발받은 것이 무엇인지를 잘 요약하고 있다. "愚嘗言今之學者, 當宗師南冥, 人多聽瑩, 然其意則蓋有以也. 不學則已, 學而昧忠信內修之實而長衣樣畵葫之習, 忘心之汗馬之功而尙口角天花之墮. 又資近淳謹者, 率皆低眉闔眼, 做得閨門撿押, 而不能破釜焚楫鼓作大用, 若是而望其有成, 非余攸聞.…欲醫此病, 其惟師法南冥歟, 其惟師法南冥歟.(鄭載圭.『老柏軒集』권5.「答許后山」. 23쪽. 국립중앙도서관 DB.)

견도루(회연서원)

堯舜이 되고자 뜻을 세워야 한다고 하였다.[19] 성인은 천하에 대한 책임을 담당하는 사람으로서 근본적으로 자기 인격완성을 도모해야 한다는 것이 이윤 · 안연론에 내포된 의미이다.

정구의 문집을 검토할 때 가장 먼저 눈에 띄는 특징은 학문 규모의 넓이이다. 장현광은 "선생은 어릴 적에 자기 재주를 넉넉히 여겨 우리 인간은 우주간의 수많은 일(宇宙間許多事)에 자기 책임으로 삼지 말아야 할 것이 없으니, 일의 대소大小 정조精粗와 무관하게 모두 배우지 않으면 안 된다고 여겼다. 산수算數 · 병진兵陣 · 의약醫藥 · 풍수風水 등의 학설에 이르기까지 모두 반드시 그 이치를 궁구하여 알고

19) 鄭逑.『寒岡全書』상.「契會立議」. 169상b~하a.

자 하여 대략을 알았다"[20]고 묘사하였다. 장현광이 애용하기도 한 우주간허다사宇宙間許多事라는 개념은 정구가 성인이 담당할 세상의 모든 일을 탐구의 대상으로 삼았다는 말이고, 이것은 또 다른 제자 모계茅谿 문위文緯(1555~1632)도 인정한 한강학의 특징이다.[21] 『심경발휘』·『수사언인록洙泗言仁錄』·『염락갱장록濂洛羹墻錄』 등의 성리학 저서, 『오선생예설유편五先生禮說分類』 등의 예학 저서, 『역대기년歷代紀年』·『치란제요治亂提要』·『고금인물지古今人物志』 등의 역사 정치서, 『함주지咸州志』를 위시한 정치 지리서, 『의안집방醫眼集方』 등의 의서, 『주자시분류朱子詩分類』·『고문회수古文會粹』 등의 문학서 등이 그의 저술을 대표한다.

그런데 장현광은 우주간의 일을 자기의 임무로 삼았다는 글 앞에 다음과 같이 기록하고 있다. "선생은 명체적용明體適用의 학문으로 스스로 기약하였다. 그러므로 벼슬에 나가면 우리 임금을 요순堯舜으로 만들고 이 세상을 경륜할 수 있다는 것이 그가 세운 뜻이다."[22] 간단히 말하면 지식과 인격을 갖추고 만나는 사물마다 자유자재로 이치에 맞게 대응해 가는 것이 명체적용인데, 정구는 자신만 그런 역량을 갖추고자 한 것이 아니라 군주 역시 그러한 능력을 갖춘 성인 군주(聖

20) 張顯光. 『旅軒全書』 상. 「寒岡鄭先生行狀」. 仁洞張氏南山派宗親會. 243상a.

21) 文緯 錄. 『寒岡全書』 하. 「言行錄」. 357하b~358상a. "先生資稟超群, 穎悟絶倫, 志學以來, 勤劬刻苦, 於書無所不獨, 於行無所不力, 於事無所不習, 於藝無所不究, 至於天文地理醫方, 亦皆講而通之, 冠婚之儀 · 喪祭之制, 莫不精求而講明, 以爲天地間道理, 非吾儒以爲事業, 更誰擔當."

22) 張顯光. 『旅軒全書』 상. 「寒岡鄭先生行狀」. 242하b.

君)로 만들고자 했다는 것이다.

정구의 학문은 다양하지만 잡스러운 박학이 아니라, 본체를 밝혀서 작용을 통달하게 한다는 목표에 의해 하나로 통일되는 것이었다. 특히 그의 명체적용은 의리지변義利之辨을 철저히 하고, 무엇보다 신독愼獨의 공부를 바탕으로 하는 것이었다.[23] 명체는 작용의 근본이 되는 본심을 밝힌다는 말이다. 적용은 그 본심의 작용이 의리 또는 도道에 부합하게 발휘되도록 하는 것이니, 하는 일마다 중용의 도에 맞는 활동을 자유자재로 한다는 말이다. 그의 학문은 도학道學이고, 도학의 목적과 기준에 따라 세상의 모든 일을 포괄하고 처리하는 적용학適用學 또는 치용학致用學이다. 그의 학문의 중심에는 도학이 있다.

이와 같은 명체적용의 학문을 정구는 여러 스승으로부터 배웠다. 사림파의 학자들은 이 명체적용의 학문을 성취하기 위한 조건으로 『소학』 실천을 들었다. 여기서 그의 외증조부인 한훤당寒暄堂 김굉필金宏弼(1454~1504)의 역할을 간과할 수 없다. 장현광은 김굉필 "선생은 강유剛柔의 기질을 겸비하였고, 건순健順의 덕성을 겸비하였으며, 자기 몸가짐을 경敬으로써 하였고, 마음 보존을 성誠으로써 하였으며, 강구講究함이 이미 정밀하고 함양함이 이미 도타워서, 확연하나 막히지 않고 두루 통하였으나 본질에서 벗어나 흘러가지 않았으니, 이것은 과연 우리 유학의 의리의 학문이며 중정中正의 도이자 염락의 여러 현인들이 수사洙泗에 거슬러 올라가 잇고자 한 것이

23) 張顯光.『旅軒全書』상.「寒岡鄭先生行狀」. 231상a.

었다"[24)]라고 평가하였다. 명체적용의 인격을 갖춘 인물이 김굉필이라는 것이다. 그 학문이 조광조趙光祖, 이언적李彦迪, 이황을 거쳐 정구에게 전해짐으로써, "정구는 실로 김굉필 선생의 뜻과 학문을 계술繼述함이 있으니, 바탕의 아름다움이 더욱 더해져서 빛나는 것이 많았다"[25)]고 하였다.

그렇다면 그의 학문은 사림파를 거치면서 성숙해진, 심성 함양의 공부를 바탕으로 사물에 대한 도덕적 달용達用을 추구하는 도학의 전통 위에 서 있다. 유학은 본래 전근대적인 학문들이 그렇듯이 통합의 학문이고 이것을 감당할 수 있는 학자를 통유通儒라고 한다. 그러나 시대적인 과제에 따라, 당대 학문의 수준에 따라, 특정한 분야에 관심을 기울이는 학자들이 대부분이다. 조선 중기까지의 주자학에 대한 이해의 수준은 생각보다 높지 않았다고 보이며, 성리설, 경세학, 문학, 사학, 예학, 경학 등의 분과학에 주력한 학자들이 대부분이었다. 이황과 조식은 이런 학문들에 대한 이해를 심화하면서 체계적인 통합의 바탕을 놓은 학자들이었다. 하지만 그것이 성과로 드러나기 위해서는 시간이 필요했다. 인조반정 이후 미미해지는 남명학파는 말할 것도 없고 퇴계학파의 학자들도 주로 위기지학이라는 이름하에 자기 수양 또는 경세에 관심이 한정되어 있었다. 택당澤堂 이식李植(1584~

---

24) 張顯光. 『旅軒全書』 상. 「寒暄堂金先生神道碑銘」. 211하a. 金馹孫이 그의 친구 鄭汝昌을 명체달용의 선비로 소개함을 보면 이것에의 지향은 金宗直 문하에서 널리 받아들여진 것이라고 보인다. 金馹孫. 1993. 「辭檢閱薦鄭汝昌疏」. 『濯纓集』. 한국문집총간본 민족문화추진회. 297하b~298상a.

25) 張顯光. 『旅軒全書』 상. 「寒暄堂金先生神道碑銘」. 212상b.

1627)은 당시 영남학계의 정황을 이렇게 증언하였다.

> 영남은 퇴계와 남명의 문맥門脈이 자못 이채로웠다. 서애西厓 유성룡柳成龍, 학봉鶴峰 김성일金誠一, 백담栢潭 구봉령具鳳齡은 가장 이름이 있었으나 사환하느라고 출입하여 다시 강학하지 않았다. 덕계德溪 오건吳健은 학행이 가장 높았고 두 선생의 문하에서 공부하였으나 일찍이 세상을 떠나 전하는 것이 없다. 월천月川 조목趙穆은 한가로이 물러나 늙도록 장수하였으나 선비들이 마음이 붙지 않아 또한 제자가 없다. 남명의 고제로 한강 정구와 동강 김우옹이 최고인데, 이름값이 모두 정인홍에 미치지 못했다.… (정인홍의) 문도들은 모두 법망에 빠졌다. 이로 말미암아 영남의 하도에도 또한 학자가 없었다. 오직 한강이 완인完人이며, 여헌은 그의 높은 제자였다. 여헌이 사망한 후, 또한 전술傳述하는 제자가 없어 영남의 학문은 여기에 그쳤다.[26)]

이 글의 문맥으로 볼 때 완인이란 선인善人이라는 뜻 외에도 학자의 조건 중 가장 중요한 학문 연구와 후학 양성을 함께 이루어낸 인물이라는 의미로 받아들여진다. 이 같은 정구의 성취는 하나의 획기적인 사건이라고 논자는 생각한다. 그는 예학자이자, 지방지의 편찬에까지 관심을 둔 경세가였으며, 사학자였고, 또한 심학과 성리학에 조예를 가진 철학자였다. 그것은 위기지학의 바탕 위에 이황 · 조식을 통해 배운 심학 및 이학理學을 더하고 또한 식견의 학문을 결합해낸 통합 학문이었다.

장현광이 이런 정구의 학문을 '우주간의 허다 사업'을 대상으로 삼

---

26) 李植.『澤堂集』.「示兒代筆」. 민족문화추진회. 523상a.

았고, '명체적용의 학문'을 지향하였다고 평가하는 것은 주목할 만한 가치가 있다고 생각된다. 사람은 자기 관점 또는 관심에서 대상을 관찰한다. 장현광이 자기의 관심 사항이기도 하였던 이 말들을 정구의 일생을 평가하는 「행장」에서 사용한 것은 자신과 정구의 학문적 관심이 일치했다는 기쁨의 표현이라고 논자는 판단한다. 이들이 비록 사승의식은 없었다고 하더라도 동일한 의식을 공유하고 있었다는 증거이다.

3. 장현광의 우주사업

1) 우주사업과 역학

정구가 우주간의 모든 일을 유학자의 직분으로 삼고 연구하였다고 하더라도, 그의 학문적 업적 대부분은 편집의 단계에 머물러 있다. 이것을 현대 학문의 번역 편집 단계, 즉 관심이 가는 분야에 관한 선진적인 업적들을 수집하여 번역하고 편집하는 단계에 비정할 수 있다. 이것을 한 단계 더 발전시켜 자신의 목소리로 체계적 학문의 수립을 이루어낸 이가 장현광이다. 학문 규모가 방대한 통유의 모습은 장현광에서 압도적으로 나타난다. 그가 도학자道學者로서 삶의 지표로 삼은 말이 '우주 사업'이다. 18살에 작성했다는 「우주요괄첩宇宙要括帖」은 "천지 사이에 태어났으면 마땅히 우주간의 사업으로써 자기 임무를 삼아야 하며, 신변과 안전의 일로 자기를 제한할 수 없고, 또한 일일一日 일년一年 일세一世로 한정지을 수 없다"[27]고 선언하였다. 그의 글 여러 곳에서 산견되는 성인聖人에 대한 꿈과 이 우주 사업은 불가분의 관계에 있다.

그의 우주는 시간과 공간이며, 시공을 가득 채우고 있는 것은 사물事物이다. 모든 물은 신체(形)와 마음(心)으로 구성되어 있고, 마음에는 성분性分이, 신체에는 직분職分이 천부적으로 정해진 분수分數로 부여되어 있다.[28] 성분으로부터 도덕道德이 나오고, 직분으로부터 사업事業이 나온다. 성분과 직분 사이에는 심과 신의 구분이 있으니, 마음의 성분은 신체 기관의 직분 수행을 통해 실현되어 간다. 성분과 직분에서 나온 도덕과 사업도 마찬가지 관점에서 이해할 수 있으므로, 우주 사업은 존재하는 모든 물이 가지고 있는 정해진 분수에서 비롯되는 도덕적 사업이 있음을 뜻한다.[29] 모든 물들이 가지고 있는 '쓸모' 즉 용用이 물이 지닌 사업의 실내용이다.[30]

---

27) 張顯光. 『旅軒全書』 上. 「宇宙要括帖」. 346상a. 우주사업에 대한 자세한 논의는 김낙진. 2000. 「張顯光의 易學과 세계 이해」. 『퇴계학보』 제105집. 서울: 퇴계학연구원. 참조.

28) 張顯光. 『旅軒全書』 상. 「明分」. 122하a. "萬物生於天地之間, 莫不有所定之分焉. 分者隨其所稟之形氣而道理有界限也." 이런 차별성은 理氣 유행의 分數에서 생긴다.(張顯光. 『旅軒全書』 下. 「宇宙說」. 186상a.)

29) 張顯光. 『旅軒全書』 하. 「分合篇」. '道德事業分合' . 170상b~하a. "自其性分而言之曰道德, 自其職分而言之曰事業.…但道德者, 本於性分而在於心焉. 形而上故爲無跡也. 事業者本於職分而在於身焉. 形而下故爲有跡也."

30) 張顯光. 『旅軒全書』 하. 「明分」. 122하a~123상a. "草則爲蔬菜爲藥用爲百獸之食者, 其分也. 木則爲林藪爲薪柴爲百果爲宮室器械之材者, 其分也. 禽獸之爲馴畜爲犧牲爲皮毛骨角之用者, 其分也. 昆蟲魚鼈之皆得爲凡需者, 其分也. 至於金鐵玉石, 莫不爲當用之資者, 其分也. 其餘萬類中爲無用之物者, 亦無數焉, 而竝在造化之中, 以備品彙之數, 猶皆爲用物之助焉, 則豈非各受之分哉.…"

그는 물 가운데에서도 인간의 위치가 특별하다고 주장한다. 인간은 사물들 전부를 이해하고 사용할 수 있는 능력이 있으며, 그래서 만물의 영장이라고 말한다.[31] 물들의 자연적인 성질을 올바로 활용하는 것이야말로 '물을 마땅히 머물 곳에 머물게 하는 것'임을 확신하며, 그것이 인간의 직분이라고 한다.[32] 이를 위해서는 물들의 자연적 성질을 연구하고 물들을 적절히 활용함으로써 자기 자리를 찾도록(得其所)하는 능력이 있어야 하거니와 이것이 인간의 '우주 사업'이다. 이 우주 사업은 당연히 사물 모두에 관한 지식을 요구한다. "우리 인간은 우주 내의 모든 일을 자기의 책임으로 여기니 천지의 사이에 존재하는 것은 그 일의 크고 작음, 정밀하고 조잡함에 관계없이 모두 마땅히 알아야 한다."[33]

물론 이것은 잡다하게 안다는 것을 뜻하지 않는다. 그는 이 지식들을 하나의 틀 속에 체계적으로 묶기를 희망한다. 그에게 세계를 하나의 체계로 엮어주는 학문이 있고, 역학易學이 그것이다. 피난길에서도 『역』을 손에서 놓지 않았다는 그에게 『역』은 무엇보다도 우주와 사물 전체를 통일적으로 해명해 주는 지식을 싣고 있었다. 그는 "역은 천지天地이다"라는 선언적인 말로 『역학도설易學圖說』을 시작하고는 "천지라고 하면 만변萬變 · 만화萬化 · 만사萬事 · 만물萬物이 그 가운데에 들어 있다"[34]고 설명한다. '우주' 또는 '사물'이 천지와 동

31) 張顯光. 『旅軒全書』 하. 「宇宙說」. 187상a.
32) 張顯光. 『旅軒全書』 하. 「明分」. 122하b.
33) 張顯光. 『旅軒全書』 하. 「宇宙說」. 194상b.

일한 개념이다. 그러므로 '역이 천지'라는 말은, 『역』은 존재하는 모든 사물의 이치를 총체적으로 수용하고 있다는 의미를 담고 있다.[35)]

이 세계 이해는 무엇보다도 이치에 맞는 삶을 살고자 하는 목적을 위해 필요하다. 도리를 알고 실천한다는 목표를 실현하기 위해서는 역학에 의한 세계의 이해가 필수적이다.[36)] 달리 말하면 불변하는 도리를 찾고 그것의 시간 공간적 변용으로서의 적용을 도모함으로써 도를 실천하는 것이 역학이다.[37)] 주지하듯이 역의 본래 의미는 변화이다. 시간의 흐름에 따라 이것이 저것으로 변한다는 추이 현상은 물론, 다양한 사물들의 서로 다른 존재 현상도 변화의 일종이다. 이 변화의 가운데에 불변적인 것이 있으므로, 불변적 도리와 그것의 변화현상을 찾는 것이 역 철학이며, 적용을 통해 고유상행固有常行하는 이치를 자유자재로 실천하는 것이 장현광이 추구하는 목표였다.

이 고유 상행성과 변화성을 실천적 개념으로 바꾸어 놓은 것이 경권經權이다. 경이 불변의 상도常道라면, 때에 따라서 저앙低昂을 달리하고 일에 따라서 경중을 달리하여 어느 때 어느 일이라도 리에 순응하지 않음이 없게 하고 의義에 적합하지 않음이 없게 하는 것이 권

---

34) 張顯光. 『旅軒全書』 하. 「易學圖說序」. 197하a.

35) 『역』은 象數를 사용하여 만물의 이치를 담아내고, 만사 · 만물의 변화는 64괘, 384효에 다 담겨 있다고 한다. 張顯光. 『旅軒全書』 하. 「易卦總說」. 18하a. "…其.爲位, 滿六以受晝, 其爲卦六十四, 其爲爻三百八十四, 而萬事萬物之變於是乎可以盡之矣."

36) 張顯光. 위의 글. 32하a. "三才之所以爲三才者, 道也, 道也者, 三才而盡三才之理者是也.…而其所以知得此道 · 行得此道, 將何術可以能之哉? 此不過曰用易而已. 此乃古之神聖, 不得不作易以傳於萬世者也."

37) 張顯光. 위의 글. 28하b. "經之名必以易者, 皆道須有變易, 然後功用成焉, 事業立焉."

權이다. 권은 경의 시공간적 변용일 뿐이므로 경과 권은 일도一道라고 한다.[38] 이렇게 도의 상과 변을 찾아 실천하는 것이 중용이므로 그의 학문의 중심부에는 『주역』과 『중용』의 정신이 자리 잡고 있다.[39] 하지만 『중용』의 정신마저 역 철학의 구도 속에 용해시키는 사람이 장현광이므로, 그의 학문에서 가장 중요한 지위를 갖는 것은 『주역』 철학이다. 명체적용의 이상을 보지한 채로, 우주로까지 관심의 범위를 확장하면서, 인간의 인지와 덕성을 연마한다는 위기지학을 지향하고, 인간의 당위적 행위를 우주 차원에서 해명하는 이가 장현광이다.

2) 이기론에 대한 탐구

흔히 조식과 비교하여 이황은 이기론에 탐닉한 비현실적인 학풍을 가졌다고 말해진다. 그러나 따지고 보면 이황의 저술에서 이기론에 관련된 글이 차지하는 비중은 그리 크지 않으며, 그의 직계 제자들도 이 점에서 다르지 않다. 그들의 학문은 주로 위기를 위한 수양에 집중되어 있다. 장현광이 활동하던 때까지 특정한 이기설의 입장이 한 학파에서의 정통을 보증하는 의미를 지니고 유행한 것도 아니었다. 이러한 때에 장현광은 독보적으로 이기론을 전개한다. 그의 성리 학설

---

38) 張顯光. 『旅軒全書』 상. 「學部名目會通旨訣」. 112하a. "守常曰經, 通變曰權, 此則隨時低昂, 因事輕重, 而無非所以順於理適於義. 故曰經權一道也."

39) 그의 중용의 정신에 대해서는 장숙필. 2006. 「여헌 장현광의 중용철학」. 『여헌장현광의 학문세계2: 자연과 인간』. 예문서원.을 참조.

에 관련된 주요 저술이 완성되는 시기를 차례대로 보면 58세(1608)의 「역학도설」, 68세(1621)의 「경위설經緯說」, 76세(1629)의 「고봉선생집발高峰先生集跋」, 77세(1630)의 「역괘총설易卦總說」과 「구설究說」, 79세(1632)의 「태극설太極說」의 순이다.

〈성리설〉 표지(장현광 저)

이에 비해 영남의 퇴계학자들이 단편적인 기술을 넘어 이기설에 관한 업적을 본격적으로 내놓기 시작하는 것은 활재活齋 이구李榘(1613~1654)의 때부터이다. 이이李珥(1536~1584)와 성혼成渾(1535~1598)의 문묘 종사를 청한 효종孝宗 원년(1650)의 상소에서 영남 유생 신석형申碩亨 등이 장현광의 이기론이 이황의 학설과 다르고 이이의 것에 부합한다고 주장하자,[40] 유직柳稷(1602~1662)을 소두로 한 영남 연명상소가 있었는데 실제 작성자는 이구였다. 그의 「변론이기서辯論理氣書」와 「성리설의록性理說疑錄」이 집필된 정확한 시기 알 수 없으나 1650년 전후하여 쓴 것으로 추측되고, 류원지柳元之(1598~1678)의 「이기설理氣說」(1670)이 그 뒤를 잇는다. 또한 이기 사칠론이 퇴계학파 학문의 본령으로 자리 잡기 시작한 것

40) 『조선왕조실록』, 효종 1년 5월 1일 癸丑. 경상도의 進士 申碩亨 등 40여 인의 상소 참고. 이것 이전에도 인조 13년(1635) 이이의 이기설이 이황과 다르다는 상소가 있었으나 이때는 본격적으로 논의하지 않았다.

은 갈암葛庵 이현일李玄逸(1627~1704)의 『율곡이씨사단칠정서변栗谷李氏四端七情書辨』(1688)과 우담愚潭 정시한丁時翰(1625~1707)의 『사칠변증四七辨證』(1696)이 있고난 이후의 일로서, 이때부터 이기론은 특정한 학파의 적통임을 증거 하는 이론으로 자리 잡았다. 이황과 기대승奇大升(1527~1572), 이이와 성혼 이후 1650년대 이전까지 본격적으로 이기론을 논한 유일한 학자가 장현광이었고, 1650년대가 되어서야 장현광의 이기론은 퇴계학자들의 비판대상이 된다.

장현광의 이기론이 지닌 성격에 대해서는 이견이 많이 있다. 우선 그가 이황의 호발론互發論에 대해서 비판의식을 가지고 있었음은 부인할 수 없다. "단지 기氣로써 리에 상대하여 말하고 병렬하여 거론하면, 후학들은 또한 이른바 기라는 것이 리의 밖에서 별도로 운행하여 절로 이종一種이 된다고 여길 것이다. 이것은 또한 이기의 실제를 제대로 아는 것이 아니며 또한 정주의 본의를 능히 알 수 있는 것도 아니다. 이것이 내가 경위經緯의 설을 주장한 까닭이다"[41]라고 한 것은 퇴계설에 대한 비판으로서, 기대승 및 이이와 문제의식을 같이 하고 있음을 알려준다.

그러나 그는 이이의 기발일도설氣發一途說을 선택하지 않는다. 본성(理)의 본원적인 발출(理發 또는 性發)을 긍정하면서도, 그보다는 용사用事하는 기질의 역할에 주목하고 변화기질變化氣質을 강력하

41) 張顯光. 『旅軒全書』 하. 「經緯說總論」. 118하b.

게 요구하고자 기발일도설을 제시한 이이와 비교하면, 이발일도설理發一途說을 주장한 장현광은 생각이 달랐다. 논자는 그의 이론이 기대승의 것에 가장 가깝다고 여긴다. 흔히 기대승은 이이에 비견되어 주기론主氣論으로 규정하는 경우가 많으나, 실제로는 이발일도론자理發一途論者이다.[42] 조찬한趙纘韓(1572~1631)의 위촉으로 기대승의 문집에 발문을 쓰기도 한 사람이 장현광인데, 근본적으로 의식의 상통함이 있었기 때문이라고 추측한다.

그렇다면 장현광은 이발일도론을 통해 무엇을 말하고자 하였는가? 장현광은 도의 체용體用을 분석하기 위하여 이기라는 개념이 필요했다고 말하였다. 도라는 글자만으로 체와 용을 모두 설명할 수 없어 리라는 글자와 기라는 글자가 필요했다는 것이다. 도의 본체가 리라면 도의 작용은 기이다.[43] 체용은 본체와 작용을 의미하는 철학적 개념이지만, 쉽게 말하면 불변하는 도의 선험적 본체는 리이고, 변화하면서 리를 실현하는 매개체는 기라는 말이다. 이에 장현광의 이기를 경위라는 개념으로 환치되는데, 이 말들을 선호함에서 그가 이기론에서 가장 중시하는 점이 무엇인가를 가늠해 볼 수 있다.[44]

---

42) 高橋 亨으로부터 시작하여 고려대학교 아세아문제연구소에서 펴낸 『고봉사상연구』(1973)에 실린 대부분의 글들은 기대승의 이기론을 주기론으로 이해하고 있다. 이에 반해 理發一途論으로 해석한 글로는 김낙진. 2008.「主理論으로 읽어본 奇大升의 四端七情論」.『퇴계학보』 제124집. 퇴계학연구원이 있다.

43) 張顯光.『旅軒全書』 하.「經緯說」. 76상b. "理爲道之理, 氣爲道之氣, 而不可以一道字而明其體用之妙, 故又必以理字氣字而分其名."

44) 張顯光.『旅軒全書』 하.「經緯說總論」. 109하b~110상a. 장현광은 本末 · 體用 등과 비교하여 經緯가 훨씬 낫다고 주장한다.

경과 위는 상일常一과 변화變化라는 의미를 가진다. 리는 항상되고 하나라는 것 즉 불변자임이 경이라면, 기의 특성인 다양한 차이(不齊)를 설명하는 개념이 위이다. 차이는 기의 운동에 의하여 있게 되고 또 나타나는 것이므로 변화는 차이와 운동의 뜻을 함께 함축한다.[45] 상일한 리는 추뉴樞紐·근저根柢·두로頭顱 등의 역할을 한다. 주主 또는 주재主宰라는 말도 동일한 의미로 사용된다.[46] 이 리는 어떠한 시간과 공간 및 사물 속에서도 항상 동일하며, 그 동일한 리가 변화하는 가운데에서도 불변하는 일정성을 지닌 세계를 주재해 낸다. 물론 그 역시 사물에서 다양한 원리가 발견됨을 인정한다. 그러나 그것들은 일리가 구체적 시간과 공간 및 사물에서 변용된 것이므로 그것들은 일리로 환원될 수 있다.

이에 비해 기는 상일한 리가 사물을 만들기 위한 도구이다.[47] 리가 차이—그의 표현대로 하면 부제不齊 또는 부동不同—의 세계를 만들기 위하여 필요한 것이 차별적인 기들이다. "리 가운데의 공용사업功用事業은 진실로 마땅히 다양(許多)한 기가 있은 연후에 영출營出한다."[48] 기는 기본적으로 상반된 두 요소(즉 陰陽)로 분석되며, 이 둘의 분리 및 상호 작용에 의하여 허다하게 다양한 기가 성립하고, 이런

45) 장현광이 경위론에서 변화를 말할 때, 무엇보다도 가지런하지 않음(不齊)=차이라는 의미가 강하다. 그에 비하여 '작위한다'거나 '바뀐다'는 의미에서의 변화는 부차적이다.

46) 張顯光.『旅軒全書』하.「太極說」. 44상b.「경위설」. 90하a. "主宰者爲根柢樞紐之謂也."

47) 張顯光.『旅軒全書』하.「經緯說」. 76하b. "…經以緯而致用, 緯從經而成布."「우주설」, 180상a~b. "氣卽爲造物之資, 故曰氣也." 또「태극설」. 49상b. "氣者, 理之輔佐也."

48) 張顯光.『旅軒全書』하.「經緯說總論」. 118상a.

기들이 있음으로써 다양한 물이 존재한다. 이 물들은 상일성과 차이성을 함께 내포한 성분을 가지고 있으면서 그에 따라 직분으로서의 도를 실현한다. 이렇게 보면 장현광은 이기론을 활용하여 도의 고정성과 변용성을 설명한다. 그가 『주역』과 『중용』의 철학에서 펼쳐보였던 경권의 논리에 상응하는 존재 이해가 이기론이며, 이기론은 역용易庸 철학을 형이상학적인 범주개념으로 해석한 최상의 학문이다.

이기를 종합하여 볼 때는 도라고 할 수 있고, 그것을 체용본말體用本末로 분석할 때 이기라는 개념이 필요하다고 보는 그는 이기를 합하여 보는 방식을 더욱 중시한다.[49] 이기를 분리하는 데 주력하는 사람들이라면 회피하는 이기를 일치시하는 것 같은 위험한 표현을 여러 곳에서 사용하기도 한다. "이것은 리이고 저 것은 기라고 경계를 나눌 수 없다"하여 이기를 혼성混成의 일물一物처럼 말하는 것이다.[50] 이 같은 그의 발언은 퇴계학자들의 비판을 받는다. 이현일은 사단이나 도심의 발용마저도 기로 해명하고, 심신을 거쳐 도가 실현된다고 보는 장현광의 이론이 '기를 리로 오해하는 것'이라고 비판한 바 있다.[51] 퇴계학을 존중하는 이현일의 입장에서 본다면 이경기위理經氣緯나 이체기용理體氣用을 주장하는 장현광의 이론은 인기위리認氣爲理의 오류를 범하고 있다.

---

49) 張顯光. 위의 글. 109하a.

50) 張顯光. 위의 글. 112하a. "然則天地萬物 皆氣中之物也, 而氣則理中氣也. 故不必分解於此理彼氣之界, 而止就理氣之混成一物者…" 이외에도 "又曰氣之未形未器之謂理, 理之爲形爲器之謂氣."(114상a) 또는 "主氣者理也, 理發者氣也."(116상b)라 한다.

51) 李玄逸. 『葛庵全書』 상. 「愁州管見錄」. 여강출판사 364상a~365하b를 참조.

그러나 장현광을 이해하고자 한다면 그는 이현일(나아가서는 이황)과 이기를 논의하는 지점이 다르다. 이황과 이현일의 상대설相對說이 작용이 일어나는 기미幾微 위에서 선과 악을 구분하고자 하는 횡간법橫看法의 의도가 강하다면, 그는 도의 본래 면모를 설명하는 근본의 관점, 즉 수간법竪看法에 해당하는 관점을 소중히 여긴다. 이발만을 인정하여 리가 기를 주재하는 본원적인 도의 현상을 드러내 보이고자 한 것이다. 이기 선악의 구분 문제를 처리함에서도 이 점은 분명히 드러난다. 기대승은 이발일도를 주장하면서 이기를 엄격히 구분하며 일물시一物視의 문제를 피한다. 그러나 장현광에게는 그런 측면이 약하다. 리 일원론 또는 이기일원론에 충실하였던 그는 이기 선악을 상대시키기보다는 기의 사변설四變說로써 선악의 문제를 해결한다. 그는 기의 최초의 상태는 악이라고 생각하지 않으며, 그것이 일정한 정도로 중첩이 이루어진 후에 악을 발생시키는 기가 된다고 본다.[52] 이황의 호발론이 선악을 횡으로 상대(橫看)시켰다면, 그는 선악을 종으로 상대시킨다. 그는 무엇보다 도의 본원성 즉 도의 본체와 본질적인 변용을 강조하는 학자이다.

---

52) 張顯光.「太極說」. 49상b~하b. "理旣有矣, 不可徒自爲理而已, 必有以發出於大用, 然後乃得其爲理之實矣. 故斯爲之氣, 卽一變也. 斯爲之才, 卽二變也. 斯爲之道, 卽三變也. 斯爲之德, 卽四變也.…而及其爲四變也, 氣不能無淸濁厚薄, 才不能無優劣, 道不能無正邪, 德不能無吉凶." 장현광의 선악 설명에 구체적인 이해는 김낙진. 2001.「장현광의 理일원론과 선악의 문제」.『남명학연구』제10집. 경상대 남명학연구소. 참고.

4. 여헌 문도들의 경향

장현광이 활동하던 당시의 영남에서는 정구가 정몽주-김굉필-조광조-이언적-이황으로 이어지는 학통을 계승하였다는 인식이 받아들여졌던 듯하다.[53] 이들이 사제 관계에 있지 않아 학문을 실제적으로 계승한 것은 아닐지라도 영남의 후인들이 닮고자 한 선배 학자들의 계통이 있음을 밝힌 것이 이 학통관이다. 장현광은 그 스스로 정구의 말년에 급문하여 많은 것을 배우지 못하였음을 고백하였지만,[54] 이 학통에 대한 경외감을 고려하면 자신이 이 학통의 일원이 되고자 희망하였을 것이라고 짐작된다.

그러나 정구 이후의 공식적인 학통은 허목을 매개로 근기남인에게 넘겨졌다. 숙종의 명령에 의해 작성된 『회연급문록會淵及門錄』은 처음에 장현광을 수제자로 올렸다가, 숙종에 의해 거부당하고 허목을 수제자로 상정하였다. 이후 근기남인들은 김성일과 유성룡을 계승하려한 영남의 퇴계학통과 구분하여 '이황-정구-허목-이익李瀷-안정복安鼎福-황덕길黃德吉-허전許傳'으로 이어지는 학통을 주장한다. 하지만 이와 달리 영남에서도 정구의 학문을 계승하는 사람들이 있었고, 이들은 회연서원을 중심으로 한강학파의 확산을 도모했다. 그리고 그들 중에는 정구와 장현광의 재세 시절 양 문하를 동시에 출

53) 張顯光. 『旅軒全書』 하. 「寒暄堂金先生神道碑銘」. 211하a~b.
54) 張顯光. 『旅軒全書』 하. 「寒岡鄭先生行狀」. 244상b~하a.

동락서원 전경(여헌 장현광 주향, 경북 구미 소재)

입한 이들이 많았으므로, 정구가 사망한 후에는 가장 걸출한 유종儒宗이었던 장현광의 문하로 흡수되었다.[55)]

이들은 자기들의 학단이 이언적과 이황을 중심인물로 삼는 영남학계의 일부로 좌정할 것인가, 아니면 별개의 학통으로 자부할 것인가에 대하여 복잡한 고민이 있었던 것 같다. 장현광의 학통에 대해서는 몇 가지 다른 인식이 있었다. 장현광을 제사한 제문을 분석한 김학수 박사는 네 가지의 견해로 이것을 정리하였다. 첫째 오현계승론五賢繼承論(포은연원록圃隱淵源論), 둘째 회퇴계승론晦退繼承論, 셋째 한려계승론寒旅繼承論(한려병칭론寒旅竝稱論 포함), 넷째 불유사승론不由師承論이 그것이다. 첫째에서부터 셋째까지는 약간의 차이는 있다고

55) 김학수. 2009.「여헌학파의 형성과 전개」.『여헌 장현광 연구』. 태학사. 179~180쪽.

할지라도, 조선 유학의 도통, 좁게는 영남의 퇴계학통에 장현광을 연결시키고자 하는 의도를 가지고 있는데, 장현광이 정몽주 · 이언적 · 이황을 매우 존경하였다는 사실과 밀접한 관련이 있다고 보인다.[56)]

이 네 관점 중 가장 눈에 띄는 것은 마지막의 불유사승론이다. 장현광의 학통을 공자로 바로 연결시키는 이 견해는 장현광의 핵심 문인들에 의해 제기되었다. 이들이 이황이나 조식을 폄하하였던 것은 아니라고 보인다. 간송澗松 조임도趙任道(1585~1664)의 경우를 보면, 그는 조식의 인품과 식견이 쓰이지 못함을 안타깝게 생각하였고, 이황에게 직접 배우지 못하였지만 책을 보고 사숙할 수 있음을 다행으로 여겼다.[57)] 단 그는 장현광과 선배학자들이 직접적인 학문전수의 관계에 있지 않았다는 사실을 중시하면서 스승이 공자와 같은 성인이 되고자 목표하였음을 밝히고 있다.

이 중 가장 강경하였던 남파南坡 장학張斅(1614~1669)은 장현광의 타고난 기운, 얻은 바의 리, 지킨 바의 도는 복희伏羲 · 신농神農 · 황제黃帝 · 요 · 순 · 우禹 · 탕湯 · 문文 · 부武 · 주공周公 · 공자의 것이라고 하여 자기 스승을 공자에 바로 연결시키면서, 장현광을 성인으로 추앙한다.[58)] 그는 오현계승론도 부정한다. 그에 의하면 장현광

56) 김학수. 위의 글. 113쪽~117쪽.

57) 허권수. 2001. 「남명 · 퇴계 양학파의 융화를 위해 노력한 간송 조임도」. 『남명학연구』 제11집. 경상대학교 남명학연구소. 373~383쪽.

58) 張斅. 『南坡先生文集』 乾. 「祭旅軒先生文」. 국립중앙도서관 원문 DB. 123~126쪽. 장학의 생애와 학문에 대한 개괄적인 이해를 위해서는 박학래. 2009. 「南坡 張斅의 生涯와 學問 活動」. 『동양고전연구』 제33집. 동양고전학회. 참고.

은 "삼황오제三皇五帝는 사모하고, 주공으로부터 당우唐虞까지는 모범으로 삼고, 주공으로부터 공자까지는 스승으로 삼았으며, 안자顔子 · 증자曾子 · 자사子思 · 맹자孟子는 벗으로 삼았으며, 송대 성리학자들은 신교神交한 사람이다." 이에 비해 조선의 오현은 사표로 삼을 만한 도학자이긴 하지만, "혹 존모하는 마음은 있었을지 몰라도 사승과 전습의 일은 있다고 듣지 못하였는데, 우리 선생님을 모르는 자들이 선생님이 아무개를 사승하였고, 아무개를 전습했다"고 하는[59] 잘못을 범하고 있다고 불만을 표출하였다.

그는 무엇보다 장현광의 역학적 성취를 가장 높이 평가한다. "오호! 무극無極이면서 태극太極이고, 태극이면서 양의兩儀이고, 양의이면

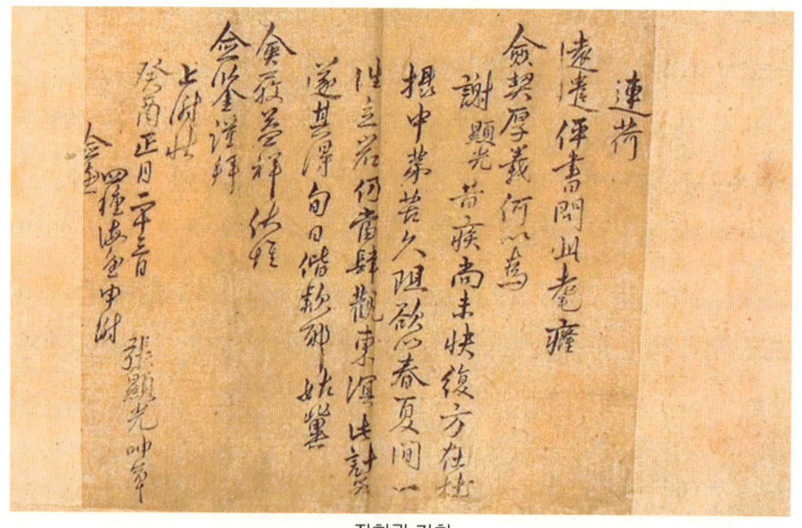

장현광 간찰

59) 張㬿. 위의 글. 126~127쪽.

서 사상四象이고, 사상이면서 팔괘八卦이다. 길흉吉凶이 소장消長하고, 진퇴進退가 존망存亡하니, 능히 그 이치를 알아 미루어 나가고, 지극한 경지까지 미루어 나가서 자기 한 몸에 체험함에 이른 사람은 복희 · 문왕 · 주공 · 공자 이후에 우리 선생님이 네 번째에 이어 다섯 번째이구나!"[60]라고 함을 보면, 장학은 장현광 학문의 정수를 역학에서 찾았고, 스승의 역학적 성취를 근거로 공자 계승론을 주장하였다. 이런 견해에 따르면 장현광은 사승 없이도 공자와 같은 성인의 반열에 든 사람이며, 따라서 자신들의 학파는 영남의 선배학자들과도 큰 관련이 없는 별개의 학파이다.

여헌 문도들이 역학에 대한 관심이 많았음을 추정할 수 있는 단서는 그 이외에도 여러 사람에게서 발견된다. 구암龜巖 김경장金慶長(1597~1653)은 장현광이 사망하기 1년 전인 1636년 『역학도설』을 보게 된다. 장현광은 김경장에게 "이 책은 나의 평생 정력을 기울인 곳이나, 아직 연구를 다하지 못했다. 옛날에 정이천程伊川이 『역전易傳』을 지었는데 70이 되어서야 나왔다. 지금 나는 80이 되었는데도 아직 완성하지 못하였으니 이것이 내가 고인에게 미치지 못하는 바이다. 주자가 채침蔡沈에게 서경書經의 집전集傳을 위탁한 것과 같은 것이 그대에게 없겠는가?"[61]라고 하였다. 이 사건은 장현광이 김경장

60) 張㯽. 위의 글. 128~129쪽.

61) 金慶長. 『龜巖集』 坤. 「遺蹟」. 국립중앙도서관 원문 DB. 71~72쪽. 김경장의 생애와 학문에 대한 개괄적인 이해는 유권종. 2009. 「龜巖 金慶長의 生涯와 學問」. 『동양고전연구』 제33집. 동양고전학회. 참고.

에게 『역학도설』 완성을 위탁한 것으로 이해되어 김경장이 여헌 문하의 영수 또는 적전으로 인식되는 계기가 되었다.[62] 그러나 아쉽게도 김경장의 학문적 성취를 가늠할 수 있는 글이 많이 남아 있지 않다. 단 「천문성상도天文星象圖」, 「선천도先天圖」, 「후천도後天圖」, 「육십사괘차제도六十四卦次第圖」, 「육십사괘절후분배도六十四卦節侯分排圖」, 「삼십육궁도三十六宮圖」가 남아 있어 그가 역학을 많이 연구한 사람임을 짐작하게 한다. 호계虎溪 신적도申適道(1574~1663)도 장현광에게서 『주역』의 「계사전繫辭傳」을 강의 받고 다음과 같은 시를 지었다. "역리易理는 본래 알기가 어려운 것인데, 옥산玉山의 선생이 현묘한 빗장을 열어주시니, 이로부터 고원高遠함을 구하면 안 되고, (역리는) 단지 우리의 일용하는 사이에 있음을 알았네."[63] 여헌 문도들은 대체로 『역학도설』을 중심으로 스승에 대한 매우 고양된 자부심을 가지고 있었다. 그들은 역학을 활용하여 세계와 인간을 이해하는 방법을 스승으로부터 배웠던 것이다.

역리를 상징으로 하는 본체의 체득과 세상만사에 대한 자유자재한 적용에 목적을 두었던 장현광의 학문은 제자들에게도 전해졌다. 조임도는 "옛날 사람이 이른바 학문이란 반드시 몸소 행하고 마음으로 얻는 것으로 근본을 삼았고, 반드시 본체를 밝히고 작용을 적절히 하는

---

62) 김학수. 위의 글. 170~171쪽.

63) 申適道. 『虎溪集』. 「拜旅軒先生于巖齋因講繫辭有感」. 국립중앙도서관 원문 DB. 23쪽. 신적도에 대한 개괄적인 이해는 장숙필. 2009. 「虎溪 申適道의 의리사상과 그 사상적 토대」. 『동양고전연구』 제33집. 동양고전학회. 참고.

것(明體適用)으로써 목표를 삼았으며, 반드시 만 가지 변화에 자유롭게 수작하는 것(酬酌萬變)을 귀히 여겼다"[64]고 하여 학문의 궁극 목표는 명체적용이 있음을 분명히 하였다. 장학은 경세에의 포부가 남달라 『춘추春秋』에 대한 관심이 높았기에, 이 책을 배우고자 스승에게 청하였다고 한다. 이것은 장현광이 양촌陽村 권근權近의 '오경체용합일지도五經體用合一之圖'와 '오경각분체용지도五經各分體用之圖'를 『역학도설』에 채용하고 있음을 보면 간과할 수 없는 사실이라고 생각된다. 『역』이 오경의 온전한 본체(全體)라면 『춘추』는 오경의 위대한 작용(大用)이라는 것이 장현광의 생각이었으므로,[65] "『춘추』는 천하를 다스리는 대경대법大經大法이니, 배움의 과정에 있는 사람들이 진실로 강구講究해야 할 것"이라고 인정하였다.[66] 장학은 스승의 역학적 구도 위에서 천하를 다스리고자 하는 포부를 가지고 있었던 것이니, 이것이 여헌 문도들의 대체적인 분위기였다고 추측된다.

그렇지만 명체적용의 이상적 인격에 도달하는 학습방법은 일상생활에 절실한 덕성과 지식을 함양하고 실천하는 공부로부터 시작되어야 했다. 여기서 『소학』이나 『심경』을 출발점으로 삼아 하학상달하여야 한다는 영남의 선배학자들이 지녔던 전통이 다시 부각되고 통합된다. 장현광은 대용大用의 학문인 『춘추』를 배우고자 하는 장학에게 다음과 같이 충고하였다. "(『춘추』는) 날마다 사용하고 항상 행하는

---

64) 趙任道. 1988.『澗松集』.「勉聖學疏」. 한국문집총간. 207하a.
65) 張顯光.『易學圖說』. 381하a~b.
66) 張㷂.『南坡先生文集』坤.「燕待記聞」. 50쪽.

데에는 절실하지 않고, 또 성인이 필삭筆削하면서 적용한 은미한 권도를 쉽게 엿볼 수 없다"고 하면서, 대신 『심경』을 주었다.[67] 그가 생각하기에 "처음 배우는 선비는 知·行 두 글자로써 실천하는 공부로 삼아야 하고, 성誠·경敬 두 글자로 존양存養하는 공부로 삼아야 하는데, 그렇게 하면 저절로 중도에 그만두거나 해이해지는 병폐가 없을 것이니, 또한 덕德에 들어가는 요긴한 길이다."[68] 자기를 함양하는 위기지학을 출발점으로 삼아 명체적용이 지향되어야 하는 것이었다.

스승을 성인으로 추앙하는 여헌 문도들이 스스로도 성인이 되고자 기약하였을 것이라고 추정하는 것은 과히 틀린 일은 아닐 것이다. 그리고 성인이 되고자 일용상행日用常行에 절실한 덕성의 함양으로부터 시작하여, 역학의 공부를 통해 세계의 본질을 전체적으로 이해하고, 세상을 담당하고자 하는 포부를 가지고서는 적용 또는 대용의 인격을 갖추는 공부를 수행하였다고 생각된다. 이들 각자가 저술에서 드러나는 개인적인 특성은 이러한 전체 대용의 학문을 골격으로 하면서 자신이 처한 상황에서 관심과 취향을 표출한 것으로 이해할 수 있다. 정구에게 의리지변을 배우고 장현광에게는 예학과 성리설을 배운 신적도가 여러 편의 성리설에 관한 저술을 남기고 있으며, 김경장이 상을 당하여 「상제십조喪制十條」와 「예원집설禮苑集說」을 지어 예학적 관심을 표명한 것이 그 대표적인 예이다. 또한 장현광의 생질이기

---

67) 張櫐. 위의 글. 50쪽.
68) 張櫐. 위의 글. 51쪽.

도 한 경암敬菴 노경임盧景任(1569~1620)은 존심양성存心養性의 목표를 중시하면서 경敬 공부에 관한 저술을 남기고 있다.

5. 맺음말

특정의 사람들을 하나의 학파로 묶기 위해서는 다른 학파와 구별되는 차이점과 함께 내부적 동일성이 있어야 한다. 한려학파의 경우 그 내부적 동일성을 찾기가 쉽지 않다. 정구와 장현광을 사승관계로 파악하려는 것부터가 쉽지 않은 일인데, 장현광에게 학문적인 연원 의식이 있는지부터가 의문이다. 또 정구가 강좌와 강우의 중간지역에서 활동하면서 이황과 조식의 문하에서 수학하였다는 사실을 바탕으로 퇴계학과 남명학의 영향을 거론하지만, 두 학자를 함께 존중하는 분위기가 지속되었는가도 의문이다. 정구는 두 선생의 차이점을 잘 알고 있었음은 물론 스승들에 대한 존중감이 있었다. 그러나 장현광은 조식의 식견을 높이 평가하면서도, 정구의 「행장」을 집필하면서는 고풍정맥론을 반영하고 있으며, 정구가 학문의 표준으로 삼은 것은 이황과 주희朱熹임을 명언한다.[69)]

특히 주요한 학문적 이론이나 관점에서 정구와 장현광은 합치하지 않는다. 정구는 영남의 예학 연구를 대표하는 사람이었고, 또한 『경』

---

69) 張顯光. 『旅軒全書』 상. 「寒岡鄭先生行狀」. 241하a~243하a. 참고.

을 연구한 심학자였다. 장현광은 이황과 이이 어디에도 직결시킬 수 없는 독특한 이기론과 역학의 체계를 제시한 사람이다. 역학의 경우에서도 정구가 주로 정이천의 『역전』을 중시하는 의리역의 입장에 선다면,[70] 장현광은 상수역象數易을 근간으로 삼아 의리역義理易과 점서역占筮易을 통합하고자 하였다.

따라서 이들을 하나의 학파로 엮기 위해서는 전체적인 분위기를 고려하면서 여기서 드러나는 흐름을 살피는 것이 좋다고 논자는 생각한다. 이황과 조식 등의 영향을 요소적으로 분석하여 동일성을 찾는 것보다는 선배학자들의 업적을 통합한 위에 자기 성찰을 더함으로써 어떤 학문 내지 학문정신이 나타났고, 이것이 어떻게 전수되었는지의 과정을 살피는 것이 그것이다. 정구는 처절할 정도의 경의 공부와 식견을 중시한 조식의 학문과 하학과 상달을 조화롭게 추구하는 이황의 학문을 결합하여 그때까지 조선 유학사에 드물던 규모를 갖춘 명체적용의 체계를 만들어낸다. 성인이 되겠다는 포부를 갖고(立志), 성인만이 담당할 수 있는 영역인 우주 또는 세계를 실천의 대상으로 삼으며, 그 역할을 수행하기 위해 심학에서부터 역학에 이르는 체계의 학문을 만들어냈다는 것이 이들이 가지는 공통점이자, 다른 지역의 학자들과 구분되는 차이점이다.

물론 성인이 되고자 입지하고 명체적용의 인격을 지향한 것은 이들

---

70) 『寒岡全書』 하. 「(寒岡)年譜」 53세조. 231상a. "宣祖問程傳本義何先? 先生對曰易之爲道, 惟明乎消息盈虛之理進退存亡之幾, 以不失乎侍中. 若徒以占候爲事, 則末矣. 當以程傳爲先也."

만의 독특한 점이 아니다. 유학자라면 누구나 그러한 꿈을 꾸었다고 말하는 것이 옳다.[71] 그러나 의식적으로 우주 또는 세계를 탐구와 실천의 대상으로 포괄하여 넓게 살피고자 한 이들의 학문적 열정은 포부와 책임감으로 인해 자기 내면에 대한 깊이 있는 성찰과 심화된 수양을 유발하였다고 볼 수 있다. 넓게 보고 깊이 생각하는 것이 이들 학문의 특징이었다. 이황이 선도한 통 큰 사유하기의 가장 모범적인 결실이 정구와 장현광, 특히 후자의 성리학이었다. 이것이 다시 여헌 문도들의 독특한 성인의식을 촉발하였으니, 장현광의 문도들 역시 한려학파의 독특한 분위기를 유지하였다고 보인다. 이제 이것을 간단히 도시하면 표와 같다.

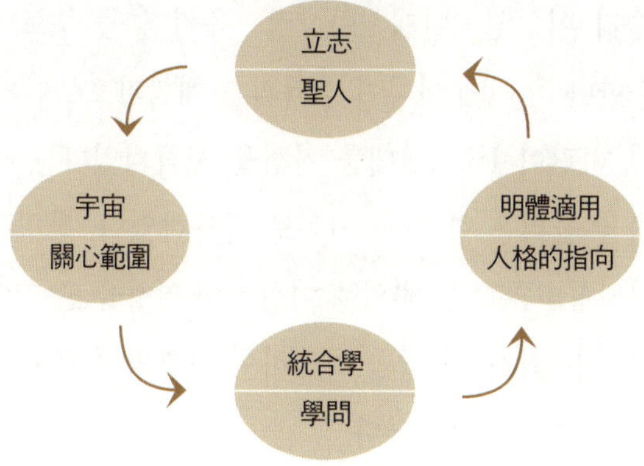

그러나 여헌 문도들은 새로운 이론 세계를 개척하기보다는 여헌학의 울타리 속에서 자기 수양에 전념하는 것 같은 인상을 준다. ‘여헌

71) 일례로 李瀷.『李子粹語』.『퇴계전서』5 수록본. 410쪽. 참고.

이 사망한 후 전술할만한 제자가 없어 영남의 학문도 여기서 그쳤다' 는 이식의 말은 이후에 전개된 영남학파의 전개과정에 대한 이해가 없다는 점에서 오류라고 할 수 있지만, 영남에서 한려학파가 지닌 성리학사적 위상이 그만큼 약화되었음을 방증한다.

더욱이 여헌 문도들은 내부분열을 겪게 된다. 장현광을 공자 이후의 최고의 인물로 여기는 이들의 생각은 1642년 임고서원臨皐書院에 장현광을 병향竝享하려는 의지로 표출되었다. 그러나 이것이 좌절되고 입암서원立巖書院에 여문旅門의 안자顔子로 여겨진 정사진鄭四震을 제향祭享하는 문제로 여헌 문하에 내부 분열의 분위기가 조성됨에 따라 여헌학파는 쇠퇴하게 되었다. 18세기 이후 여헌 문인의 자손들 대다수가 이현일 · 이재 · 이상정 · 유치명 등 주로 학봉연원의 학통을 계승한다.[72] 이에 더하여 강좌의 퇴계학파로부터의 장현광 성리설에 대한 비판이 1650년대를 기점을 시작되었다는 사실도 여헌학파의 위축을 불러온 한 가지 이유로 작용하였다. 장현광의 학문은 극재克齋 신익황申益愰 등에 의해 이상정에 영향을 준 것으로 추정되는데,[73] 여헌학은 퇴계학자들을 자극하여 이황의 이기론을 새롭게 해석할 수 있는 단초를 제공하였다.

---

72) 김학수. 위의 책. 156쪽.

73) 안영상. 2006.「대산 이상정의 渾淪 · 理發說의 착근에 있어서 여헌설의 영향과 그 의미」.『유교사상연구』제27집. 한국유교학회. 참고.

참고문헌

金慶長.『龜巖集』. 국립중앙도서관 원문 DB.

金應祖. 1998.『鶴沙集』. 한국문집총간. 민족문화추진회.

金馹孫. 1993.『濯纓集』. 한국문집총간. 민족문화추진회.

申適道.『虎溪遺集』. 국립중앙도서관 원문 DB.

李　植. 1988.『澤堂集』. 한국문집총간. 민족문화추진회.

李　滉. 1985.『退溪全書』. 성균관대학교 대동문화연구원.

張　㷜.『南坡先生文集』. 국립중앙도서관 원문 DB.

張顯光. 1983.『旅軒全書』. 仁洞張氏南山派宗親會.

鄭　逑. 1978.『寒岡全書』. 경인문화사.

鄭仁弘. 1993.『來庵集』. 한국문집총간. 민족문화추진회.

鄭載圭.『老柏軒集』. 국립중앙도서관 원문 DB.

曺　植. 2000.『南冥集 四種』. 남명학연구원.

趙任道. 1988.『澗松集』. 한국문집총간. 민족문화추진회.

河謙鎭. 1970.『東儒學案』. 一鵬精舍.

許　穆. 1986.『眉叟全集』. 여강출판사.

김낙진. 2000.「張顯光의 易學과 세계 이해」.『퇴계학보』 제105집. 퇴계학연구원.

______. 2001.「장현광의 理일원론과 선악의 문제」.『남명학연구』 제10집. 경상대 남명학연구소.

______. 2008.「主理論으로 읽어 본 奇大升의 사단칠정론」.『퇴계학보』제124집. 퇴계학연구원.

박병련. 2002.「광해군 복립 모의 사건으로 본 강안지역 남명학파」.『남명학연구논총』제11집. 남명학연구원.

______. 2003.「남명학파 성쇠과정의 정치사회적 특성과 사림의 동향」.『남명학연구』제16집. 경상대 남명학연구소.

박병련 · 정만조 · 정순우 · 김학수 · 곽진. 2009.『여헌 장현광 연구』. 태학사.

박학래. 2009.「南坡 張渠의 生涯와 學問 活動」.『동양고전연구』제33집. 동양고전학회.

안영상. 2006.「대산 이상정의 渾淪 · 理發說의 착근에 있어서 여헌설의 영향과 그 의미」.『유교사상연구』제27집. 한국유교학회.

오이환. 2000.『남명학파연구』. 남명학연구원출판부.

유권종. 2009.「龜巖 金慶長의 生涯와 學問」.『동양고전연구』제33집. 동양고전학회.

______. 2009.「한강 정구의 수양론—예학과 심학의 상호 연관의 고찰」.『예학과 심학』. 한국학술정보.

이광호. 2002.「남명과 퇴계의 학문관 비교」.『동방학지』제118집. 연대 국학연구원.

장숙필. 2006.「여헌 장현광의 중용철학」.『여헌 장현광의 학문 세계 2; 자연과 인간』. 예문서원.

______. 2009.「虎溪 申適道의 의리사상과 그 사상적 토대」.『동양고

전연구』 제33집. 동양고전학회.

전재강. 1999. 「심경발휘에 나타난 한강 심학의 특성 연구」. 『남명학연구논총』 제7집. 남명학연구원.

정순우. 1999. 「남명 공부론에 나타나는 초월과 관여의 두 흐름」. 『남명학연구』 제9집. 경상대 남명학연구소.

정우락. 2008. 「강우학과 고령 유학에 대한 시론」. 『퇴계학과 선비문화』 제43호. 경북대 퇴계학연구소.

허권수. 2001. 「남명, 퇴계 양학파의 융화를 위해 노력한 간송 조임도」. 『남명학연구』 제11집. 경상대학교 남명학연구소.

홍원식. 2010. 「19세기 洛上 退溪學派와 洛中 한주학파의 대립과 성리논쟁」. 『유교사상연구』 제39집. 한국유교학회.

조선 중기 강안지역의 문학활동과 그 성격

- 낙동강 중류 지역을 중심으로 한 하나의 시론 -

정우락 | 경북대학교 국어국문학과

1. 직선과 곡선

오늘날 우리는 인터넷 토론방과 블로그 등을 통한 커뮤니티의 시대를 살고 있다. 인터넷은 전방위적 소통을 가능케 하였지만 익명성으로 인한 구속력 약화로 오히려 소통이 부재하게 된 상황에 놓이기도 한다. 소통과잉으로 인한 소통부재라는 기현상을 목도하게 되었다는 것이다. 소통의 부재는 총체적 위기상황을 몰고 오기도 한다. 정치에 대한 깊은 불신과 각종 시위로 인한 폭력의 난무, 살인과 자살 등으로 점철되는 우리 시대의 자화상을 보면 쉽게 알 수 있다.

여기서 우리는 직선과 곡선을 다시 생각하게 된다. 직선은 우리에게 질러가는 방법을 가르쳐주었다. '질러가기'는 속도라는 선물을 안겨 주며 보다 많은 것을 보다 빨리 획득할 수 있게 했다. 근대화는 바로 이러한 직선적 사유에 기반한 산물로서 고속도로는 그 상징적 존재가 된다. 그러나 이 같은 속도지상주의는 반드시 폭력성을 동반하기 마련이다. 고속도로를 보라. 산이 가로막으면 그 산을 뚫고 지나가고, 강이 끊어 놓으면 그 강심江心에 콘크리트 다리를 박아 건너가지 않는가. 이처럼 직선은 우리에게 빠른 발전을 가져다주었지만 동시에 자연을 파괴하며 심각한 공해를 동반하는 재앙을 안겨주기도 했다.

직선의 빠른 속도에 비해 곡선은 느리고 답답하다. 곡선은 우리에게 끊임없이 돌아가는 방법을 가르쳐 주기 때문이다. '돌아가기'는 '빨리빨리'로 대표되는 한국적 정서에 도무지 맞지 않는 것 같기도 하다. 그러나 곡선은 우리에게 커다란 시사점을 제공한다. 느림의 미학이 바로 그것이다. 곡선적 사유에 대한 상징적 존재가 바로 강이다. 강은 고속도로와 달리 산이 있으면 돌아가고, 차안此岸과 피안彼岸을 뱃길로 잇는다. 직선이 속도로 인해 자신의 앞만을 볼 수밖에 없는데 비해, 곡선은 느리기 때문에 이웃과 주변을 돌아보게 한다. 따라서 곡선은 평화를 지향한다.

지난 한 세기 동안 우리 사회는 실로 혁명적인 변화를 겪었다. 그 혁명적 변화는 직선과 고속도로가 만들어 낸 것이며, 그것의 극단이라 할 수 있는 가상공간 상의 직선적 소통까지 가능하게 되었다. 그러나 그 가상공간 상의 소통은 긍정적 요소도 많지만, 오히려 자신의 편파적 주장에 그치게 됨으로써 심각한 사태를 초래하기도 한다. 이 지점에서 우리는 진정한 소통을 모색하지 않으면 안 된다. 이를 위한 하나의 대안이 한국인의 감성적 체질에 부합하는 새로운 차원의 소통이다.

여기서 우리는 곡선과 강이 가져다주는 상상력을 다시 생각하게 된다.

우리의 과제에서는 영남의 강인 낙동강과 이에 따른 문학에 특별히 주목하고자 한다. 이것은 지금까지 낙동강을 중심으로 하여 좌우로 나누어 보던 영남학의 시각을 반성하자는 측면에서 제기된 문제이다. 즉 강좌와 강우, 그 사이인 강안江岸이 지닌 공간 상상력을 검토하자는 것이다.[1] '사이'는 시간과 공간이 지닌 거리나 간격을 의미하기도 하지만, 사물과 사물, 사람과 사물, 사람과 사람의 관계 혹은 그 방식을 의미하기도 한다.[2] 사이는 중간을 뜻하면서 동시에 하나의 총체이다. 따라서 영남의 강안 공간은 강좌와 강우의 중간이면서 동시에 영남 전체를 아우르고 있다는 측면에서 새롭게 주목할 필요가 있다.

곡선적 사고에는 전근대를 돌아보며 근대를 넘어서는 새로운 길이 제시 될 수 있으므로 여기에는 문명사적 의미가 깃들어 있다. 지난 수십 년 간 시도해 왔던 근대과학을 극복하려는 뚜렷한 학문적 흐름은 네 가지로 요약된다. 첫째는 동물적 본성으로 돌아가야 한다는 환원주의적 통섭이고, 둘째는 복잡계 이론 등을 통한 학제적 융합이며, 셋째는 하나의 지식을 중심으로 한 여타의 학문에 대한 수렴이고, 넷째는 당대에 얻거나 만들어진 개념적 도구들로 역사적 문제에 따른 대안을 구하는 것이다.[3] 여기서 우리는 통섭과 융합, 그리고 수렴이 당

---

1) 낙동강을 하나의 문학 창작 공간으로 인식하며 연구한 사례를 극히 드물다. 황위주는 여기에 일정한 문제를 제기하며, 우리한문학회. 2008.「낙동강 연안의 유람과 창작 공간」.『한문학보』18. 에서 이 분야에 대한 향후 연구과제를 적극 부각시킨 바 있다.

2) '사이'를 하이데거의 예술론과 결부시켜 이해한 것으로는, 김동규. 2009.「하이데거의 사이-예술론」. 그린비. 가 있다.

대적 안목으로 구상되고 있는 하나의 학문방법 상의 논리체계를 읽을 수 있다. 강을 중심으로 한 곡선적 사고는 바로 이 같은 문제의식에서 출발한 것이다.

본고가 시론으로 구상되고 기술된다고 볼 때, 이에 대한 문제의식은 과거 혹은 전통 속에 적재되어 있는 사실事實의 확인에만 머무르지 않는다. 낙동강 좌우, 그 사이에서 영남의 문학을 총체적으로 읽고자 하는 시도에서 이를 확인할 수 있다. 이 같은 생각을 갖고 본고는 먼저 강의 공간 상상력에 주목하여 영남을 읽는 새로운 시각을 제시한다. 강안학江岸學이 바로 그것이다. 다음으로 낙동강 중류지역의 문학을 하나의 '행위' 중심으로 다루고, 여기서 발생하는 다양한 문학 작품의 성격을 구명한다. 이로써 우리는 강안학의 하위 체계 안에 포섭되는 강안문학의 대체적 성격을 파악하게 될 것이다. 그러나 본 논의는 하나의 시론에 불과하다. 이 때문에 앞으로의 연구과제를 마지막에 제시하여 그 가능성을 새롭게 타진하고 모색하기로 한다.

2. 영남을 읽는 새로운 시각

지금까지 우리는 낙동강을 중심으로 영남을 좌우로 나누어 읽어 왔다. 영남 우도(강우지역)는 변한 지역에서 가야 및 신라에 병합된 곳

3) 노진철. 2010. 「불확실성 시대의 과학하기」. 『인문학 콜로키움 3: "21세기 학문을 묻다"』 발표자료집. 경북대 인문대.

으로 역대의 왕권이나 관권에 저항하는 사례가 허다하였다. 이에 비해 영남 좌도(강좌지역)는 진한 지역에서 신라로 발전한 곳으로 고려 태조에 밀착하면서 역대로 중앙정부와 관권에 대한 반항사례를 찾아보기가 어렵다. 그리고 지역의 자연환경과 사람들이 숭상하는 것도 각기 달랐다. 우도가 토질이 비옥하고 육해산물이 풍부하였으며 귀貴보다 부富를 지향하는데 비해, 좌도는 토질이 척박하고 토착성이 강하였으며 부보다 귀를 지향하였다.[4] 이 같은 영남 읽기는 좌우의 변별적 자질을 충분히 드러내는 데 일정한 봉사를 하였다. 그러나 이 같은 대립적 시각을 극복하자는 측면에서 낙동강과 그 연안 지역을 주목한다. 영남을 새롭게 읽을 수 있는 길이 이로써 열리기 때문이다.

1) 개울과 바다, 그리고 강의 상상력

낙동강의 '좌'와 '상', '우'와 '하'는 서로 밀착되어 있다. 특히 16세기에 들면서 이황李滉(退溪, 1501~1570)과 조식曺植(南冥, 1501~1572)이라는 대유大儒가 굴기하면서 지역의 특성을 반영하는 학파를 조성하게 된다. 퇴계학파와 남명학파가 그것이다. 퇴계학파가 안동을 중심으로 형성되어 현실을 안정적으로 인식하고 진리에 대한 학문적 천착을 위해 노력했다면, 남명학파는 진주를 중심으로 형성되어 현실을 비판적으로 인식하고 모순된 현실을 극복하기 위해 노력했다.

---

4) 李樹健. 1995.『嶺南學派의 形成과 展開』. 一潮閣. 327~330쪽. 참조.

그러나 영남 사람들은 강의 상하를 오르내리며 삶을 영위하였고, 좌우를 넘나들며 보다 큰 그들의 문화를 만들어 갔다. 바로 이 지점에서 영남을 읽는 새로운 방법론이 요구된다.

우리는 여기서 게임의 순서를 정할 때 흔히 사용하는 '가위'와 '바위', 그리고 '보'를 생각할 필요가 있다. 세계관을 설명하는 데 유용하기 때문이다. 가위 · 바위 · 보에 '닫히다'와 '열리다'를 결합시켜보면 아주 특별해진다. 바위는 닫혀 있으며, 보는 열려 있고, 가위는 닫혀 있으면서 동시에 열려 있다. 바위는 닫혀 있으니 답답하지만 의지가 굳어 보이고, 보는 열려 있으니 경쾌하지만 가벼워 보인다. 그리고 가위는 바위와 보의 중간쯤에서 균형을 잘 잡고 있는 듯하지만 자신의 본래 모습이 무엇인지를 의심하게 한다.

바위의 세계관에 주로 작용되는 힘은 구심력求心力이다. 이 때문에 우리가 사는 이 세계를 어떤 구심적 질서를 갖고 통일적 시각에 의거하여 파악하고자 한다. 이 세계관에서는 전통과 과거를 중시한다. 즉 구심력에 입각하여 과거로 거슬러 오르고자 하고, 내면으로 깊이 침잠하고자 한다. 종적인 질서를 중시하므로 여기에는 전통이 있고, 선조가 있고, 핏줄이 있으며, 뿌리가 있고, 또한 집단이 있다. 이 세계관을 지니게 되면 자기 정체성을 확립하는 데 도움이 되나 지독한 보수로 흐르기 쉬운 약점이 있는 것도 사실이다.

보의 세계관에 주로 작용되는 힘은 원심력遠心力이다. 이 때문에 세계를 어떤 원심적 자유논리에 입각하여 파악하고자 한다. 이 세계관에서는 창조와 미래를 중시한다. 즉 원심력에 입각하여 미래로 나아가고자 한다. 횡적인 자유를 중시하므로 여기에는 창조가 있고, 세계가 있으며, 가지와 잎이 있고, 또한 개체가 있다. 이 세계관을 지니게 되면 창의적 발상을 하며 국제적 안목을 기르는데 도움이 되나 개인주의와 경박성의 강화로 인한 사회적 분열과 자아 상실의 현상이 발생하기 쉬운 약점이 있다.

그렇다면 가위의 세계관은 어떠한가? 이 세계관에는 구심력과 원심력이 동시에 작용한다. 이 때문에 구심적 질서와 원심적 자유를 함께 유지하고자 한다. 과거를 존중하면서 미래에 대한 비전을 잃지 않고, 전통은 오히려 미래를 여는 힘이 된다. 근거 있는 새로움이 이로써 가능한데, 구심력과 원심력이 상호 소통하기 때문에 그럴 수 있다. 이 세계관에 입각할 때, 자유는 질서로 인해 방향성을 잃지 않으며, 질서는 자유로 인해 경화되지 않는다. 그러나 가위적 세계관은 양 극단에 대한 중도적 자세를 지니기 때문에 자기 정체성을 꾸준히 의심받기도 한다.

바위와 보, 그리고 가위가 연역해 내는 상이한 세계관은 개울과 바다, 그리고 강의 상상력으로 뻗어갈 수 있다. 즉 개울은 바위의 세계관을 가지며, 물이 처음 샘솟는 원두 가까이 있으니 순수의 미덕을 지니며, 바다는 보의 세계관을 가지며 강이 끝나는 자리에서 모든 물이 집적되는 곳이니 종합의 미덕을 지닌다는 것이다. 이에 비해 강은 가위의 세계관을 가지며 개울과 바다 사이에서 강과 바다의 양극단을 조절하는 중용의 미덕을 지닌다. 이 같은 '바위-개울', '보-바다', '가위-강'의 상상력은 각각 정체성 확보와 개방적 사유, 그리고 조화의 세계를 이룩하기도 하지만 이와 관련된 단점을 수반하는 것도 사실이다.

개울과 바다, 그리고 강으로 연역할 수 있는 상상력을 영남에 밀착시켜보자. 여기서 우리는 자연스럽게 16세기 이후 영남학파의 양대 산맥으로 일컬어져 왔던 이황과 조식을 떠올리게 된다. 이들의 호를 주목해 보자. 이황의 호 퇴계退溪는 개울로 물러난다고 했으니 '개울'을, 조식의 호 남명南冥은 남쪽 바다를 소요하고자 했으니 '바다'를 지향한다. 개울에는 수양론적 궁극점이 있다. 물이 샘솟는 원두源頭가 있기 때문이다. 이황은 원두 가까이, 즉 개울로 물러나 천리가 유행하는 도체를 체득하고자 했다. 이에 비해 조식은 대붕과 같은 거대자아를 지니고 절대자유를 상징하는 남쪽 바다에서 소요하고자 했다. 그러니 이황은 강의 상류에서 '개울'과 같은 맑은 순수로, 조식은 하류에서 '바다'와 같은 광대한 자유로 각각 자신의 정신 경계를 구가하였던 것이다.

이황과 조식은 모두 경상도 지역에서 1501년에 태어났으니 닭띠로 동갑이다. 닭이 어둠을 몰아내고 밝음을 불러오듯이 이들은 모두 한국정신사에 문명의 빛을 던졌다. 훨씬 후대의 일이기는 하나 이들은 산청의 배산서당 도동사에 나란히 배향되어 '퇴계退溪 이자李子'와 '남명南冥 조자曺子'로 극존칭되었으며, 실학자 이익李瀷(星湖, 1681~1763)은 이황과 조식이 학단을 열고 인의仁義로써 제자를 가르칠 때를 들어 '우리 문명의 극치는 여기서 이루어졌도다!'라고 외칠 수 있었다.

낙동강을 경계로 하여 '좌상'과 '우하'를 구분하여 영남을 이해하는 방식이 오랫동안 지속되었고 일정한 성과를 거둔 것도 사실이다. 인조반정 이후 사정이 달라지기는 하나, 좌상의 퇴계학파와 우하의 남명학파는 동서붕당 때에는 동인으로 결집하지만, 다시 남북으로 분리되어 오랫동안 갈등하였다. 이 과정에서 그 사이에 있던 강안지역의 문인들은 끊임없이 그들의 정체에 대하여 의심을 받기도 했다. 그러나 영남 사람들은 강의 상하를 오르내리며 삶을 영위하였고, 좌우를 넘나들며 보다 큰 그들의 문화를 만들어 갔다는 사실을 외면하면 안 된다.

낙동강은 소통과 통합의 강이다. 16세기에는 워낙 걸출한 두 학자가 낙동강을 사이에 두고 있었으므로 '경계'를 의미하는 강이었지만 그 이후에는 사정이 다르다. 낙동강 연안 및 중류 지역에 거점을 마련하고 이황과 조식을 함께 스승으로 모시면서도 이들의 학문을 발전적으로 계승한 일군의 학자들이 존재했기 때문이다. 정구鄭逑(寒岡, 1543~1620), 김우옹金宇顒(東岡, 1540~1603), 오운吳澐(竹牖, 1540~1617), 김면金沔(松庵, 1541~1593) 등은 그 대표적 인물이다.

청천서원 전경(동강 김우옹 주향, 경북 성주 소재)

낙동강 중류를 중심에 두면서 퇴계학파와 남명학파가 소통하는 지점에 정구와 한강학파[5)]가 있다. 이 학파의 한 줄기는 장현광張顯光(旅軒, 1554~1637)을 통해 영남 리학理學의 전통을 새롭게 구축하였고, 다른 한 줄기는 허목許穆(眉叟, 1595~1682)을 통해 근기실학 계열로 발전해 나간다. 또한 낙동강의 본류가 시작하는 상주권을 중심으로 정경세鄭經世(愚伏, 1563~1633)가 이황의 학풍과 상당한 차별성을 보이며 기호학통을 계승하였던 노수신盧守愼(穌齋, 1515~

도동서원 전경(한훤당 김굉필 주향, 대구 달성 소재)

---

5) 『檜淵及門諸賢錄』에는 정구의 문인 342명이 등재되어 있다. 이 책의 「범례」에는 장현광의 정구 제자여부에 따른 논란이 기술되어 있고, 소개된 342명의 구체적인 문인에는 포함시키지 않았다. 이른바 寒旅是非 때문이다. 이에 대해서는 오랫동안 논란이 되어 왔지만 정구와 장현광은 전통적 개념의 사제관계로 보아 무리가 없다. 이에 따라 장현광을 한강학파에 포함시키면 정구의 문인은 343명이 된다. 장현광의 경우 『여헌문인록』 丙辰本과 己未本을 합하면 그 문인 수가 355명이 되는데, 이 가운데 72명이 정구의 문인과 중첩관계에 있다. 정구와 장현광을 병칭하여 '寒旅學派'라 할 수도 있겠으나 이것은 시비를 의식하여 제시된 것이므로 학술 용어로 바람직하지 않은 측면이 있다. 따라서 본고에서는 취택하지 않는다.

1590)의 계보를 수용하면서 일정한 학단을 형성하였다. 강안 지역은 바로 이 같은 측면에서 영남학은 물론이고 한국학을 이해하는데 있어도 주목하지 않을 수 없다.

길재吉再(冶隱, 1353~1419)가 금오산 기슭에 은거하면서 강안지역에 독자적인 사림파의 도맥을 형성하였고, 그 맥이 김숙자金叔滋(江湖, 1389~1456)와 김종직金宗直(佔畢齋, 1431~1492)을 거쳐 대구 달성의 김굉필金宏弼(寒暄堂, 1454~1504)에게 전해진다. 강을 따라 흘러왔던 도맥은 이황과 조식의 시대인 16세기에 들어 강좌의 안동과 강우의 진주 등 내륙으로 들어갔다가, 이들을 함께 스승으로 모셨던 정구鄭逑(寒岡, 1543~1620)에 의해 다시 강안 지역으로 돌아오게 된다. 그리고 그 학파에 의해 이학과 실학 전통으로 분화되어 조선 후기 사상사를 더욱 다채롭게 하였다. 문학사적 측면에서도 사상사의 흐름과 연대하면서 영남의 강안지역은 강이 지닌 공간 상상력에 입각하여 낭만 감성과 도학 감성을 공유하였다. 바로 이점에서 강안문학은 지역문학사를 건설하는 하나의 방법론을 제공하기에 충분하다.

2) 강안학과 강안문학

강을 중심으로 한 21세기형 이론을 개발하기 위해서는 특별한 장치가 필요하다.[6] 그 하나가 용어개발이다. 여기서 우리는 다양한 문제를

---

6) 이하 강안학의 개념에 대해서는 정우락. 2008.「江岸學과 高靈 儒學에 대한 試論」.『퇴계학과 한국문화』경북대 퇴계연구소. 43. 참조.

안고 있음에도 불구하고 강과 그 연안의 학문을 의미하는 '강안학江岸學'이라는 용어를 떠올리지 않을 수 없다. 이 용어를 중심으로 강을 둘러싸고 있는 문화체계를 새롭게 이해할 필요가 있다는 것이다. 강안학에는 광의의 개념이 있을 수 있고 협의의 개념도 있을 수 있다. 광의의 개념은 다시 미시시피강 유역 등을 포괄하는 세계적 차원과 한강 유역 등을 포괄하는 한국적 차원으로 나눌 수 있고, 협의의 개념은 다시 낙동강 전체를 의미하는 영남적 차원과 낙동강의 중류를 중심으로 한 낙중적洛中的 차원으로 나눌 수 있다. 이 가운데 가장 좁은 개념이 낙중적 차원의 강안학인데, 본 논의에서는 문제의 본질을 명확히 하기 위하여 이를 주목하고자 한다. 영남학의 특수국면을 고려한 것이다.

강안학이 낙동강을 중심으로 한 학문이기 때문에 우선 '강江' 자체에 주목한다. 낙동강은 영남의 문화를 형성하는 구심적 기능을 해왔으므로, 낙동강이 지닌 일체감을 염두에 둘 필요가 있다. 영남의 정체성은 이를 중심으로 이해할 수 있기 때문이다. 낙동강은 한강이나 금강 등에서 볼 수 있는 것처럼 하나의 강이 여러 도를 거치면서 흐르고 있는 것이 아니라 모든 작은 강들이 이 강으로 흘러 바다로 들어간다. 사람들은 이 강을 통해 물자를 교환하고 지식과 문화를 소통하면서 영남의 공동체 문화를 만들어 갔다. 유학적 측면에서 볼 때, 성리학의 수입과 발달 역시 이 강을 중심으로 전개되었으며, 만인소나 의병들의 활동에서 보여주는 것처럼 통일된 영남의 가치관을 형성하는 데도 낙동강은 일정한 역할을 했을 것으로 보인다.

낙동강 연안은 오늘날의 행정구역으로 볼 때, 상류의 태백 · 봉화 · 안동 · 예천 · 문경지역, 중류의 상주 · 의성 · 구미 · 김천 · 칠곡 · 성주 · 대구 · 고령 · 합천지역, 하류의 창녕 · 영산 · 의령 · 함안 · 밀양 · 창원 · 양산 · 김해 · 부산지역이 여기에 해당한다.[7] 1682년(숙종 8)에 제작된 것으로 보이는 『동여비고東輿備攷』「경상도좌우군총도慶尙道左右州郡摠圖」에는 영남의 좌우도를 낙동강이 시작되는 상주를 중심으로 하여 설정하고 있는 바, 그 경계선은 위로 풍기와 문경에서 시작하여 아래로 동래와 김해에서 끝이 난다.[8] 강안지역에서 퇴계학파와 남명학파가 경쟁하고 화합하면서 새로운 유교문화를 만들어 갔던 사실을 고려할 때 낙동강 중류지역을 주목할 필요가 있고, 이곳이 또한 한강학파의 주요 거점이었다는 사실을 상기할 필요가 있다. 이렇게 볼 때, 낙동강의 본류가 시작되는 상주지역을 강안학의 상한선으로, 정구가 강학활동을 했던 관해정觀海亭이 있는 창원지역을 그 하한선으로 설정할 수 있을 것이다.[9]

---

7) 이들 지역은 편의상 상류의 안동권, 중류의 대구권, 하류의 부산권으로 나눌 수 있을 것이다. 안동권은 낙동강이 처음으로 시작되는 지점이라는 측면에서, 대구권은 낙동강의 본류가 형성되며 '낙동'이라는 이름을 얻은 곳이라는 측면에서 중요하다. 그리고 부산권은 낙동강이 끝나는 지역이며 해양문화와 결합되어 있다는 측면에서 의의를 지닌다.

8) 1682년(숙종 8)에 제작된 것으로 보이는 『東輿備攷』「慶尙道左右州郡摠圖」에는 영남의 좌우도를 낙동강이 시작되는 상주를 중심으로 하여 다음과 같이 경계 짓고 있다. 좌도는 풍기, 예천, 비안, 인동, 대구, 현풍, 창녕, 영산, 밀양, 양산, 동래 등이고, 우도는 문경, 용궁, 상주, 선산, 개녕, 성주, 고령, 초계, 의령, 함안, 칠원, 창원, 웅천, 김해 등이다. 현풍의 경우 '우'로 잘못 표기 되어 있다. 이들 지역은 지도상의 구체적인 강안지역으로 강안학의 범위를 탄력적으로 적용할 수 있는 곳이다.

9) 이렇게 보면 강안학의 지역적 범위는 낙동강 중류의 대구권과 하류의 일부인 창녕-창

강안학은 그 학문영역이 실로 다양하다. 문사철文史哲이 그것일 수도 있고, 유불선儒佛仙이 그것일 수도 있으며 근대 이후의 학문도 포괄할 수 있다. 그러니까 낙동강 연안에서 향유된 모든 학문을 수용할 수가 있다는 것이다. 그러나 이 같은 광의적 범위로는 학문을 명확히 이해할 수 없으므로 용어의 발생배경을 염두에 둘 때 강안학은 우선 '유학'으로 한정하는 것이 바람직하다. 그리고 시간적으로도 이황과 조식을 중심으로 한 영남학이 정립된 16세기 이후로 하여 그 범위를 탄력적으로 적용시킬 수 있을 것이다. 이러한 사항을 고려할 때, 낙중적 차원의 강안학은 '16세기 이후 낙동강 중류지역을 중심으로 한 유학사상'으로 개념과 범위가 한정될 수 있다. 이때 낙동강 중류지역이라 함은 낙동강 하류의 일부 지역을 포함한 상주에서 창원에 걸쳐 있는 지역을 의미한다.

강안문학江岸文學은 강안학의 하위 분류 체계에 속하는 것으로, 낙중적 차원에서 볼 때 16세기 이후 낙동강 중류지역에서 생산된 문학을 의미한다. 이 지역 문인들의 문학관을 어느 하나로 고정시켜 말할 수는 없다. 오운吳澐(竹牖, 1540~1617)에게서 나타나는 것처럼 성리학적 문학관으로 구심력을 확보하면서도 도잠陶潛·한유韓愈·구양수歐陽脩·소식蘇軾·두보杜甫·이백李白 등의 문학작품을 읽으

원이 된다. 창원을 하한선으로 하는 것은 정구의 강학지가 있는 곳이기도 하지만, 가까이로는 조식의 산해정이 김해에 있어 정구가 이를 생각하고 있었으며, 이황 역시 종자형 조효연을 만나기 위하여 창원을 답사한 적이 있다. 따라서 창원은 퇴계학맥과 남명학맥이 경쟁하면서 공존하는 곳이라 하겠다.

며 상상력의 폭을 넓혀갔던 것으로 보인다. 정구鄭逑(寒岡, 1543~1620)가 주희를 표준으로 삼아 그의 글이 평정순실平正醇實하여 부화조려浮華藻麗함을 일삼지 않았다거나,[10] 김담수金聃壽(西溪, 1535~1603) 문학에 깊숙이 내포되어 있는 두보의 영향 등에서 이를 확인할 수 있다.[11] 특히 장현광張顯光(旅軒, 1554~1637)은 「문설文說」을 써서 도학적 원리 구명과 실용적 가치 구현이 문학의 주요 임무임을 일련의 논리를 갖추어 적극적으로 개진하기도 했다.[12]

조선중기 강안지역 문인들은 문학에 대한 도학주의적 입장을 취하면서 다양한 장르의 작품을 남겼다. 오늘날 일반적으로 통용되는 문학의 분류체계에 입각하여 간단하게 그 연구 영역을 살피기로 한다. 한시문학은 강안지역의 주도적 장르이다. 강 위에서 배를 띄우고 시행한 선유시회船遊詩會는 상주지역을 중심으로 꾸준히 이루어졌으며, 그 연안의 승경을 제재로 노래한 작품 또한 부지기수다. 여기서 나아가 강안에 수많은 누정을 건립하고 시회를 열어 작품을 생산하였다. 작가적 측면에서 보면 영남 문인이 중심이 되지만 기호지역이나 호남지역의 문인들도 다수 참여하여, 혹은 관료로서 혹은 여행객으로서 낙동강과 그 연안의 승경을 노래했다.

한문산문 분야 역시 강안지역의 주요 장르다. 선유시회에도 산문이

10) 申欽.『象村稿』26.「鄭寒岡神道碑銘幷序」.『韓國文集叢刊』72. 95쪽. "及乎晩年, 一意講述, 爲文章亦宗晦庵, 不事浮華藻麗爲也."

11) 오운, 김담수, 정구 등의 문학인식에 대해서는 정우락. 2009.『남명학파의 문학적 상상력』. 역락. 참조.

12) 張顯光.『旅軒集』卷6.「文說」.『韓國文集叢刊』60. 124쪽. 참조.

있을 수 있지만 그것이 중심이 될 수는 없다. 그러나 정구의 봉산욕행을 일기체로 작품화한 「봉산욕행론蓬山浴行錄」 등이 있어 주목할 만하다. 특히 누정문학의 경우는 수많은 누정기를 갖고 있어 낙동강 연안의 산수를 정갈한 필치로 그려낸다. 이 뿐만 아니라 길재가 은거한 금오산이나 최치원이 은거한 가야산을 중심으로 한 유산록은 특별한 관심을 가질 필요가 있다. 전자는 강안지역의 절의정신을, 후자는 강안지역의 유선적儒仙的 면모를 보여 이 지역의 문학적 성격을 형성하는 데 있어 중요한 역할을 한 것으로 보인다. 강안문학이 구심력을 유지하면서도 개방적일 수 있는 토대가 되었다는 것이다.

고전문학의 경우, 한글로 된 소설이 영남지역에서 가장 활발하게 유통되었다는 점을 상기할 필요가 있다. 한 연구에 의하면, 강안지역에서 필사지역이 구체적으로 드러나는 경우는 상주 10종, 합천 10종, 성주 9종, 대구 5종이다.[13] 가장 많이 필사된 작품은 「강릉추월전」, 「유충렬전」, 「조웅전」 등인데 이를 통해 이 지역의 소설읽기와 그 의미를 가늠해 볼 수 있다. 고전시가의 경우 상주의 채득기蔡得沂(雩潭, 1605~1646)가 경천대를 떠나면서 「천대별곡天臺別曲」이라는 충절의 가사를 지었고, 낙동강 중류지역에서 활발하게 활동하였던 박인로朴仁老(蘆溪, 1561~1642)가 「태평사太平詞」와 「누항사陋巷詞」 등 모두 8편의 가사와 「입암이십구곡立岩二十九曲」 등 다수의 시조를

13) 김재웅. 2007. 「영남 지역의 선비 집안과 필사본 고전소설의 유통」. 『선비문화』 11. 남명학연구원. 55쪽. 참조.

남겨 이 방면에서 두각을 드러냈다. 이밖에도 선산의 고응척高應陟(杜谷, 1531~1605), 칠곡의 이담명李聃命(靜齋, 1646~1701), 상주의 조우인曺友仁(頤齋, 1561~1625) 등이 있어 조선중기 강안지역의 시가문학에 커다란 공헌을 하였다.

강안지역에서 빼놓을 수 없는 부분이 구비문학이다. 구비문학 가운데 설화는 대가야 및 금관가야 시조의 어머니라고 전해지는 가야산의 여신 정견모주正見母主 이야기를 비롯해서 수많은 전설과 민담이 있다. 부모의 개가 요구를 끝내 받아들이지 않았던 선산지역의 약가藥哥이야기, 이광정李光靖(訥隱, 1552~1627)이 「임열부향랑전林烈婦薌娘傳」을 통해 전한 구미지역의 향랑이야기 등의 무수한 이야기들이 그것이다. 이들 이야기는 때로 한문학의 주요 소재로 활용되면서 장르 교섭현상을 일으키기도 하는데, 밀양과 고령에서 활동하였던 신유한申維翰(青泉, 1681~?)의 「산유화가山有花歌」는 그 대표적이다. 이밖에도 상주의 「공갈못노래」, 대구의 「공산농요」, 구미의 「발갱이들소리」 등의 민요들이 지역적 특징 및 민중의 삶과 결부되면서 강안지역 구비문학을 더욱 풍성하게 하였다.

낙중적 차원의 강안학은 영남적 보편성과 강안적 특수성을 동시에 지니고 있다. 이에 대한 연구는 앞으로 지속되어야겠지만, 강안문학의 경우 낙동강과 그 연안이라는 지리적 특성과 맞물리면서도 영남문학 전체에 대한 소통적 국면을 보여준다. 남명학파와 퇴계학파가 서로 경쟁하고 화합하는 과정에서 역동성을 확보하기도 한다. 문학적인 측면에서 볼 때, 강안문학은 강과 강안 승경을 중심으로 한 한시와 한문산문이 여타의 지역에 비해 활발하게 창작되었다. 그리고 국문으로 된 소설과 시가가 이 지역에서 활발하게 창작 유통되었고, 구비문학 또한 지역성과 맞물리면서 보다 큰 문학세계를 펼쳐갔다. 이를 염두에 두면서 강안문학의 몇 국면을 살펴보는 것이 다음 장의 과제이다.

3. 낙동강 중류지역의 문학 활동

상주에서 시작하는 낙동강 본류는 그 빼어난 경관으로 인해 많은 문학의 창작을 가능케 했다. 그 가운데 가장 먼저 떠오르는 것은 강과 관련된 작품들이다. 수많은 영남의 선비들은 낙동강을 배경으로 하여 강상江上에 배를 띄우고 선유시회를 열어 시집을 만드는 등 강을 중심으로 창작활동을 벌이는 오랜 문화적 전통을 유지해왔다. 그리고 그 기슭에 다양한 누정을 건립하여 풍류를 즐기면서 주변의 아름다운 경관을 노래했고, 인근의 산하를 오르내리며 그 기록을 유산록으로 남겼다. 이같이 낙동강과 그 연안은 문학의 훌륭한 생성공간이었다. 본 장에서는 바로 이 점을 고려하면서, 조선중기 영남 문인들이 그들의 문학 세계를 어떻게 펼쳐갔는가 하는 점을 고찰해 보기로 한다.

1) 선유시회船遊詩會 문화의 구축

조선조의 문인들은 풍광이 좋은 자연을 선택하여 뜻이 맞는 사람들끼리 시회詩會를 열고, 그 모임을 기념하기 위하여 화축畵軸이나 시축詩軸 등을 남기기도 했다. 시회에는 연회가 열리기도 하고 이에 따라 풍악이 울리기도 했다. 친목이 모임의 주요 목적이었으며 이를 기념하기 위하여 그림을 그리고 풍악을 울렸으니, 시회는 바로 종합예술의 한 장이라고 해도 과언이 아니다. 시회는 서울은 물론이고 지방에서도 다양하게 개최되었는데, 조선 문인의 문학적 소통은 이로써 가능하였다. 특히 뱃놀이를 통해 시회를 여는 선유시회는 조선중기 강안지역의 문화로 구축되어 특기할 만하다.

영남의 강 낙동강은 그 자체로도 훌륭한 문학 생성공간이었다. 특히 배를 강물에 띄우고 여는 선유시회船遊詩會는 오랫동안 진행되면서 독특한 문화를 만들었다. 문헌에 입각해 보면 이규보李奎報(白雲, 1168~1241)가 1196년 낙동강에 배를 띄우고 시회를 연 이래 19세기 후반까지 이어졌으니, 낙동강 선유시회는 7백여 년이나 지속되었다고 하겠다.[14] 낙동강 상류에 살았던 이황李滉(退溪, 1501~1570)의 경우도 선유시회를 특별히 즐겼다. 『퇴계집 · 연보』에 의하면, '4월 16일 달밤에 탁영담濯纓潭에서 뱃놀이를 하다. 형의 아들 교寯와 손자 안도安道와 문인 이덕홍李德弘이 따랐다. 청풍명월淸風明月 4운으로 각각 시를 지었고, 「전적벽부」 · 「후적벽부」를 읊은 뒤 밤이 깊어서야 돌아왔다.'[15]라고 기술하고 있으니 이황이 소식蘇軾의 풍취

14) 낙동강의 지류까지 포함시켜보면 시회가 오늘날까지 지속되고 있음을 확인할 수 있다. 예컨대, 금호강을 중심으로 형성된 峨洋吟社는 영남사림의 후예들이 해방 직후부터 현재까지 시회를 열어 시집을 발간하는 등 활발하게 작품 활동을 벌이고 있다.

를 생각하며 도산서원 앞 탁영담에서 시회를 열었던 저간의 사정을 확인할 수 있다.[16)]

이황의 제자이면서 낙동강 중류를 중심으로 강력한 문파를 형성하고 있었던 정구 역시 낙동강을 중심으로 다양한 선유시회를 전개하였다. 그는 1588년(45세) 7월에 함안군수를 그만두고 낙동강을 배로 거슬러 올라와 사우들과 함께 '만경창파욕모천萬頃蒼波欲暮天'을 분운하며 시회를 열었다. 구체적인 장소는 고령의 쌍림면 개산포開山浦에서 멍드미 사망정四望亭에 이르는 구간이었다. 이때 지리산으로 유람을 가던 이기춘李起春(玉山, 1541~1597)과 박성朴惺(大庵, 1549~1607)도 참여하였는데 도합 7인이었다.[17)] 당시 정구는 '파波'자[18)]와 '욕欲'자[19)]의 운을 얻었으며, 선상에서 벗들과 함께 하는

---

15) 李滉.『退溪先生年譜』卷2. 61歲條.『韓國文集叢刊』31. 229쪽. "四月旣望, 泛月濯纓潭, 兄子寯, 孫安道, 門人李德弘從, 以淸風明月, 分韻賦詩, 詠前後赤壁賦, 夜深乃還."

16) 이현보, 김륵, 이종악 등도 안동지역에서 뱃놀이를 즐기면서 관련 작품을 남겼다. 안동지역 양반들의 뱃놀이 문화에 대해서는 한양명. 2008.「안동지역 양반 뱃놀이(船遊)의 사례와 그 성격」.『실천민속학연구』12. 실천민속학회. 참조.

17) 7인은 정구를 비롯한 李弘量(六一軒, 1531~1592), 李弘宇(茅齋, 1535~1594), 金沔(松庵, 1541~1593), 李起春(玉山, 1541~1597), 朴惺(大庵, 1549~1607), 李承(晴暉堂, 1552~1598) 등이다.

18) 鄭逑.『寒岡續集』卷1.「泛舟洛江分韻萬頃蒼波欲暮天得波字」.『韓國文集叢刊』53. 373쪽. "平生何事最爲多, 今日船遊亦可歌. 邂逅良朋仍共醉, 斜陽倒影照平波."

19)『洛江分韻』4쪽. "盡美東南共七賢, 明朝歸去別懷生. 淸江半日暫逃俗, 愧負願留兄所欲." 이 자료는 표제가 '洛江分韻'으로 되어 있으며 도합 49쪽으로 편철된 고문서이다. 정구의 낙강분운을 중심으로 한강학파의 낙동강 관련 사적들이 간찰 및 同舟錄 등과 함께 소개되어 있다. 현전하는『한강집』에는 정구의 낙강분운으로 '波'자 운 한 수만 전하지만, 이 자료는 문집에 빠져 있는 '欲'자 운도 포함하고 있어 중요한 자료적 가치가 있다. 두 작품 모두 작자가 檜山으로 되어 있는데 바로 정구를 의미한다.

시주詩酒의 정취와 세속을 벗어난 아름다운 경치 등을 노래했다.[20)]

정구는 안동부사로 부임하기 직전인 64세 되던 해(1607) 1월 28일 곽재우郭再祐 · 장현광張顯光 · 박충후朴忠厚 등과 함께 용화산 아래서 배를 띄워 놀기도 했다.[21)] 이상정李象靖(大山, 1711~ 1781)은 『기락편방沂洛編芳』의 서문에서 이를 기록하여, '한강선생께서 일찍이 퇴계선생 문하에 유학하시고 물러나와 사상泗上에서 강론하며 가르치시니 성주 · 인동 · 함안 · 영산 사이에 빛나는 군자의 풍모가 많았다. 선생께서 일찍이 여헌旅軒 · 망우당忘憂堂 · 광서匡西 · 간송당澗松堂 제공과 용화산 아래 낙수 위에서 배를 띄우고 노닐었는데, 모인 사람이 모두 35인[22)]이었으니 모두 당대의 빼어난 분들이었다.'[23)]

---

20) 정구의 이 낙강 시회는 그의 문인 세대에도 지속되었다. 「追次洛江韻」이 그것인데 이것은 李承(晴暉堂, 1552~1598)의 晴暉堂에 소장되어 오던 자료로 『洛江分韻』에 정구 등의 분운 뒤에 실려 있다. 이 시회에 참여한 인물로는 정구의 아들 鄭樟(晩悟齋, 1569~1614)을 비롯해서 李道孜(復齋, 1559~1642), 李道由(滄浪叟, 1566~1649), 李堉(心遠堂, 1572~1637) 등을 들 수 있다.

21) 정구가 배를 띄운 직접적인 이유는 20년 전 함안군수 재직 시 비석으로 쓸 수 있는 돌을 도흥강변에 보관해 두었는데 이것을 찾기 위함이었다. 朴尙節은 『沂洛編芳』에서 「龍華山下同泛圖」 8도를 첨부하였는데, 이 그림의 제3도가 「道興搜石」이다. '第三道興步, 嘉號待群賢. 可惜琬琰石, 深藏何處邊.'이라는 題畵詩도 위쪽에 판각되어 함께 전한다. 이와 관련한 자세한 사항은 「龍華山下同泛錄後序」(趙任道, 『澗松集 · 別集』 卷1)를 참조할 수 있다.

22) 『낙강분운』의 「龍華山下同泛錄」에 기록된 사람은, 鄭逑, 郭再祐, 張顯光, 朴忠後, 李佶, 成景琛, 辛礎, 趙埴, 李道由, 朴震英, 李明慜, 李明念, 辛膺, 李明慤, 李明悆, 安侹, 李潚, 盧克弘, 辛邦楫, 趙垹, 李厚慶, 羅翼南, 李道孜, 兪諧, 李明志, 李時馛, 郭瀅, 李道一, 李蘭貴, 柳武龍, 趙任道, 李道輔, 李瀣, 李忠民 등 34인이다. 『沂洛編芳』에는 崔門柱가 보입되어 도합 35인이다.

23) 李象靖. 『沂洛編芳』 張1. 「沂洛編芳序」. "寒岡先生, 早遊陶山之門, 退而講授於泗水之上, 星仁咸靈之間, 盖彬彬多君子之風焉. 先生嘗與旅軒 · 忘憂 · 匡西 · 澗松堂諸公, 同泛於龍華洛之上, 會者盖三十五人, 皆極一時之選."

고 하였다. 이상정은 정구의 선유가 이황에게서 계승되고 있음을 보인 것이다.

정구는 75세 되던 해(1617) 7월 20일에 지병을 치료하기 위하여 45일간의 동래 온천 여행을 한 적이 있었다. 당시의 기록은 『낙강분운』과 『한강선생봉산욕행록』에 자세하다. 전자에는 「한강선생봉산욕행낙강동주록」에 곽근郭赾 등 10인, 「경양대하배景釀臺下陪」에 이후경李厚慶 등 7인, 「통도사배선생동화록通度寺陪先生同話錄」에 17인이 등재되어 있고, 「선생승주욕봉산주중제자운先生乘舟浴蓬山舟中諸子韻」에 11수, 「경양대하범주호운景釀臺下泛舟呼韻」 7수가 실려 있고, 후자에는 고문서 형태로 된 『낙강분운』 등을 자료로 하여 정구의 욕행 일정을 자세하게 기록하고 있다. 당시 정구는 사빈을 출발하여 마수원 나루, 도흥탄, 창원 경양대, 남수정, 삼차강까지는 물길로, 신산서원에서 기장을 거쳐 동래까지는 육로를 이용하였으며, 돌아오는 길은 양산 통도사, 언양, 경주 포석정, 하양, 경산 등을 경유하였다. 당시 수많은 사람들이 정구의 온천행을 맞이하고 배웅하였는데, 이 과정에서 자연스럽게 많은 화차운시를 남겼다.[24)]

낙동강을 중심으로 한 정구의 시회는 그의 문인들에게도 자연스럽

---

24) 『한강선생봉산욕행록』은 『낙강분운』과 다소 출입이 있다. 1617년 7월 20일에 상평성 尤韻(秋 · 遊 · 頭)의 12수, 7월 23일에 상평성 歌韻(沙 · 波 · 多)의 9수가 등재되어 있으나 "諸詩不可盡記"라는 표현에서 알 수 있듯이 훨씬 많은 작품이 있었다는 것을 알 수 있다. 이밖에도 7월 29일에는 정구와 崔興國 사이의 贈答詩가 소개되어 있는데 『한강집』에는 수록되어 있지 않은 작품이다. 내용은 이렇다. 정구: "南溪亦有臥龍淵, 梁甫吟來慕古賢. 可惜櫝中藏美玉, 一生榮辱肯何緣." 최흥국: "鳶飛魚躍自天淵, 一脈眞源屬我賢. 白首還嗟江渭阻, 靑眸相對杳難緣."

게 계승되었다. 대표적인 것이 서사원徐思遠(樂齋, 1550~1615)과 장현광張顯光(旅軒, 1554~1637) 등을 중심으로 한 23명[25]의 문인들이 1601년 3월 23일에 벌인 금호강 시회(「금호동주영琴湖同舟詠」)이다. 서사원이 52세 되던 해 여러 사람들과 뱃놀이를 하게 되었는데, 술이 몇 순배 돌자 장현광의 제의로 이 시회가 이루어졌다.[26] '출재장연중出載長烟重, 귀장편월경歸粧片月輕. 천암원학우千巖猿鶴友, 수절도가성愁絶棹歌聲'이라는 주희의 「무이정사잡영武夷精舍雜詠 · 어정漁艇」을 시운으로 삼았으며, 서사원은 '출出'자, 장현광은 '장長'자를 운으로 하여 시를 지었다. 서사원은 여기서 나아가 장현광의 '장'자 운을 다시 차운하기도 했다. 「차여헌장자운次旅軒長字韻」[27]이 그것이다.

조선중기 낙동강을 배경으로 한 시회는 '상산선유시회商山船遊詩會'가 대표적이다. 이 시회의 작품은 『임술범월록壬戌泛月錄』에 수렴되어 있는데, 상주의 제1경으로 알려진 경천대擎天臺에서 배를 띄워 동남쪽의 도남서원道南書院을 거쳐 관수루觀水樓에 이르는 30여리의 구간에서 시회가 개최되었고, 1607년부터 1778년까지 171년동

25) 23인은 徐思遠, 呂大老, 張顯光, 李天培, 郭大德, 李奎文, 宋後昌, 張乃範, 鄭四震, 李宗文, 鄭鏞, 徐思進, 都聖兪, 鄭錀, 鄭錘, 都汝兪, 徐恒, 鄭鋋, 鄭銑, 徐思選, 李興雨, 朴曾孝, 金克銘 등이다.

26) 『낙강분운』에도 이 시회에 대한 기록들이 있다. 여기에는 呂大老의 서문을 비롯한 3편의 서문, 17수의 시작품 실려 있다. 그리고 이 시회는 「琴湖仙査船遊圖」라는 그림으로 그려지기도 하는데, 그림은 趙衡達가 그리고 서문은 여대로의 것을 실어놓았다.

27) 徐思遠. 『樂齋集』 卷1 張7. 「次旅軒長字韻」. 참조.

안 총 8회, 1663년부터 1798년까지 135년동안 총 18회에 걸쳐 진행되었다. 이 선유시회는 대를 이어가면서 연 것으로 일찍이 그 유례를 찾아볼 수 없는 것이다. 이준李埈(蒼石, 1560~1635)을 중심으로 한 선유시회는 낙강시회의 한 전범이 된다는 측면에서 중요하다.[28] 아래 표를 중심으로 17세기의 사정을 간단히 살펴보자.

시회 연월일	참석자 및 시운	선유지	시형식
1607. 9.	金庭睦, 趙翊, 李埈, 全湜, 趙瀓, 金惠, 黃時幹		聯句
1622. 7. 16	李埈(壬), 趙靖(戌), 李坱(之), 李埈(秋), 康應哲(七), 金惠(月), 金知復(旣), 金廷獻(望), 金廷堅(望), 柳袗(蘇), 趙又新(子), 李大圭(與), 韓克禮(客), 金塈(泛), 李元圭(舟), 李文圭(遊), 李身圭(於), 禹處恭(赤), 丘山立(壁), 孫胤業(下), 全湜(淸), 全克恒(徐), 全克恬(來), 趙光壐(水)	1일: 道南書院→龜巖→楓湖→簞巖→道南書院 2일: 道南書院→龍淵(擎天臺)→伴鷗亭→道南書院	分韻
1622. 10. 15.	李埈(桂), 丘希岌(蘭), 孫胤業(槳), 金讜(空), 李元圭(兮)	竹巖津	分韻
1657. 7. 16.	曺挺融, 趙稜 등(窓 · 腔 · 雙 · 缸 · 江)	竹巖津	次韻
1682. 7. 16.	趙稜 등(위와 같음, 1686년 洪昇, 李在寬 등이 다시 차운함)	竹巖津	次韻

위는『임술범월록』가운데 17세기 부분만 적출한 것이다. 이 가운데 이준을 중심으로 한 1622년 7월 16일의 시회가 대표적이다. 소식이 1082년에 후베이성 적벽강에 배를 띄우고「적벽부」를 남긴지 꼭 540년만의 일로, 이 시회가 가장 본격적으로 이루어졌을 뿐만 아니라, 상주 선유시회의 전범이 되었기 때문이다. 시회에 사용된 시

28) 이에 대해서는, 이구의. 2007.「해제」.『역주 낙강범월시』. 아세아문화사. 참조.

의 형식은 연구聯句 · 분운分韻 · 차운次韻 등으로 다양하였으며, 죽암진에서 주로 개최되었던 것으로 보인다. 죽암진은 도남서원과 관수루 사이에 있던 나루로 그 일대가 수심이 깊고 경치가 빼어나 상주의 문인들이 이곳을 대표적인 선유시회의 장소로 활용했던 것일 터이다.

이상에서 보았던 것처럼 낙동강은 그 자체가 대표적인 문학 생성공간이었다. 배를 타고 노닐며 시회를 여는 선유시회는 강이 아니면 불가능하다. 바로 이 점에서 선유시회는 강안문학의 주요 문학행위가 된다고 하지 않을 수 없다. 조선중기 낙동강 선유시회의 경우, 정구와 그 학파에 의해 꾸준히 지속되어왔다. 정구의 봉산욕행을 기록한 『한강선생봉산욕행록』에는 시회와 관련한 강안문학의 일경향이 문학활동의 측면에서 자세하게 나타나 있어 흥미롭다. 이 뿐만 아니라 유성룡柳成龍(西厓, 1542~1607)의 고제 이준이 벌인 상주의 임술시회는 낙동강 선유시회의 한 전범이 되어 상주를 중심으로 오랫동안 하나의 문화적 축을 구성하고 있었다는 측면에서 주목을 요한다.

2) 강안 승경의 공간 활용

낙동강에는 예천의 내성천乃城川, 문경의 영강穎江, 상주의 병성천屛城川, 김천의 감천甘川, 합천의 황강黃江, 진주의 남강南江 등이 서 · 북쪽 산악에서 발원하여 흘러들고, 안동의 반변천半邊川, 의성의 위천渭川, 대구의 금호강琴湖江, 밀양의 밀양강密陽江 등이 동쪽 산악에서 발원하여 흘러든다. 특히 낙동강 중류의 강안지역에는 강이 만들어낸 수많은 승경이 존재한다. 이 때문에 이 지역의 아름다운 자연경관은 물론이고, 강이 내려다보이는 곳에 건립된 누정 또한 문학의 주요 생성공간을 이룬다. 문인들은 누정과 그 주변의 자연경관을 중심으로 작품을 창작하여 8경과 10경 등의 연작시 형태의 집경시集景詩들을 무수히 생산한다. 몇 가지만 보이면 이렇다.

- 黃俊良(錦溪, 1517~1563), 「梅鶴亭八景」: 金烏晩翠, 鳳溪暮煙, 寶泉錦莎, 月波風帆, 甘湖採蘋, 片巖釣魚, 長林春雨, 沙島夜月.[29)]
- 高尙顔(泰村, 1553~1623), 「南石亭八景」: 孤山獨松, 棗淵漁翁, 鶴駕新月, 鳳岫晴嵐, 江浦牧笛, 潁野農歌, 甲岫歸雲, 佛菴懸燈.[30)]
- 李埈(蒼石, 1560~1635), 「蒼石亭八景」: 靑驍古堞, 白鹿遺墟, 龍池小嶼, 西水平沙, 峴山落景, 商嶺浮雲, 長汀翠柳, 曲砌蒼筤.[31)]
- 金尙憲(淸陰, 1570~1652), 「雩潭十詠」: 會谷春花, 雩潭秋月, 南澗流鶯, 東嶺寒松, 天臺異石, 平沙落雁, 玉柱朝雲, 龜巖暝雨, 箭灘漁火, 圓庵淸磬.[32)]

남석정과 창석정처럼 낙동강의 지류에 위치한 누정도 있지만, 매학정과 무우정은 바로 강이 내려다 보이는 언덕에 자리한다. 강안지역을 중심으로 영남일원에서 활동했던 황준량이나 고상안, 그리고 이준

29) 黃俊良.『錦溪集』卷2.「梅鶴亭八景」.『韓國文集叢刊』37. 81쪽
30) 高尙顔.『泰村集』卷1.「南石亭八景」.『韓國文集叢刊』59. 215쪽
31) 李埈.『蒼石集』卷1.「蒼石亭八景」.『韓國文集叢刊』64. 215쪽
32) 金尙憲.『淸陰集』卷13.「雩潭十詠」.『韓國文集叢刊』77. 191쪽

은 위와 같은 누정 집경시를 지었고, 기호지역에서 활동한 김상헌은 채득기의 무우정을 찾아 그 주변의 승경을 노래했다. 이 같은 집경시는 조선후기로 내려오면서 더욱 확장된다. 삼강에 살았던 정필규鄭必奎(魯庵, 1760~1831)의 「삼강팔경三江八景」과 그의 증손자 정하락鄭夏洛(洛塢, ?~?)의 「강촌십팔경江村十八景」[33]을 비롯하여, 소론계의 문장가 이광려李匡呂(月巖, 1720~1783)의 「매학정팔영梅鶴亭八詠」[34]이 그 대표적이다.

영남의 누정은 다른 지역에 비해 수적인 측면에서 압도적이다. 근대 이전의 누정 상황은 1929년 이병연李秉延(1894~1977)이 편찬한 『조선환여승람朝鮮寰輿勝覽』의 「누정조」를 통해서 자세히 알 수 있다. 이에 의하면 강원도 174개소, 전라도 1,070개소, 충청도 219개소, 제주도 6개소에 비해 경상도는 1,295개소로 여타의 지역에 비해 월등하게 많다. 낙동강 중류를 중심으로 그 공간 영역을 한정시켜 누정을 조사해보면, 이 지역에 얼마나 많은 누정이 건축되었으며 이를 중심으로 문학활동이 또 얼마나 활발하게 이루어졌는가 하는 것을 바로 알 수 있다. 강안지역 가운데 『조선환여승람』에 의거하여 낙동강 본류가 시작하는 상주, 누정이 가장 많은 함안, 강안학의 하한선인 창원지역의 누정을 조사해보면 다음과 같다.

---

33) 이에 대해서는 황위주(2008), 앞의 논문, 1285~1287쪽에서 구체적으로 확인할 수 있다.

34) 李匡呂. 『李參奉集』 卷2. 「梅鶴亭八詠」. 『韓國文集叢刊』 237. 269쪽. 참조.

지역명	누정수	누정명
상주	39	風詠樓, 觀水樓, 凝神樓, 淸涼閣, 秋月堂, 鄕射堂, 鎭南樓, 太平樓, 泛香亭, 六益亭, 樂志亭, 至樂亭, 曠如亭, 白石亭, 二適亭, 開巖亭, 梅湖亭, 伴鷗亭(2), 溪亭, 觀瀾亭, 懷遠臺, 觀瀾臺 書室(2), 鳳岩書堂, 自天臺, 甁泉亭, 甁泉亭, 採其亭, 稼亭, 懶翁亭, 杏亭, 新安書堂, 鳳凰臺, 快哉亭, 山澤齋, 浩然亭, 水月亭
함안	112	淸範樓, 東門樓, 南門樓, 北門樓, 鄕射堂, 紫薇亭, 東山亭, 采薇亭, 西山亭, 栗澗亭, 無盡亭, 新亭, 枕流亭, 六松亭, 忠順堂, 聚友亭, 伴鷗亭, 鳳岡書堂, 桐川精舍, 匡廬別墅, 安仁堂, 合江亭, 樂天亭, 枕洛亭, 杜谷山堂, 舘亭精舍, 防山亭, 履亨齋, 洛東亭, 道峯亭, 茅溪精舍, 隱鳳齋, 四葛亭, 隱齋, 餘陽齋, 洛湖齋, 新溪亭, 紫皐精舍, 茅山亭, 冠亭, 西澗亭, 養和堂, 晩樂齋, 安安齋, 巴厓精舍, 鳳山亭, 鶴山亭, 永慕亭, 脩篁堂, 吾廬, 新新齋, 三新齋, 晩和亭, 廣川亭, 一山亭, 曉山堂, 寒泉齋, 岳陽亭, 淸澗亭, 雲山亭, 竹隱亭, 茂山齋, 考盤亭, 農圃亭, 鶴鳴齋, 川上亭, 儉川齋, 楓泉齋, 西湖亭, 放鶴亭, 尋源亭, 望山亭, 悅乎亭, 慕裕亭, 四豪亭, 院北齋, 霞林齋, 敬思齋, 三峯齋, 追慕齋(2), 鷹巖齋, 追慕亭, 紫陽精舍, 南溪齋, 槐山齋, 岐山齋, 杜陵齋, 追遠齋, 基山齋, 玉山齋, 仁山齋, 逌敬齋, 推本齋, 洛東齋, 永慕齋, 遠慕齋(2), 帆谷齋, 三峯齋, 道東齋, 敬慕齋(2), 无悔齋, 華山齋, 三樂齋, 冬山齋, 蘆山齋, 欽慕齋, 桂山齋, 省楸齋, 慕聖齋
창원	44	風化樓, 碧寒樓, 碧虛樓, 將星樓, 鎭東樓, 息波樓, 懷遠樓, 受降樓, 朝宗閣, 檜山舘, 檜山樓, 觀海亭, 悅禮亭, 講武亭, 蒼翠亭, 達川亭, 東山亭, 海槎亭, 尼山亭, 歸老亭, 瞻斗齋, 觀術亭, 葛谷齋, 東昌齋, 詠歸亭, 永慕亭, 追稼齋, 慕巖齋, 小山齋, 逍遙亭, 龍山齋, 兮兮齋, 在乎亭, 樂翠亭, 石龜臺, 盤谷齋, 西臺, 龍山齋, 琴湖齋, 內谷齋, 慕亭, 敦仁閣, 慕本齋, 思令齋

위의 표는 『조선환여승람』에 의거한 것이지만 실제 현지를 조사해 보면 이보다 훨씬 많은 누정을 확인할 수 있다. 이들 누정은 다양한 문학양식을 거느리고 있다. 누정기문 · 상량문 · 제영시를 비롯해서 소지小識 · 가사歌辭 · 주련柱聯 · 서序 · 공덕문功德文 등이 대체로 그러한 것이다. 그 기능면에서 보아도 유흥상경遊興賞景을 통한 시회詩會를 열기도 하고, 강학과 수양의 공간으로 활용하기도 하며, 종회宗會나 동회洞會, 그리고 계회契會를 열기도 한다. 위에서 조사된 누

정은 경관이 좋은 산이나 대, 또는 언덕 위에 위치하고 있는 것도 있지만, 많은 경우가 낙동강 연안이나 지류의 언덕에 건립되어 있어, 낙동강과 그 지류가 만들어낸 자연 승경은 문학의 주요 생성공간이 되었음을 알게 한다. 고령에 소재한 벽송정碧松亭의 경우에서 보듯이 누정은 대체로 유계儒契를 조직하여 계안契案과 기안忌案을 만들어 철저하게 관리하였고, 특별한 일이 있으면 시회를 열어 기념하기도 했다.[35)]

낙동강 연안에 있는 수많은 누정 가운데 상주의 경천대 옆에 있는 무우정舞雩亭을 우선 주목할 필요가 있다. 이 정자는 충북 충주 출신의 채득기蔡得沂(雩潭, 1605~1646)가 건립한 것이다. 그는 이 무우정에서 「자천대自天臺」라는 시를 지어 하늘을 떠받치고 있는 백 척의 바위산을 노래하였다. 채득기가 기호지역의 인물이었기 때문에 무우정은 기호지역 문인들이 중심이 되어 기문과 함께 다양한 제영을 남길 수 있었다.[36)] 김상헌金尙憲(淸陰, 1570~1652)의 「채씨무우신정기蔡氏舞雩新亭記」에는 황지에서 발원한 낙동강,[37)] 그 연안에 수많은

---

35) 고령 碧松亭의 경우 최치원의 시 뿐만 아니라 이인로, 김굉필, 정여창 등 다양한 인물의 시가 전하는데 고령의 문인들을 중심으로 儒契가 조직되어 이를 관리하고 경영하였으나 후기로 오면서 그 범위는 지역성을 훨씬 넘고 있었다. 현재 남아 있는 契案을 근거로 하면 1546년부터 작성되기 시작하여 근래까지 지속되었다. 이 과정에서 『碧松亭相和試帖』 등 시회와 그 결과물을 남기기도 한다. 벽송정 자료는 경북대 영남문화연구원의 오용원 교수에 의한 것이다.

36) 기문을 남긴 사람은 金尙憲(淸陰, 1570~1652), 李植(澤堂, 1584~1647), 崔鳴吉(遲川, 1586~1647) 등이다.

37) 낙동강의 발원지는 태백산 너들샘이다. 황지에 모여드는 물줄기를 거슬러 오르면 강원도 태백시 화전동에서 정선군 고한읍으로 넘어가는 곳에 싸리재를 만나게 된다. 싸

승경이 있으나 무우정이 있는 곳이 제일이라고 하면서 무우정 주변의 경치를 극찬한 바 있다.[38)]

무우정에서 물길을 따라 내려가면 도남서원道南書院을 거쳐 관수루觀水樓가 있다. 관수루 역시 무우정과 마찬가지로 낙동강이 만들어 낸 절경을 이용하여 강이 훤히 내려다보이는 곳에 건립되었다. 일찍이 김종직은 여기서 「낙강요洛東謠」를 지었고,[39)] 그의 제자들이 대거 이 누각에서 작품을 남겼다. 유호인兪好仁(濡谿, 1445~1494)의 「관수루십절觀水樓十絶」[40)]과 「차낙강관수루운次洛江觀水樓韻」,[41)] 김일손金馹孫(濯纓, 1464~1498)의 「여수헌등관수루與睡軒登觀水樓」와 권오복權五福(睡軒, 1467~1498)의 이에 대한 차운 등이 그것이다. 16세기에는 이해李瀣(溫溪, 1496~1550)가 「등관수루차안공운登觀水樓次安公韻」[42)]을, 이황이 「낙동관수루洛東觀水樓」와 「등상주관수

리재를 중심으로 저쪽 너머에는 한강의 발원지가 있고, 이쪽 너머에는 낙동강의 발원지 너들샘이 있다. 흔히 낙동강은 황지에서 시작된다고 보았는데, 여기서 시작하면 낙동강은 1,300리가 된다. 현재 황지에는 '洛東江 千三百里 예서부터 시작되다'라는 커다란 표석이 세워져 있다. 金宗直은 「洛東謠」. 『佔畢齋集』 卷5. 『韓國文集叢刊』 12. 245쪽. 에서 "황지의 근원 겨우 잔에 넘쳤는데, 바로 흘러 여기에 와서 넓기도 하네. 하나의 물이 60주를 좌우로 갈라, 몇 군데 나루터에 배들이 이어졌던고?"라고 하였다.

38) 金尙憲. 『淸陰集』 卷38. 「蔡氏雩潭新亭記」. 『韓國文集叢刊』 77. 575쪽. "洛東之江, 發源於黃池, 經八九郡千數百里入于海, 其間環江而屋者, 殆不可數, 人人自以爲得地之勝, 然沂嘗歷觀而周覽之, 若有未盡其奇者, 偶於商山之北, 檜谷之南, 梅湖之下, 得奧區焉."

39) 金宗直은 『佔畢齋集』 卷5. 「洛東謠」. 『韓國文集叢刊』 12. 245쪽. 에서 "朝發月波亭, 暮宿觀水樓. 樓下綱船千萬緡, 南民何以堪誅求."라며 관리의 횡포를 고발하고 있다.

40) 兪好仁. 『濡谿集』 卷2 「觀水樓十絶」. 『韓國文集叢刊』 15. 113쪽.

41) 兪好仁. 『濡谿集』 卷2. 「次洛江觀水樓韻」. 『韓國文集叢刊』 15. 152쪽.

루登尙州觀水樓」라는 작품을 지어 관수루가 영남 사림파의 성장에 있어 의미 있는 공간이었음을 알게 한다. 이황 이후에는 그의 시를 차운하며 그 정신을 계승하려는 움직임도 이 공간에서 일어났다.

낙동강 중류에는 수많은 누정이 있지만 밀양의 영남루嶺南樓는 빼놓을 수 없다. 이는 김천의 연자루燕子樓, 영천의 명원루明遠樓(조양각朝陽閣) 등과 함께 강안지역의 누정을 대표한다. 이 영남루는 무우정이나 관수루와 달리 관원의 숙박을 담당하던 공루公樓라는 점에서 차이가 있으며, 기능에 따른 작품의 주제 역시 달리 한다. 조사된 바에 의하면 영남루의 기문은 13편,[43] 제영은 300여 수가 전한다. 작자의 대다수가 관찰사 등 공무를 수행하는 현직 관원이었기 때문에 강학과 장수의 내용이 훨씬 많은 사루私樓에 비해 충군애민의 정서가 다수 함의되어 있다. 또한 아랑전설의 시적 수용과정을 거치면서 비장한 미의식이 표출되기도 했다.

강은 사행으로 흘러 자연히 강안의 승경을 빚어내었고, 거기에 또한 수많은 누정이 건립되었다. 누정이 모두 낙동강 연안에 건립된 것은 아니라 하더라도 그 언덕에 위치한 것이 대부분이다. 이에 따라 강안 승경은 역대로 많은 문인들의 시심을 자극하기에 부족함이 없었다. 문인들은 한두 수로 누정과 그 주변을 노래하기도 하지만, 때로는 집경시의 형태로 공간 감성을 조직적으로 드러내기도 하였다. 집경시

42) 李瀷. 『溫溪集』 卷1. 「登觀水樓次安公韻」. 『韓國文集叢刊』 27. 261쪽.

43) 鄭景柱. 2002. 『嶺南樓題詠詩文』. 密陽文化院. 참조.

가 누정 등 어느 한 지역을 중심으로 그 부근의 아름다운 풍경을 시적 대상으로 삼은 연작시를 말한다고 볼 때, 강안의 승경은 영남지역에서 문학을 생성하는 대표적인 공간이라 하지 않을 수 없다. 따라서 유계를 만들어 관리하고 시회를 여는 것은 지극히 당연한 일이었다고 하겠다.

3) 유산문화와 가야산 기행

16세기 이후 이황과 조식을 중심으로 학단이 형성되면서 영남학파의 성립을 보게 된다. 이에 따라 이황이 유람하였던 청량산과 조식이 유람하였던 지리산은 그 제자들에 의해 스승의 자취를 따라 밟으며 진리를 구하는 하나의 수도장으로 기능하였고, 이에 따라 많은 유산록이 생산되었다. 현재 전해지는 유산록은 청량산의 경우 1544년 주세붕周世鵬(愼齋, 1495~1554)이 지은 「유청량산遊淸凉山」을 비롯하여 50여 편에 이르고, 지리산의 경우는 이육李陸(靑坡, 1438~1498)이 지은 「유지리산록遊智異山錄」을 비롯하여 80여 편에 이른다. 그동안 퇴계학파와 남명학파를 중심으로 영남학을 연구하면서 이 두 산은 거듭 논의되어 왔다. 이 과정에서 강안지역의 대표적인 산들은 연구에서 거의 소외당하고 말았다.

강안지역에 있는 산은 감문산甘文山 · 비봉산飛鳳山 · 성황산城隍山 · 가야산伽倻山 · 수도산修道山 · 오도산吾道山 · 금오산金烏山 · 황악산黃岳山 · 팔공산八公山 · 비슬산琵瑟山 · 화왕산火旺山 · 영축산靈鷲山 등 다양한데, 이 가운데 팔공산과 금오산, 그리고 가야산은 그 대표적이다. 성주목사를 역임한 김우金祐가 지은 남정南亭에 황필黃墷이 기문을 써서, "푸른 눈썹 같은 공산公山과 연기와 구름이 낀 가야산, 그리고 창 · 칼 같은 금오산을 궤안 사이에 서로 마주보게 되어 있었다"[44]고 한 데서 이러한 사정을 알 수 있다. 이 가운데서도 가야산은 조선조 문인들이 가장 선호하던 유람처였다. 현재 전해지는 50여 편의 유산록이 이를 확인해 준다. 대표적인 가야산 유산록을 작가와 작품명의 순서로 간단히 정리해보면 다음과 같다.

> 金馹孫(濯纓, 1464~1498), 「伽倻山海印寺釣賢堂記」; 鄭逑(寒岡, 1543~1620), 「遊伽倻山錄」; 李重茂(枏溪, 1568~1629), 「伽倻錄」; 許燉(滄洲, 1586~1632), 「遊伽倻山記」; 許穆(眉叟, 1595~1682), 「伽倻山記」; 呂文和(稼溪, 1652~1721), 「遊伽倻山錄」; 申必清(竹軒, 1647~1710), 「遊伽倻山錄」; 鄭栻(明庵, 1664~1719), 「伽倻山錄」; 兪拓基(知守齋, 1691~1767), 「遊伽倻記」; 李夔(龍山, 1699~1779), 「遊伽倻山錄」; 崔興遠(百弗庵, 1705~1786), 「遊伽倻山錄」; 金相定(石堂, 1722~1788), 「遊伽倻山記」; 金明範(農谷, 1730~1808), 「伽倻山遊錄記」; 李萬運(默軒, 1736~1820), 「伽倻東遊記」; 河鎭兌(杏亭, 1737~1800), 「遊伽倻錄」; 鄭煒(芝厓, 1740~1811), 「遊伽倻山記」; 都禹璟(明庵, 1755~1813), 「遊伽倻修道山錄」; 成海應(研經齋, 1760~1839), 「伽倻山山水記」; 文正儒(東泉, 1761~1839), 「伽倻遊記」; 文海龜(墨山, 1776~1849), 「遊伽倻山錄」; 河錫洪(愼庵, 1786~1834), 「遊伽倻山錄」; 宋秉璿(淵齋, 1836~1905), 「伽倻山記」; 朴瑾郁(思竹,

---

44) 『新增東國輿地勝覽』 卷28. 慶尙道 星州牧條. "公山之翠黛, 伽倻之烟雲, 金烏之劍戟, 相對乎几案之間."

1839~1917), 「遊伽倻山錄」; 李承熙(大溪, 1847~1916), 「伽倻日記」; 李圭晙(石谷, 1855~1923), 「入伽倻山記」; 魏啓昌(竹軒, 1861~1943), 「伽倻山記」; 李萬成(篤山, 1872~1922), 「遊伽倻山錄」; 李鍾翼(苦庵, 1886~1951), 「遊伽倻山記」

이밖에도 가야산 줄기에 해당하는 오도산吾道山을 유람한 후 신호인申顥仁(三洲, 1762~1832)은 「등오도산기登吾道山記」를 지었고, 윤우학尹禹學(思誠齋, 1852~1930)은 「유오도산기遊吾道山記」를 지었다. 그리고 황계폭포를 유람하고 쓴 하수일河受一(松亭, 1553~1612)과 김수응金粹應(直齋, 1887~1954)의 「유황계폭포기遊黃溪瀑布記」, 군자계를 유람하고 쓴 문경호文景虎(嶧陽, 1556~1619)의 「군자계기君子溪記」, 칠봉산을 유람하고 쓴 김양진金養鎭(우헌愚軒, 1829~1901)의 「유칠봉기遊七峯記」, 해인사 팔만대장경을 답사하고 쓴 이덕무李德懋(雅亭, 1741~1793)의 「기해인사팔만대장경사적記海印寺八萬大藏經事蹟」, 수도산 및 무흘산을 유람하고 쓴 성섭成涉(僑窩, 1718~1788)의 「유무흘산遊武屹山」·「재유무흘再遊武屹」·「입암기立巖記」·「무흘장서기武屹藏書記」와 송병준宋秉璿(淵齋, 1836~1905)의 「수도산기修道山記」 등 허다한 작품이 있다.

현재 남아 있는 가야산 유산록은 18세기 이후의 작품이 대부분이지만 그 연원은 사림파의 성장과 맥락을 같이 한다. 김종직이 강안지역에 거점을 마련하고 지리산을 유람하면서 유산록의 전범을 보였고, 또한 지방의 풍속을 개선하며 문명의 기풍을 진작시켰듯이 그의 제자들 역시 이 일에 앞장섰다. 강안지역의 대표적인 산인 가야산은 김종직의 제자 김일손이 유람하면서 「가야산해인사조현당기伽倻山海印寺釣賢堂記」를 남긴다. 그는 스승 김종직이 찾았던 조현당을 찾아 스승의 시 뿐만 아니라 동문인 김맹성金孟性(止止堂, 1437~1487), 유호인兪好仁(㵢溪, 1445~1494), 표연말表沿沫(藍溪, 1449~1498) 등의 시를 발견하고 기뻐한다. 이를 통해 우리는 가야산을 중심으로 한 사림파의 성장을 읽을 수 있는데,[45] 특히 그는 가야산에 있는 최치원의 유적에 대하여 많은 관심을 보였다. 다음 대목을 보자.

> 나는 어릴 때부터 산수벽山水癖이 있었다. 영남을 유람할 때 항상 생각하기를, 최치원이 당나라에서 돌아와 신라 말에 뜻을 잃고 아름다운 산수를 찾아다닌 곳이 한 둘이 아니었는데 그가 세상을 뜬 곳이 바로 가야산이었다는 것이다. 이 산은 경치가 매우 기이하고 뛰어나 신선이 은둔하여 머무르던 곳이다. 최문창의 백세 후에 또한 반드시 고인高人과 도사道士들이 그 산중에서 편안히 살고 있다가 혹 그 이름마저 사라졌을 것이다.[46]

김일손이 가야산을 유람하며 최치원의 삶을 떠올렸듯이 이후의 문인들도 홍류동을 거쳐 해인사에 들어가면서 최치원의 유적인 독서당

---

45) 고령의 벽송정에서도 이를 확인할 수 있다. 이 정자에 대한 최치원을 비롯한 김굉필과 정여창의 제영이 있다. 李敦夏는 「碧松亭儒契序」에서, "邑之西一舍有亭, 曰碧松, 刱在漢五鳳初, 後孤雲·寒喧·一蠹諸先生, 嘗杖屨嘯詠, 暎發情采, 繇是士類咸景仰, 久久存護也."라 하였다.

46) 金馹孫.『濯纓集』卷3.「釣賢堂記」.『韓國文集叢刊』17. 238쪽. "余自髫齔, 性癖林泉, 壯遊嶺南, 常念崔文昌至自唐, 失意羅季, 其所探歷佳山好水, 不一其所, 而其終也乃伽倻山, 則斯山也, 必有奇勝絶倫, 而仙逸者留焉. 文昌百歲之後, 亦必有高人道士, 棲遲偃仰於其中, 而或泯其名焉."

이나 영정각, 학사대 등에 많은 관심을 갖고, 그 감회를 서술한다. 이를 통해 가야산은 최치원의 유선적 경향과 결부되면서 독해되었다. 김일손에 이어 가야산을 유람한 정구는 장편의 가야산 유산록을 남기며 최치원의 독서당 유적과 제시석題詩石 등을 통해 그에 대한 관심을 지속적으로 나타내면서도 수양론적 의미를 더욱 강화시킨다. 가야산을 주변의 산들과 연대시키며 도학적 의미를 부여하였던 것이다. 다음 자료를 보자.

> 중이 '흐릿한 산 한 줄기가 아득히 남쪽 하늘을 채우고 있는 것처럼 보이는 것이 지리산입니다.' 라고 하였다. 이 산은 정 선생이 이른 시기에 살면서 덕을 쌓고 조 선생이 만년에 은둔하며 높은 뜻을 길러 지키던 곳이다. 남쪽의 제일가는 명산으로 다시 두 현인의 명성을 입어 장차 천지와 함께 전해지게 되었으니, 또한 저 산의 큰 다행이라 하지 않을 수 없다. 저 멀리 아득히 마치 사람이 서 있는 것 같은데 보이지 않고 그 머리만 북쪽 모서리에서 살짝 드러내고 있는 것은 금오산이다. 고려 500년 동안 삼강오륜의 의탁함이 오직 저 산의 가운데 있고, 곧 수양산과 더불어 만대의 먼 장래에까지 그 높이를 함께 할 것이니, 오늘 본 것이 또한 우연이 아니라고 하지 않을 수 없다.[47)]

이 글은 정구가 가야산 제1봉에 올라서 아득히 보이는 지리산과 금오산에 대하여 기술한 것이다. 지리산은 정여창이 젊었을 때 살면서

47) 鄭逑. 『寒岡集』 卷9. 「遊伽倻山錄」. 『韓國文集叢刊』 53. 273쪽. "僧云, 微茫一抹, 杳若補缺於南天者, 智異也. 鄭先生早歲棲息蓄德, 曹先生晚年隱遁養高, 作鎭南方, 爲名山第一, 而復託名於兩賢, 將與天壤同其傳, 亦不可不謂玆山之大幸也. 蒼茫若人存不見, 而微露其鬢於北隅者, 金烏也. 高麗五百年綱常之託, 不謂只在此山之中, 而直與首陽相高於萬世之遠, 今日之見, 亦非偶然也."

덕을 쌓던 곳이고, 조식이 만년에 은둔하며 고상한 뜻을 기르던 곳이라 했다. 그리고 백이숙제伯夷叔齊가 숨어든 수양산처럼 금오산은 길재가 고려에 대한 절의를 지키며 은거하였던 산이었다. 가야산 제1봉에서 떠올린 금오산의 길재, 지리산의 정여창과 조식 등을 통해 정구는 가야산과 그 주변산들이 지닌 인문환경을 제시하였다. 위의 글에 이어지는 구절에서 팔공산 기슭의 정몽주鄭夢周(圃隱, 1337~1392), 덕유산 기슭의 임훈林薰(葛川, 1550~1584), 운문산 기슭의 김대유金大有(三足堂, 1479~1551) 등을 떠올린 것도 모두 같은 이치이다.

조선조 문인들이 가야산을 유람하며 최치원을 떠올리는 것은 일종의 상식에 해당한다. 정구의 제자 허목 역시 「가야산기伽倻山記」에서 수도산에 '정씨장서鄭氏藏書'가 있다며 스승 정구를 생각하고, 다시 가야산 바위 벼랑에 최치원이 기거했던 바위가 있다면서 홍류동 계곡에 남아 있는 '학사學士'라는 석각 글씨를 특기했다.[48] 조선 중기의 문인들은 가야산 기행 과정에서 유산록뿐만 아니라 많은 시를 창작하기도 했다. 가야산을 읊은 한시는 위에서 제시한 유산록의 서술과정에서 제시된 것도 있지만 그 범위를 훨씬 벗어나 있는 것이 대부분이다. 이 시들에서도 최치원은 주요 시적 대상이었다. 다음 두 수가 이에 해당한다.

(가) 亂磴縈回滿屐苔　어지러이 돌계단 휘휘도니 나막신에 이끼가

---

48) 許穆.『記言』卷28.「伽倻山記」.『韓國文集叢刊』98. 147쪽. 참조.

가득하고,

玉簫吹徹鶴徘徊　옥 피리 사무치게 불어 학이 배회를 하는구나.
崔仙一去無消息　최고운 신선은 한 번 가서 소식도 없고,
黃葉西風月滿臺　서풍만 물든 잎에 불고 달빛은 대에 가득하네.[49]

(나) 蒼然暮色來霜藤　창연하게 저문 빛 서리 내린 등나무에 어리는데,
新月出林西日下　초승달은 숲에서 나오고 석양은 지는구나.
問爾山中老樹精　묻노니 너 산속의 오래된 나무 정령은,
今宵應見孤雲過　오늘 밤에 반드시 고운이 지나는 걸 보겠지.[50]

(가)는 성주목사를 지낸 황준량黃俊良(錦溪, 1517~1563)의 「가야산차김모재운伽倻山次金慕齋韻」이고, (나)는 이항복李恒福(白沙, 1556~1618)의 「가야산중작伽倻山中作」이다. 이 두 작품은 모두 최치원을 통해 가야산을 읽으며 도가적 풍모를 드러내고 있다. 이항복이 전하고 있듯이, 속설에 의하면 최치원이 가야산에 들어와 신선이 되었는데, 지금도 혹 그 산속을 왕래한다[51]고 했다. 이 때문에 황준량이 (가)에서처럼 '최선일거무소식崔仙一去無消息'이라고 하지만, 이항복은 속설에 의거하여 혹시 오래된 나무의 정령은 신선 최치원을 볼 수 있지 않을까 하였다. 최치원을 그리는 심정을 이렇게 표현하였던 것이다.

---

49) 黃俊良. 『錦溪集』 卷1. 「伽倻山次金慕齋韻」. 『韓國文集叢刊』 37. 6쪽.

50) 李恒福. 『白沙集』 卷1. 「伽倻山中作」. 『韓國文集叢刊』 62. 162쪽.

51) 李恒福. 『白沙集』 卷1. 「伽倻山中作」. 『韓國文集叢刊』 62. 162쪽. "俗傳, 崔孤雲入此山爲仙, 今或往來云."

현재, 금오산과 가야산은 강좌 지역의 청량산과 강우 지역의 지리산에 비해 그다지 주목을 받지 못하고 있는 실정이다. 그러나 이들 산은 강안지역을 대표하는 것으로 당대의 문인들로부터 끊임없는 사랑을 받아왔다. 특히 가야산은 최치원이 신선이 된 산으로 인식되면서 조선의 문인들은 이 산을 선가풍仙家風으로 독해해 왔다. 그러나 김굉필과 정여창이 이 산 기슭의 벽송정에서 제영시를 짓기도 하고, 정구이 또한 가야산의 제1봉에서 금오산 하의 길재와 지리산 하의 정여창을 떠올리기도 하였으니 가야산은 도학풍道學風 역시 지니고 있었던 것이다.

4. 낙동강 중류지역 문학의 성격

낙동강 본류가 시작되는 중류는 많은 수량이 확보되면서 본격적인 선유시회가 이루어졌고, 그 연안지역에는 강이 만들어낸 승경에 따라 수많은 누정이 건립되면서 이와 관련된 문학활동이 전개되었다. 이뿐만 아니라 강안지역의 대표적인 산인 금오산과 가야산을 중심으로 유산문화가 이루어졌으며, 특히 가야산의 경우는 많은 유산록이 작성되었다. 이 같은 문학활동은 시회나 유산 등 '행위'가 중심이 되었고, 이를 통해 문학이 창작되었다는 측면에서 문학의 실천성을 확보하고 있는 셈이다. 이를 염두에 두면서 조선중기 낙동강 중류지역에서 생산된 문학은 어떤 성격을 지니는가 하는 점을 생각해보도록 한다.

1) 풍류 · 문예 정신의 구현

조선 중기의 문인들은 풍류정신과 문예정신을 그들의 세계관을 구축하는 데 있어 비본질적인 것이었다. 그러나 이황은 의리에는 정밀한 곳과 조잡한 곳이 있고, 일에는 긴수작緊酬酌과 한수작閑酬酌이 있다고 하면서, 우리의 몸과 마음에 절실한 것을 마땅히 앞세워야 하지만, 그렇다고 한수작을 버려둘 수는 없다고 했다. 여기서 말하는 긴수작이 철학과 같은 고상한 학문을 말한다면, 한수작은 시작과 같은 문예활동을 의미한다. 이 같은 생각은 이황 문학행위의 정당성을 부여하는 동시에 문학과 도학의 관계를 설정하는 것이어서 중요하다. 도학과 함께 문학활동을 병행하였던 조선중기의 문인들은 대체로 이 같은 생각을 지니고 있었다. 강안지역 문인의 경우, 시회 등을 통해 풍류정신과 문예정신을 보다 적극적으로 폈다는 측면에서 특징적이다. 이것은 이들의 문학적 일경향이 낭만 감성에 맞닿아 있다는 것을 의미한다.

선유시회는 기본적으로 풍류정신과 문예정신을 담보한다. 선유와 풍류, 시회와 문예가 맞물려 있기 때문이다. 일찍이 「낙강범월시서洛江泛月詩序」에서 이준이 1622년(임술) 7월 16일을 맞아 시회를 여는 동기를 언급한 과정에서도 이 정신은 뚜렷이 드러난다. 즉, "소동파가 적벽에서 논 일은 예나 지금이나 부러운 것이어서, 아름다운 경치가 있으면 이를 상상하게 되었다. 이로 인해 동파의 호방한 문장과 걸출한 구절은 강신江神의 도움에 힘입어 무지개 같은 광채와 신기루 같은 색채가 사람의 귀와 눈을 현혹하기에 족하였다. 우리들이 비록

「적벽부」 같은 부를 짓는 재주는 없지만 경치를 만나 정취를 이룬다면 마땅히 옛사람들에게 부끄러울 것이 없을 것이다."[52]라고 하면서 소식의 풍류를 계승하며 시를 지어 회포를 풀고자 하였던 것이다.

이준의 제의에 따라 인근의 문인 30명이 모였다. 이준은 소식蘇軾이 1082년(임술) 7월 16일에 적벽유赤壁遊를 하였던 것처럼 낙동강에 배를 띄우고 풍류를 즐기면서 시회를 열어 그 감흥을 보존하고자 했다. 이준은 소식을 본받고자 함이 아니라고 애써 변명하고 있지만[53] 임술년 7월 16일을 선택하고 소식의 「적벽부」를 분운하여 창작하였으니, 이들이 근본적으로 갖고 있었던 것은 소동파의 풍류정신을 계승하자는 것이었다. '술戌'자 운을 얻은 조정趙靖(黔澗, 1552~1636)의 다음과 같은 발언은 이를 더욱 분명하게 한다.

元豐歲壬戌　원풍 임술년,
七月十六日　칠월 16일.
蘇仙泛赤壁　소식이 적벽에 배를 띄웠나니,
勝事誰更軼　훌륭한 일 누가 다시 이었던가?
我輩物外人　우리들은 세상밖의 사람이라,
風流皆第一　풍류는 모두 제일이라네.
天啓後壬戌　천계 후 임술년,
佳會任眞率　좋은 모임 진솔하게 가졌다네.

---

52) 李埈.『壬戌泛月錄』4쪽.「洛江泛月詩序」. "蘇老赤壁之遊, 爲古今所歆羨, 至有丹靑而想像者, 是因此老豪詞傑句, 爲江神所助, 虹光蜃彩, 有足以照人耳目也. 吾儕雖非作賦之材, 然觸景成趣, 則宜無媿於古人."

53) 李埈.『壬戌泛月錄』4쪽.「洛江泛月詩序」. "將赤壁賦從頭分韻, 次第占之, 非敢效坡作也, 聊以識勝遊."

相携至書院　서로 손잡고 서원에 이르니,
手中横健筆　손에는 훌륭한 붓이 들려있네.[54]

원풍 임술년(1082)은 소식이 적벽에서 뱃놀이 한 해이고, 천계 임술년(1622)은 이준 등이 낙동강에서 뱃놀이 한 해이다. 조정은 여기서 '훌륭한 일을 다시 잇는다'[55]라고 하면서 스스로 '풍류제일風流第一'이라고 하였다. 이어 좋은 글을 지어 문예를 드날릴 수 있도록 붓을 들고 도남서원에 모였다고 하고 있으니, 그들이 사물에 닿아 느끼는 아름다운 흥취를 시로 남길 생각이었던 것이다. 이 시에서는 '소언少焉'·'부유蜉蝣'·'인생애人生哀(哀吾生)' 등의 시어뿐만 아니라 상상력의 방향도 본받고자 하였다. 우리는 여기서 낙동강에 배를 띄우고 선유시회를 열며 소식의 풍류정신과 문예정신을 계승하고자 했던 강안의 문인들을 만날 수 있게 된다.

낙동강 중류지역에서는 누정을 중심으로 한 풍류와 문예 역시 활발하게 이루어졌다. 누정은 다양한 기능을 갖고 있지만 문학의 산실이라는 측면에서 더욱 중요하다. 누정에서 시회를 열어 문학작품을 한꺼번에 다량 생산하기도 하고, 시간대를 달리하여 누정의 원운에 따라 작품을 축적하기도 한다. 또한 한 작가가 주위의 승경을 감상하며 집경시를 짓기도 한다. 여기에는 물론 음주를 곁들이는 것이 대부분이다. 예컨

54) 趙靖. 『壬戌泛月錄』 9쪽. 「得戌字」.
55) 조정은 같은 시에서 '壯遊天幸借, 舊事今可述'이라 하여 소식의 적벽유를 계승하고 있다는 것을 거듭 강조하였다.

대, 고령에 살았던 허명신許命申(癡齋, 1569~1637)은 누정과 관련하여 다양한 시를 창작하였는데, 그 가운데 박윤朴潤(竹淵, 1517~1572)의 정자인 죽연정竹淵亭과 관련한 다음과 같은 작품을 남겼다.

> 박첨지 및 여러 벗들과 함께 죽연정에 앉아서 종일토록 술을 마시며 이야기하다가 저물녘에 배를 타고 가서 고사정孤査亭에 오르면서 그물을 쳐서 큰 고기 5~6마리를 잡았다. 달뜨기를 기다려 죽연정으로 내려와서 회를 쳐서 안주로 하여 몹시 취하도록 마시고 운을 불러 시를 지었다.
>
> 夕陽休道近黃昏 저물녘에 황혼이 가까워졌다고 말하지 말라,
> 漁艇移來月一痕 고깃배를 타노라면 조각달이 따라 온다.
> 今夜相逢須盡醉 오늘 밤 서로 만나 모름지기 실컷 취하면,
> 渚蘭應笑楚醒魂 물가의 난초는 응당 웃으며 매질하여 취한 술 깨어 주리.[56)]

앞의 글은 뒤의 시를 창작하게 된 동기를 적은 것인데 제목을 겸했다. 이에 의하면 허명신이 여러 벗들과 죽연정에서 술을 마시다가 배를 타고 고사정으로 가면서 물고기를 잡고, 다시 죽연정으로 내려와 술을 마시면서 시를 지었다. 우리는 여기서 강을 끼고 있는 정자에서 예상되는 음주와 그 흥취, 이로 인한 문예창작이라는 계기적 행위를 어렵지 않게 이해하게 된다. 누정을 통한 이 같은 풍류와 문예는 원운에 따른 차운시를 지으면서 다양하게 이루어지는데, 1936년 이명걸李明杰이

56) 許命申.『癡齋集』卷1.「與朴僉知及諸益, 坐竹淵亭, 終日杯酒相話, 昏乘舟上孤查, 散網得大魚五六, 待月出下竹淵, 作膾泥醉呼韻」.

편찬한 『교남누정시집嶠南樓亭詩集』에는 강안지역의 대표적인 누정과 그 제영시가 제시되어 있어 이를 잘 알게 한다. 이 뿐만 아니라 여기저기 흩어져 있는 누정시첩樓亭詩帖들은 누정을 둘러싸고 이룩한 강안지역의 풍류정신과 문예정신을 잘 드러내 주는 역할을 한다.

강안지역의 대표적인 산을 유람하면서도 이 지역 문인들의 풍류와 문예는 지속되었다. 문인들의 유산은 일종의 생활이라 하겠는데 임하林下에 정신적 기반을 둔 사림파의 정신을 충실히 계승한 까닭이기도 하다. 또한 유산과정에서 많은 작품을 남기기도 하였다. 산문으로는 유산록이 대표적이고 운문으로는 유산과정에서 느낀 흥감의 세계를 다양한 시를 통해 제시한다. 예컨대 정구의 「유가야산록」 1579년 9월 14일조를 보면 중들이 무릎을 꿇고 시 한 수 받기를 원하였지만, 정구가 이를 거절하며 옛 일을 회상하는 대목이 나온다. 다음이 그것이다.

> 나는 지난날 외사촌 이인박李仁博 및 유중엄柳仲淹 · 김담수金聃壽 · 이정우李廷友 등과 함께 이 산에 올라온 적이 있다. 우물가에 둘러앉아서 무수한 술잔을 어지러이 들이키고 시를 읊으면서 여러 수의 시를 지어 취필醉筆이 물 흐르는 듯 하였으나, 나만 유독 종일토록 한 구절의 시도 짓지 못해 자못 제군들의 웃음을 샀다. 파할 무렵에야 내가 한 수를 지었는데, 끝 구절에 '천년의 처사 마음을 말없이 느낀다네.' 라는 구가 있었다. 제군들이 농담하는 말로 화답하고 서로 웃으며 헤어졌었다. 지금은 18년이나 지났다.[57]

---

57) 鄭逑.『寒岡集』卷9.「遊伽倻山錄」.『韓國文集叢刊』53. 273쪽. "余於昔者隨內兄李汝約仁博, 與柳景范仲淹, 金台叟耼壽, 李而敬廷友, 共登此山, 環井而坐, 亂酌無數, 吟詠唱酬, 篇什累累, 醉筆如流, 余獨不能詩, 終日無一句, 頗爲諸君所嘲, 臨罷, 余有一詩, 末有默契千年處士心之句, 則諸君和以謔語, 相與劇笑而罷, 今者十八年矣."

위의 자료에서 우리는 당시 문인들의 유산문화를 이해할 수 있다. 술을 마시며 등람의 감회를 시로 읊조리는 것이 그것이다. '취필醉筆'이 '여류如流'하다고 했으니 이들의 풍류와 작시를 동시에 알 수 있는 대목이다. 특히 풍류는 여기서 끝나지 않고 악기를 연주하며 노래를 부르는 데로 나아가기도 했다. 예컨대 정시한丁時翰(愚潭, 1625~1707)의 경우 전국의 명산을 두루 유람하면서 여러 계층의 사람을 만나 강론하기도 하지만, 문원건文元健 등이 연주하는 피리 소리와 거문고 소리를 듣거나 준비해 간 술을 마시면서 노래 부르기도 한다. 이에서 보듯이 유산록에 등장하는 시주詩酒와 가영歌詠은 당대 사대부 문화의 보편성에 입각한 것이다. 그러나 강안지역 문인들이 가졌던 일련의 풍류정신과 문예정신은 이 지역의 독특한 문화적 의미로 부각되기에 족한 것이었다.

강안지역 문인들의 작품에 등장하는 이상의 풍류정신이나 문예정신은 이들 문학의 일경향이 낭만 감성과 맞닿아 있다는 것을 의미한다. 선유나 누정, 그리고 유산문화에 이르기까지 술 마시며 시 짓고, 읊조리며 노래하기는 당대의 보편화된 사대부 문화의 일부였던 것으로 보인다. 그러나 낙동강의 승경을 배경으로 많은 누정이 건립되어 있었던 강안지역의 문인들은 여타의 지역에 비해 이 같은 성향이 훨씬 강했다는 것을 어렵지 않게 짐작할 수 있다. 우리는 여기서 도학으로 한정할 수 없는 강안지역의 개방적 작가의식을 읽게 된다.

2) 도학 · 절의 정신의 계승

낙동강과 그 연안 지역에는 풍류정신과 문예정신에 기반한 낭만 감성만 존재하는 것이 아니다. 한편으로 이 낭만 감성을 표출하면서도 다른 한편으로는 이를 극복하는 방향으로 조정되기 때문이다. 여기서 우리가 주목하고자 하는 것은 바로 낙동강의 '낙洛'이다. 이는 하도낙서河圖洛書의 '낙洛'이며 동시에 염락관민학濂洛關閩學의 '낙洛'일 수 있기 때문이다.[58] 하도와 낙서는 성리학자들의 우주론을 구성하고 염락관민학은 송학宋學 내지 정주학程朱學의 다른 표현이다. 이 때문에 강안지역의 문인들은 주자 성리학에 대한 조선적 동일성과 자부심으로 도학정신과 절의정신 역시 충실히 갖고 있었던 것으로 보인다. 이것은 도학 감성이 작용한 까닭이라고 하겠는데, 문학작품 역시 많은 부분 이와 관련하여 창작되고 있었다.

선유시회의 경우, 강안지역 문인들은 소식의 적벽유赤壁遊를 계승하면서도 이에 만족하지 않고 낙강유洛江遊를 구현하고자 했다.[59] 예컨대, 이준은 '물에 다다라 거북이가 낙서洛書를 업고 나온 일을 생각하고, 포구를 바라보면서 봉황을 부르던 퉁소소리를 생각한다.'[60]고 하면서, '이 땅은 참으로 문헌과 어진 이가 많은 고장이며 신선이 살

---

58) 濂溪의 周敦頤, 洛陽의 程顥와 程頤, 關中의 張載, 關中의 朱熹가 살던 지명에 의거한 것인 바 이것은 흔히 宋學 내지 程朱學의 다른 표현으로 사용되었다.

59) 낙강유에 대한 의식은 丘希岌의 『壬戌泛月錄』 46쪽. 「得蘭字」. "吾儕氣槩邁東坡, 洛江勝遊稱三韓."이라 한 데서 분명히 나타난다.

60) 李埈. 『壬戌泛月錄』 6쪽. 「洛江泛月詩序」. "臨水則究龜書之出, 忘浦則思鳳嘯之吹."

던 고을이라 적벽의 거친 비탈과 견줄 바가 아니다. 만약 파옹坡翁으로 하여금 이곳을 한 번 보게 했더라면 위대한 작품을 지어 응당 천하에 빛날 것이니 또한 적벽부를 비길 것도 아니다.'[61]라고 하였다. 적벽에 비해 낙동강 풍치의 우수성을 말한 것이다. 소식은 주희에 의해 일찍부터 신랄하게 비판을 받아왔고,[62] 주자학을 신봉하였던 강안지역의 문인들은 이 같은 주희의 소식 비판에 자유로울 수 없었다. 이 때문에 그들은 낙강유를 통해 소식을 극복하며 도학의 연원을 찾고자 하였다. 다음 자료를 보자.

(가) 아! 성대하도다. 한강은 도산의 정전正傳이오, 낙수는 또한 탁영담의 하류이다. 백년의 오램을 기다리지 않고 그 바른 글이 이어짐이 문인과 훌륭한 제자의 손에서 나와서 낙동강 일대가 곧 도학의 연원이 되게 하였으니 마땅히 그 물을 따라 오르내리는 사이에 조용히 좌우를 돌아보게 되면 무릇 산수를 음미하는 흥취가 지극할 것이다.[63]

(나) 아! 동파를 비록 백세의 선비라고 하나 도학이 그의 문장만 못하고, 황강黃岡을 비록 진짜 봉구蓬丘라고 하나 강남의 한 모퉁이 산수에 지나지 않는다. 어찌 우리 문헌의 고장이며 신선의 고을로서 선정이

---

61) 李埈. 『壬戌泛月錄』 6~7쪽. 「洛江泛月詩序」. "此實文獻之邦, 神仙之府, 非赤壁荒陬之所可擬. 若使坡公一寓目於此, 其春容大作, 當震耀於天下."

62) 주희는 『朱書百選』 卷1. 「答汪尙書」. 에서 소식을 들어 '도학으로 말한다면 큰 근본에 혼미하였고, 사실을 논한다면 權謀를 숭상하여 浮華함을 자랑하고 실질을 망각하였으며, 通達을 귀하게 여기고 名檢을 천시하였다. 이것은 그 천리를 해치고 인심을 어지럽히며 도술을 방해하고 風敎를 피폐시키는 것'이라 하였다.

63) 李象靖. 『沂洛編芳』 張1-2. 「沂洛編芳序」. "於乎盛哉! 夫寒岡陶山之正傳, 而洛水又濯纓之下流也. 不待百年之久, 而其正聲之續, 出於門人高弟之手, 使洛派一帶, 便爲道學之淵源, 則當其沿洄下上之際, 從容顧眄, 以極夫仁智吟弄之趣者."

이락伊洛의 진원眞源을 거슬러 오르고 덕 높은 선비들은 상산사호의 고풍高風보다 나아 선현의 제사 자리를 주선하고 풍월을 읊조릴만한 승경을 소요하는 것과 같겠는가?[64)]

(가)는 이상정이 쓴 「기락편방서沂洛編芳序」의 일부이고, (나)는 조천경趙天經(易安堂, 1695~1776)이 쓴 「낙강범월속유시서洛江泛月續遊詩序」의 일부이다. 이들의 글에 의하면 정구의 용화산하龍華山下의 선유와 조천경 등의 상주 선유는 모두 도학에 근거한 것이라 했다. (나)에서는 이를 구체적으로 밝혀 선현들은 이 선유를 통해 이락伊洛이 진원으로 거슬러 오른다고 했다. 여기에는 주희가 소식을 들어 도학에 일정한 문제가 있는 것으로 판단한 것에 근거하여, 도학을 강조한 이황과 정구 및 당대 강안 문인들의 생각이 반영된 것이라 하겠다. 이것은 낙강의 명칭을 통해 이락의 근원을 새롭게 발견한 것이며, 동시에 도학에 근거한 낙강유를 새롭게 창조한 것이었다. '청淸'자운을 얻은 전식全湜(沙西, 1562~1642)이 적벽유에 '진락이 있었던가'라며 문제를 제기하고, 풍류風流와 문아文雅를 함께 강조한 것도 같은 맥락에서 이해된다.[65)]

강안지역의 누정문학, 그 대부분의 작품은 성리학적 수양론과 결부되어 있다고 해도 과언이 아니다. 누정의 다양한 기능 가운데 유식遊息

---

64) 趙天經.『壬戌泛月錄』69쪽.「洛江泛月續遊詩序」. "噫! 東坡雖云百世士, 而道學不如其文章, 黃岡雖云眞蓬丘, 而不過江南之一隅山水也. 豈若吾文獻之邦, 神仙之府. 先正泝伊洛之眞源, 기노질기황之高風, 周旋乎俎豆之地, 逍遙乎風月之區哉?"

65) 全湜.『壬戌泛月錄』36쪽.「得淸字」. 참조.

과 장수藏修는 이 시기 문인에게서 무엇보다 중요한 것이었기 때문이다. 이들은 향촌에서 재지적 기반을 바탕으로 하여 누정을 건립하고 여기서 학문을 토론하며 수양을 통해 합자연의 세계를 추구하였던 것이다. 고령에 살았던 조식의 매부 정사현鄭師賢(月潭, 1508~1555)이 월담정月潭亭을 지어놓고, "세상의 일은 거문고 석 자에 있고, 생애는 집 두어 칸이 전부라네. 뉘라서 참된 경계의 즐거움을 알리오, 가을 달이 찬 연못에 비치는 것을."[66]이라고 하면서 반속적 태도로 천인합일의 진락경계眞樂境界를 표현하였던 것에서 이를 확인할 수 있다.[67] 이 같은 누정을 통한 수양론적 과제들은 강안지역의 대표적인 선비였던 정경세鄭經世(愚伏, 1563~1633)에게서도 그대로 나타난다. 다음을 보자.

拙性乖俗好　고졸한 성질은 세속의 좋아함과 어긋나,
潛伏理宜然　엎드려 사는 것이 이치에 마땅하네.
考槃此僻境　이 궁벽한 곳에 은거해 사니,
洗心聆風泉　바람과 냇물 소리를 들으며 마음을 씻네.
煙雲互明媚　안개와 구름 서로 어울려 아름답고,
琴書亦靜便　거문고와 서책 또한 고요하고 편안하네.
夙願幸無違　일찍이 원하던 것 다행히 어긋남이 없으니,
頹齡聊可延　늘그막을 애오라지 연장할 수 있겠네.[68]

---

66) 鄭師賢. 『月潭先生實記』 張23. "世事琴三尺, 生涯屋數椽. 誰知眞境樂, 秋月照寒淵."

67) 정우락. 2006. 『남명문학의 현장』. 경인문화사. 91~97쪽. 참조. 『月潭先生實記』에는 정사현의 원운에 대한 정구의 차운시 "君子樂幽獨, 茅齋八九椽. 袖琴徽軫足, 氷月掛天淵.(『月潭先生實記』 張24)"가 실려 있고, 현재 고령에 소재한 黃山齋에도 이 시가 게판되어 있으나 정구의 『한강집』에는 존재하지 않는다.

이 시는 「차기제초당시운次寄題草堂詩韻」[69] 의 일부이다. 두보杜甫(少陵, 712~770)가 완화계浣花溪 가에 초당을 짓고 「기제강외초당寄題江外草堂」라는 작품을 남겼듯이, 그 역시 우산愚山의 북쪽 계곡에 초당을 짓고 두보의 시를 차운한다고 했다. 정경세는 상주의 우산동천愚山洞天에 은거하면서 "순수한 어리석음(愚)을 온전히 하고 돌아와, 엎드리기(伏)를 깊이 하는 것을 달게 여겨 은밀하게 숨어 지낼 것"[70]이라 하였다. '우복'이라는 자호가 담지하고 있는 세계의 일단을 보인 것이다. 이 같은 생각에 입각하여 초당을 짓고 위의 시를 지었는데, 여기에 기본적으로 작용한 것이 다름 아닌 도학 감성이다. 졸박함을 실천하며 마음을 닦고자 하는 그의 수양론이 깊이 내장되어 있음은 물론이다.

강안지역의 절의정신은 금오산을 통해 가장 잘 드러난다. 그 기슭에 길재가 은거하였기 때문이다. 금오산을 유람하면서 남긴 유산록이 대부분 조선후기에 창작되지만,[71] 조선조의 문인들은 금오산을 지나며 항상 길재의 절의정신을 드높였다. 길재의 절의정신은 노론과 남인을 막론하고 칭송되었는데, 서인계 학자인 윤증尹拯(明齋, 1629~1714)이 금오산을 지나며 지은 「과금오산유회야은過金烏山有懷冶

---

68) 鄭經世. 『愚伏集』 卷1. 「次寄題草堂詩韻」. 『韓國文集叢刊』 68. 22쪽.

69) 제목 자체가 시를 짓게 된 동기를 쓴 것이어서 마지막 구절을 따서 이렇게 붙였다.

70) 鄭經世. 『愚伏集』 卷1. 「次歸去來辭」. 『韓國文集叢刊』 68. 19쪽. "全純愚而旋返, 甘伏深而潛微."

71) 금오산과 관련한 대표적인 유산록은 宋秉璿의 「遊金烏山記」, 許薰의 「遊金烏山記」, 李馥의 「遊金烏山錄」, 張福樞의 「金烏山遊錄」 등이 있다.

隱」[72] 등을 통해서 잘 알 수 있다. 선산 사람으로서 길재의 절의정신을 가장 잘 드러낸 사람은 장현광張顯光(旅軒, 1554~1637)이다. 그는 길재에 대하여, "우리 동방의 절의를 논하는 자들은 마침내 야은 선생을 동방의 백이伯夷라고 칭하고 있으니, 오직 백이를 아는 자만이 선생을 알 것이다."[73]라고 하면서 「야은선생문집발冶隱先生文集跋」을 썼다. 그 일부는 이러하다.

> 내가 들으니, 중하中夏의 절의를 사모하는 자들이 지주중류砥柱中流라는 네 글자를 백이숙제伯夷叔齊의 사당 아래로 흐르는 물가 우뚝이 솟아 있는 돌에 크게 새겼는데, 우리 동방의 절의를 사모하는 자들이 또 이 네 글자를 모사模寫하여 선생의 묘소 아래인 낙동강의 언덕에 비석을 세우고 이것을 새겨 걸었다 한다. 이는 진실로 천하의 큰 표준을 세우고 만세의 강상綱常을 보전한 것이 중하에는 백이이고 우리 동방에는 선생이기 때문이다.[74]

위 글은 장현광이 1615년(광해군7) 5월에 쓴 것이다. 이에 의하면 중국에서 백이숙제의 사당 앞 강안에 '지주중류비砥柱中流碑'가 있듯이, 길재의 묘소 아래 낙동강 언덕에 그 비를 모사한 '지주중류비'

---

72) 尹拯.『明齋遺稿』卷2.「過金烏山有懷冶隱」.『韓國文集叢刊』135. 76쪽. "冶隱高風百世垂, 牛山何事強吹疵. 父子一家還二事, 至今猶使後人疑."

73) 張顯光.『旅軒集』卷10.「冶隱先生文集跋」.『韓國文集叢刊』60. 183쪽. "然則論吾東節義者, 乃以冶隱先生爲東方之伯夷, 惟知伯夷者, 可以知先生矣."

74) 張顯光.『旅軒集』卷10.「冶隱先生文集跋」.『韓國文集叢刊』60. 183쪽. "聞中夏之慕節義者, 刻砥柱中流四大字於夷齊廟之下抗流之石, 而又吾東之慕節義者, 摹其四字, 立碣刻揭于先生墓下洛江之岸, 則誠以立天下之大閑, 存萬世之綱常者, 中夏而伯夷, 我東而先生也."

를 세웠다고 하였다. 이를 통해 길재의 절의정신으로 만세의 강상을 보전할 수 있었다며 칭송하였다. 낙동강 언덕에 세운 지주중류비는 유운룡柳雲龍(謙庵, 1539~1601)이 정구鄭逑(寒岡, 1543~1620)로부터 중국 지주중류비의 묵본墨本을 구하여 동생 유성룡柳成龍(西厓, 1542~1607)에게 비음기碑陰記를 쓰도록 명하여 1587년(선조 20)에 세운 것이다.[75] 길재와 낙동강이 없었더라면 존재할 수 없었던 것이었다. 장현광은 고향 선현인 길재의 절의정신을 여러 편의 글을 통해 특별히 기리며 강안지역의 야은청풍冶隱淸風을 드날리고자 했다.

지주증류비 (경북 구미 소재)

강안지역 문인들은 도학 감성을 지니고 도학정신과 절의정신을 그들의 작품에 표현하기도 했다. 선유시회의 경우 소식의 적벽유에 만족하지 않고 이것을 도학적 경계로 끌어 올리면서 낙강유를 제시하였다. 이 같은 경향은 누정이나 유산문화에서도 그대로 적용되는 바, 특

75) 柳雲龍.『謙菴先生年譜』卷1 48세조에, “蘿月峯之東, 有山斗起入江心, 淸爽壯快. 先生欲立石其上, 以頌冶隱風節, 得中原夷齊廟砥柱中流墨本於鄭寒岡逑, 伐石前刻四大字, 使文忠公記其陰, 又以冶隱墓前舊標, 直書冶隱姓諱, 事乖遵尙, 易豎小碣, 刻曰高麗門下注書冶隱吉先生之墓, 爲文以祭之.”라 하였다.

히 금오산 기슭에 은거했던 길재를 생각하거나 그를 기리기 위해 낙동강 언덕에 지주중류비를 세우면서 구체화시켜 나갔다. 장현광은 여기에 매우 적극적이었다. 도학정신의 한 실현태가 절의라는 것을 염두에 둔다면 이것은 당연한 귀결이라 하지 않을 수 없다.

3) 소통疏通을 위한 공간 감성

풍류와 문예, 도학과 절의 등을 주요 개념으로 한 강안문학은 낭만감성과 도학 감성이 창작의 주요 기제였던 것으로 보인다. 이 둘의 긴장이 해제되어 일탈과 경직으로 흐르는 경우도 없지 않았지만, 조선 중기 강안문학의 경우 도학 감성을 중심에 두면서도 낭만 감성을 유지하고 있었던 것으로 보인다. 즉 낙동강에 배를 띄우고 벌인 선유시회에서는 소식이 즐겼던 적벽유의 도가적 풍류와 함께 낙강유의 도학적 풍류가 공존했고, 누정이나 명산을 오르내릴 때도 수양론 일색으로 경직되지 않고 음주와 가영을 즐기면서 문학의 자율성을 확보하였다. 여기서 우리는 강안문학이 지닌 낭만과 도학의 감성적 소통을 찾을 수 있다. 강안이라는 지리적 특수성을 고려한다면 이것은 강안문학에 내재한 가장 중요한 자질 가운데 하나라 하지 않을 수 없다.

조선 영조 때의 학자 신경준申景濬(旅菴, 1712~1781)은 그의 「산수고山水考」에서 '하나의 근본으로부터 만 갈래로 나누어지는 것이 산이라면, 만 가지 갈래가 하나로 합쳐지는 것은 물'이라고 하면서, 8도의 물이 합쳐져 12수水가 되고 12수水가 다시 합하여 하나의 바다가 된다고 하였다.[76] 물이 지닌 소통 내지 회통의 기능을 설명한 것이다. 이보다 앞서 이익李瀷(星湖, 1681~1763)은 영남의 낙동강을 구체적으로 들어 '영남의 큰 물은 낙동강인데, 사방의 크고 작은 하천이 모두 모여들어 한 방울의 물도 밖으로 새어 나가는 일이 없다.'라고 하면서, '이것이 바로 여러 인심이 한데 모이게 하는 것'[77]이라 하였다. 각 지역의 수많은 지류들이 낙동강으로 흘러들 듯이 강은 하나의 인문 영남을 만든다는 것을 직관한 것이다.

강안문학의 소통성은 누정이라는 공간에 대한 감성을 통해 잘 나타난다. 서로 다른 성격을 지닌 대상들이 일정한 관계를 맺으며 정서적으로 교섭하는 것이 소통이라면, 누정은 이를 실현시키는 가장 적절한 공간이라 하지 않을 수 없다. 즉 누정에 작용한 강안지역 문인의 감성이 공간의 소통적 의미를 지니고 나타난다는 것이다. 시간대를 달리한 경우가 대부분이지만 영남문인과 기호문인이 한 데 어울리고, 퇴계학파는 물론이고 남명학파도 함께 시를 짓는다. 이들은 서로 다른 지역에서 서로 다른 학통을 지니고 있지만 같은 누정에서 같은 사물을 보면서 작품을 창작하였다. 물론 이질성이 드러나는 경우도 있지만 사물을 공유하였으므로 사유의 편폭이 비슷하였다. 낙동강 연안에는 그 승경에 따라 매우 다양한 누정이 건립되어 있지만 여기서는

---

76) 申景濬.『旅菴全書』卷10 張1.「山水考」. "一本而分萬者, 山也, 萬殊而合一者, 水也. 域內之山水, 表以十二, 自白頭山, 分而爲十二山, 十二山, 分而爲八路諸山, 八路諸水, 合而爲十二水, 十二水, 合而爲海流."

77) 李瀷.『星湖僿說』經史篇.「嶺南五倫」. "凡嶺南之大水, 曰洛東, 四圍群川鉅流微淙一齊合同, 無一點外泄, 其水如此, 其山可知. 此爲衆情索聚."

구미시에 있는 매학정梅鶴亭을 중심으로 일례를 들어보자.

매학정은 경상북도 구미시 고아읍 예강리 낙동강 변에 있는 정자로 초서를 잘 써서 초성草聖으로 일컬어지던 황기로黃耆老(孤山, 1521~1567)가 1533년에 지은 것이다. 훗날 이 정자를 사위인 이우李瑀(玉山, 1542~1609)에게 물려주게 되는데, 바로 기호학파의 종장 이이李珥(栗谷, 1536~1584)의 동생이다. 이우는 어머니 사임당師任堂 신씨申氏와 누이 이매창李梅窓의 영향 아래 예술적 감각을 키워 그 역시 시詩와 글씨, 그림과 거문고의 사절四絶로 유명했다. 특히 그림은 초충草蟲과 사군자四君子, 포도葡萄를 잘 그렸다고 한다. 이 때문에 정구는 백매원에 이우의 그림을 붙여두고 고상한 아취를 느낄 수 있도록 그에게 그림을 부탁하기도 했다.[78] 이우는 이처럼 영남의 많은 문인들과 사귀게 되었는데, 이로써 매학정은 영남지역 문인들이 노론의 인사들과 교유하며 소통하던 주요 근거지가 되었다. 다음은 16~7세기를 중심으로 매학정과 관련한 글을 남긴 사람들을 간단히 조사한 것이다.

宋純(俛仰亭, 1493~1583), 林億齡(石川, 1496~1569), 李楨(龜巖, 1512~1571), 黃俊良(錦溪, 1517~1563), 李珥(栗谷, 1536~1584), 鄭崑壽(栢谷, 1538~1602), 李瑀(玉山, 1542~1609), 金涌(雲川, 1557

---

78) 鄭逑.『寒岡集』卷5.「與李季獻瑀」.『韓國文集叢刊』53. 194쪽. "僕近就倻山之下, 伽水之上, 新築茅棟, 種梅百株, 種竹十叢, 蓄琴蓄書, 以爲幽居之契矣. 儻得高畫梅竹各四五軸, 助我淸賞否? 數頃煙波, 數疊雲山與葡萄一兩架, 水草一兩葉, 幷勿惜一寫胸中之奇, 願付之壁間, 醒此昏眸也, 如何如何?"

~1620), 金墍(北渚, 1571~1648), 趙任道(澗松, 1585~16640), 鄭斗卿(東溟, 1597~1673), 金得臣(柏谷, 1604~1684), 宋時烈(尤庵, 1607~1689), 李翔(打愚, 1620~1690), 南龍翼(壺谷, 1628~1692), 李敏敍(西河, 1633~1688), 金錫胄(息庵, 1634~1684), 趙持謙(迂齋, 1639~1685), 任埅(水村, 1640~1724), 李畬(睡谷, 1645~1718), 李頤命(疎齋, 1658~1722), 李宜顯(陶谷, 1669~1745)

위의 문인들을 지역별로 보면 송순이나 임억령처럼 호남인이 있는가 하면, 이정과 황준량과 같이 영남인도 있고, 이이나 김용처럼 기호인도 있다. 노론의 영수인 송시열이 있는가 하면, 소론의 중심인물인 조지겸도 있고, 남인계열의 선비 조임도도 있다. 매학정의 소유주가 이우이기 때문에 기호 노론계열의 문인들이 중심이 되지만 그 소재지가 영남이기 때문에 영남의 문인들도 다양하게 이곳을 방문하여 작품을 남긴다. 이처럼 매학정에는 지역이나 정파를 가리지 않고 문인들이 찾아와 낙동강과 그 연안지역의 강안제일명구江岸第一名區로 칭송하거나 차운시를 지으며 공간 감성을 공유하였던 곳이다. 대부분 한 두 수의 제영시를 짓지만 황준량은 8수의 집경시를 남기는데 「매학정팔경梅鶴亭八景」[79]이 그것이다.

매학정이 강안의 매우 중요한 문학적 소통공간이었기 때문에 '매학

79) 黃俊良의 『錦溪集』 卷2. 「梅鶴亭八景」. 『韓國文集叢刊』 37. 81쪽. '金烏晩翠', '鳳溪暮煙', '寶泉錦莎', '月波風帆', '甘湖採蘋', '片巖釣魚', '長林春雨', '沙島夜月' 등이다. 집경시는 소론계의 문장가 李匡呂(月巖, 1720~1783)도 남긴다. 『李參奉集』 권2. 「梅鶴亭八詠」. 『韓國文集叢刊』 237. 269쪽. 이 그것으로, '東溟出日', '南嶺霽雪', '江門漁艇', '草塘炊煙', '甑山暮雨', '竹島曉月', '鳥巖眠鷗', '浦臺遠笛' 등이 있다.

정도梅鶴亭圖'[80]를 그리기도 하고, 150여년의 매학정 제영시를 모아 『매학정제영록梅鶴亭題詠錄』을 편찬하기도 했다. 제영시 편찬자는 이우의 증손이자 송시열의 사위인 이동명李東溟(鶴汀, 1624~1692)이었다. 이 책의 발문은 송시열과 이이명이 썼는데, 이 가운데 이이명은 '혹 자취를 궁황窮荒에 두고 굴원처럼 초췌한 모습으로 상담湘潭을 생각하는 사람도 있고, 혹 몸은 조정에 있지만 강호江湖를 몹시 그리워하는 사람도 있다'고 하면서 지은이의 신분적 다양함을 말하기도 하고, '혹 할아버지와 손자가 연명하기도 하고, 혹 형과 아우가 서로 화답하기도 했다'면서[81] 혈연적 연대를 갖고 매학정을 제영하기도 했다는 것을 보였다. 이우의 「매학정즉사」와 황준량의 「매학정팔경」 중 일부는 이렇다.

(가) 壺傾籍沙眠 호리병을 모래 벌에 기울여 놓은 듯,
繞沙淸灘響 모래톱을 두른 맑은 여울이 울리며 흐르네.
孤鶴叫松梢 외로운 학은 소나무 끝에서 울고,
夢回江月上 꿈속에선 강 위의 달이 떠오르네.
彈琴石榻上 거문고를 돌 위에 앉아 타노라니,
逸響連松風 빼어난 소리 솔바람으로 이어지네.
遽看鶴舞影 문득 학이 춤추는 그림자를 보나니,
月出淸江東 달이 맑은 강 동쪽에서 솟아오르네.[82]

80) 이 '매학정도'에 畵題詩를 쓴 사람은 李翔. 『打愚遺稿』 卷1. 「題梅鶴亭圖」. 가 그것이다.

81) 李頤命. 『疎齋集』 卷10. 「梅鶴亭題詠錄跋」. 『韓國文集叢刊』 172. 261쪽). "或跡滯窮荒, 有憔悴湘潭之思者, 或身居廊廟, 有寤寐江湖之想者, 或祖孫聯名, 或兄弟相和."

82) 李瑀. 『玉山詩稿』. 「梅鶴亭卽事」. 『韓國文集叢刊』 53. 7쪽.

(나) 舟橫洛浦煙　배는 낙동강 안개 속에 떠있고,
岸覆楊花雪　강안에는 버들 꽃이 눈처럼 덮여 있네.
採蘭歌數聲　난초를 캐며 몇 자락의 노래를 부르노라니,
淸風起蘋末　맑은 바람이 부들 끝에서 일어나는구나.[83]

(다) 露洗秋空淨　이슬이 가을 하늘을 씻어 맑고,
沙明夜月奇　모래톱은 달밤에 특별히 밝네.
江湖藏不得　강호를 모두 품을 수 없어,
淸氣入詩脾　맑은 기운이 시의 뱃 속으로 들어오네.[84]

(가)에서 정자의 주인 이우는 매학정 주변을 몽환적 상상력으로 묘사하고 있다. 호리병 속의 경치, 외로운 학, 꿈 속의 달 등이 모두 이를 말하기 위하여 동원된 소재들이다. 이우는 이를 통해 매학정이 비세속적인 공간을 갖고 있다는 것을 보이고자 했다. (나)와 (다)는 황준량의 「매학정팔경」 가운데 제5경인 「감호채빈甘湖採蘋」과 제8경인 「사도야월沙島夜月」이다. 이 역시 앞서 언급한 이우가 설정한 세속을 초탈한 공간 이미지와 다르지 않다. 강상에서 안개 속을 유유히 가로지르는 배, 강안의 눈처럼 하얀 버들 꽃, 이슬로 씻은 가을 하늘, 달밤에 더욱 빛나는 모랫벌 등을 제시하며 '청淸'의 이미지를 극대화했다. (나)의 '청풍'과 (다)의 '청기'는 이를 직설적으로 말한 것이다. 매학정을 중심으로 한 이 같은 공간에 대한 감성은 기호나 영남지역 할 것 없이 그 인식을 공유하였던 것이다.

83) 黃俊良.『錦溪集』卷2.「梅鶴亭八景 · 甘湖採蘋」.『韓國文集叢刊』37. 81쪽
84) 黃俊良.『錦溪集』卷2.「梅鶴亭八景 · 沙島夜月」.『韓國文集叢刊』37. 81쪽

강안지역은 기호학과 영남학, 퇴계학과 남명학이 서로 만나면서 소통하는 곳이다. 문학적 측면에서는 풍류정신과 도학정신이 서로 만나면서 낭만 감성과 도학 감성이 소통하고 있었다. 이 같은 생각에 기반하여 강안지역은 영남문인과 기호문인이 서로 차운시를 나누었다. 구미에 있는 이우의 정자 매학정은 그 대표적인 곳이다. 기호지역의 문인들이 중심이 되지만 다수의 영남문인들이 동참하면서 공간 감성을 공유하였던 것이다. 이 같은 성향은 합천의 함벽루나 밀양의 영남루 등에서도 꾸준히 나타나는 바, 강안지역의 문학적 소통성은 이 지역의 문학을 이해하는 데 있어 매우 주요한 요소라 하지 않을 수 없다.

5. 강안문학 연구의 과제들

본고는 낙동강을 중심으로 하여 좌우로 나누어 진행되던 기존의 영남학 연구를 반성하자는 측면에서 출발한 것이다. 즉 낙동강 연안이 지닌 공간 상상력을 조선중기의 문학 연구를 통해 밝혀보자는 것이다. 구심력이 강하게 작동하는 '개울'이나 원심력이 강하게 작동하는 '바다'와 달리, '강'은 이 둘이 상호 소통하면서 특수한 공간 감성을 만들어 낸다. 학파적 측면에서는 한강학파寒岡學派가 이 지역을 중심으로 활동하며 강좌지역의 퇴계학파退溪學派와 강우지역의 남명학파南冥學派가 서로 만나 경쟁하고 화합하면서 영남의 제 3학파로서 기능하였고, 문학 역시 강안적 특수성을 지니고 있었다.

낙동강을 중심에 두고 볼 때, 강 자체가 문학의 가장 긴요한 생성공간이다. 역대로 시행되어 왔던 낙동강의 선유시회船遊詩會를 계승하며 한강학파가 시회를 통해 문학을 창작하였고, 이에서 나아가 류성룡의 문인인 이준은 상주에서 낙강범월시회洛江泛月詩會를 열어 선유시회의 한 전범을 보여주기도 했다. 강안지역은 낙동강이 오랫동안 흐르며 빚어낸 승경을 거느리고 있어 여기에 수많은 누정이 건립되었고, 시인묵객들은 이 공간을 중심으로 매우 다채로운 상상력을 펼치며 작품활동을 하였으며, 연작시 형태의 집경시를 짓기도 했다. 가야산은 금오산과 함께 강안지역을 대표하는 산인 바, 조선중기 문인들은 수많은 유산록을 남기며 때로는 선가풍仙家風으로, 때로는 도학풍道學風으로 이 산을 독해하고 있었다.

조선중기 강안지역 문학의 한 줄기는 풍류 내지 문예정신에 입각해 있었다. 선유시회나 누정문학, 그리고 유산록에는 음주와 작시作詩가 빠지지 않았다. 여기는 작용한 것이 바로 낭만 감성이었다. 또한 이 지역 문학의 다른 한 줄기는 도학 내지 절의정신에 입각해 있었다. 소식의 적벽유赤壁遊를 극복해보자는 입장에서 독자적인 낙강유洛江遊를 가졌고, 누정문학의 장수적藏修的 기능에 따른 수양론적 문학을 극대화하였으며, 또한 길재가 은거한 금오산을 통해 절의정신을 드높이기도 했다. 도학 감성이 강하게 작용한 까닭이다. 그러나 낭만 감성과 도학 감성은 상호 소통하면서 강안지역의 독특한 공간 감성을 만들어 갔다. 이우의 정자인 매학정 등에서 이루어진 영남과 기호, 그리고 호남지역 문사들의 감성적 소통은 그 대표적인 예가 된다.

본고는 조선중기 낙동강 연안지역의 문학을 이해하기 위한 설계도에 지나지 않는다. 조선중기라는 긴 시간과 강안지역이라는 광범한 공간을 대상으로 연구할 때 발생하는 당연한 귀결이다. 강안학이 16세기 이후에 나타난 영남유학사의 한 특징을 구체적으로 밝히자는 의도에서 마련된 것이라고 볼 때, 강안문학 역시 이 방향에서 지속적으로 탐구되어 마땅하다. 이 때문에 강안문학 연구는 조선전기와 조선후기로 시간을 확장하고, 강좌지역과 강우지역으로 공간을 넓혀갈 때 이 지역의 문학적 특징이 제대로 드러날 것이다. 사실의 이러함을 염두에 두면서 몇 가지 연구방향을 설정하며 본고를 마무리 한다.

첫째, 강안지역의 개별 공간에 따른 연구이다. 낙동강과 그 연안이라 할 때, 우리는 가장 먼저 세 가지 공간을 떠올린다. 낙동강, 낙동강 연안, 낙동강 연안에 존재하는 산이 그것이다. 낙동강에서는 선유문학이, 그 연안에서는 누정문학이, 그 연안의 산에서는 유산문학이 향유되었다. 그러나 학계에서는 지금까지 강안지역의 특수성을 고려하면서 이것을 본격적으로 연구한 바가 없다. 따라서 선유, 누정, 유산문학과 관련한 자료를 널리 수집하고, 이들 개별 공간에 따른 연구를 정면에서 본격화할 필요가 있다. 이를 통해 낙동강과 그 연안을 의미하는 강안지역, 여기서 생산된 문학적 특징을 제대로 이해할 수 있게 될 것이다.

둘째, 강안지역이 지닌 공간 감성에 대한 연구이다. 조선중기 영남지역을 중심으로 볼 때, 지금까지 우리는 성리학이 문인들의 인식을 지배함에 따라 공간은 그들에게 있어 하나의 이념적 도구에 지나지 않는 것으로 이해해 왔다. 이 같은 시각에 부합되는 작가와 작품 또한 적지 않지만, 강안문학의 경우 문학작품이 강안이라는 특수 공간에 의해 자극받아 생성되기 때문에 그 공간이 지닌 감성적 요소를 파악하는 것은 긴요한 일이다. 본고에서도 간단히 언급되어 있지만 낙동강 연안지역은 영남의 여타 지역에 비해 낭만 감성이 도학 감성과 맞물리는 역동성을 보인다. 이에 대한 정밀한 연구 역시 본격화될 필요가 있다.

셋째, 강안학의 특징과 결부된 강안문학 연구이다. 강좌와 강우지역의 학문과 변별되는 낙중적洛中的 차원의 강안학은 소통과 융합의 회통성, 개성과 창조의 독창성, 개방과 실천의 실용성을 그 특징으로 하는 것으로 보고 된 바 있다. 이 같은 성격이 문학에 구체적으로 어떻게 드러나는가 하는 것을 밝히는 것도 중요하다. 본고에서는 누정을 중심으로 한 소통적 측면을 간단히 살펴보는 데 그쳤지만, 궁극적으로는 강안문학이 어떤 독창성을 지니며 실용성을 확보해 나가고 있는가 하는 쪽으로 연구가 진행되어야 한다. 예컨대, 서얼문학의 경우 조선중기에는 권응인權應仁(松溪, 1517~?)이 『송계만록松溪漫錄』이라는 시화집을 내며 문학에 각별한 관심을 가졌으며, 조선후기에는 신유한申維翰(青泉, 1681~1752)과 황오黃五(錄此, 1816~?)가 등장하여 강안지역에서 탁월한 문학활동을 하였다. 이 같은 일련의 문학적 성과들이 영남문학 안에서 어떤 독창성을 확보하고 있는가 하는 것을 구체적으로 따져보아야 한다는 것이다.

넷째, 강안문학의 지역적 편차에 대한 연구이다. 강안학이 상주를 기점으로 하여 시작된다고 볼 때, 지역적으로 대단히 광범하다. 이에 따라 지역적 편차가 생길 수밖에 없다. 상주지역은 우복학파愚伏學派를 중심으로 기호학파와의 인적 교섭에 따른 학문적 소통이 활발하게 일어나고 있었지만 대체로 퇴계학파에 포함되어 있었고, 성주지역은 한강학파를 중심으로 기호학과 퇴계 및 남명학이 상호소통하면서 특별한 국면을 만들어냈다. 그리고 합천지역은 정인홍의 몰락으로 인해서 심각한 변화를 경험하기도 하지만 남명학의 영향이 한말까지 지속되던 지역이다. 이 같은 상황에 기반하여 강안지역에서 생성된 문학이 지역별로 어떻게 같고 다른가 하는 문제가 꾸준히 탐토되어야 한다.

다섯째, 강안지역 문학의 장르 변별적 연구이다. 강안지역은 영남의 다른 지역에 비해 낙동강이라는 지리적 특수성을 확보하고 있다. 이에 따라 근대적 분과학문에 입각해서 장르별로 강안문학을 연구하는 것은 기존의 문학연구에 대한 방법론을 발전적으로 수용하는 이점이 있다. 강안학의 범위로 설정된 지역의 구비문학, 한문문학, 국문문학에 대한 자료정리와 함께 그 의미는 무엇인가 하는 것을 따질 수 있을 것이다. 장르 변별적 연구가 일정한 성과로 나타날 때, 이를 문학사적 논리를 세워 통합하면 지역문학사가 된다. 따라서 강안지역의 장르 변별적 연구는 영남지역 문학사 연구에 앞서 수행되어야 할 연구과제이다.

여섯째, 강안문학의 영남문학사적 기능에 대한 연구이다. 지역문학을 한국문학과 견주어 볼 때 한국적 보편성과 함께 지역적 독자성이 존재할 수밖에 없듯이 영남문학 역시 한국문학과 관련해 볼 때 동이점이 발견된다. 지역문학사로서의 영남문학사가 아직 서술되지 않은 상태에서 강안문학이 영남문학사에 기능하는 점을 연구한다는 것은 시기상조적 측면이 없지 않다. 그러나 지금까지의 연구 성과를 검토해 볼 때 영남지역을 문제의 핵심에 두고 다룬 연구가 있어 도움이 된다. 이에 대한 연구 성과를 포괄적으로 수렴하면서 영남문학사를 구축하고, 여기서 강안문학이 어떻게 기능하는가 하는 쪽으로 연구가 진행될 수 있어야 한다.

이밖에도 강안문학의 구체적인 연구 성과를 바탕으로 문화산업화 전략을 모색하는 일이 있다. 이것은 이론 중심의 문학연구를 문학 생성공간 중심으로 혁신하자는 것이며, 동시에 한국문학 연구의 외연을 대중성 혹은 실용성을 담보하는 쪽으로 확장하자는 것이다. 문학현장 연구를 동반한 문화산업화는 고건축학이나 문화역사지리학 등 여타 학문분야와 학제적 연대를 통하여 진행하는 것이 바람직하다. 오늘날 현대인들이 많은 관심을 두고 있는 문화관광은 이를 통해 보다 체계적으로 수행될 수 있을 것이다. 우리는 여기서 낙동강 자체가 하나의 중요한 연구 텍스트로 부각될 수 있다는 것을 자각하게 된다.

참고문헌

高尙顔. 1990.「泰村集」. 卷1.『韓國文集叢刊』59. 民族文化推進會.

1973.「沂洛編芳」. 中央影印本印刷社.

金尙憲. 1991.「淸陰集」.『韓國文集叢刊』77. 民族文化推進會.

金馹孫. 1988.「濯纓集」.『韓國文集叢刊』17. 民族文化推進會.

金宗直. 1988.「佔畢齋集」.『韓國文集叢刊』12. 民族文化推進會.

『洛江分韻』

『東輿備攷』. 1998. 경북대학교출판부.

『碧松亭相和試帖』

徐思遠. 2005.「樂齋集」. 民族文化推進會.

申景濬.『旅菴全書』

『新增東國輿地勝覽』

申　欽. 1991.「象村稿」26.『韓國文集叢刊』72. 民族文化追進會.

柳雲龍. 1990.「謙菴先生年譜」. 民族文化推進會.

兪好仁. 1988.「濡谿集」.『韓國文集叢刊』15. 民族文化推進會.

尹　拯. 1994.「明齋遺稿」.『韓國文集叢刊』135. 民族文化推進會.

李匡呂. 1999.「李參奉集」.『韓國文集叢刊』237. 民族文化推進會.

李　翔. 1994.「打愚遺稿」.『韓國文集叢刊』124. 民族文化推進會.

李　瑀. 1990.「玉山詩稿」.『韓國文集叢刊』53. 民族文化推進會.

李　埈. 1991.「蒼石集」.『韓國文集叢刊』64. 民族文化推進會.

李　埈 등 · 權泰乙 역. 2007.『壬戌泛月錄』. 아세아문화사.

李恒福. 1991.「白沙集」.『韓國文集叢刊』62. 民族文化推進會.

李　瀷. 1989.「溫溪集」.『韓國文集叢刊』27. 民族文化推進會.

李　滉. 1989.「退溪先生年譜」.『韓國文集叢刊』31. 民族文化推進會.

李頤命. 1996.「疎齋集」.『韓國文集叢刊』172. 民族文化推進會.

張顯光. 1990.「旅軒集」卷6.『韓國文集叢刊』60. 民族文化追進會.

鄭經世. 1991.「愚伏集」.『韓國文集叢刊』68. 民族文化推進會.

鄭　逑. 1990.「寒岡集」.『韓國文集叢刊』53. 民族文化推進會.

鄭師賢.『月潭先生實記』

趙任道. 1992.「澗松集 · 別集」.『韓國文集叢刊』89. 民族文化追進會.

朱　熹.『朱書百選』

許命申.『癡齋集』

許　穆. 1992.「記言」.『韓國文集叢刊』98. 民族文化推進會.

黃俊良. 1989.「錦溪集」.『韓國文集叢刊』37. 民族文化推進會.

『寒岡先生蓬山浴行錄』

『檜淵及門錄』

김동규. 2009.「하이데거의 사이-예술론」. 그린비.

김재웅. 2007.「영남 지역의 선비 집안과 필사본 고전소설의 유통」.『선비문화』11. 남명학연구원.

노진철. 2010.「불확실성 시대의 과학하기」.『인문학 콜로키움 3: "21세기 학문을 묻다"』발표자료집. 경북대 인문대.

이구의. 2007.「낙강범월시 해제」.『역주 낙강범월시』. 아세아문화사.

李樹健. 1995.「嶺南學派의 形成과 展開」. 一潮閣.

鄭景柱. 2002.「嶺南樓題詠詩文」. 密陽文化院.

정우락. 2008.「江岸學과 高靈 儒學에 대한 試論」.『퇴계학과 한국문화』43. 경북대 퇴계연구소.

______. 2006.『남명문학의 현장』경인문화사.

______. 2009.『남명학파의 문학적 상상력』. 역락.

한양명. 2008.「안동지역 양반 뱃놀이(船遊)의 사례와 그 성격」.『실천민속학연구』12. 실천민속학회.

황위주. 2008.「낙동강 연안의 유람과 창작 공간」.『한문학보』18. 우리한문학회.

조선 후기의 낙중학

이진상의 '한주학'과 그 연원 및 계승 _ 홍원식

한주 이진상의 철학사상과 그 현실적 구현 _ 최영성
- 한주학파의 성격 규명과 관련하여 -

이진상의 '한주학'과 그 연원 및 계승

홍원식 | 계명대학교 철학과

1. 한주 이진상의 생애

19세기 중엽 조선의 운명이 다해갈 즈음 한주寒洲 이진상李震相(1818~1886)이 영남의 강우江右 지역이자 낙동강 중류 지역인 성주星州에서 태어나 '심즉리설心卽理說'과 '리발일도설理發一途說' 등을 제기하면서 영남 퇴계학파는 '진정한' 의미에서 학파 분화가 처음으로 일어났으며, 낙동강 상류 지역 일대의 퇴계학파와 다른 낙동강 중류 지역을 근거로 하는 이른바 '낙중洛中' 퇴계학파인 한주학파寒洲學派가 출현하였다. 이 한주학파는 대를 이어 학문적 계승이 이뤄지면서 조선말과 일제강점기를 거쳐 해방 후에까지 이르는 가운데 전국적으로 보아서도 이 시기 최대, 최고의 학파적 형세를 이루었다.

이진상은 스스로 주자朱子와 퇴계退溪 이황李滉(1501~1570)을 잇는다고 자임하면서 '심즉리설'과 '리발일도설'을 제기하였지만, 정작 그의 학설은 이황의 '심합리기설心合理氣說'이나 '리기호발설理

氣互發說'과 서로 어긋나는 것이어서 그의 문집이 도산서원陶山書院에 봉정되자 끝내 환송 조치와 함께 통문通文이 돌았으며 도남서원道南書院에서는 불태워지기까지 하였다. 이렇게까지 격렬한 비판이 일어난 것은 단순한 학문적 논쟁을 넘어서서 영남 퇴계학파 안의 정통성을 시비하는 문호지쟁門戶之爭의 한 모습이라고 볼 수 있겠으며, 그 배후에는 당시 현실에 대한 인식과 대응 방식의 차이에 따른 알력도 있었다.

이진상은 자가 여뢰汝雷이고 호가 한주寒洲이며, 성주 이씨 이원호李源祜(호 寒皐)의 맏아들로 태어났다. 응와凝窩 이원조李源祚(1792~1871)가 그의 숙부이다. 그는 일찍이 17세 때 숙부 이원조의 가르침에 따라 성리학 연구에 매진하던 중 20세 때 퇴계 이황을 모신 도산

조운헌도재 전경(한주종택, 경북 성주 소재)

서원陶山書院을 배알하였으며, 30세 때에는 서재에다 '조운헌도재祖雲憲陶齋'라는 편액을 걸어 '운곡雲谷(주자)을 조술祖述하고 도산陶山(퇴계)을 헌장憲章하겠다'는 뜻을 세우면서 그들을 자신의 학문적 지남指南으로 삼았다.

그는 35세와 40세, 41세 때 당시 퇴계학통 종장宗匠의 자리에 있던 정재定齋 유치명柳致明(1777~1861)을 방문하여 성리설을 토론하고 가르침을 받았는데, 이때 이미 그는 자신의 정견定見을 가지고 있었던 터였다. 그는 유치명과 서신으로도 여러 차례 성리설에 대해 질정을 구하고 토론하였다. 40세 때 유치명을 두번째로 방문하는 길에 그는 유치명의 고제高弟 서산西山 김흥락金興洛(1827~1899) 등도 만나 안동 지역 퇴계학맥과 교유를 넓혀 나갔다. 한편 그는 강우江右의 성재性齋 허전許傳(1797~1886)과도 여러 차례 서신왕래를 하면서 성리설과 예설 등에 대해 질정하고 토론하였다.[1] 또한 그는 인근 칠곡의 사미헌四未軒 장복추張福樞(1815~1900)와 일찍이 함께 공부하면서 도우관계를 맺은 뒤 평생토록 변치 않았다.

이진상은 젊은 시절 벼슬길에 관심을 두어 33세 때 증광문과增廣文科 복시覆試에 응시하기 위해 한양으로 갔으나 마침 경주부윤慶州府尹으로 재직 중이던 숙부가 이조吏曹에 소환되는 사건이 일어나자 시험을 포기하고 곧장 고향으로 돌아와 버렸다. 이후 그는 포의布衣로

---

1) 뒷날 許傳과 李震相의 양 문하 간에는 내왕이 많았으며, 허전의 대표적 제자 가운데 한 사람인 許薰과 이진상은 사돈이 되었고, 또한 허전은 숙부 이원조의 神道碑銘을 짓기도 하였다.

살다가, 죽기 얼마 전인 67세 때 민태호閔台鎬의 천거로 의금부도사義禁府都事를 제수 받았으나 끝내 나아가지 않았다.

이렇게 이진상은 처사로 일생을 마쳤지만 눈앞의 현실을 외면하지만은 않았다. 그가 살았던 당시는 국내외적으로 어려운 상황이 들이닥치던 때였다. 국내에서는 진주(1862) 등 삼남지방에서 민란이 일어나 그가 살던 곳까지 화가 미쳤으며, 동학東學은 경주에서 일어나 전국으로 퍼져 나갔다. 한편 외세의 압력이 날로 가중되는 가운데 집정자인 흥선대원군은 척사위정斥邪衛正의 기치를 높이 드는 동시에 세도정치의 폐해를 막고 중앙집권을 강화하기 위해 재야 유림들의 세력 근거지였던 서원에 대한 철폐령을 내렸다.

이진상은 이러한 현실 앞에서 한강寒岡 정구鄭逑의 문묘배향을 청할 때와 서원 훼철을 반대할 때, 그리고 양이洋夷 배척을 주장하는 '영남만인소嶺南萬人疏' 사건 때 세 차례 상소를 올렸다. 그리고 그는 40세 때인 1857년 청의 함풍제咸豐帝가 영·불 연합군에 의해 북경이 점령되어 열하熱河로 피난갔다는 소식을 접하고서 이 기회에 청에 대한 사대事大를 철폐하자는 내용의 상소문을 짓는 것을 시작으로, 삼남지방의 민란 뒤 국왕이 삼정三政의 폐단을 구제할 방도를 묻는 윤음을 내리자 「응지대삼정책應旨對三政策」을 지었으며, 이를 바탕으로 49세 때인 1866년에는 옛 성현들의 이상적 제도와 당시의 현실을 참작하여 자신의 종합적 경세책經世策이 담긴 『묘충록畝忠錄』을 지은 뒤 국왕에게 올리려 든 적도 있었다. 그리고 1876년 운양호 사건의 소식을 접하고서는 성주 일대의 사우들을 모아 의병을 도모하였다가 조약이 체결되었다는 소식을 듣고 그만 두었으며, 변복령變服領(1884)이 내려지자 그 부당함을 지적하는 「의제론衣制論」을 지었다. 그리고 63세였던 1880년에는 김해·부산 일대를 유람하다가 직접 일본관日本館을 찾아가 상호교린相互交隣의 신의를 저버린 것에 대해 엄중히 꾸짖었으며, 직접 화륜선에 올라보기도 하였다. 그는 '위정衛正'하는 것이야말로 '척사斥邪'하는 길이라 생각하여 이렇게 상소 등 여러 현실적 실천에 참여하였던 것이며, 부산에서 일본관을 찾고 직접 화륜선에 올라보는 것과 같은 것은 여느 위정척사론자들과 다른 모습이라고 말할 수 있겠다.

그렇지만 이진상의 주된 활동은 성리학 연구와 저술이었다. 그는 17세 때 숙부 이원조의 권려에 따라 성리학 공부에 매진한 이후 18세 때 이미 「성명도설性命圖說」을 지었으며, 일생토록 총 89책에 이르는 방대한 저술을 남겼다.[2] 그 구체적인 목록은 곧 『한주집寒洲集』(22책), 『리학종요理學綜要』(10책), 『사례집요四禮輯要』(9책), 『묘충록畝忠錄』(2책), 『춘추집전春秋集傳』(10책), 『춘추익전春秋翼傳』(3책), 『천고심형千古心衡』(2책), 『직자심결直字心訣』(1책), 『역학관규易學管窺』(4책), 『구지록求志錄』(22책), 『변지록辨志錄』(4책)이다.

이진상의 저술 중에는 사서史書와 예서禮書, 경세서, 시문류 등이 두루 있기는 하지만 그 중심적인 것은 성리설에 관한 것이다. 그는 먼

---

2) 여러 문헌에서는 이진상의 저술이 총 85책으로 되어 있는데 이형성의 견해를 따랐다. 이형성, 「한주의 성리학1-주재성 중시와 그 의의」, 『한주 이진상 연구』, 20쪽, 주 2 참조.

저 주자학 관련 여러 선현들의 저술을 섭렵하면서 '차의箚義' 류의 저술을 하고, 율곡栗谷 이이李珥를 위시한 기호 제현들의 학설을 비판하는 글을 짓는 한편 『주자어류朱子語類』를 『주자대전朱子大全』, 『성리대전性理大全』 및 여러 주자 관련서와 비교하는 가운데 10여 년에 걸친 힘든 작업 끝에 『주자어류차의朱子語類箚義』[3)]를 저술하여 주자의 학설이 초년과 만년의 구분이 있음을 확정한 후 주자의 만년설을 바탕으로 44세 때 「심즉리설心卽理說」을 내놓음으로써 일약 영남 유학계에 주목을 받게 되었다. 그는 주자학 연구에 더욱 힘을 쏟아 마침내 61세 때 『리학종요』를 저술하여 자신의 성리설을 총결하였다.

이진상이 '심즉리설'을 주창한 이후 그의 명성이 주위에 알려지자 문하에는 제자들이 모여들기 시작하였으며 강학과 학계學契, 향음주례鄕飮酒禮 등의 행사를 주관하거나 참석하는 일이 잦아졌다. 그의 나이 53세 때인 1870년 봄에 후산后山 허유許愈에 이어 그 해 겨울에 면우俛宇 곽종석郭鍾錫이, 1872년에 자동紫東 이정모李正模가, 1874년에 홍와弘窩 이두훈李斗勳이, 1876년에 교우膠宇 윤주하尹胄夏가, 1878년에 해당海堂 장석영張錫英과 물천勿川 김진호金鎭祜가 그의 문하에 들어옴으로써 강우 지역의 최대 학파로 커나갔을 뿐만 아니라 당시 전국적으로도 최고 학파 가운데 하나로 성장하였다. 이들 제자들은 그의 아들인 한계韓溪 이승희李承熙와 더불어 세상에

3) 李承熙는 "부군은 일찍이 말씀하시기를 '나의 일생의 정력은 『朱子語類』 책에 있다' 고 하였다. …… 무려 11년이 지나서야 저술을 완성하였고 또 12년에 걸쳐 거듭 교감하였다"고 적고 있다. 李震相. 『寒洲文集』. 附錄 卷2. 「行錄」. 참조.

서는 흔히 '주문팔현洲門八賢'으로 일컬어졌다. 이들은 스승의 문집과 『리학종요』 등 주요 저술들을 교감, 발간하였다. 그의 문인록에는 도합 137명의 이름이 올라 있다.

이진상은 1886년 10월 병세가 깊어지자 아들 이승희를 불러 "동래 바다에 전선이 놓였다는 이야기를 들었다. 이로부터 이류異類들이 설치고 사악한 기운이 날로 치열해질 것이니, 내가 살더라도 무슨 즐거움이 있겠는가? 이제 땅속에 묻히는 것이 마땅하다"고 말한 뒤 두 살 된 손자를 불러 쓰다듬으며 오륜과 사덕을 들려주었다. 며칠 후 그가 세상을 뜨니 향년 69세였다.

사후 1895년 거창에서 『한주문집』이 발간되었고, 이어 『리학종요』가 1897년에 발간되었다. 그의 문집을 학문연원이 있는 도산서원에 봉정하자, 도산서원에서는 1897년 8월 성주 향교로 문집을 되돌려 보내면서 패자牌子 한통도 함께 보내왔다. 그 패자 속에는 문집의 내용 가운데 퇴계 학설과 부딪히는 내용이 많아 이 책은 본 서원에서 보관하기에 합당치 않을 뿐만 아니라 퇴계 후학들이 차마 똑바로 바라다볼 수도 없는 지경이니, 이 책은 본가에 되돌려 보내고 패자는 향중 여러 집안에 두루 돌려 알리는 것이 좋을 것 같다는 내용이 들어 있었다.[4] 수난은 여기에서 그치지 않았다. 1902년 11월에는 박해령朴海齡, 이중화李中華, 유만식柳萬植 등이 중심이 되어 그의 학설을 이단으로 몰고서 마침내 상주의 도남서원에서 그의 문집을 불태우는 초유

4) 李承熙. 『韓溪遺稿』 6. 「宣錄條辨」. 참조.

의 사건이 일어났다.[5] 이 소식을 들은 그의 아들 한계 이승희는 흰 관복을 입고 아버지의 사당에서 3일 동안 비통한 마음으로 곡을 하였다고 한다.[6] 하지만 그의 제자들은 이에 맞서 스승의 학설을 옹호하는 데 앞장섰으며, 기호 율곡학파의 학자들과도 학문적 토론을 벌이면서 교유의 폭을 넓혀가는 한편 적극적으로 제자들을 기르고 현실 운동에도 나름의 인식과 방법에 따라 뛰어들었다.

2. 한주 이진상의 성리설

이진상의 대표적인 성리설은 '심즉리설心卽理說'과 '리발일도설理發一途說', '칠정리발설七情理發說' 등이다. 그의 '심즉리설'은 율곡학파의 '심시기설心是氣說'은 물론 영남 퇴계학파의 '심합리기설心合理氣說'과도 다르며, 그의 '리발일도설'은 율곡학파의 '기발일도설氣發一途說'은 물론 영남 퇴계학파의 '리기호발설理氣互發說'과도 다르다. 그리고 그의 '칠정리발설'도 사단과 칠정 모두를 기발일도로 본 율곡학파나 사단은 리발기수理發氣隨, 칠정은 기발리승氣發理乘으로 본 퇴계학파와 다르다. 따라서 그의 성리설은 여느 주자학자들

5) 『한주문집』의 환송과 소각 사건의 전후 사정은 內山弘一. 1990. 「이진상의 심즉리설과 영남학파」. 『벽사 이우성교수 정년퇴직기념, 민족사의 전개와 그 문화』. 창작과 비평사. 와 권오영. 2006. 「한주 이학의 전통과 사상사적 의의」. 『한주 이진상 연구』. 경북대 퇴계연구소 편. 75~8쪽 참조.

6) 李承熙. 『韓溪遺稿』 7. 「年譜」. 壬寅 참조.

의 성리설과 크게 달라 조선 유학의 6대가로 꼽히기도 하였다. 그렇지만 그의 성리설은 기본적으로 퇴계 이황의 관점을 계승하고 있으며, 달리 말하면 퇴계학을 '적극적'이고 '발전적'으로 계승하였다고 볼 수 있다. 이를 수사적으로 '퇴계보다 더 퇴계적인 철학'이 한주학寒洲學이라고 표현해볼 수도 있겠다.

이진상이 이렇듯 독창적인 성리설을 제기할 수 있게 된 데에는 '통간通看'과 '활간活看'을 특히 강조한 것과 더불어 독창적인 방법론, 곧 '삼간법三看法'이 있었기 때문이다. 그리고 주희의 학설을 초년과 중년 및 만년설로 나눈 뒤 만년설晩年說을 그의 정론定論으로 삼은 것도 독창적 방법 중 하나일 수 있겠다. 먼저 '통간'이란 전체적인 관점에서 보는 것이고, '활간'이란 언어문자에만 매달리지 말고 그 너머의 뜻과 지향점을 보는 것이다. 그리고 삼간법이란 수간竪看과 횡간橫看 및 도간倒看을 가리키는 것으로, 수간은 위에서 아래로, 횡간은 수평적으로, 도간은 아래에서 위로 보는 것이다. 그는 삼간을 다음과 같이 예로 들어 설명하였다.

> 여기 하나의 물이 있는데, 위로부터 수간하면 샘으로부터 바다에 이르기까지 물줄기가 수없이 많으나 똑같이 샘물이 흘러간 것이다. 가운데로부터 횡간하면 물이 같은 샘에서 비롯되었다는 것은 말할 수 없으나 샘물이 흐르기 시작하면 나눠지기 시작하므로 장강이 흘러(發) 타수沱水가 따르며(隨) 황하가 흘러 제수濟水가 탄다(乘)고 해도 또한 옳지 않음이 없다. 그 아래로부터 도간하면 물이 흐르기 시작한 샘이 멀어서 볼 수 없고 물줄기가 많아서 헤아릴 수는 없지만, 그 물이 같다(同)는 사실은 알 수 있다. 그런데 이것을 무리하게 모두 똑같은(一) 물로

여기려 든다면, 제수를 황하로 알고 위수渭水를 가리켜 경수涇水라고 하는 것과 같으니, 마침내 물을 알지 못하는 사람이 되고 말 것이다.[7)]

여기에서 보면, 이진상은 수많은 물줄기들이 있지만 수간하면 그 모두가 한 샘물에서 발원한 것임을 알고, 횡간하면 비록 그 원천이 어디인 줄은 몰라도 장강이 흐르는 데 타수가 뒤따르고 황하가 흐르는 데 제수가 합류한 것임을 알며, 도간하면 그 시작된 샘이 어디인지도 모르고 어느 물이 어느 강물줄기인 줄은 모른 채 모두가 같은 물이라는 것만 아는 것과 같다고 말하면서, 이를 각각 자신의 '리발일도설'과 이황의 '리기호발설' 및 이이의 '기발일도설'에 연결시켰다. 우선 보기에 이것은 리와 기의 관계를 관점과 간법에 따라 다 다르게 볼 수 있음을 말한 것이라고 할 수 있겠지만, 여기에 그치지 않고 자신의 관점과 간법이 가장 옳은 것임을 은연중 드러내고 있다. 그는 선유들이 흔히 한 것처럼 '인승마人乘馬'의 비유를 들어 자신의 '리발일도설'을 설명하였다.

태극太極은 사람과 같고 음양陰陽은 말과 같다. 理가 氣를 타고 동정動靜하는 것은 마치 사람이 말을 타고 드나드는 것과 같다. 氣가 한번 動하고 한번 靜하면 理 또한 그와 더불어 한번 動하고 한번 靜하며, 말이 한번 들어오고 한번 나가면 사람 또한 그와 더불어 한번 들어오고 한번 나간다. 이것은 氣 위에서 理를 본 관점과 같은데, 실은 사람이 들고 남의 主가 되고 말은 들고 남의 資가 될 뿐이니, 다만 사람의 들고 남만

7) 李震相.『寒洲全書』4.『求志錄』. 卷11.「太極圖箚義 · 後說」.

을 말할 수 있다. 마찬가지로 理가 동정의 主가 되고 氣는 동정의 資가 될 뿐이니, 다만 理의 동정만을 말할 수 있다.[8)]

일찍이 주희도 태극을 사람에 비유하고 동정을 말에 비유한 적이 있다. 그런데 그는 이때 실제로 가는 것은 말이고 사람은 말을 타고 가는 것일 뿐이라고 생각하여 리는 동정함이 없고 오직 기만 동정함이 있다는 의미로 이 비유를 했다.[9)] 그런데 이진상은 여기에서 말이 비록 사람을 싣고 드나들지만, 그것은 어디까지나 사람이 시켜서 드나드는 것이기 때문에 말이 드나드는 것이 아니라 실은 사람이 드나드는 것이며, 이와 마찬가지로 음양의 기가 비록 동정하기는 하지만, 그것은 어디까지나 리에 의해 동정하는 것이기 때문에 리가 동정한다고 해야지 음양의 기가 동정한다고 해서는 안 된다고 말하였다. 이것은 理의 동정과 氣의 동정을 主와 資로 나눔으로써 동정의 질적 차이를 설정한 것으로도 볼 수 있다. 그는 다시 이것을 자신의 삼간법으로 설명하였다.

수간하면 理가 氣에 앞서 있으며 리가 기의 主가 되니, 靜은 理의 體이고 動은 理의 用이다. 횡간하면 리와 기는 번갈아 앞뒤가 되고 손님과 주인이 되니, 리가 동하면 기가 끼어들기도 하고 기가 동하면 리가 따르기도 한다. 도간하면 리와 기는 한 사물이어서 나눌 수 없으니, 발출할 때 기가 앞에 있고 리는 뒤에 있으며, 기가 주인이 되고 리는 손님이 되

8) 李震相.『寒洲全書』2.『理學綜要』卷1.「天道」.
9) 朱熹.『朱子語類』卷94.「周子之書 · 太極圖」. 참조.

며, 동하는 것 역시 기이고 정하는 것 또한 기이기 때문에 리는 빌려서 타는 죽은 사물이 되고 말 것이다.[10)]

이진상은 여기에서 다시 수간과 횡간, 도간에다 '리발일도설'과 '리기호발설', '기발일도설'을 연결시켜 말하면서, 수간하면 '靜은 理의 體이고 動은 理의 用'이라고 하여 동이든 정이든 그것은 리의 체와 용일 뿐 기와는 무관한 것으로 여김으로써 '리가 기의 主'가 되고 '리발일도' 뿐임을 분명히 하였다. 반면 도간하면 '기가 주인이 되고 리는 손님이 되며, 동하는 것 역시 기이고 정하는 것 또한 기이기 때문에 리는 빌려서 타는 죽은 사물이 되고 말 것'이라고 말하였다. 일찍이 이황은 리가 동정하지 않는다면 기에 휘둘려 '죽은 사물死物'과 같이 될 것이라고 말한 적이 있는데, 이진상의 말 속에 그 여운이 강하게 남아 있음을 볼 수 있다. 나아가 그는 '기발리승'의 리는 '죽은 사물'과 같다고 하여 율곡 이이의 '기발일도'는 물론 퇴계 이황의 '리기호발', 곧 '기발리승'에 대해서도 비판적 태도를 가지고 있다. 물론 그는 이에 대해 횡간하면 '리기호발'이고, 수간하면 '리발일도'이며, 자신의 '리발일도'는 이황의 생각을 '통간', '활간'한 것이라고 말할 것이다.

이진상의 또 다른 독창적 성리설은 '심즉리설心卽理說'이다. 이것은 무엇보다 주자학자 모두가 소리 높여 비판했던 왕수인王守仁의 양명학설과 같은 것이어서 논란은 더욱 크게 일어났다. 그는 물론 자신

---

10) 李震相. 『寒洲全書』 4. 『求志錄』 卷11. 「太極圖箚義 · 後說」.

의 것이 진정한 심즉리설이고, 왕수인이 말한 심즉리는 기실 심즉기心卽氣라고 말해 둘을 구분하였지만, 비판자들의 비판을 잠재우기에는 역부족이었다. 그는 먼저 선유들도 심즉리를 말했음을 적시하고 있다. 곧 '심위태극心爲太極'이라거나 '심통성정心統性情', '심성정일리心性情一理', '심지대본시리心之大本是理'와 같은 설이 바로 그것이라고 말한 뒤 다음과 같이 자신의 심성정론心性情論을 정리하였다.

> 심 · 성 · 정을 놓고 말한다면, 心은 태극이고 性은 태극의 靜이며 情은 태극의 동이다. 심은 리일理一이고 성과 정은 분수分殊이다. 심과 성을 놓고 말한다면, 주재가 항상 정해져 있는 것이 심이고 리일이며, 발출이 서로 같지 않은 것이 성이고 분수이다. 성과 정을 놓고 말한다면, 성은 하나인 體이고 정은 나눠진 用이다.[11]

이진상은 심과 성 · 정, 심과 성, 성과 정의 관계로 구분하여 심 · 성 · 정의 관계를 종합적으로 정리하였다. 그는 심을 태극과 리일의 위치에다 두고 性과 情을 그것의 靜과 動, 體와 用으로 설명함으로써 자신의 심즉리설을 입론하고 있음을 여기에서 볼 수 있다.

앞에서 말한 바와 같이 이진상은 심즉리설이 소옹邵雍이나 장재張載, 이정二程과 같은 선유들의 견해를 따른 것이자, 또한 주희의 만년설을 따른 것이라고 말하였다. 그는 주희가 "심은 이발已發이고 기이며, 성은 미발未發이고 리"이며, "성은 태극과 같고 심은 음양과 같

11) 李震相.『寒洲全書』1. 卷19.「答郭鳴遠疑問」.

다"고 말한 것은 초년의 설이고, 계축癸丑 연간에 "기의 영묘함이 심"이라고 말한 것은 중년의 설이며,[12] 여자약呂子約에게 답하면서 "미발은 태극의 정이고, 이발은 태극의 동"이라고 말한 것과 오회숙吳晦淑에게 답하면서 "태극은 성과 정의 妙이며, 한번 동하고 한번 정하는 것은 이발과 미발의 리"라고 말한 것, 임기손林夔孫이 정사년丁巳年에 "심은 주재하는 것이고, 주재하는 것은 리이다. 이 심 밖에 달리 리가 없고, 이 리 밖에 달리 심이 없다"고 말한 것 등은 만년의 설이라고 말하였다.[13]

또한 이진상은 '심통성정설'에 대한 나름의 해석을 통해서 심즉리설을 주장하기도 했다. 곧 그는 "심은 일신을 주재하는 것인데 주재하는 것을 기에다 속하게 하면, 천리가 형기의 명을 듣게 되고 많은 추악한 것들이 영대靈臺(심)에 의거하게 된다"[14]고 말하여 '심통성정'의 '통'을 '주재'의 의미로 풀이한 뒤 氣인 心이 理인 性을 주재한다는 것은 어불성설이라고 주장하였다. 그런데 '심통성정'에서 '통'을 '통섭'의 의미로 보면, 심 가운데 순수히 리인 성도 있지만 그렇지 않은 정도 있기 때문에 심즉리는 문제가 될 수 있다. 이에 대해 그는 '심·성·정이 하나의 리'라는 것과 더불어 전해 내려온 '성발위정설性發爲情說'을 적극적으로 해석하면서 다시금 심즉리를 정당화하였다.

12) 李震相.『寒洲全書』1. 卷27.「答李肅明別紙」. 참조.
13) 李震相.『寒洲全書』1. 卷23.「答張舜華別紙」. 참조.
14) 李震相.『寒洲全書』1. 卷32.「心卽理說」.

성은 미발未發의 리요, 정은 이발已發의 리이다. 성이 발하여 정이 되니, 다만 같은 리일 따름이다. 비유하자면 주인이 남의 집에 가면 손님이 되는 것과 같으니, 어디까지나 같은 사람일 따름이다. 참으로 성과 정의 실상을 따져보면, 리발理發은 있어도 기발氣發은 없다.[15)]

이진상은 성이 발하여 정이 되니, 성과 정은 미발과 이발의 차이만 있을 뿐 모두 리라고 말하고 있다. 성은 리이기 때문에 그것이 발하여 정이 되어도 여전히 리라는 것이다. 이때 그 정이 사단이 되었든 칠정이 되었든 모두 리라는 것이다. 이것이 바로 '칠정리발설七情理發說'이며, 이것은 이황에서 유성룡柳成龍의 서애학파西厓學派를 거쳐 내려온 것이자, 또 하나의 심즉리설에 대한 논거이다. 그렇지만 그의 심즉리설은 이황의 '심합리기설心合理氣說'과는 분명히 다른 것이다. 이에 대해 그는 옥석玉石의 비유를 들어 설명하였다.

무릇 옥은 천하의 지극한 보배이다. 그러나 세상에는 돌을 옥으로 아는 자가 있다. 형산의 옥은 돌 속에 싸여 있었지만 오직 변화卞和만이 그것이 옥이라는 사실을 알아서 왕에게 바쳤는데, 왕이 옥공을 불러 보이니 돌이라고 하였다. 이것은 그 겉의 돌만 보고서 그 속에 옥이 있음을 알지 못했기 때문이다. 조정에서 조금 옥과 돌을 구별할 줄 아는 자가 있었는데, 역시 모두 돌이라고 했다.[16)]

이진상은 돌 속에 옥이 있는 줄 아는 변화를 자신의 '심즉리설'에,

---

15) 李震相.『寒洲全書』1. 卷32.「四七原委說」.

16) 李震相.『寒洲全書』1. 卷32.「心卽理說」.

그리고 그런 줄 알지 못한 옥공을 율곡학파의 '심시기설'에, 조금 구분할 줄은 알지만 끝내 돌이라고 말한 이를 퇴계학파의 '심합리기설'에 비유하고 있다. 그가 여기에서 이황의 '심합리기설'을 직접적으로 비판했다기보다는 언어문자에만 매달려 그것을 '활간'하지 못한 퇴계학파의 후예들을 겨냥해 비판한 것이라고 볼 수 있겠다. 한편 양명학의 심즉리설은 엉뚱하게도 돌을 보고서 곧장 옥이라고 주장하는 것이라며 비판하였다.[17)]

3. '한주학'의 학문적 연원

이진상은 1857년 그의 나이 40세 때 일찍이 안동으로 가 당시 퇴계학통의 종장宗匠의 자리에 있던 유치명柳致明을 찾아 자신의 심즉리설心卽理說에 대해 다음과 같이 질정을 구하였다.[18)]

> 이진상 : "심은 일신을 주재하는 것인데, '주재'라는 두 글자는 理 하나만을 가리키는 것입니까? 氣를 겸하여 가리키는 것입니까?"
> 유치명 : "리와 기를 겸하였다고 말하는 것이 무방할 것이다."
> 이진상 : "리는 '그렇게 되는 바의 까닭(所以)'으로서 주재의 알맹이(實)이고, 기는 '재료가 되는 것(所資)'으로서 주재의 도구

17) 李震相.『寒洲全書』1. 卷32.「心卽理說」. 참조.
18) 이진상은 유치명을 1852년(35세), 1857년(40세), 1858년(41세) 3차례 만났다. 본 문답은 2번째 만남에서 있었던 것이다.

(具)이니, 심이 진실로 리와 기를 겸하고 있기는 하지만, 일신을 주재하는 것을 가리켜서 말한다면 다만 리인 것 같습니다."

이처럼 이진상은 유치명을 만난 자리에서 자신의 '심즉리'를 피력하였고, 이에 대해 유치명은 퇴계학통의 정통적 입장에 서서 '심합리기心合理氣'를 말하였다. 이진상은 4년 뒤 마침내 정식으로 「심즉리설」[19]을 저술하였다. 그는 심즉리설과 더불어 이 무렵 자신의 '리발일도설理發一途說'도 확정하였다.[20] 그가 이렇게 유치명을 방문한 것을 들어 급문及門한 것으로 볼 수도 있겠지만, 방문한 자리에서 주고받은 문답 내용을 볼 때 이미 정견定見을 가지고 토론한 것이며, 더욱이 그 이견의 내용인 심즉리설이 바로 훗날 그의 문집이 반송되고 불타는 직접적 원인이 되었으므로 퇴계학파 분화와 한주학파 출현의 한 장면으로 보는 것이 더 옳을 듯하다.

이처럼 이진상은 40세 무렵 '심즉리설'이나 '리발일도설'과 같은 자신의 정견을 확립함으로써 한 학파를 열어가기 시작하였지만 뚜렷한 사승연원이 있지를 않다. 다만 20세 때 이황을 모신 도산서원을 배알하고, 그 뒤 30세 때 자신의 서재를 '조운헌도재祖雲憲陶齋'라 이름 붙여 이황을 헌장憲章하겠다는 뜻을 밝힌 점에서 일단 그를 이황의 사숙제자私淑弟子로 보는 것은 큰 무리가 없을 것 같다. 그러나 양

19) 李震相. 『寒洲全書』 1. 雜著. 卷32. 「心卽理說」. 참조.

20) 이진상은 24세 때 「跋丁愚潭四七辨證」을 지은 뒤 13년이 지나 수정과 함께 李珥의 四七論을 종합적으로 비판하여 「四七辨」과 「朱子言論同異攷辨」을 지었으며, 다음 해인 38세 때 「理氣動靜說」을 지어 자신의 '理發一途說' 을 확정하였다.

자 간에는 시간적으로 300여 년의 시간적 간극이 있고, 학설로도 사뭇 다른 점이 있어 묵수나 단순한 계승이 아닌 '발전적', 혹은 '적극적' 계승이란 말로 표현하는 것이 더 적절하겠다.

하지만 좀 자세히 이진상의 사승연원을 따져 보면, 그의 숙부인 응와凝窩 이원조李源祖(1792~1871)에 주목할 필요가 있다. 이원조는 조카인 이진상이 어릴 적 성리학 공부에 힘쓸 것을 권려하였으며, 관직생활 틈틈이 낙향해 있으면서 회연서원 등에서 강학모임을 가질 때에는 반드시 그를 대동하였고, 그의 학문적 질정에 답하기도 하였으며, 만년에 가야산 산록에다 청천구곡을 경영할 때에도 그를 늘 곁에 두었다. 이진상도 이원조를 단순히 숙부가 아닌 스승으로도 생각하였다.[21)]

이원조는 일찍이 18세에 소년등과한 후 아버지의 권유에 따라 상주에 있던 입재立齋 정종로鄭宗魯의 문하에 나아갔다. 정종로는 또한 안동의 대산大山 이상정李象靖의 문하에 나아가 '호문삼종湖門三宗'으로 일컬어졌다. 한편 정종로는 서애西厓 유성룡柳成龍의 고제 우복愚伏 정경세鄭經世의 후손이기도 하다. 이렇게 볼 때, 이황에서 이진상에 이르는 학맥연원을 학봉鶴峯 김성일金誠一과 대산 이상정을 거쳐 입재 정종로, 응와 이원조로 이어져 내려온 것과 서애 유성룡과 우복 정경세를 거쳐 입재 정종로, 응와 이원조로 이어져 내려온 것 둘 다 말할 수 있겠다. 이 가운데 학설상으로 보아서는 서애학맥의 연원

21) 李源祖. 『凝窩全集』 1. 「附錄晩祭文」; 李震相. 『寒洲文集』. 卷35. 「仲父凝窩先生行狀」. 등 참조.

이 더 분명하며, 그 핵심적인 학설은 바로 '칠정리발설七情理發說'이다. 일찍이 정종로의 문하에 나아간 이원조는 스승의 설을 이어받아 다음과 같이 말하였다.

> 무릇 리와 기는 '서로 떨어질 수 없으면서(不相離)' 또한 '서로 뒤섞일 수도 없으며(不相雜)', 한 사물이 아니면서 또한 두 사물도 아니어서 있으면 같이 있고 발하면 같이 발한다. 따라서 사단과 칠정을 막론하고 리발이라 말할 수도 있고 기발이라 말할 수도 있다.[22]

이어 이원조는 이러한 사단과 칠정 모두 리발이기도 하고 기발이기도 하다는 생각이 이미 이황의 「심통성정도心統性情圖」 중도中圖와 하도下圖에 나타나 있으며, 『입재집立齋集』의 「심성리기설心性理氣說」에서도 이에 대해 자세히 설명해놓았다고 밝히고 있다. 위에서 그가 "사단과 칠정을 막론하고 리발이라 말할 수도 있고 기발이라 말할 수도 있다"고 말한 것은 이황이 사단과 칠정을 주된 바에 따라 리발기수理發氣隨와 기발리승氣發理乘이라 한 것을 자기의 관점에서 해석한 것이며, 이것을 「심통성정도」의 중도와 하도에다 연결시킨 것이라고 볼 수 있다. 일단 이렇게 보면 칠정을 리발理發이라고 말하여도 무방할 수 있게 된다. 그런데 그는 칠정의 선일변善一邊만을 가리켜 칠정리발을 말한 것이다.

이진상은 이 칠정리발설이 정종로가 이상정의 문하에 나아가서 전

---

22) 李源祚. 『凝窩全集』 1. 卷12. 「批震姪所著諸說 · 四七理氣辨後」.

이원조의 만년 강학처인 晩歸亭과 興學倡善碑(경북 성주 소재)

해 받은 것으로, "백세가 지나 성현이 다시 출현해도 의혹을 제기하지 않을 것이며, 우리 학파가 서로 전해온 종지가 본래 이와 같은 것이다"[23]고 단언하면서 확신에 찬 모습으로 자신의 칠정리발설을 전개해나갔다. 그런데 그의 칠정리발설은 이원조의 그것과 사뭇 다른 점이 있다. 이원조가 칠정 가운데 선일변만을 가리켜 칠정리발을 말하였다면, 그는 情의 본연本然이 바로 리발이라고 보았다.

또한 이원조는 태극의 동정動靜에 대해서도 다음과 같이 말하였다.

> 동정함은 비록 태극이 동정하는 것이지만 태극이 동정한다고 말할

---

23) 李震相.『寒洲全書』1 卷9. 참조.「答李謹休」.

수 없기 때문에 주자는 젊어서 태극은 體이고 동정하는 것은 用이라고 하였으며, 뒷날 이것을 수정하여 "태극의 본연한 묘용妙用이 바로 동정함이 타는 바의 기틀"이라고 말하였다. …… 태극이 타는 바의 기틀이란 곧 리가 기를 낳는 묘용인 것이다. 여기에서 만약 곧장 동정함을 음양인 것으로 여긴다면, 기틀을 氣라고 여긴 것이므로 혹 범론泛論하여 적절하지 않는 점이 있지 않겠는가?[24]

이원조는 여기에서 주자와 이황의 '리유체용설理有體用說'을 바탕으로 동정함을 음양이 아닌 태극의 묘용으로 설명하고 있다. 이진상은 이를 적극적으로 이어받아 "동함도 없고 정함도 없으면서 동정의 妙를 함축하고 있는 것이 리의 體이고, 동할 수도 있고 정할 수도 있는 조짐이 리의 用이다. 기는 동하면 정할 수 없고 정하면 동할 수 없으니, 결코 스스로 동하거나 정할 수 있는 것이 아니다"고 말하였다. 곧 그는 리의 '자동자정自動自靜'하는 질적 차별성을 들어 자신의 '리발일도설'을 강화시켰던 것이다.

그런데 '낙중학洛中學'이라는 관점에서 볼 때, 이진상과 정구鄭逑의 한강학맥寒岡學脈과의 연원을 그냥 지나칠 수가 없다. 정구는 무엇보다 이진상과 같은 성주의 동향 선현이기 때문이다. 그리고 그의 8대조인 이정현李廷賢이 정구의 문하에 출입한 것도 중요한 사실이다. 이러한 연원으로 말미암아 숙부 이원조에 이어 그는 수시로 정구를 모신 회연서원에서 강학모임이나 향음주례鄕飮酒禮 등을 행하였

24) 李源祚.『凝窩全書』1 卷10.「批震姪與崔幼天答心經疑義」.

으며, 정구의 문묘배향상소를 올리기도 했던 것이다.

이진상이 동향 선현인 정구를 학문상 학맥연원으로 삼는 모습은 그의 『심경관계心經竅啓』에서 잘 찾아볼 수 있다.[25] 정민정程敏政의 『심경부주心經附註』에 자신의 견해를 달아 지은 위 책 서문에서 그는 퇴계선생께서 이 책을 너무 좋아하여 문인들과 토론을 주고받은 끝에 그 깊은 의미를 밝혀 책 뒤에다 「심경후론心經後論」을 붙임으로써 비로소 우리나라 사람들도 비로소 『심경(부주)』이 있음을 알게 되었으며, 다시 한강선생이 『심경발휘心經發揮』를 지어 체제를 바꾸고 맥락을 드러냄에 심법心法을 천명한 공적은 『심경부주』보다 나은 점이 있다고 말하였다.[26] 이황은 선현의 저술에 대해 함부로 체제를 바꾸거나 내용을 바꾸며, 시비를 논하는 것에 깊이 경계하였지만, 그의 고제 가운데 한 사람인 정구는 이진상의 말처럼 『심경발휘』에서 거의 전면적 개정을 단행하였는데,[27] 이진상은 이를 높이고 있으며, 실제로 자신의 『심경관계』에서 『심경발휘』의 내용을 많이 거론하거나 높게 평가하였다. 따라서 우리는 이를 통해 정구를 중심으로 하는 조선 중기의 '낙중학'이 조선 후기까지 이어져 내려왔음을 확인할 수 있다.

---

25) 홍원식. 2009. 「퇴계학파의 『心經附註』 연구와 이진상의 『心經竅啓』」. 『동양철학』 제32집. 한국동양철학회. 참조.

26) 李震相. 『寒洲全書』 5. 『求志錄』 卷22. 「心經竅啓 · 心經圖說序」. 참조.

27) 『心經附註』에 대한 『心經發揮』의 개편 내용은 홍원식 외. 2007. 『조선시대 심경부주 주석서 해제』. 예문서원. 98~100쪽 참조.

4. 한주학파의 전개

이진상이 44세 때 「심즉리설心卽理說」을 저술하고서부터 그의 이름은 서서히 주위로 퍼져 나가기 시작하였다. 이 무렵을 전후하여 제자들이 모여들기 시작하다가, 그가 50대가 넘어서면 그의 문하는 성시를 이루게 된다. 그가 53세 때인 1870년 봄 허유許愈가 문하에 들어온 뒤 허유의 권유[28]로 그 해 겨울에 곽종석郭鍾錫이 급문及門하였다. 이어 이정모李正模, 이두훈李斗勳, 윤주하尹冑夏, 김진호金鎭祜, 장석영張錫英이 급문하였다. 여기에 그의 아들 이승희李承熙를 포함하여 이 여덟 명을 세상에서는 흔히 '주문팔현洲門八賢'이라고 불렀다. 이들을 포함하여 그의 문인록에는 총 137명의 이름이 올라 있다.

이진상의 문하에 이렇게 많은 제자들이 몰려들면서, 그는 강학과 문답 그리고 향음주례와 같은 행사를 주관하는 경우가 잦아져 바쁜 시간을 보내게 되었다. 강학과 향음주례의 경우 그는 50대 중반으로 넘어서면서 활발한 활동을 보인다. 그것을 연대별로 보면 58세 때 창녕 강림재江林齋에서 향음주례를 행한 뒤 『소학』을 강론하였고, 같은 해 고령 종산재鍾山齋에서도 향음주례를 행한 뒤 『대학』을 강론하였으며, 60세 때는 남사리南沙里에서 향음주례를 행한 뒤 『태극도설太極圖說』을 강론하고 또 중평에서는 최정기崔正基 등과 함께 『중용』을 강론하였다. 61세 때 다시 종산재에서 『중용』을 강론하고, 같은 해

28) 許愈. 『后山文集』 卷5. 書. 「答郭鳴遠鍾錫」 庚午. 참조.

회연서원에서 향음주례를 행한 뒤 『근사록近思錄』을 강론하였으며, 63세 때는 이연재伊淵齋에서 향음주례와 함께 강론을, 다시 같은 해 고령 반룡사盤龍寺에서는 『논어』를 강론하였다. 이후에도 그는 69세로 세상을 떠나기 직전까지 고령 관동館洞에서 『중용』과 『대학』을 강론하고, 갈천서당葛川書堂과 종산재, 각산覺山, 단산서원丹山書院 등에서도 향음주례와 강론을 행하였다.

여기에서 그 지역 분포를 보면, 이진상이 주로 활동한 곳은 성주와 창녕, 고령, 거창, 산청 등 성주 인근이거나 '영남 우도' 지역을 벗어나지 못했음을 알 수 있다. 영남 우도 지역은 특히 남명南冥 조식曺植의 학문적 여운이 남아 있던 곳으로, 허전許傳의 성재학파性齋學派뿐만 아니라 기호학파 기정진奇正鎭의 노사학파蘆沙學派와 전우田愚의 간재학파艮齋學派마저 학파의 영역을 넓혀가던 곳이었다. 한주학파가 이처럼 남쪽으로 영역을 넓혀간 반면 성주 땅 북쪽으로는 거의 발을 들여놓지 못하였는데, 그것은 다름 아니라 그곳엔 퇴계학파의 적통임을 자임하는 이들이 자리 잡고 있었기 때문이다. 그들은 19세기 중엽에 이르도록 '심합리기설心合理氣說'과 '리기호발설理氣互發說'이 이황의 정견임을 굳게 믿으며 묵수해오고 있었다. 이러하던 터에 이진상이 이황의 학설과는 사뭇 달라 보이는 '심즉리설'과 '리발일도설'을 제기하자 비로소 퇴계학파 안에서도 본격적 의미의 학파 분화가 일어나게 된 것이다.

이진상에 이어 그의 제자들도 스승 사후 그의 학설을 옹호하고 확산시키는 데 주력하였다. 그 대표적인 이가 '주문팔현' 가운데 한 사람인 면우 곽종석이었다. 그는 한주학설과 입장을 달리 하는 영남지방 원근遠近의 학자들과 적극적으로 토론을 벌이는 한편 기호지방 화서학파華西學派(李恒老)의 이른바 心(明德) 주리主理·주기主氣 논쟁에도 뛰어들었으며, 이이의 '심시기心是氣'를 고수하며 '성사심제性師心弟'를 주장한 전우田愚를 비판하기도 하였다. 윤주하[29]와 허유, 장석영 등도 곽종석과 함께 영남뿐만 아니라 기호지방 학자들과 적극적인 학문적 교유와 토론을 벌이면서 한주학파는 일약 전국적으로 위상을 높여 나갔다.[30]

낙중 한주학파의 결정적인 분화는 이진상의 문집을 통문과 함께 환송한 조치와 불태운 사건이라고 볼 수 있다. 1886년 그의 사후 제자들은 한데 모여 여러 차례 교정과 교감을 거친 뒤 1895년에 『한주문집寒洲文集』을, 이어 1897년에 『리학종요理學倧要』를 발간하였다. 그런데 서두에서 말한 바와 같이 그의 문집이 발간되어 곧장 도산서원에 봉정되었으나 패자牌子와 함께 문집은 환송 조치되는 사건이 일어났다. '주문팔현'의 한 사람이자 그의 아들이기도 한 이승희는 곧바로 재종질再從姪인 이기철李基澈을 도산서원으로 보내 환송된 연유를 찾아 나선 결과 이황의 후손인 이만인李晩寅이 그 배후에 있음을 알게 되었다.[31] 이만인은 도산서원으로 보내온 『한주문집』을 검토한

29) 그는 이와 관련된 자료들을 「反究錄」(尹胄夏. 『膠宇文集』. 卷16. 雜著)이란 이름으로 묶었다.

30) 홍원식. 2008. 『한주 이진상의 생애와 사상』. 예문서원. 22쪽 주 22 참조.

31) 李承熙. 『韓溪遺稿』 6. 「宣錄條辨」. 166쪽 참조.

뒤 문제되는 조목에 대한 변론의 글을 지었는데,[32] 이기철이 어렵사리 그 글을 구해 베껴오자 이승희는 이에 대해 다시 조목별로 반론의 글을 짓게 되었다.[33] 아울러 그는 「도산통문陶山通文」에 대해서도 변론의 글을 지었으며,[34] 몇 년 뒤 『한주문집』이 도남서원에서 불태워질 때 돌았던 「도남통문道南通文」에 대해서도 다시 변론의 글을 지었다.[35] 곽종석 등 여타 이진상의 문인들도 합세하여 스승의 학설 옹호에 나섰다. 이렇듯 19세기 말엽으로 오면서 퇴계학을 묵수한 '낙상洛上' 퇴계학파와 퇴계학을 '발전적', '적극적'으로 계승한 '낙중洛中' 한주학파가 출현하게 된 것이다.

이렇게 두 학파가 나눠지게 된 데에는 현실에 대한 인식과 실천 방법에 있어서 차이도 그 원인 가운데 하나라고 볼 수 있다. 이진상은 비록 성리학 이론상에서는 낙동강 상류지역 묵수 퇴계학파와 차별성을 보였지만, 현실 인식과 실천에 있어서는 도학자로서 그들과 같이 했다. 그렇지만 그의 제자들에게로 오면 상황이 바뀌었다. 그들은 '개명한 도학자'의 길을 걷게 된 것이다. 그들은 19세기 말 대한제국시기에 주로 활동하면서 낙상 묵수 퇴계학파와는 다른 길을 걸었다.

그 대표적인 사건이 의병운동에 참여하는 대신 만국공법에 호소하고 일찍이 애국계몽운동으로 전환한 것이다. 한주학파의 종장이었던

32) 李晩寅. 『龍山文集』 卷6. 雜著. 「寒洲李氏動靜說條辨」. 참조.

33) 李承熙. 『韓溪遺稿』 6. 「宣錄條辨」. 166~192쪽 참조.

34) 李承熙. 『韓溪遺稿』 6. 「陶山通文條辨」. 192~204쪽 참조.

35) 李承熙. 『韓溪遺稿』 6. 「道南通文條辨」. 204~5쪽 참조.

곽종석이 50세 때인 1895년 민비가 시해된 을미사변乙未事變이 일어나고 뒤이어 단발령이 내리자 전국적으로 재야 유생들에 의한 의병운동이 일어났는데, 영남 지방에서도 안동의 권세연權世淵과 김도화金道和 등이 의병을 일으켜 그에게 부장副將이 되어달라는 요청을 해왔으나 거절하였다.[36] 그는 자신이 포의의 신분이고, 신하의 입장에서 임금의 군대에 맞설 수 없으며, 때로 보아서도 오히려 나라를 어지럽힐 수 있다는 등의 이유를 들어 의병에 참가하지 않았다. 반면 그는 사우인 이승희, 이두훈과 함께 상경하여 각국 공관에 일본의 패역을 성토하고 그 죄를 다스릴 것을 호소하는 「열국공관서列國公館書」를 보냈다. 그 후 곽종석은 60세 때인 1905년 을사보호조약乙巳保護條約이 맺어진다는 소식을 듣고서는 「청뢰거보호명정국체請牢拒保護明正國體」라는 제목의 차자箚子를 고종황제에게 올리며, 황제로부터 즉시 조정으로 부임하라는 명을 받고 상경하던 중 조약이 맺어졌다는 소식을 듣고서는 매국적신을 참할 것과 만국공법에 호소할 것을 청하는 「청참매국적신개덕열국공관소請斬賣國賊臣開德列國公館疏」를 올렸다. 이후 기호지방 화서학파의 후예인 최익현崔益鉉으로부터도 의병에 참여해달라는 청을 받았으나 역시 그는 비슷한 이유로 거절하였다. 반면 그는 일제강점 후 자정自靖의 길을 걷다가, 1919년 3.1운동이 일어나자 이른바 '파리장서사건巴里長書事件' (일명 '제1차 유

---

36) 권대웅. 1998.「한말 영남유학계의 의병활동」.『한말 영남유학계의 동향』. 영남대학교 민족문화연구소. 184쪽. 과 김희곤. 2003.「안동의병장 척암 김도화의 항일투쟁」.『민족 위해 살다간 안동의 근대 인물』. 안동청년유도회. 292쪽 참조.

림단사건')[37]에 앞장섰다.

이승희의 행적도 눈여겨 볼만하다. 그는 곽종석과 함께 아버지이자 스승인 이진상의 학설을 옹호하는 데 앞장서는 한편 현실 실천에서도 같은 길을 걸었으며, 망국의 기미가 짙어지자 노구를 이끌고 중국으로 망명하여 독립운동에 투신하였다. 특히 그곳에서 그는 강유위康有爲와 함께 공자교운동孔子敎運動을 전개한 것으로 유명하다.

한주학파는 재전再傳하면서 더욱 다양한 분화와 활동상을 보였다. 그 대표적인 이들로 『동유학안東儒學案』을 지은 회봉晦峯 하겸진河謙鎭(1870~1946), 「고대희랍철학고변古代希臘哲學攷辨」을 지은 성재省齋 이인재李寅梓(1870~1929), 공자교운동에 나서면서 금문경학今文經學에 일가를 이룬 진암眞庵 이병헌李炳憲(1870~1940), 스승 곽종석과 함께 파리장서사건을 주도하고 독립운동에 투신한 심산心山 김창숙金昌淑(1879~1962), 건국 이후 숱한 동양학 연구자들을 길러낸 중재重齋 김황金榥 등이 있다. 그들의 활동은 다양했지만, 그 속에 이진상으로부터 물려받은 심즉리설 등의 학설과 그 정신은 면면히 이어졌다. 이렇게 볼 때, 한주학파를 조선 최후, 최대의 학파라고 불러도 손색이 없을 것이다.

37) 최영성. 1997. 『한국유학사상사』 5. 아세아문화사. 136~142쪽 참조.

참고문헌

朱　熹.『朱子語類』.

李源祖.『凝窩全集』.

李震相.『寒洲全書』.

郭鍾錫.『俛宇集』.

李承熙.『韓溪遺稿』.

許　愈.『后山文集』.

尹胄夏.『膠宇文集』.

경북대 퇴계연구소 편. 2006.『한주 이진상 연구』. 역락.

권대웅. 1998.「한말 영남유학계의 의병활동」.『한말 영남유학계의 동향』. 영남대학교 민족문화연구소.

권오영. 2006.「한주 이학의 전통과 사상사적 의의」.『한주 이진상 연구』. 경북대 퇴계연구소 편. 역락.

김희곤. 2003.「안동의병장 척암 김도화의 항일투쟁」.『민족 위해 살다간 안동의 근대 인물』. 안동청년유도회편.

이형성. 2006.「한주의 성리학1-주재성 중시와 그 의의」.『한주 이진상 연구』. 경북대 퇴계연구소 편. 역락.

최영성. 1997.『한국유학사상사』5. 아세아문화사.

홍원식 외. 2007.『조선시대 심경부주 주석서 해제』. 예문서원.

홍원식. 2008. 『한주 이진상의 생애와 사상』. 예문서원.

_____. 2009. 「퇴계학파의 『心經附註』 연구와 이진상의 『心經竊啓』」. 『동양철학』 제32집. 한국동양철학회.

內山弘一. 1990. 「이진상의 심즉리설과 영남학파」. 『벽사 이우성교수 정년퇴직기념, 민족사의 전개와 그 문화』. 창작과 비평사.

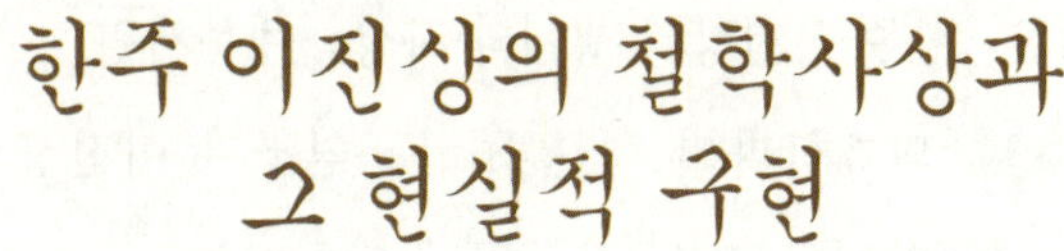

한주 이진상의 철학사상과 그 현실적 구현

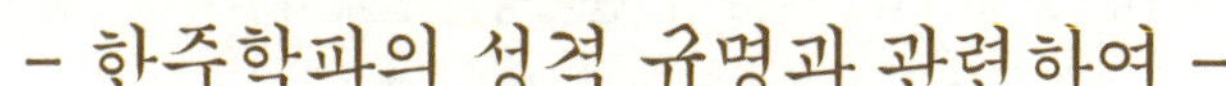

- 한주학파의 성격 규명과 관련하여 -

최영성 | 한국전통문화학교

1. 머리말

한주 이진상(1818~1886)을 '조선 성리학의 육대가'[1] 가운데 한 사람으로 꼽았던 현상윤玄相允은 『조선유학사』(1949)를 저술할 때, 이진상의 저술을 열람할 수 없어 『이학종요理學綜要』만 가지고 한주 성리학을 개관할 수밖에 없었음을 술회한 바 있다. 그로부터 30여 년이 지난 1980년 아세아문화사에서 『한주집』을 비롯하여 이진상의 중요한 저술을 영인본 5권으로 묶어 펴냄으로써 이진상에 대한 본격적인 연구가 시작되었다.

엄격한 의미에서 한주 연구의 효시라 할 수 있는 고 송찬식宋讚植

1) 현상윤. 1977. 『조선유학사』. 민중서관. 368쪽.

교수의「조선조 말 주리파의 인식 논리—한주 이진상의 사상을 중심으로」(『동방학지』 제18집, 연세대학교)가 1976년에 나온 이래 30여 년 동안 한주 연구는 크게 진척되었다. 현재까지 약 50편의 일반 학술 논문이 집적된 데다 이를 기반으로 박사학위 논문이 이어지고, 전문 저서까지 속출하는 상황이고 보면, '한주 연구의 회고와 전망'이라는 주제로 연구사 정리를 해보는 것도 의미 있는 일이 될 듯하다.[2)]

한주 성리학은 이제 상당히 세부적인 부분까지 정밀하게 연구되고 있다. 성리학 부분은 더 이상 참신한 연구를 기대하기가 쉽지 않을 듯하다. 앞으로는 한주 성리학과 밀접한 관계가 있는 경학, 역사 관계 저술, 그리고 한주학파의 성격과 활동 등으로 연구의 범위를 확장시켜 나가야 할 것이다. 또 이진상의 학문과 사상이 이론적 부면部面에만 머물러 있는 것이 아니고, 19세기 말 당시의 현실 문제를 충실하게 반영한 것이라는 점과 그의 철학사상이 시대를 선도하는 것이었음을 밝혀내야 할 것으로 본다.

철학과 현실은 서로 유리되어서는 안 된다. 현실 문제를 도외시하거나 시대적 요구를 외면하는 철학은 진정한 철학이 아니라고 본다. 본고에서는 한주 이진상이 시대를 고민하는 지성인으로서의 삶을 살았고, 그의 학문과 사상이 시대 정신을 대변한 것이라는 점에 주안을 두고 학문과 사상의 체계를 재조명하려 한다. 지난날 연구 경향이 성

2) 이형성. 2010.「한주 이진상과 그 학파 연구의 현황과 전망」.『유교사상연구』. 제39집. 유교학회. 참조.

리학 중심, 이론 중심에 편향되었던 점을 반성하고, 이진상이 척사위정斥邪衛正이 요구되는 시대에 능산적能産的 지식인으로서 큰 구실을 하였음을 밝히려는 것이다. 지금까지 이러한 시각에서 이진상의 철학사상을 심도 있게 논의한 업적은 드물었다. 이 기초적 작업이 선행되어야 한주학파의 성격 규명이 제대로 이루어지리라고 생각한다. 아직은 한주 철학이 지닌 현실적 의의와 그의 학문 체계에 대한 면밀한 검토에 좀더 주의를 기울여야 할 것 같다.

본고는 거시적으로 조망하는 것을 주로 할 것이다. 차후 각론적 측면에서 후속 연구가 이어지기를 기대한다.

2. 한주 성리학의 근본 문제

한주 성리학을 간략하게 설명하기는 어렵다. 다만, 지금까지의 연구 결과를 종합하여 한주 성리학의 근본 문제, 나아가 근본 정신을 말하자면, 그는 조선 성리학사에서 '심즉리心卽理'라는 대명제를 던져 '심'의 주재성主宰性 문제를 가지고 가장 강력하게 주의를 환기喚起시켰던 학자라 할 수 있다. 이 문제는 척사위정이 요구되었던 시기에 당면한 현실 문제를 해결할 수 있는 중요한 철학적 기반의 하나로 제시되었다.

종래의 연구를 보면 한주 성리학을 현실 문제와 결부시켜 논한 것을 찾아보기 어렵다. 논쟁사적 측면에서 다룬 것이 대다수였다. 그 결과 성리학의 심성논쟁心性論爭에서 가장 중요한 논점이었던, 심합리기心合理氣, 심시기心是氣, 심즉리心卽理 문제에서 심론 내지 주리론의 맨 오른쪽 극단에 서게 되었음을 강조하기에 이르렀다.[3] 이것은 그 나름의 의미가 있지만, 현실 문제를 깊숙이 함축한 한주 철학의 진면목이 제대로 드러나지 않을 수 있다는 점에서 아쉬움이 없지 않다.

한주 성리학은 이사불이理事不二의 정신에 따라 이론에 그치지 않고 현실에 긴밀하게 연결되어 있다. 이진상이 성리학의 이론적 탐구에 철저하였던 것은 궁극적으로 현실 문제를 올바로 인식하고 대응하기 위함이었다. 한주 성리학에 담긴 정치 · 사회적 함의와 역사적 의의를 읽어내야 한다. 필자가 한주 성리학을 고찰하면서 아울러 '그 현실적 구현'을 논함은 체용해비體用該備한 이진상의 학문 체계를 다시 보자는 의미에서이다.

길지 않은 지면에서 한주 성리학의 이모저모를 살피는 것은 불가능하다. 중요한 논점만 가려서 보도록 하겠다.

1) 조선 후기 퇴계학파 성리학의 전통과 한주 성리학

지금까지 조선 성리학사는 퇴계학파와 율곡학파의 대립 구도로 서술되어 왔다고 해도 과언이 아니다. 수백 년 동안 허다한 대립과 갈등으로 점철되왔음은 인정하지 않을 수 없다. 이제는 '왜 그토록 끈질기

---

3) 안영상. 1996.「극단으로 간 최후의 퇴계주의자들: 한주학파」.『조선 유학의 학파들』. 한국사상연구회.

게 대립해왔는가' 그 소이연所以然을 탐구할 차례라고 생각한다. 그리고 그것은 학술적 차원에서의 해명이 되어야 한다고 본다. 또 다른 한 편으로는 조선 성리학사가 대립적인 구도로만 짜인 것이 아니라는 사실에 주목할 필요가 있다. 표면적으로는 퇴계학파와 율곡학파가 대립, 갈등하는 것으로 보이지만, 내면적으로는 서로 대화하여 난만귀일爛漫歸一할 수 있는 가능성을 보여주었던 것도 사실이다. 두 학파에서 양심적인 학인들이 상대방의 이론과 논리에 귀 기울이고 수용할 점은 받아들여 조선 성리학사를 새로운 국면으로 이끌어갔던 사실이 근자의 연구에서 밝혀지고 있다.

필자는 근자에 「퇴계학파의 율곡 성리설 수용 양상」(2009)이라는 논고를 발표한 바 있다. 이 글은 조선 후기 성리학사에서 퇴계학파와 율곡학파가 표면적으로는 계속 대립해 오면서도 기실 상대측 학설을 의식하고 나름대로 화해和諧의 노력을 기울여 왔음을 논술한 것이다. 돌이켜 보면, 율곡학파는 퇴계학설의 수용에 상대적으로 개방적이고 능동적인 편이었다. 퇴계학파와 율곡학파의 사이를 좁히고자 노력했던 것은 기호학파 학인들이 선편을 쳤다. 기호학파에서 독특한 위상을 차지하는 농암農巖 김창협(金昌協: 1651~1708) 계열은 학통상으로 율곡학파의 계통을 이었고 정파상으로도 노론에 속하였지만, 율곡의 학설에다 퇴계의 학설을 수용하여 '제삼의 학설'을 이끌어냈다. 이들은 '농암문파農巖門派'라고 일컬어질 정도로 세력을 형성하였고 그 계통이 조선 말기까지 이어졌다. 또 김창협을 전후 한 시기에 활동하였던 박세채朴世采 · 조성기趙聖期 · 임영林泳 등 소론계 학인들

역시 율곡학파의 우산 속에 포함되는 학자군이면서도, 율곡 학설에 이의를 제기하고 퇴계의 설을 수용하여 이른바 '절충파'를 형성하였다. 여기서 기호 학인들의 성향 · 기질, 나아가 기호학파의 학문 풍토와 배경 등을 짐작할 수 있다.

퇴계학파 또한 표면적으로는 비판과 공격 일색이었던 것 같지만, 지하를 흐르는 복류천伏流川과 같이 율곡설의 수용 양상이 끊이지 않았다.[4] 수면 위로 드러나지 않았을 뿐이다. 내면적으로는 상대편 학설의 논점과 핵심을 상당 부분까지 이해하면서도 겉으로는 공격과 비판 일색이었다. 이것은 지난날 퇴계학파 학인들이 기호학파 학인들에 비해 폐쇄적 자존적自尊的 경향이 강하였으며, 정치적으로 소외를 당하다보니 피해의식이라든지 적대의식이 적지 않았던 탓일 것이다. 또 그런 상태가 누백년 내려오면서 자유롭게 말하거나 토론할 수 없는 분위기가 조성되었기 때문일 것이다.

이진상은 일정한 사승師承 없이 주자朱子와 퇴계 이황을 조술祖述하였다. 그의 주리主理, 존리尊理 정신은 퇴계학파의 전통 속에서 이해될 수 있는 것이지만, 특히 '발發'에 대한 해석, '심'의 주재성, 심즉리, 사단칠정 리발일로理發一路, 심성정일리心性情一理 등에서 특성이 두드러진다.[5]

---

4) 필자는 위에 소개한 논문에서 ① 寒旅學脈의 수용 양상, ② 近畿 · 落南 퇴계학인의 수용 양상, ③ 정통 퇴계학파의 수용 양상, ④ 조선 말기 斥邪衛正論과 퇴계 · 율곡학파의 만남 등으로 나누어 고찰하였다.

5) 이진상이 61세 때 편찬한 주리철학의 結晶體 『이학종요』에서는 리기의 관계, 특히 주재와 작용, 發의 문제에 주안을 주어 자신의 논리를 집중시켰다.

이진상의 성리학 체계와 논리를 보면, 리기의 '분개分開'를 주로 하면서도 '혼륜渾淪'을 아울렀던 대산大山 이상정李象靖(1710~1788)의 영향을 많이 받았다.[6] 한주 성리학은 전반적으로 육분六分 내지 칠분七分이 대산 성리학의 논리와 같다고 할 수 있다. 한 마디로 리기의 분개에다 혼륜까지 아울러 보고, 대본大本과 달도達道가 두 갈래가 아니라는 논리를 전개하였다는 점에서 율곡학파와 소통하여 상호 근접할 수 있는 기초를 마련했다고 할 수 있다.

조선 후기 퇴계학파에서 대산 이상정은 소퇴계小退溪라 불릴 정도로 중추적인 위치에 있었으며, 후일 퇴계학파 학인들에게 지대한 영향을 끼쳤다. 이상정의 성리설은 분개 일변에 치중했던 이전의 퇴계 학인들과는 차이를 보였다. 그는 사단·칠정의 분개를 기본으로 하면서도 혼륜의 측면까지 아울러 보아야 한다고 주장하였다. 이것은 혼륜을 기본으로 하면서 분개를 중시했던 기호학파 김창협의 경우를 연상하게 한다.[7] 그런데 이상정 역시 처음에는 '혼륜' 쪽에 비중을 두었다고 하여, 율곡의 설과 같은 것으로 비판, 배척을 받았다고 한다.

이상정은 시대와 학술 경향이 달라졌음을 강조하고, 퇴계설을 분개

6) 李震相.『寒洲集』부록 권3. 24b.「行錄」. "與後生說理學處, 多引大山李先生說."

7) 이진상이 퇴계학파의 이상정과 함께 기호학파의 김창협을 존중하고 그의 학문을 인정하였던 사실에 주목할 필요가 있다. 이진상은 김창협의 학설을 세 가지로 요약하되, 첫째로 사단은 리를 主로 하면서 기가 그 가운데 있고 칠정은 기를 주로 하면서 리가 그 가운데 있다는 것이요, 둘째로 칠정은 사단을 겸할 수 없다는 것이요, 셋째로 善情이 발함에 모두가 淸氣에서 발하는 것만은 아니고, 탁기에서 발한 것 역시 모두 악정인 것만은 아니라고 하였다. 그리고 전체적으로 名言에 따른 다소의 異同은 있지만 퇴계설과 부합된다고 평가하였다.『寒洲集』.「讀金農巖四端七情說」.권34. 17a-18b. 참조.

위주에서 분개와 혼륜을 종합하는 것으로 전환하여야 함을 강조하곤 하였다. 그에 의하면, 퇴계는 심心을 통합적渾淪으로도 설명하고 분별적分開으로도 설명했지만, 율곡은 통합적인 파악을 내세워 분별적 이해를 비판했고, 이현일李玄逸 · 권상일權相一 등은 분별적 설명을 강조하여 통합적 파악을 공격하였는데, 자신은 이러한 대립된 견해를 통합하여 퇴계의 본래 의도를 발휘했다고 하였다. 그는 또 퇴계 학인들이 분개 일변으로만 달리는 것을 비판하고, 분개와 혼륜, 즉 이간離看과 합간合看을 병행하여 균형 감각을 이루어야 세폐世弊를 구제할 수 있다고 주장하였다. 이에 대해 이진상은 "어찌 일찍이 일부러 상전종지相傳宗旨에 이론異論을 세운 것이겠는가. 수시취중隨時取中의 도리에서 이와 같이 하지 않을 수 없었던 것이다"[8]고 옹호한 바 있다. 이상정의 이러한 학문 태도와 관점은 이후 류치명柳致明 · 김흥락金興洛 등 적전嫡傳으로 이어지고,[9] 이진상 · 장복추張福樞(1815~1900) 등에게도 많은 영향을 끼쳤다.

이진상은 당색에 얽매인 폐쇄적인 학풍을 반성하였다. 이러한 학풍은 고제高弟 곽종석郭鍾錫에게 계승되었다. 이진상은 객관적인 시각

---

8) 李震相. 『寒洲集』 권7. 43a-44a. 「答沈穉文別紙」 "其後黨論分而偏私勝, 宗退者, 刻於攻栗, 而其說偏於橫, 宗栗者, 工於攻退, 而其說偏於倒. 偏於橫, 則理氣分歧, 而大本不一. 偏於倒, 則理氣易主, 而大本都爽. 故農巖以栗谷之嫡傳, 而頗主分開之論, 以矯其倒說之偏. 大山以退老之譜承, 而特拈渾淪之旨, 以捄它歧說之差. 是兩賢者, 亦何嘗故爲立異於相傳宗旨, 而隨時取中之道, 不得不如是也."

9) 김낙진은 「定齋 柳致明과 西山 金興洛의 本心 중시의 철학」(율곡학회. 2008. 『율곡사상연구』. 제16집. 101~124쪽 所收)에서 "유치명과 김흥락은 이이의 퇴계 비판 중 일부를 수용하여 퇴계학의 이론을 변모시킨 이상정의 학문을 계승한 학자들이었다"고 하였다.

에서 선유의 설을 계통적으로 정밀하게 고찰한 뒤, 만년설을 정론定論으로 인정하였으며, 이어 경훈經訓과 자기의 견해에 비추어 합당하다고 생각되는 것을 받아들였다. 그는 선유의 설을 종합, 정리한 것으로 조선의 유학자 가운데 첫손에 꼽힐 만한 학자이다. 또한 자신의 관점을 뚜렷이 제시하고 독창적으로 체계화한 점 역시 남에게 사양하기 어렵다고 본다.

이진상의 성리학은 심론에서 정채를 발하였다. 그는 심론에서 리기의 역할을 주재主宰와 작용作用으로 규정하고, 리주기자론理主氣資論에 입각하여 궁극적으로는 리가 기를 타고 발하는 '리승기이발理乘氣而發'을 주장하였다.[10] 그의 성리설은 '리발일로理發一路'로 요약된다. 이것은 호발설의 논리적 약점, 즉 대본을 둘로 본다는 혐의를 불식하면서 강한 주리론으로 세도인심世道人心을 구제하려 했다는 데 그 특징이 있다. 그는 심의 도덕적 주체성-도덕적 책임의식을 강조하여 '심즉리'를 주장, 심설에서 퇴계의 심합리기설 이후 가장 오른편에 서기도 하였다.

> 우리 마음이 리기가 합하여 있는 데서 그 리를 확충시키고 기를 제어하여야 할 것이다. 그런 다음에 진심眞心이 천리에 순수함을 볼 수 있을 것이다.[11]

---

10) 李震相. 『寒洲集』. 권8. 20b. 「與尹士善別紙」 "論四七, 當先究理發氣發立言之本意. 理氣非相離之物, 豈有各發之理? 無論百千萬情, 其爲理乘氣而發則無異也. 理爲主本, 而氣爲資具, 謂之理發則順, 謂之氣發則逆矣."

그가 심즉리를 주장한 것은 심이 기를 떠나 홀로 존재한다는 의미가 아니라, 이 심은 리가 주재한다는 것을 밝혀 궁극적으로 주기의 폐단을 구제하려는 신념에서였다. 그는 자신이 강력한 주리론을 전개하게 된 것이, '주기'로부터 초래되는 세폐를 구제하고 시대적 요구를 달성하기 위한 수시처중의 도리에서 나왔음을 어려 차례 말하곤 하였다.

> 리는 본래 '주主'이기 때문에 리를 주로 하여 말할 수 있는 것이다. 그러나 기는 본래 '자資'이니, 어찌 기를 주로 하여 말할 수 있겠는가. 기를 주로 말하면 곧 도를 어지럽히는 것이다.[12]

'불리부잡不離不雜' 넉 자를 리기설의 제일의제第一義諦요 팔자타개처八字打開處라고 했던 이진상은 성리설을 체계적으로 연구하기 위해 수간竪看 · 횡간橫看 · 도간倒看이라는 3간법과 순추順推 · 역추逆推의 추리 방법을 제시하였다. 그는 이러한 사유틀과 인식 방법을 가지고 수다한 이설異說들을 해결하고자 노력하였다. 그리고 자신의 철학적 이론을 철저히 주리적 측면에서 재구성하고, 선유들 가운데 중국의 장재張載와 나흠순羅欽順을 비롯하여 조선의 서경덕 · 이이 · 한원진 · 이간李柬 · 임영 · 임성주 등의 학설을 주기적이라 하여 비판하였다.

---

11) 李震相.『寒洲集』권32. 5a–5b.「心卽理說」"當於吾心合理氣處, 擴其理而制其氣, 然後眞心之純乎天理者, 可得以見矣. 苟不到聖人之心渾然天理處, 則心卽理三字, 未可以遽言之也."

12) 李震相.『寒洲集』권8. 3b.「答尹士善別紙」"理本主也, 可以主理而言, 而氣本資也, 烏可主氣而言乎. 纔主氣便亂道."

그는 율곡의 '기발리승일도'의 논리를 도간으로, '정발어리情發於理'와 '리통기국理通氣局'을 수간이라 하면서, 율곡은 도간을 주로 하면서 수간을 겸하였다고 보았다.[13] 이에 비해 퇴계는 수간을 주로 하면서 도간을 겸하였다고 하였다. 그는 여러 선유들의 간법看法을 주主와 겸兼으로 분석하였고, 간법의 차이에도 그것이 갖는 의미가 적지 않다고 하였다. 또한 활간活看할 경우 퇴계와 율곡이 통하지 못할 이유가 없다고 하였다.

> 퇴 · 율이 '발發에 대해 논한 것을 보면 서로 어긋나는 것 같지만, 활간하여 소통시키면 합치되지 않은 적이 없다. 다만 퇴계는 (분별과 통합으로) 그 전체를 말했고 율곡은 그 한 쪽(통합)만 말했을 뿐이다.[14]

그가 간법을 가지고 자신의 학설을 체계화하고 정련精練을 가한 것은 선유들의 성리학설에 대한 비판과 반성의 의미가 담겨 있지만, 무엇보다도 율곡설 내지 율곡학파의 논리를 크게 의식한 것이라 하지 않을 수 없다.

이진상은 율곡의 학설과 논리를 드러내놓고 인정하지는 않았지만 내면적으로는 수용의 정도가 상당한 것 같다.[15] 그는 '리승기이발理

---

13) 李震相.『寒洲集』권7. 42b.「答沈穉文別紙」"栗谷主倒而兼竪."

14) 李震相.『寒洲集』권19. 7b.「答郭鳴遠疑問」"退栗之論發處, 似相牴牾. 而活看以通之, 則未嘗不合. 但退陶道其全, 栗谷道其偏耳."

15)『寒洲集』을 보면 율곡설을 부분적으로 인정하는 대목이 보이고 이것은 그의 손자 이기원李基元(1885~1982)도 인정하는 바이었다. 이진상은 율곡의 리통기국설을 정주의 설에 어긋나지 않은 것이라고 평가하였고, 이기원은 "祖考께서는 율곡설에 대하

乘氣而發', 즉 '리발일로'를 말하면서 "발할 것은 리이고 발하게 도와 주는 것은 기이다"는 점을 자신의 평생에 걸친 주된 견해라고 하였다.[16] 이것은 율곡이 "발하는 것은 기요 발하게 하는 것은 리이다"[17]고 한 것과 같은 논법이다. 궁극적으로 리기를 보는 관점이 다르고, '발發' 자에 대한 해석[18] 등에 차이가 있지만, 율곡 일도설一途說의 논리와 함의를 수용한 것이다. 리기불상리의 묘를 잘 살리면서도 리의 주재성을 분명히 한 것이 특징이다. 이런 의미에서 한주 성리설을 적극적으로 해석한다면, 퇴계설을 기반으로 하면서 율곡설을 일부 수용하여 종합 지양했다고 할 수 있다. 다만 선유의 학설을 종합, 정리하면서도 자신의 주관을 뚜렷히, 그것도 주리론의 가장 오른쪽에 서도록 한 점에서 '절충적' 성격에 못지 않은 '독자성'을 인정하지 않을 수 없다.

여 疑信함이 없지 않았다"고 하였다. '의신'이란 의문을 가지면서도 부분적으로 인정하였다는 의미이다.
李震相.『寒洲集』권10. 9a.「答姜耘父」"至若曰, 情雖萬般, 夫孰非發於理, 及理通氣局等處, 儘非有違於朱李之也."『寒洲集』권30. 19a.「書李巍庵理通氣局辨後」, "理通氣局之說, 始發於栗谷, 而其旨不悖於程朱."
李基元.『三洲集』권5.「辨田氏與李鐸謨書」"祖考於栗谷說, 不無疑信."

16) 李震相.『寒洲集』권19. 12a.「答郭鳴遠疑問」"發者理也, 發之者氣也. 乃鄙人平生主見.";『寒洲集』권7. 37a.「答沈穉文」, "竊意謂之發者, 則發之主也, 發之者, 則發之資也."

17) 李珥.『栗谷全書』권10. 36a.「答成浩原」"發者氣也, 所以發者理也.";『栗谷全書』권10. 5a.「答成浩原」. "大抵發之者, 氣也. 所以發者, 理也. 非氣則不能發, 非理則無所發."

18) 李震相.『寒洲集』권19. 12a.「答郭鳴遠疑問」"理乘氣, 主宰在理, 作用在氣."
이진상은 沈穉文에게 보낸 서한에서 "선배(율곡)의 이론에 리는 無爲하고 기는 有爲한다고 했는데, 무위라는 것은 발하는 것이 없음[無所發]을 이르는 것이 아니라 작위가 없음을 말한 것이다. 유위라는 것은 스스로 능히 발함[自能發]을 이르는 것이 아니라 작위가 있음을 말하는 것이다. …… 사사롭게 安排, 造作, 計較하는 것이 없기 때문에 무위라고 하는 것이다."고 하였다. 李震相.『寒洲集』권7. 44b.「答沈穉文別紙」. 참조.

2) 한주의 리발일도설理發一途說과 율곡의 기발리승일도설氣發理乘一途說

이진상은 퇴계의 학통에 연결되면서도, 학설상 일정하게 독자 노선을 걸어 성주 지역을 중심으로 독립된 학단을 열었다. 학계에서는 안동 지역을 중심으로 한 류치명→ 김흥락 계열의 정통 퇴계학맥과 구분하기도 한다.

이진상은 사승師承이나 연원에 구애되지 않고 자득을 중시하였으며, 당론에 매인 편협한 학풍을 혐오하였다. 율곡 이이에 대해서도 당파적 감정으로 논하지 않았다.[19] 개방적이고 진취적인 성격을 엿볼 수 있다. 여기에는 '성주'를 위요圍繞한 지역적 연고가 적지 않게 작용하였을 것으로 생각한다. 경상북도 남서부에 위치하는 성주는 한강寒岡 정구鄭逑와 동강東岡 김우옹金宇顒의 고향이다. 양강兩岡은 퇴계와 남명 양문兩門에 들어가 졸업한 학자들로, 퇴계학과 남명학이 대립하지 않고 서로 만날 수 있도록 가교적 구실을 한 장본인들이다.[20] 이진상은 동향 선배 학자인 양강의 인격과 학문을 매우 존중하였다.[21] 한강과 그 뒤를 이은 여헌旅軒 장현광張顯光은 한국유학사에서 한려학

19) 율곡에 대한 이진상의 비판은 비교적 격을 갖추었으며, 악감정을 드러낸 경우는 없다.

20) 한주학파 학인들이 성주를 중심으로 한 경북 남서부와 진주를 중심으로 하는 경남 서북부에서 주로 활동하였던 것은 이들이 퇴계학과 남명학을 아우를 수 있는 지역적 기반이 되었다.

21) 정구의 文廟從祀 건의에 앞장섰으며, 김우옹의 『속자치통감강목』에 의지하여 『千古心衡』을 편찬하는 등 학술적 推尊이 컸다.

맥寒旅學脈을 이루어 율곡 이이의 학설을 수용하는 데 물코를 텄다.

한편, 이진상의 숙부 이원조李源祚가 끼친 영향 또한 적지 않았던 듯하다. 일찍이 관계에 진출하여 기호의 학인들과 접할 수 있었던 이원조는 기호학파 학인들의 특성은 '자득'이고, 영남 학자들의 특성은 '답습'이라고 하면서, 답습하여 정채精彩가 없는 것보다 흠이 있지만 자득하는 것이 낫다고 말한 바 있다.[22] 영남학파 학인으로서는 비교적 수위가 높은, 의미심장한 발언이 아닐 수 없다. 이렇게 본다면, 이진상의 성리학이 '절충과 종합'을 추구하면서도 퇴계학파와의 차별성을 일정하게 드러내려 했던 것은 역시 출신 지역이라든지 가정적으로 소종래所從來가 있다고 할 것이다.

지금까지 학계에서는 이진상의 성리설을 논하면서 율곡설에 대한 비판만을 보아 왔던 것이 사실이다. 비판의 이면에 숨어 있는 중요한 사실들에 대해서는 관심을 보이지 않았다. 겉만 보면 이진상은 영남 학인으로 율곡 비판의 대열에서 조금도 벗어나지 않았던 학자로 인식될 수도 있다. 그러나 영남 학인 가운데 이진상처럼 율곡설을 의식했던 학자도 드물다고 본다. 앞서 말한 바와 같이 그는 "발할 것은 리이고 발하는 것은 기이다. 이것은 곧 나의 평생 주견이다"고 하여 발자發者와 발지자發之者를 구분하면서, 발하는 주체는 리요, 발하게 하는 자구資具가 기라 하였다. 그런데 이 논리는 율곡이 이른바 "발하는 것은 기요 발하게 하는 것은 리이다(發者, 氣也, 所以發者, 理也)"라

22) 李源祚.『凝窩全集』권11.「集古錄」. 참조.

고 한 기발리승일도설의 논리와 같다. 물론 '리발' · '기발'의 문제에서는 양 극단에 섰다. 그러나 리발 · 기발이 관점의 차이라면, '일도'냐 '호발'이냐 하는 것은 논리의 차이라는 데 주의할 필요가 있다. 이진상이 살았던 시기가 율곡 당시와는 다르고 성리학을 이해하는 입장과 관점 또한 달랐기 때문에 견해 차이가 없을 수 없지만, '일로一路', '일도一途'의 관점에서 보면 그의 리발일도설은 퇴계의 호발설에 대한 율곡의 비판 논리를 의식한 것이라고 보아야 할 것이다. 그렇다면, 실로 율곡의 창을 가지고 율곡의 깃발旗幟을 치는 '조과입실操戈入室'[23]의 경우가 아닐까 한다.

'主理世家' 편액(한주종택)

이진상의 리발일도설은 리 홀로 능발能發한다는 것이 아니다. '성발위정性發爲情'의 논리와 리주기자理主氣資의 관점에서 말한 것일 뿐이다. 그는 사단과 칠정은 각각 수간과 횡간으로 말할 수 있지만 이를 종합해서 말한다면 '리가 기를 타고 발하는 것'이라고 하면서,[24] 퇴계의 리기호발설 역시 결국 '리승기이발理乘氣而發'이라는 의미로 다음과 같이 말하

23) 후한의 何休가 『春秋』 三傳에 대한 3책 『公羊墨守』, 『左氏膏肓』, 『穀梁廢疾』을 저술하였는데, 鄭玄이 이를 읽고 논박하여 수정을 가하자 하휴가 "나의 방에 들어와서 나의 창을 잡고 나를 치는구나" 하고 탄식했다 한다. 『後漢書』. 권35. 「鄭玄列傳」 참조.

24) 李震相. 『寒洲集』 권10. 30b. 「答權可器別紙」 "統論四七曰, 若就本原處說, 則皆是自理而發, 若就發用處言, 則皆是因氣而發也, 合而言之, 則皆是理乘氣而發也."

였다.

> 퇴계의 '기발리승' '리발기수'는, 기가 발하는 바이지만 리가 실지로 타고[理實乘], 리가 발하는 바이지만 기가 곧 따른다[氣便隨]는 의미이다. 비록 호발한다고 하였지만 실은 리기가 각발(各發)한다는 것이 아니다. 발처發處에서 볼 수 있는 것은 진실로 기이지만, 기가 생함은 또한 리에 근본하는 것이다. 대저 무엇인들 리에서 발하는 것이 아니겠는가.[25]

이렇게 본다면 율곡학파의 기발리승의 논리와 크게 다를 것이 없다. 상호 문난귀일問難歸一할 여지가 없지 않은 것이다.

조선 성리학사를 보면, 리발일도理發一途를 주장한 학자로 여헌 장현광을 먼저 꼽을 수 있다. 한려시비寒旅是非로 일컬어지는 사생시비師生是非가 있지만, 장현광은 정구로부터 학문적 사상적으로 많은 영향을 받았던 것 같다. 더욱이 정구와 장현광은 율곡 이이와 직접적으로 관계가 있거나 율곡의 학설에 호의를 보였던 인물들이다. 정구는 율곡과의 관계가 돈독하여 '율곡의 제자'라고 공격을 받은 일까지 있으며,[26] 장현광은 영남 학인 가운데 상주 출신인 우복愚伏 정경세鄭經世와 함께 율곡설에 좌단左袒한 인물이라고 조선 후기 이래 인식되어 왔다. 장현광의 이른바 리발일도는 '일도설'이라는 점에서 율곡의

---

25) 李震相.『寒洲集』권32. 19a.「四七原委說」. 참조.

26) 졸고. 1997.「한강 정구의 학문방법과 유학사적 위치」. 남명학연구원.『남명학연구논총』. 제5집. 470~472쪽. 참조. 정구의 성리설, 그리고 율곡설과의 관계는 필자가 선행 논고에서 개략적으로 밝혔다.

기발리승일도설과 다르지 않다. 율곡의 논리에 근접한 것으로 볼 수 있다. 율곡과 장현광은 퇴계설의 문제점을 인식하고 이를 대신하는 설을 제시하였다는 데서 공통점을 갖는다. 특히 리기를 경위經緯로 파악하고, 사단 · 칠정을 '리발일도'로 본 것은 분명 율곡의 일원적 논리를 의식하였거나 수용한 것이라고 하지 않을 수 없다.

정구와 장현광은 퇴계학통에서 비주류에 속하는 인물들이다. 기호학파 학인들은 대체로 이들에 대해 호의적이고 적극적으로 평가하여 왔다. 조선 중기 서인계 학자 택당澤堂 이식李植(1584~1647)은 「시아대필示兒代筆」에서, 한강 정구를 '완인完人'이라 하였다. 또 정구의 학문이 장현광에게 계승되었으나 장현광이 세상을 떠난 뒤 그 학통을 계승, 발전시킨 사람이 없어 영남의 학문은 여기서 끝나게 되었다고 아쉬워하였다.[27] 이는 퇴계학파 학문 전승에 대한 기호학파 학인들의 시각과 견해를 대변한 것이라 할 수 있다. 근기近畿 남인 출신으로, 굴지의 퇴계학인이요 퇴계의 사숙문인私淑門人이었던 다산 정약용 같은 이도 방조傍祖인 우담愚潭 정시한丁時翰을 기리면서 "대개 한강 · 여헌 이래로 진유순학眞儒醇學은 선생 한 분뿐인가 한다"[28] 고 하여, 정구와 장현광을 보는 기호 학인들의 시각을 그대로 드러내기도 하였다. 이러한 후평厚評에는 한강 · 여헌과 율곡 사이의 관계가 원만했던 점이 크게 작용했을 것이다.

---

27) 李植.『澤堂集』별집 권15. 7a.「示兒代筆」. 참조.

28) 丁若鏞.『輿猶堂全書』제 1집. 권17. 18b.「旁親遺事」. "蓋自寒岡旅軒而降, 眞儒醇學, 唯先生一人而已."

장현광 이후 이상정이 장현광의 영향을 받아 분개에다 혼륜을 겸하고, 리발설을 주장하여 퇴계학파가 율곡학파의 논리에 귀 기울이는 계기를 마련하였고,[29] 이후 장현광의 후손인 사미헌四未軒 장복추 역시 이진상과 동시대의 학인으로서 리발일로설을 주장한 바 있다.[30]

이들이 리발일로를 주장하게 된 배경을 보면, 퇴계학파 일각의 지나친 분개법이 사단 · 칠정을 논하는 과정에서 두 개의 근본을 설정하는 오류에 빠졌다는 율곡학파의 비판을 절실하게 의식한 데서 비롯되었다. 이런 까닭에 그들은 분개에다 혼륜을 겸해 보면서, 모든 정이 하나의 '성'에 근본한다는 성발위정론性發爲情論에 입각하여, 사단과 칠정이 모두 리에서 발한다는 리발일도설을 주장하게 된 것이다.

사칠 리발일로를 주장한 학자들이 대개 한려학맥과 연이 닿아 있고, 이들 학맥이 율곡 계통과학문적 교류가 있었다는 사실은 한주학파의 학문적 성격을 파악하는 데 중요한 시사를 준다고 하겠다.

3) 한주의 주리철학과 현실 대응

이진상은 철저한 주리론으로 무장하고, 리의 위상을 한층 더 강화시켜 '심즉리'를 제창함으로써 주리설의 절정을 장식하였다. 그가 주

---

29) 이상정의 혼륜 · 리발설이 장현광으로부터 영향을 받았음은 선행 연구에서 밝혔다. 안영상. 2006.「대산 이상정의 渾論理發說의 착근에 있어서 旅軒說의 영향과 의미」. 한국유교학회.『유교사상연구』. 제27집. 참조.

30) 졸고. 2007.「조선유학사에서의 사미헌 장복추의 위상」. 한국문학언어학회.『어문론총』. 제47호. 109~115쪽. 참조.

리론의 극단에 섰다는 것 자체가 긴박하게 돌아가는 현실에 어떻게 대응하려 한 것인지를 시사한다고 하겠다. 그의 철학이 강한 현실성을 띠고 있음은 주의 깊게 보아야 할 대목이다. 수많은 오해를 무릅쓰면서도 심즉리설을 주장했던 것은 주기主氣의 폐단을 구제하기 위한 신념에서였으며, '기를 주로 하면 만사가 어지럽게 되고 천하가 위태롭게 된다'고 한 것도 당시를 구제할 지도 이념이 주리철학이라는 확신을 보여준 것이라 하겠다.

> 심은 성정性情을 통틀어 말하는 것이지만, 심을 기라 한다면 대본·달도가 다 기로 돌아가 리는 사물死物이 되어 공적空寂에 빠지게 될 것이다. 예부터 성현들은 의리義理를 주로 하여 심을 말하지 않음이 없었다. 그러나 심을 기라고 하는 설이 행해지게 된다면 성현의 심법은 하나하나 공空에 떨어져 학문에 두뇌頭惱가 없고, 세교世敎는 날로 혼란昏亂으로 나아가게 될 것이다. 근세에 '인심유위人心惟危' 운운하는 16자 전심요결傳心要訣을 매색梅賾의 위찬僞撰이라고 한 것이 그 조짐이다.[31]

이진상은 또 "횡설橫說과 수설竪說이 각기 타당성을 갖고 있어 서로 방해되지 않는다는 것이 퇴계의 본의이다"고 전제하고 퇴계가 호발을 말한 것은 당시 사람들이 수설만 믿고 횡설을 의심했기 때문이며, 오늘날에는 횡설만 믿고 수설을 의심하기 때문에 수설을 천명해

---

31) 李震相. 『寒洲集』 권32. 4b-5a. 「心卽理說」. "心是性情之統名, 而以心爲氣, 則大本達道, 皆歸於氣기, 而理爲死物, 淪於空寂矣. 從古聖賢, 莫不主義理而言心, 而以心爲氣之說行, 則聖賢心法, 一一落空, 學無頭腦, 世教日就於昏亂矣. 近世之以十六言傳心, 爲梅賾僞撰者, 此其兆也."

야 한다고 하였다.[32] 횡설로 말하면, 그가 중시해 마지않았던 '주재'의 의미가 제대로 드러나지 않기 때문에 수설로 말할 밖에 없다는 의미일 것이다. 다시 말해서 퇴계 당시에는 천리天理와 인욕人欲을 준별峻別하여 공도公道를 확립해야 했기 때문에 횡설로 말할 수밖에 없었지만, 19세기 당시는 국가 체제 전반에 걸쳐 이완弛緩 현상이 심각하여 붕괴 일보 직전에까지 갔기 때문에 근본적인 원리로 돌아가 국가의 기본틀을 다시 세우기 위해 수설로 말하지 않을 수 없었으니, 그가 심즉리, 리발일로를 주장한 것은 궁극적으로 시대 정신을 구현하는데 그 목적이 있다고 하겠다. 그런 만큼 한주 철학은 '19세기' 그 시대와 연결시켜 해석해야만 제대로 이해될 수 있을 것이다.

이진상이 심즉리를 주장, 심설에서 가장 극단에 섰던 만큼 "기를 물리치는 것이 너무 지나쳐 기의 경계를 침탈한 혐의가 있고", "리를 높이려다가 도리어 기를 높이는 결과를 빚었다"고 하여, '주리태과지병主理太過之病'이니 '교왕과직矯枉過直'이니 하는 비판들이 있다. 그러나 이진상이 당시 성리학의 폐단을 바로잡겠다고 강한 주리론을 주장한 점은 사실적, 논리적 차원에서 접근하는 것보다도 가치적 차원에서 접근하는 것이 바람직할 것이다.

심즉리설은 심의 주재성, 능동성을 강조하기 때문에 현실 대응에서도 주체적이고 적극적, 능동적일 수 있다. 반면에 심즉리설을 비판하

---

32) 『求志錄』. 권12. 「近思錄箚義」. "橫說竪說, 各有所當, 不相妨礙者, 此乃退陶之本意. 而當時之疑, 信竪而疑橫, 近日之疑, 信橫而疑竪, 亦是所見之不同故也." (『寒洲全書』 四, 457쪽 하좌)

는 처지에 섰던 간재艮齋 전우田愚 계열은 성사심제性師心弟라 하여 순선純善한 성을 사법師法이자 표준으로 삼기 때문에 엄격한 규범주의의 성격을 띨 수밖에 없었고, 이런 까닭에 현실에 대한 인식과 대응에서 구법舊法을 고수하려는 보수성에다 개혁에 소극적인 경향을 보였던 것이다. 두 학파의 심론과 현실 대응에 대하여 다음과 같은 언급이 참고된다.

> …… 이와 같이 그들(한주학파—필자주)의 대응 방식은 적극적이고 개방적인 자세에서 나온 것이다. 그것은 곧 심은 리로서 몸을 직접 주재한다는 심즉리에 바탕을 두었기 때문에 가능했다고 볼 수 있다. 심이 몸을 주재한다는 것은 곧바로 행위로 이어지게 된다.[33)]

> 심즉리설이 마음의 도덕적 주체성을 강조하여 인간의 도덕적 책임을 각성시키는 의미가 있다면, 간재의 성존심비설性尊心卑說은 인간의 자의성을 견제하고 도덕 규범의 개관적 표준에 순응하기를 요구하는 규범주의적 성격을 이해할 필요가 있다.[34)]

심즉리설에 대해 간재학파에서는 심의 주재성, 능동성으로 야기될 수 있는 말폐를 비판하곤 하였다. 심의 주재성, 능동성은 현실에 대한 독자적이고 주체적인 판단과 그에 따라 자발적인 실천으로 이어지는 데는 효과적이지만, 때로는 현실을 자의적恣意的으로 판단하여 자가 위주로 행동하는 '심의 자용自用'의 염려가 없을 수 없다. 그러기에

---

33) 이종우. 2005.『19 · 20세기 한국 성리학의 심성논쟁』. 심산. 230쪽.
34) 금장태. 1984.『유학근백년』. 박영사. 214쪽.

간재학파 학인들은 심즉리설이 마침내 창광자자猖狂自恣로 흐를 수 있고, 그런 점에서 양명학과 다를 바 없다고 비판하였던 것이다.

그러나 이러한 한계가 지적됨에도 심즉리설이 한주학파 학인들에게 끼친 영향은 실로 지대하였다. 심의 본체로서의 양심의 밝은 명령[明命]은 국가와 민족이 위난에 빠졌을 때 행동으로 나서도록 하였다. 『대학』에서 말하는 명덕明德은 심의 본체를 말하는 것으로, 주자는 『대학집주』에서 “명덕은 사람이 하늘에서 얻은 바, 허령虛靈하고 어둡지 않아서 중리衆理를 갖추고 만사萬事에 응하는 것이다(明德者, 人之所得乎天, 而虛靈不昧, 以具衆理, 以應萬事者也)”고 하였다. 이 명명덕明明德 공부는 결국 ‘구중리具衆理, 응만사應萬事’의 현실 대응의 논리로 귀결된다. 그러기에 명철한 안목으로 현실을 정확히 판단하고 시대의 요구에 따라 행동으로 증명해 보였으니, 척사위정 운동, 유림단 파리장서 사건 등에서 보여준 한주학파의 의리정신은 양심의 준엄한 명령이었던 것이다.

‘때에 따라 중中을 취한다’는 이진상의 기본 정신은 후학들에게 지남指南이 되어, 서구사상이나 서양문물에 대해 적극적 개방적으로 대처할 수 있는 원천이 되었을 것이다. 이진상 당시에는 척사위정이 그 시대의 당면 과제였지만, 그의 문인 제자들 대에 이르러서는 애국 계몽, 국권 회복, 유교 부흥을 위해서는 ‘척사’만 가지고는 안 된다는 인식을 갖기에 이르렀으며, 마침내 서구문명에 대해 대응방식을 달리할 수 있었다. 조선 말기, 수다한 학파 중에서도 한주학파가 서구문명에 대해 개방적이고 진취적인 태도를 취할 수 있었던 데에는 이진상의 심즉리설과 수시취중의 가르침이 직접, 간접으로 큰 영향을 끼쳤을 것이라 생각한다.

3. 한주 철학의 현실적 구현

1) 척사위정 운동의 철학적 기반: 퇴계 · 율곡학파의 만남

19세기 후반, 조선 말기 국운이 시들어져 갈 무렵, 유교계에 주목할 만한 현상이 대두되었다. 그동안 서로 견해를 달리하거나 반목을 되풀이해 왔던 기호 · 영남의 양대 학파가 지방색에서 탈피하고 학통과 학설의 차이를 넘어 '척사위정'의 기치 아래 하나로 뭉쳤다는 사실이다. 또 학파를 초월하여 공통적으로 주리론이 등장하였다는 사실이다.

대개 척사론자들이 학통과 학파를 떠나 하나로 만났던 정신사적 맥락을 살피는 과정에서 성리학에서의 주리론을 먼저 떠올리기가 쉽지만 사실 존왕양이尊王攘夷의 춘추대의春秋大義는 주리 · 주기의 철학적 기반에 앞서 그 공통 기반이었다.[35] 존왕양이의 춘추대의는 퇴계학파와 율곡학파, 주리파와 주기파를 가릴 것 없이 척사위정 운동의 사상적 기저를 이루며, 이것은 척사위정 운동의 선봉인 화서학파

35) 이하 서술은 졸저. 『한국유학통사』. 하권. 338~344쪽. 참조.

華西學派를 비롯한 거의 모든 척사론자들에게서 공통적 인식으로 나타난다. 척사위정 운동의 이면에는 존왕양이의 춘추대의를 민족적으로 승화시킨 애국 · 우국정신이 관류貫流한다.

그러나 성리학에서의 주리론이 척사위정 운동의 철학적 기반의 하나로 지대한 구실을 하였음은 더 말할 것도 없다. 조선 말기 대표적 주리론자로 근기近畿의 화서華西 이항로李恒老, 호남의 노사蘆沙 기정진奇正鎭, 영남의 한주 이진상이 꼽힌다. 이들은 '조선 말기 3대 주리론자'로 일컬어진다. 조선 학계를 주도하던 근기 · 영남 · 호남에서 모두 주리론의 기치를 들고 일어섰다는 것은 우연이라 할 수 없다.

이들 세 학자의 문하에서는 서로 통교通交가 있었다. 특히 이항로와 기정진의 문하에서는 학설상의 공통점 뿐만 아니라 '범율곡계열'

한주종택(경북 성주 소재)

한주종택 사랑채

이라는 계통상의 동질성 때문에 내왕이 적지 않았는데, 화서학파 학인들이 이들의 소통疏通을 주도적으로 이끌었다. 최익현崔益鉉은 이항로와 기정진에 대하여 다음과 같이 말하였다.

> 화서 · 노사 두 선생은 초야에서 우뚝 솟아나신 분들로, 서로 수백 리 떨어져 있어 단 하루도 만난 일이 없었다. …… 그러나 그 논하는 것이 왕왕 서로 부합된 것이 많았고, 또 단연코 '주리'의 종지는 약속하지 않았어도 저절로 같았으니, 이 어찌 상의하여 한 것이겠는가.[36)]

그리고 김평묵金平默은 이진상의 주리론이 이항로의 그것과 대동

36) 崔益鉉.『勉庵集』권7. 16b.「答宋淵齋」. "華西蘆沙兩翁, 崛起草茅, 相距數百里, 無一日之雅. 杜門讀書, 得不傳於遺經, 其所論者, 往往多相符, 而斷然主理宗旨, 則又自是不約而同, 是豈人爲謀哉."

소이하며,[37] 또 기정진의 학설과 척사론 역시 이항로와 다를 바 없다고 주장하는 등 삼현三賢 사이의 사상적 공통성을 지적한 바 있다.[38] 이밖에 곽종석 · 이승희李承熙 등 이진상의 문인, 후학들도 이항로와 기정진의 성리학이 한주와 부합符合한다고 하면서 높이 평가하였다.[39]

이렇듯 학통과 지방색을 달리하면서도 서로 약속이나 한 듯 일치된 학문 경향을 보일 수 있었던 밑바탕은 무엇이었을까. 서세동점의 추세에 따라 우리의 민족 자존과 주체성에 대한 위기의식이 고조되기 시작했던 19세기 후반에, 유림들은 같은 시각에서 현실을 인식하고

---

37) 김평묵은 이진상의 주리설에 찬동한다고 하면서 "자신이 이진상의 문하에 나아가 주리설을 듣지 못한 것을 안타깝게 생각한다"고 하였다. 金平默. 『重庵集』. 권16. 21a-22a. 「答尹箭村冑夏」. "寒洲爺爺之所傳授, 實與舊所聞於青華函丈者, 不約相符, 則雖未知程朱復起, 當莞爾與否, 而當場洒然欽服, 卽不容名言也. …… 蓋不圖今天下, 心之本體眞面目, 軒豁呈露, 若是其端的也, 甚盛甚盛. …… 卽此大本端的如此, 見師友傳授之實, 吾道之幸也."

38) 金平默. 『重庵集』. 別集. 권8. 31b-32b. 「書蘆沙奇先生猥筆後」. "余自少聞蘆沙先生奇公, 拔萃湖南, 不繇師承, 學造高深. …… 當宁丙寅, 得禦洋之奏而讀之, 知其學於夷夏人獸之剖判, 如一劒兩段, 無依違因仍之累, 則其嚮之意, 益勤矣. 乙亥, 崔侍郎贊謙, 自海上歸, 錄示先生書牘數篇. 始知性與天道之際, 其深造密察, 又有非世儒之所能及矣. 曩日洪君思伯南來, 又得先生所爲猥筆者. 伏而讀之, 其於理氣主客之際, 雖與先正大賢照管之偶失, 而世儒之所負隅者不免有參差. 然其實與洙泗濂閩之微言大義, 脗然相合. 而我華西先生所以獨立而不懼, 不見是而無悶者, 不約而相符焉, 則先生之所以爲先生, 其槩可知矣。…… 是則所謂尊畏先輩者, 乃所以暴揚過失於天下後世也. 知此則知近世之欲尊先正, 莫如奇李兩先生也. 嗚呼! 此難與不知者道也."(奇正鎭. 『蘆沙集』 附錄 劵1. 「年譜」. <先生 八十一歲>條)
한편, 기정진의 문인이었던 老栢軒 鄭載圭, 月皐 趙性家는 각각 경상도 三嘉, 晉州 출신으로, 이진상 문인 내지 한주학파 학인들과의 교유가 잦았다.

39) 郭鍾錫. 『俛宇集』 권30. 2a. 「答柳聖存」. "鄙先師寒洲先生, 一生林下, 默契道眞, 明一實之妙, 斥氣學之淫, 大置與華西先生, 不約而符節合矣."; 李承熙. 『大溪集』 권28. 10b. 「答李南彬筆話」. "華西之學主理, 其心理說, 與鄙先人同, 故視如一."; 李基元. 『三洲集』 5. 「辨艮齋田氏辨心卽理說」. "盖華蘆兩先生於氣學叢中, 特發明理學."

또 위기의식에 공감대를 이루었다. 서양 문물의 무분별한 유입에 따른 제국주의의 경제적 군사적 침략에 대처할 수 있는 이론을 재정립해야 했고, 전통사상인 성리학을 고수하고 그 정통성을 계승하기 위해 근본 원리로 돌아가야 한다는 데 인식을 같이하였다. 이를 본다면 주리 쪽으로 무게 중심이 쏠리는 것은 당연한 귀결이었다.

이때 등장하였던 주리론은 종래의 주리론을 답습한 것이 아니고 그것을 당시 현실과 결부시켜 새롭게 체계화한 것이었다. 리기를 가치론의 측면에서 해석하여 유교적 사회 질서의 안정 및 윤리 강상의 수호, 부식扶植에 초점을 맞춘 것이 그 특징이었으니, 자기 중심적인 의식이 그 바탕에 깔렸던 것이다. 리기론에 대한 가치론적 이해는 이들의 성리학 전반에 일관되었다. 실로 '주리론적 척사론'이라 해도 무방할 정도로 그 체계가 확고하였다.

그런데 주리론의 전통이 강한 퇴계학파가 주리론적 척사론으로 가는 것은 필지必至의 일이라 하더라도, 율곡의 학문 전통을 이어받은 기호학파 학자들까지 그 대열에 동참한 것은 우연이 아니다. 서세동점이라는 외부적 요인은 물론 내부적으로도 율곡학파의 분화 등을 그 해답으로 제시할 수 있다. 잘 알려진 바와 같이 퇴·율을 절충하였던 김창협 계열의 학자들은 주기설을 성인의 본지에 어긋난 것이라고 비판하면서 주리적 관점을 뚜렷이 하였다. 그들은 율곡 이이, 우암 송시열, 농암 김창협, 노주老洲 오희상吳熙常의 학설을 '주리법문主理法門'이라 규정하였다. 김창협·오희상으로부터 간재 전우까지 이어지는 율곡학파 낙론 계열의 기본 관점은 '주리'에 있었다. 이것이 낙론에서 보는 율곡설의 기본 관점이기도 하다. 그들이 기호학파이면서도 나흠순과 임성주의 학설에 대해 집중적으로 비판하였던 이유가 거기에 있었다. 척사위정 운동의 선봉인 이항로의 경우, 퇴계와 율곡의 학설을 절충하였던 택당澤堂 이식李植의 후손으로 김창흡 계열이었던 죽촌竹村 이우신李友信(1763~1822)에게 종학從學하였다. 학맥상 농암문파에 연원하여 마침내 '리존기비理尊氣卑', '리수기역理帥氣役'의 가치론적 리기설을 전개하였던 것이다.

2) 춘추대의春秋大義와 『춘추익전春秋翼傳』

일찍이 정자(程子)는 "시서詩書는 약방문藥方文과 같고 『춘추』는 약을 써서 병을 고치는 것과 같다"[40]고 하였다. 조선 말기 척사위정론자들은 성리학으로 이론 무장을 한 것과 병행하여 『춘추』를 중시하고 춘추대의를 외쳤다. 『춘추』를 읽는 것은 유자의 상사常事라 할지라도 의리학파, 척사파 학자들이 『춘추』를 중시하는 정도는 남다른 바 있었다. 그들은 대부분 『춘추』에 관한 중요한 저술들을 남겼으며, 이를 바탕으로 중국과 우리나라의 역사를 체계화하기도 하였다. 이항로가 편찬한 『송원화동사합편강목宋元華東史合編綱目』 60권은 좋은 예라 하겠다.

---

40) 『程氏遺書』 권2. 上. 「二先生語」. "詩書如藥方, 春秋如用藥治病." (『近思錄』. 「格物窮理」. 권3.)

이진상은 만년에 들어 『춘추』를 좋아하였고 문인들에게도 『춘추』를 읽도록 충고하였다. 『연보』에 따르면 그는 “존화양이는 만세의 경상經常이요 사대역강事大役强은 한 때의 미권微權이다. 치욕스런 성하지맹城下之盟과 인질로 심양瀋陽에 잡혀갔던 원한을 하루도 잊을 수 없다”[41]고 할 정도로 철저하게 존화양이론을 신봉하였다고 한다. 그러다가 세상이 날로 형편 없이 되어가고 양이洋夷들이 교통(交通)함을 보고 개탄하여, 춘추대의를 밝히고자 『춘추』에 대한 정밀한 검토를 하였고, 58세(1875) 때 20권에 달하는 『춘추집전春秋集傳』을 엮었다.[42] 그리고 2년 뒤(1877)에는 『춘추』에 유루遺漏된 것을 모아 『춘추익전春秋翼傳』(4권)을 엮었다. 또 위 두 저술과 함께 『천고심형千古心衡』(1877)도 엮었는데, 이는 중국 역대 역사에서 치란성패治亂成敗의 기틀(機)과 관련하여 특기할 만한 사실들을 뽑고 그 시비득실是非得失에 대해 공심명안公心明眼으로 형평을 기해 논평을 붙인 것이다.[43] 『춘추집전』, 『춘추익전』과 함께 한주 저술 가운데 사학 3부작으로 일컬어지기도 한다. 이러한 『춘추』에 대한 방대한 저술 작업은 조선 도학의 의리론적 근거를 밝히고 춘추대의를 널리 부각시키려는 데 그 목적이 있었다.

이진상은 『춘추집전』 서문에서 『춘추』의 대의가 ‘주난신이토적자

41) 李震相. 『寒洲集』 附錄 券1. 「年譜」. <丁巳, 先生四十歲>조.

42) 李震相. 『寒洲集』 附錄 券1. 「年譜」. <乙亥, 先生五十八歲>조. “冬作春秋集傳. 先生見世道日敗, 夷狄交通, 慨然作是傳.”

43) 李震相. 『寒洲全書』 3. 「千古心衡 序」. 537쪽. 참조.

誅亂臣而討賊子', '존중국이양이적尊中國而攘夷狄', '명왕도이출패공明王道而出覇功', '존천리이알인욕存天理而遏人欲'에 있음을 명확히 하였다. 또 『춘추익전』 서문에서는 『춘추』의 대의가 존주지의尊周之義에 있음을 전제한 뒤 "지금 천하에 오랑캐가 판을 치는데, 우리 청구靑丘 일우一隅만이 주례周禮를 잡고 일변하여 도道에 이르려 하는지라, 노사魯史를 엮어 전서全書를 성취함으로써 주나라 도가 우리 동방에서 행해질 수 있음을 밝히고자 한다"[44]고 저술의 목적을 분명히 밝혔다.

이진상의 문인 곽종석은 「춘추익전 발」에서 "이 책이 나옴으로써 선생의 학문이 공언空言에 그치지 않고, 병자가 병을 고칠 수 있는 방법을 얻고, 사법관이 재판을 할 수 있는 근거를 가질 수 있게 되었다"[45]고 평가하였다.

3) '이직양기以直養氣'와 『직자심결直字心訣』

필자는 앞서 척사위정 운동의 사상적 기반을 살피면서 척사위정 운동을 성리학의 주리파와 직결, 등식화하는 것은 문제가 있다고 하였다. 왜냐하면 '양기집의養氣集義'를 강조하는 '기' 중시적 전통에서

---

44) 李震相. 『寒洲集』 권29. 9b. 「春秋翼傳序」. "且今天下夷狄矣. 靑邱一隅, 獨秉周禮, 庶幾一變而至道. 緝魯史而就全書, 欲以明周道之可行於東方也."

45) 郭鍾錫. 『俛宇集』 권141. 「春秋集傳跋」. "…… 於是乎, 見先生之學, 不止於空言, 而病者得其治, 法者有所斷, 天叙之大典, 聖道之微權, 有可得以推者矣."

도 의리사상이 도출될 기반이 없지 않기 때문이다. 주리파와 주기파는 기에 대한 인식에서 큰 차이를 보였다. 주기파에서 인식하는 기는 주리파에서 말하는 것처럼 불순정不純正한 것만은 아니다. 주기적 경향을 보이는 학자들은 전통적으로 『맹자』 '호연장浩然章'을 중시하였다. 호연장의 내용은 한마디로 '양기집의'라 할 수 있다. 율곡 이이는 '변화기질變化氣質'을 강조하면서 이 호연지기의 확충을 말하였다.

일찍이 맹자는 '직으로써 기를 기른다(以直養氣)'고 하였다. 이 넉자는 기호학파 학인들에게 수양론의 기본으로 내려왔다. 그런데 영남학파 학인인 이진상이 '직' 사상과 관련된 전문 저서인 『직자심결直字心訣』(1851, 34세)을 편찬하여 이를 척사위정 운동의 사상적 근거로 삼으려 했다는 사실에 주목하지 않을 수 없다. 직사상을 주자철학의 총결산이라 하고 또 자신의 철학사상의 근저라 하였던 송시열조차도 직사상과 관련한 전문 저서가 없었던 것에 비하면 특기하여도 지나침이 없다고 할 것이다.

이진상은 시詩 · 서書 · 역易 등 유가 경전과 주염계周濂溪 · 이정二程 · 장횡거張橫渠 · 소강절邵康節 · 주자朱子 등의 글에서 '직' 사상과 관련된 장구章句들을 모아 체계적으로 편집하였다. 한국유학사에서 이처럼 하나의 개념을 가지고 이론적 체계적으로 철저하게 분석하고 논의한 저작은 찾아보기 어렵다.[46] 단순한 편서編書가 아니라 전

46) 김동혁. 1993.「한주 이진상의 直思想에 관한 연구」.『동양철학연구』. 동양철학연구회. 제14집. 245쪽.

문 저서에 못지 않은 체계적인 이론서라 할 수 있다. 그 편차를 보면, ① 직의 연원, ② 직의 두뇌頭腦, ③ 직의 산수散殊, ④ 직의 공부工夫, ⑤ 직의 추행推行 등으로 분류되어 있는데 여기서 척사위정과 관련하여 주목할 만한 것이 '직의 공부'와 '직의 추행'이다. 이는 사실상 『직자심결』을 편찬한 목적을 엿볼 수 있는 대목이기도 하다.

이진상은 직의 공부를 논하면서 『맹자』의 '대용장大勇章'과 '양기장養氣章'을, 추행을 논하면서 『맹자』의 '직지장直之章', '직심장直心章', '광거장廣居章'을 인용하였다. 이 가운데 『맹자』 호연장의 "其爲氣也, 至大至剛, 以養直而無害, 則塞于天地之間"을 인용하면서, 직 공부에서 가장 중요한 심결의 요처는 양기養氣에 있다고 하였다.

> 천지의 정리正理가 직이므로 천지의 정기正氣 역시 직이다. 사람은 이 직을 받아들여 태어난다. 태어나면서부터 본래 직하다. 다만 습관 때문에 사왕邪枉이 있게 되어 부직不直하는 것이다. 배우는 사람은 반드시 직도로써 수양하고, 직수지초直遂之初에 지취志趣를 간직하여 마음이 발하는 바에 부직함이 없도록 하며, 직양지시直養之始에 집의集義하여 일에 응하는 곳에 모두 직하게 한다면, 강대剛大한 기가 날로 가득하고 왕성하여 본체의 직은 하늘로부터 부여받은 올바름[正]에 순수하게 될 것이다. 이것이 심결 가운데 지극히 중요한 대목이다.[47]

47) 李震相. 『直字心訣』. "天理之正理爲直, 故天地之正氣亦直. 人之受中以生, 生也本直, 只緣習得邪枉, 便不直了. 學者須以直道養之, 持志於直遂之初, 而使心之所發, 罔有不直, 集義於直養之始, 而使事之所應隨處, 皆直則剛大之氣, 日以充旺, 而本體之直, 純乎天賦之正. 此是心訣中至要處." (『寒洲全書』 3. 628~629쪽.)

내적 직심直心을 외적 직도直道로 구현함에 호연지기와 같은 기를 기르는 것이 중요하다는 것이다. 여기서 이진상이 맹자가 말한 양기론을 심도 있게 논한 것은 가볍게 볼 것이 아니다.

대개 퇴계학파는 '직'을 말하면서도 '양기'에 대해서는 매우 조심스럽게 접근하였다. '천리踐理'에 치중하여 이성理性의 주동적主動的 기능을 강조하였던 그들로서는 '양기'를 논하는 것은 역시 조심스러울 수밖에 없었다. 이것은 퇴계의 말에서도 엿볼 수 있다.

> 사람의 한 몸은 리기를 겸비한다. 리는 귀하고 기는 천하다. 그러나 리는 무위無爲이고 기는 유욕有欲이다. 그러므로 리를 실천하는[踐理] 데 주로 하면 양기는 그 가운데 있으니 성현이 이런 분들이다. 기를 기르는(養氣) 데 치우치면 반드시 성性을 해치게 되니 노장老莊이 이런 부류들이다.[48)]

그러나 리를 무위無爲·무조작無造作한 것으로 보는 율곡학파에서는 심의 작용情에 선악이 발생하는 것은 리로 인한 것이 아니고, 리를 싣고 이것을 구체화시키는 기의 성질에 관계된다고 규정한다. 그러므로 도덕 수양에서 중요한 것이 기인 만큼, 기질을 변화시켜 청명하고 순수한 본연의 기를 회복해야 한다고 강조하는 것이다. 이와 관련하여 율곡 이이는 다음과 같이 말하였다.

---

48) 李滉. 『退溪文集』 권12. 24a-24b. 「與朴澤之」. "人之一身, 理氣兼備, 理貴氣賤. 然理無爲而氣有欲, 故主於踐理者, 養氣在其中, 聖賢是也. 偏於養氣者, 必至於賊性, 老莊是也."

> 대저 리에는 한 글자도 다른 것을 더할 수 없으며, 털끝만큼의 수양(修爲)도 더할 수 없는 것이다. 리는 본래 선하니 무슨 수양이 필요하겠는가. 성현의 천언만언이 단지 사람들로 하여금 그 기를 단속하게 하고, 그 기의 본연을 회복하게 할 뿐이다. 기의 본연이라는 것은 호연지기이다. 호연지기가 천지에 가득 차면 본래 선한 리가 조금도 가려짐이 없다. 이것은 맹자의 양기론이 성문聖門에 공이 있는 까닭이다.[49)]

이로써 본다면 율곡학파의 수양론은 '양기론'이라 할 수도 있는 것이다.

다산 정약용은 율곡 이이의 기중시적 학문 경향이 맹자의 양기론에서 영향을 많이 받은 것으로 파악하고 "이 기는 의義와 도道가 짝하는 것으로, 의와 도가 없다면 기는 시들해진다. 이것은 여자약呂子約(呂祖謙)과 이숙헌李叔獻(율곡)의 유의遺義이다"[50)]고 하였다. 또한 그는 "맹자는 집의集義로써 호연지기가 발생하는 근본을 삼았고, 주자는 호연지기를 함양하는 것이 행의行義에 도움이 된다고 했다"고 하였다.[51)]

대개 어떤 위난이 닥쳤을 때 도덕적인 당위만 가지고는 이에 대처하기 어렵다. 구체적인 행동으로 드러날 수 있는 원동력이 요구된다.

---

49) 李珥. 『栗谷全書』 권10. 27a. 「答成浩原」. "夫理上不可加一字, 不可加一毫修爲之力. 理本善也, 何可修爲乎. 聖賢之千言萬言, 只使人撿束其氣, 使復其氣之本然而已. 氣之本然者, 浩然之氣也. 浩然之氣, 充塞天地, 則本善之理, 無少掩蔽, 此孟子養氣之論, 所以有功於聖門也."

50) 丁若鏞. 『與猶堂全書』 제1집. 권16. 16a. 「自撰墓誌銘(集中本)」. "曰是氣也, 配義與道, 無義與道, 則氣餒焉. 此呂子約也李叔獻之遺義也."

51) 丁若鏞. 『與猶堂全書』 제2집. 권5. 18b. 『孟子要義』. <公孫丑第二> 참조.

이런 점에서 호연지기와 같은 굳세고 큰 기가 필요하다. 직사상에 입각한 기상의 도야는 불굴의 의지를 함양하는 데 매우 효과적일 수 있다. 춘추대의의 화신으로 일컬어지는 우암 송시열이 '직사상'으로 자신의 행동 철학을 삼은 것은 그런 이유에서라고 본다. 잘 알려지다시피 송시열은 공자 · 맹자 · 주자의 상전심법相傳心法을 직사상이라 규정하고 이를 계승하여 종신토록 수양하는 밑바탕으로 삼았다. 문인 · 후학들에게도 늘 강조, 면려함으로써 이후 기호학파 노론 계열의 학문 전통이 되었다.[52)]

이에 비해 이진상은 양기공부만 추구하는 것을 '리를 따르지 않는 것'이라 하고 기상공부氣上工夫를 비판적으로 보았다.[53)] 리는 순선한 것이지만 기는 언제든지 악으로 흐를 수 있기 때문이다. 그러나 이진상이 호연지기와 같이 리에 짝하는 기가 있음을 인정하고[54)] 직으로써 기를 길러야 한다고 하였다. 이것은 일찍이 한강 정구가 「독서첩讀書帖」·「양호첩養浩帖」을 지어 주경함양主敬涵養과 함께 호연지기를 기를 것을 주장한 것과 궤를 같이 하며, 더 나아가 호연지기를 본연지기라 하고 그것을 회복할 것을 강조하는 율곡학파 학인들과 한 자리에서 만날 수 있는 공통 분모를 찾아낸 것이라 할 수 있다.

52) 졸저.『한국유학통사』. 중권. 272~274쪽. 참조.

53) 李震相.『寒洲集』 권19. 15a.「答郭鳴遠疑問」. "氣有以配道義, 方能浩然. 孟子曰, 是集義所生者. 又曰, 志者氣之帥, 集義以生之, 持志以帥之, 非於氣上有工夫(朱子語). 今之專欲致養於氣者, 是不循理者也."

54) 李震相.『寒洲集』 권19. 15a.「答郭鳴遠疑問」. "氣之於理, 不相離而有所助, 故有氣配理之說."

이진상은 '직의 추행'에서 세 가지를 강조하였다. 첫째, 이단의 설은 부직不直한 데서 비롯된 것이기 때문에 맹자가 말한 '지언知言'의 요령에 따라 이단의 설을 명확히 변석, 배척해야 한다. 둘째, 군자의 학문은 의義와 리利를 변별하는 것보다 더 급한 것이 없으니, 아무리 작은 일이라도 자신의 직을 굽혀서는 안 되는 것이다. 셋째, 위도정신衛道精神과 의리정신을 바탕으로 맹자가 말한 대장부大丈夫의 길을 걸어야 한다. 이 세 가지 내용은 송시열이 평생토록 주장했던 것과 다름이 없다. 다만 이를 주장하게 된 당시의 시대적 배경이 척화의리斥和義理로부터 척사위정의 시기로 이행된 점이 다를 뿐이다.

4) 현실 중시적 개혁안으로서의 『묘충록畝忠錄』

이진상은 성리학자이면서 시무時務에도 밝은 면모를 보여주었다. 그는 정법政法, 경륜에 통달하여 국가적으로 중요한 현안이 있을 때마다 현실 문제에 적극적으로 임하였다. 그의 사회 개혁론을 담은 것으로 「응지대삼정책應旨對三政策」과 『묘충록』이 있는데, 「응지대삼정책」은 철종 13년(1862) 전국적으로 민란民亂이 일어나 조정에서 삼정이정三政釐正의 대책을 물었을 때 이에 응하여 올린 것으로 '삼정이정'에 국한된 내용이다. 『묘충록』(2권)은 고종 3년(1866)에, 세상을 바로잡겠다는 큰 뜻을 가지고 작성한 개혁안으로 국가 정책과 제도 전반에 걸쳐 있다. 「의진시폐잉진묘충록소擬陳時弊仍進畝忠錄疏」와 함께 보면 좋다. 그러나 이 『묘충록』은 서사書笥에 담아두고 끝내 조정에 올리지 않았다고 한다.

이진상의 개혁사상이 고스란히 담긴 『묘충록』의 주요 내용을 보면 관제官制 개혁, 교육 및 과거제 개혁, 군정軍政 개혁, 부세賦稅 제도 개혁, 서리제胥吏制 개혁 등 꽤 범위가 넓다.[55] 영재寧齋 이건창李建昌(1852~1898)은 서문에서 『묘충록』의 골자를 ① 나라의 부세賦稅를 균등하게 하여 결국 감조減租의 혜택이 돌아가도록 하는 것, ② 국가적으로 비용을 줄여 위로는 관부官府의 비용을 절약하고 아래로는 토지 겸병兼倂을 억제하여 백성들의 의식을 풍족하게 하는 것, ③ 녹봉을 늘여 현사賢士를 대하고 군량을 더하여 무력을 양성함으로써 외세를 막아내는 데 있다고 요약하였다. 그 나머지 경영하고 기획한 것은 대략 반계磻溪 유형원柳馨遠의 저술을 근본으로 삼았다고 한다.

그런데 이진상의 경우, 옛 이상적인 제도를 참작하면서도 이를 묵수하지 않고 조선의 실정에 응용하여 현실에 적합한 개혁안을 제시하였다. 이와 관련하여 이건창은 "유형원은 한결같이 복고復古에 뜻을 두었기 때문에 그 말이 오활하고 현실감이 멀었지만, 공으로 말하자면 시세時勢를 참작하고 요령을 세우되 시행하기에 쉽고 효과가 빨리 나도록 하였으니, 예를 들어 전제田制를 논하면서 한전제限田制를 쓰지 않은 것이 이것이다"[56]고 하였다. 이러한 현실 중시의 경향은 이진

---

55) 자세한 것은 우인수 교수의 논문을 참조할 것.

56) 李建昌, 『明美堂集』 권10. 9a. 「畝忠錄序」. "寒洲李公別集曰畝忠錄者二卷, …… 其餘經晝, 略而磻溪柳氏之書爲本. 但柳氏壹於復古, 其言闊遠, 而公則參之以時勢要領, 行之易而取效速."

상의 평소 성향을 잘 드러낸 것으로서, '지시식세知時識勢'를 중시하는 그의 면모를 잘 보여준다.

조선유학사를 통관通觀하면 대체로 주리파 학자들은 사회 현실의 모순과 문제점을 비판할 수 있는 원리 · 원칙을 중시하는 경향이 있다.[57] 즉, 원리 · 원칙에 입각하여 모순되고 불합리한 현실을 개혁해야 한다는 것이었다. 그들의 대체적인 경향은 현실적인 토대 위에서 실현 가능한 개혁에 역점을 두기보다는, 다소 이상적이고 복고적인 성향의 개혁론으로 흘렀다. 여기서 '복고'의 의미는 옛것에 의탁하여 지금의 잘못을 비판하고 이상을 제시하기 위한 것이었다.[58] 그런데 주리파 중에서도 그 극단에 섰던 이진상이 원리로의 회귀보다 현실을 더 중시했던 것은 이채라 하겠다.

일찍이 정이천程伊川은 "정치의 도는 근본에 따라 말하는 경우가 있고, 사안事案에 따라 말하는 경우가 있다"고 하였다.[59] 여유가 있을 때에는 국시國是로부터 국가의 제도와 시책을 근본적으로 재검도하는 종본적從本的 개혁이 중요하지만, 사안이 급할 때에는 선후 · 경중 · 완급에 따라 현실적인 실현성을 감안한 종사적從事的 개혁안이 필요하다는 취지의 말이다. 율곡 이이는 『성학집요聖學輯要』 등에서

57) 졸저.『한국유학통사』. 중권. 594~595쪽. 참조.

58) 『論語集注』. 「八佾」 <射不主皮> 注 "楊氏曰: 聖人言古之道, 所以正今之失."; 『中庸章句』. 제28장. "子 曰: 生乎今之世, 反古之道, 如此者, 災及其身者也."

59) 『程氏遺書』. 「伊川先生語 一」. "治道亦有從本而言, 亦有從事而言. 從本而言，惟是格君心之非' 正心以正朝廷，正朝廷以正百官. 若從事而言，不救則已，若須救之，必須變. 大變則大益，小變則小益." 제15. (『近思錄』 권8, 「治國平天下之道」)

정이천의 이 말을 매우 중요하게 이끌어 개혁을 논하고 개혁안을 제시하였다. 주로 현실 중시적 관점에서 개혁안을 논한 것이 특징이다. 성호 이익은 『성호사설』에서 "조선이 개국한 뒤 시무에 대해 아는 분을 손꼽아 보면 이율곡 · 유반계가 있을 뿐이다"고 전제하면서, 두 사람이 제기한 개혁론의 특성을 분석하되 "율곡의 논의는 그 태반이 당시에 시행될 수 있었던 것임에 비해, 반계의 경우는 세상일의 본원本源을 구도究到하여 모두를 참신하게 함으로써 왕정의 시초로 삼으려 했다"[60]고 하였다. 현실을 감안한 율곡의 점진적인 개혁안과 근본적이고 전면적인 유형원의 개혁안이 뚜렷히 대비된다고 하겠다.

이진상의 사회 개혁안에서 드러난 현실 중시적 경향은 그가 당시의 현실을 어떻게 파악했는지를 잘 보여준다. 즉, '시행하기 쉽고 효과가 빨리 나도록' 하는 데 중점을 두다보면 개혁성의 정도가 떨어지는 측면이 있지만 그가 실현 가능성 제고에 비중을 둔 데서 현실에 대한 그의 절박한 인식을 엿볼 수 있다. 그가 주리파의 대열에 있으면서도 개혁에 대한 입장이 율곡과 비슷하고 또 그의 개혁안이 현실 중시적 경향을 띠었다는 점에서 기호학파 학인들과 소통할 여지가 있음을 보겠다.

60) 李瀷.『星湖僿說』권11. 64a-64b.「人事門」. <變法> "國朝以來識務屈指, 惟李栗谷柳磻溪二公在. 栗谷太半可行, 磻溪則究到源本, 一齊刻新, 爲王政之始, 志固大矣."

4. 맺음말

이진상은 23세 이른 시기에 「이단설異端說」을 지어 불학佛學 · 노장학 · 양명학은 물론 주기론까지도 이단으로 규정하고, 저들이 하나같이 '주기적 성격'을 띠었다고 비판하였다.[61] 그의 성리학이 강한 주리적 성격을 띠게 된 배경을 여기서 엿볼 수 있다. 이진상은 자신의 철학적 이론을 철저히 주리적 측면에서 재구성하여, 리의 위상을 가장 높은 단계로 끌어올렸다. 그 주안은, 첫째가 이단을 통렬히 배척하고 주기설 역시 이단시하여 공격을 가하는 것이요, 둘째가 주리설을 역설하여 학자들에게 주리설이 만고에 바꿀 수 없는 진리임을 깨닫도록 하는 것이었다.[62] 한주 성리학의 기본 관점을 살펴보면, 리기론은 리주기자理主氣資, 리수기역理帥氣役의 관점에 있었고, 심성론에서는 심합리기心合理氣의 논리를 심즉리설로 발전시킨 데 특징이 있다. 기호학파가 심의 작용적 측면을 중시하여 '심즉기'를 주장하였다면, 그는 심의 주재적 성격을 중시하여 '심즉리'를 주장하였던 것이다.

이러한 학문 경향은 당시의 시대적 요구에 부응하는 측면이 강하다. 즉, 이단을 비판하고 척사위정의 기치를 높이 세우는 것을 시대적 당위로 받아들인 성격이 짙다는 것이다. 필자가 본고에서 그의 성리학과 학문 체계 전반을 척사위정의 관점에서 보려 한 것도 이러한 이

---

61) 李震相. 『寒洲集』 附錄 券1. 5a. "異端之說, 百途千岐, 而其始皆由於認氣, 其終歸於主氣. 彼徒有見於彼氣之活動流轉, 而不達乎是理之根柢樞紐."

62) 현상윤. 1977. 『조선유학사』. 362~363쪽.

유에서이다. 그가 평생토록 추구하였던 '수시취중隨時取中' 이 넉자는 그의 성리학이 강한 현실성을 띠고, 시대 정신을 반영하여 역동적인 것이 될 수 있도록 그 근저根底를 이루었다. 그런 점에서 한주 철학은 유학의 '시중정신時中精神'에 충실한 것이라고 평할 수 있다.

조선 말기, 기호 · 영남 · 호남에서 마치 약속이나 한 듯 주리론이 나오게 된 것은 우연이 아니다. 그것은 시대 정신의 반영이었다. 이항로 · 기정진 · 이진상 등의 강력한 주리론은 주로 가치론적 관점에서 전개한 것이 특징이다. 이들 세 학파 학인들은 학통과 지연 등을 달리하면서도 주리론을 공통 기반으로 긴밀하게 소통하였다. 오랜 반목과 갈등으로 점철되어 왔던 조선 성리학의 폐단을 청산하고 허백한 마음으로 하나의 광장에서 만나 대화할 수 있는 기초를 마련하였다는 데서 큰 의미를 부여할 수 있다.

이진상의 학문과 사상은 '척사위정'의 관점에서 전 학문 체계에 일관되어 있다. 강력하고도 철저한 주리론을 말할 것도 없고, 『춘추』의 존주대의尊周大義에 대한 뜨거운 관심, 이직양기以直養氣의 직사상直思想 등은 그가 명실공히 척사위정 운동의 이념적 지도자였음을 증명하는 것이라 하겠다.

그리고 척사론을 체계화하는 과정에서 기호학파 율곡 계열의 학자들과 대화하고 토론할 수 있는 발판을 마련하였던 점은 한주 철학의 두드러진 특성 가운데 하나라 할 것이다. '리의 확충'과 천리踐理, 순리循理를 주장하는 주리파 학인이 아울러 양기養氣를 인정하고 나선 것은 이채롭다. 이 뿐만 아니라, 일반적으로 주리론자들이 '원리로의 회귀' 차원에서 이상적이고 복고적인 개혁을 부르짖었던 데 비해, 그는 현실적인 토대 위에서 실현 가능한 개혁에 역점을 두었다. 이것은 그의 사회 개혁사상을 담은 『묘충록』에서 잘 드러나고 있는데, 상대적으로 현실을 중시하는 기호학파 학인들의 경세론, 개혁론과 통할 수 있는 성격을 보인다.

또한 리기의 불상잡을 중시하는 퇴계학파 학문 전통에서, 상대적으로 리기 불상리를 강조한 것이라든지, 사단칠정 리발일로를 주장하여 일도설에 비중을 두었던 것 등은 기실 율곡설과 율곡학파의 논리를 의식한 것으로서, 퇴계학파와 율곡학파가 상호 근접할 수 있는 여지를 마련한 것이라 할 수 있다. 후일 이진상에 이르러 퇴계학파가 '진정한 의미에서의 학파 분화'[63]가 이루어졌으며, 이러한 학파의 분화에 율곡설의 수용이 개입하고 있음은 주의 깊게 보아야 할 대목이다.

한편, 한주학파가 척사위정 운동으로부터, 애국계몽 운동, 서양학문에 대한 관심, 국권회복 운동, 유교부흥 운동孔子敎 운동 등 여러 방면에 걸쳐 주체적 적극적으로 활동할 수 있었던 근저에는 성주 지역을 근거로 하는 한주학파의 개방성 · 진보성 · 적극성이 큰 영향을 끼쳤을 것이고, 여기에는 양심의 명령에 따른 주체적인 판단을 중시하는 이진상의 심즉리설과 언제 어느 곳에서든지 현실에의 적중的中을 강조하는 수시취중의 가치관이 지대한 영향을 끼쳤을 것으로 본다. 리

63) 홍원식. 2010.「19세기 '洛上' 퇴계학파와 '洛中' 한주학파의 분립과 性理論爭」. 『유교사상연구』. 유교학회. 제39집. 186쪽.

의 주재성, 절대성을 강조한 심즉리설이 공자교 운동으로 연결될 소지가 많은 것도 흥미로운 사실이다.[64)]

향후 이진상의 철학사상- 나아가 한주학 자체에 대한 연구는 물론 한주학파의 외연을 넓혀 나가야 할 것이요, 이와 함께 한국유학사 내지 한국사상사에서 독특한 위상을 차지하는 한주학파의 학파적 성격에 대한 연구가 이루어지기를 기대한다.

---

64) 한주 성리학에서의 '리'는 형이상학적 차원에 머무는 것이 아니라, 종교적 차원으로 승화될 여지가 있어 보인다. 한주학파에서 특별히 공자교 운동이 활발하였던 것은 이유가 있다고 본다. 이에 대해서는 別稿를 기약한다.

참고문헌

1980.『한주전서』 전5권. 아세아문화사 영인.

2003.『한주집』 제317~318권. 한국문집총간. 민족문화추진회.

경북대 퇴계연구소(편). 2006.『한주 이진상 연구』. 역락.

김낙진. 2008.「定齋 柳致明과 西山 金興洛의 本心 중시의 철학」.『율곡사상연구』 제16집. 율곡학회.

안영상. 2006.「대산 이상정의 渾論理發說의 착근에 있어서 旅軒說의 영향과 의미」.『유교사상연구』 제27집. 한국유교학회.

우인수. 2006.「'畝忠錄'을 통해 본 한주 이진상의 국정 개혁론」.『퇴계학과 한국문화』 제38호. 경북대학교 퇴계연구소.

이종우. 2005.『19 · 20 세기 한국성리학의 심성논쟁』. 심산.

이형성. 2006.『한주 이진상의 철학사상』. 심산.

______. 2009.「한주학파 성리학의 지역적 전개 양상과 사상적 특성」.『국학연구』 제15집. 한국국학진흥원.

______. 2010.「한주 이진상과 그 학파 연구의 현황과 전망」.『유교사상연구』 제39집. 유교학회.

최영성.「조선유학사에서의 사미헌 장복추의 위상」.『어문론총』 제47호. 한국문학언어학회.

______. 2006.『한국유학통사』 전3권. 심산.

______. 2009.「퇴계학파의 율곡설 수용 양상-논리 구조의 측면을

중심으로」. 『퇴계학논집』 제4호. 영남퇴계학연구원.
______. 2009. 「한국유학사에서 면우 곽종석의 위상」. 『남명학연구』 제27집. 경상대학교 남명학연구소.
홍원식. 2008. 『한주 이진상의 생애와 사상』. 예문서원.
______. 2010. 「19세기 '洛上' 퇴계학파와 '洛中' 한주학파의 분립과 性理論爭」. 『유교사상연구』 제39집. 유교학회.

【 저자 소개 】

홍원식 E-mail : wsh683@kmu.ac.kr

고려대학교 철학과를 졸업하고 같은 대학에서 「정주학의 거경궁리설 연구」로 철학박사를 받았다. 현재 계명대학교 철학과 교수로 있으면서, 『오늘의 동양사상』 편집 주간을 겸하고 있다. 『한주 이진상의 생애와 사상』, 『실학사상과 근대성』(공저), 『심경부주와 조선유학』(공저) 등의 저서와 「주륙화회론과 퇴계학의 심학화」, 「애국계몽사상의 철학적 기반」, 「동아시아 생태담론에 대한 비판적 검토」 등 다수의 논문이 있다.

한충희 E-mail : chh341@kmu.ac.kr

계명대학교 사학과를 졸업하고 고려대학교에서 「朝鮮初期 六曹研究」로 문학박사학위를 받았다. 현재 계명대학교 사학과 교수로 재직중이다. 주 연구분야는 조선초기의 정치제도와 운영이다. 대표논저로는 『朝鮮初期 六曹와 統治體系』, 『朝鮮初期 政治制度와 政治』, 『朝鮮初期 官職과 政治』, 『朝鮮初期 官衙研究』, 「朝鮮初期 議政府研究」, 「朝鮮初期 承政院研究」, 「朝鮮初期(태조~선조 24년) 權力構造研究-議政府 · 六曹 · 承政院을 중심으로-」 등이 있다.

이종호 E-mail : jong814@hanmail.net

성균관대학교 한문교육학과를 졸업하고, 동 대학원에서 「손곡 이달과 삼당시」로 석사학위, 「삼연 김창흡의 시론에 관한 연구」로 문학박사학위를 받았다. 현재 국립 안동대학교 인문대학 한문학과 교수로 재직 중이다. 주요관심분야는 한문학비평 및 조선조 선비문화이다. 최근에는 17~18세기에 활동한 장동 김문의 주요 구성원이 지닌 사유와 문화적 상상력에 관심을 가지고 연구해 오고 있다. 특히 구곡문화의 형성과 발전이 조선후기 진경문화의 출현과 어떻게 연관되는지 탐토하고 있다. 저서로는 『조선의 문인이 걸어온 길』, 『퇴계학에세이: 온유돈후』, 『권력과 은둔』 등이 있다.

김학수 E-mail : ksoya@aks.ac.kr

한국학중앙연구원 한국학대학원에서 문학박사(조선후기사 전공)학위를 받았다. 현재 한국학중앙연구원 국학자료조사실장(책임연구원)으로 재직중이다. 주요 논문으로는 「17세기 영남학파 연구」(박사학위논문), 「조선후기 영남지역 사족가문의 학파 · 정파적 분화와 그 존재양상」 등 다수가 있다. 저서로는 『끝내 세상에 고개를 숙이지 않는다』, 『여헌 장현광 학문의 세계』(공저) 등이 있다.

김낙진 E-mail : njkim@cue.ac.kr

고려대학교 철학과를 졸업하고 동 대학원에서 철학박사를 받았다. 현재 진주교육대학교 도덕교육과 교수로 재직 중이며, 주요관심분야는 성리학이다. 논문으로는 「萬物一體論과 人物性同異論을 통해 본 明 儒學과 朝鮮 儒學의 비교」, 「기정진과 전우의 성리학적 쟁점과 정재규의 성리설」 등 다수가 있고, 저서로는 『의리의 윤리와 한국의 유교문화』 등이 있다.

정우락 E-mail : jwl0412@knu.ac.kr

경북대학교 국어국문학과를 졸업하고 동대학원 국어국문학과(한국고전문학 전공)에서 석사와 박사학위를 받았다. 현재 경북대학교 인문대학 국어국문학과 교수로 재직 중이며, 저서로는 『남명문학의 철학적 접근』, 『조선의 서정시인 퇴계 이황』, 『남명과 퇴계 사이』, 『남명학파의 문학적 상상력』 등이 있고 논문으로는 「일제강점기 東千字類의 저술방향과 그 의의」, 「『孤臺日錄』에 나타난 서술의식과 위기의 일상」, 「江岸學과 고령 유학에 대한 시론」 등이 있다.

최영성 E-mail : choiys60@hanmail.net

성균관대학교 유학대학 한국철학과를 졸업하고 동 대학교 대학원 동양철학과(한국철학 전공)에서 박사학위를 받았다. 현재 국립 한국전통문화학교 교양학부 교수로 재직 중이다. 저서로 『한국유학통사』(전3권), 『최치원의 철학사상』, 『孤雲思想의 脈』 등이 있고, 역서로는 『고운 최치원 전집』(전4권), 『국역 매월당 문집』, 『정본 조선한문학사』 등이 있다. 이밖에 한국사상사, 한국유학사, 한국금석학사와 관련한 논문 다수가 있다.